쿠버네티스 마스터 2/e

쿠버네티스 마스터 2/e

강력한 쿠버네티스를 이용한 컨테이너 관리

기기 사이판 지음

김경호 · 배동환 · 강용제 · 차연철 · 차원호 · 이형석 옮김

Packt> 에이콘

기기 사이판^{Gigi Sayfan}

헬릭스^{Helix}의 수석 소프트웨어 아키텍트이다. 인스턴트 메시징, 모핑과 같은 분야에서 22년 이상 전문적으로 소프트웨어를 개발해 왔다. 윈도우, 리눅스, 맥OS, 링스^{Lynx}(임베디드 시스템) 등 다양한 운영체제 환경에서 Go, 파이썬, C/C++, C#, 자바, 델파이, 자바스크립트, 코볼, 파워빌더까지 다양한 프로그래밍 언어로 매일 프로덕션 코드를 작성해왔다. 데이터베이스, 네트워크, 분산 시스템, 비정통적인 사용자 인터페이스, 소프트웨어 개발 생명주기 전반에 관한 전문가다.

기술 감수자 소개

데스 드루리 Des Drury

IT 업계에서 25년 넘게 종사해 온 열정적인 기술자다. 쿠버네티스의 장점을 첫눈에 알아보고 얼리어답터가 돼 널리 알리는 데 앞장섰다. 또한 멜버른 쿠버네티스 밋업Meetup의 공동 주최자다. 2015년에는 오픈 데이터 센터Open Data center라는 이름의 쿠버네티스를 자체적으로 배포했다.

쿠버네티스와 오픈소스 전문 회사인 시토 프로Cito Pro의 이사이며, 많은 기업이 쿠버네티스와 관련 기술을 채택하는 데 도움을 준다.

자쿱 파블릭 Jakub Pavlik

TCP 클라우드의 공동 창립자이자 전 CTO이며 수석 아키텍트로 활동했다(TCP클라우드는 2016년 미란티스Mirantis가 인수했다). 자쿱과 그의 팀은 오픈스택 솔트OpenStack-Salt와 오픈컨트레일OpenContrail 프로젝트를 기반으로 한 IaaS 클라우드 플랫폼을 수년 동안 사용해 오다가 글로벌 서비스 공급업체를 위해 두 프로젝트를 배포하고 운영했다.

현재 볼테라 사Volterra Inc에서 새로운 세대의 엣지Edge 컴퓨팅 플랫폼을 구축하고 운영하는 전문 팀의 엔지니어링 디렉터로 일하고 있다. 리눅스 OS와 아이스하키, 영화에 열광하며 아내 하눌카Hanulka를 사랑한다.

| 옮긴이 소개 |

김경호(everysecond@gmail.com)

(현) 에쓰-오일 IT기획/보안 기획 업무

(현) IITP 평가 위원

(현) 한국정보기술연구원 BoBBest of Best 멘토

(현) NIA 빅데이터 기술 전문가 자문위원

(전) NCS 집필위원

(전) 미래창조과학부 한이음 ICT 멘토

(전) 인터넷 포털업체 IT 보안 기획 업무

(전) IT/IT보안컨설팅업체 컨설턴트

(전) 모바일기기 제조업체 IT 시스템 운영 업무

(전) 사이버보안전문단원(미래창조과학부)

해킹방어대회 입상(정보통신부 주관)

정보관리기술사, CCIE, CIA, CISSP, ISMS 인증심사원, PIMS 인증심사원,

정보보안기사, PMP, ITIL 등 다양한 자격 보유

배동환(hidoripapa@gmail.com)

(현) 히어 솔루션즈, DBA

(현) NIPA 평가위원

(현) NCS 검토위원

(현) 과학기술정보통신부 한이음 ICT 멘토

(전) SK브로드밴드(하나로텔레콤, 두루넷) IT 운영관리, DBA
컴퓨터시스템응용기술사, 정보보안기사

강용제(yongjei.kang@gmail.com)

(현) SK인포섹(주), PM
정보관리기술사, 정보보안기사, PMP

차연철(loveflag@paran.com)

(현) 엔텀네트웍스/보안솔루션개발 총괄
(현) IITP 평가위원
(현) 미래창조과학부 한이음 ICT 멘토
(현) 동국대학교산학협력 멘토
(현) 개인정보 비식별 조치 적정성 평가단 전문가
(현) 빅데이터 개인정보 비식별 자문위원
(전) SK인포섹/모바일보안개발팀장
네트워크/PKI/모바일/컨텐츠 영역 보안솔루션 개발, 정보보안 및 개인정보보호 강의
정보관리기술사, 정보보안기사, 데이터품질인증심사원, CISA, CEH, CPPG

차원호(wonhocha@outlook.com)

(현) 프리랜서

(현) IITP 평가위원

(현) NIPA 평가위원

(전) IT시스템 운영/관리

컴퓨터시스템응용기술사, 정보시스템수석감리원

이형석(ddrseok@naver.com)

(현) 안랩/보안 솔루션 개발 프로젝트 리더

(현) IITP 평가위원

(현) NCS 집필위원

(현) 미래창조과학부 한이음 ICT 멘토

(전) 디바이스 드라이버 전문업체 커널 드라이버 개발

윈도우 커널, 디바이스 드라이버 개발, 분석, 가상화, 리버싱, 악성코드 행위분석

컴퓨터시스템응용기술사, CISA

한국항공대학교 전자공학

| 옮긴이의 말 |

여섯 명의 역자는 108회 정보관리/컴퓨터시스템응용기술사로서 '108번역'이라는 소모임에서 번역 활동을 하고 있다. 쿠버네티스의 포드Pod와 컨테이너 오케스트레이션Container Orchestration이 서로 다른 환경의 시스템에서 애플리케이션을 배포하고 통합하듯 여섯 명의역자는 서로 다른 IT 영역에서 최고의 전문가 역할을 충실히 이행하고 있다. 컨테이너를직접 적용해 사용하거나 가상 머신으로 구성된 소규모 시스템 환경에서 쿠버네티스의 실험적 경험을 쌓고 있다.

이 책에서는 쿠버네티스 아키텍처의 원리 및 쿠버네티스를 통해 실행할 수 있는 다양한 서비스를 설명한다. 개발자와 데브옵스DevOps 엔지니어, 그리고 컨테이너 오케스트레이션을사용해 복잡한 분산 시스템을 개발하고 진화시켜야 하는 개발자를 대상으로 쿠버네티스가 제공하는 모든 기능과 서비스를 다룬다. 또한 실제 사례를 통해 다양한 환경에서 고가용성 쿠버네티스를 구축하고 모니터링하며 문제를 해결할 수 있는 방법을 제시한다. 2/e에서는 쿠버네티스가 1.10으로 내용이 업그레이드돼 몇 가지 기술은 사라지거나 통합됐고, 새로운 기능도 많이 생겨났다.

이 책을 처음 읽었을 때 다양한 환경에서 동작하는 컨테이너 오케스트레이션의 훌륭한 기능에 놀라지 않을 수 없었다. 마치 고전 소설과 고전 음악의 잘 정리된 리듬의 조화같았다.리눅스 컨테이너LXC, 도커Docker, 서버리스Serverless 애플리케이션, 데브옵스 등 관련 주제를함께 읽기를 권장한다. 컨테이너 오케스트레이션 기능을 제공하는 쿠버네티스를 구축하고 활용하는 데 많은 도움을 제공하고 관점을 확장시켜 줄 것이다.

마지막으로 거대하고 다양한 환경에 업무용 애플리케이션의 배포를 고려하고 있는 경우,컨테이너와 함께 쿠버네티스를 반드시 검토하기 바란다. 애플리케이션 배포 시 고민하는자동화, 업데이트, 애플리케이션의 라이브러리 종속성 문제를 바로 해결할 수 있을 것이다.

| 차례 |

6장   중요 쿠버네티스 리소스 사용하기   225

| 들어가며 |

쿠버네티스는 컨테이너 애플리케이션의 배포와 확장, 관리를 자동화하는 오픈소스 시스템이다. 많은 수의 컨테이너를 실행하거나 컨테이너 관리를 자동화할 때 쿠버네티는 꼭 필요하다. 이 책은 쿠버네티스 클러스터의 고급 관리를 안내하는 데 초점을 맞추고 있다.

이 책에서는 쿠버네티스 아키텍처의 기초를 설명하고 쿠버네티스의 설계를 자세히 설명한다. 수평적 포드 자동 스케일링, 롤링 업데이트, 리소스 할당량, 영구 스토리지 백업 같은 고급 기능을 비롯해 쿠버네티스에서 복잡한 스테이트풀 마이크로서비스를 실행하는 방법도 다룬다. 실제 사용 사례에서는 네트워크 구성 옵션을 탐색하고 다양한 쿠버네티스 네트워크 플러그인을 설정, 작동, 문제 해결 방법을 살펴본다. 마지막으로 자동화와 유지 관리 작업 흐름에서 커스텀 리소스 개발과 활용에 대해 살펴본다. 또한 프로메테우스, 역할 기반 액세스 제어, API 집계 같은 쿠버네티스 1.10 릴리스를 기반으로 하는 개념도 다룬다.

이 책을 모두 읽으면 중급에서 고급 수준으로 발전하기 위해 알아야 할 모든 것을 알게 될 것이다.

▌이 책의 대상 독자

쿠버네티스에 대한 중급 지식을 갖고 있으면서 고급 기능을 익히기를 원하는 시스템 관리자와 개발자를 대상으로 한다. 기본적인 네트워크 지식도 필요하다.

▌ 이 책의 구성

1장, 쿠버네티스 아키텍처의 이해 쿠버네티스 시스템을 설계하게 된 동기와 구조를 살펴본다.

2장, 쿠버네티스 클러스터 생성 쿠버네티스 클러스터를 만드는 데 필요한 다양한 옵션을 살펴본 후 도구를 이용해 클러스터를 여러 개 만들어 검사한다.

3장, 모니터링, 로깅, 문제 해결 쿠버네티스 클러스터에서 모니터링 및 측정을 이해하고 직접 설정해봄으로써 일상 업무에서 관리자가 직면하는 일반적인 문제를 식별하고 해결할 수 있다.

4장, 고가용성과 신뢰성 HA에서 쿠버네티스를 설계하고 실시간 클러스터 업그레이드를 수행하는 방법을 알아본다. 대규모 운영 환경을 위한 쿠버네티스 아키텍처를 설계하는 방법을 배운다.

5장, 쿠버네티스 보안, 제한, 계정 설정 쿠버네티스 보안과 제한, AAA통합, 네임스페이스, 서비스 계정을 구성하고 실습한다.

6장, 중요 쿠버네티스 리소스 사용하기 운영 환경에서 최신 쿠버네티스 리소스를 적합한 곳에 알맞게 사용하는 방법을 살펴본다. 또한 이런 객체를 정의, 버전 지정, 전달하는 방법을 배운다.

7장, 쿠버네티스 스토리지 관리하기 영구 볼륨에 대한 쿠버네티스 스토리지 드라이버를 이해하고 사용해본다. 플로커^{Flocker}의 작동 방법과 기존 엔터프라이즈 스토리지(iSCSI/NFS/FC)를 쿠버네티스에 통합하는 방법을 알아본다.

8장, 쿠버네티스를 사용해 상태저장 애플리케이션 실행 운영 작업부하에 적합한 단일 상태 저장 애플리케이션을 쿠버네티스에서 실행되는 마이크로서비스로 변환하는 방법을 배운다. 또한 쿠버네티스 1.3 이전에 PetSet 리소스를 사용할지 여부에 관계없이 이 작업을 수행할 수 있는 여러 가지 방법을 배운다. 쿠버네티스 이전 버전과 현재 버전 간 사용 가능한 문서의 차이를 채울 수 있다.

9장, 롤링 업데이트, 확장성, 할당량 롤링 업데이트와 수평적 포드 자동 스케일링이 어떻게 작동하는지 설명한다. 운영 환경에서 스케일링 테스트를 사용자 정의하고 실행하는 방법을 알아본다. CPU와 메모리 리소스에서 사용 가능한 할당량을 지정할 수 있다.

10장, 쿠버네티스 고급 네트워크 서로 다른 배포판에 적합한 네트워킹 플러그인을 결정하는 데 도움이 되며 다양한 네트워크 플러그인을 사용해 쿠버네티스를 배포하는 방법을 배운다. iptables 로드밸런싱과 이를 확장하는 방법을 살펴본다.

11장, 여러 클라우드와 클러스터 페더레이션에서 쿠버네티스 실행하기 쿠버네티스를 실행하면서 쿠버네티스 클러스터를 운영 환경에 배포할 때 사용되는 다양한 옵션을 살펴본다. 아마존과 구글 클라우드 엔진^{Google Cloud Engine}에서 클러스터를 프로비저닝하고 실행, 자동화하는 방법에 대한 지침이 제공된다. 또한 지리적으로 떨어진 클라우드끼리 연합된 쿠버네티스 클러스터를 구축하고 클러스터에서 제공하는 작업부하를 프로비저닝, 실행, 자동화 방법의 지침이 제공된다.

12장, 쿠버네티스 커스터마이징: API와 플러그인 타사 리소스를 구현하고 쿠버네티스 API를 향상시키는 개념을 이해하며, 기존 환경과 리소스를 통합하는 방법을 보여준다. 스케줄러의 작동 방식과 자체 스케줄링 엔진을 구현하는 방법을 학습한다. 마지막으로 HAProxy나 nginx처럼 공통 서비스를 기반으로 하는 사내 구현을 위한 사용자 지정 외부 로드밸런싱을 구현하는 방법도 배운다.

13장, 쿠버네티스 패키지 매니저 쿠버네티스 애플리케이션을 패키지로 처리하는 방법을 설명한다. Helm Classic으로 시작해 쿠버네티스를 위한 Helm을 살펴보고, 운영 애플리케이션을 위해 패키지를 유지 관리하기 위해 실제로 Helm 저장소에서 패키지를 만들고 업데이트하는 방법을 다룬다. 또한 자신만의 쿠버네티스 패키지를 만들고 Helm 저장소에 저장하는 방법도 설명한다. 저장소에서 클러스터에 이르기까지 쿠버네티스 패키지용 전달 파이프라인을 알아본다.

14장, 쿠버네티스의 미래 쿠버네티스의 로드맵과 앞으로 출시될 제품의 기능을 알아보고, 커뮤니티, 생태계, 공유 정신^{mindshare} 차원 등 개념뿐 아니라 현재까지 쿠버네티스의 탄력성에 대해 살펴본다.

준비 사항

각 장의 예제를 따라하려면 도커와 쿠버네티스 1.10 버전이 필요하다. 1.11 이상의 쿠버네티스 버전에서는 일부 기능이 책의 내용과 다르게 동작할 수 있다. 윈도우10 프로페셔널에서는 하이퍼바이저 모드를 사용할 수 있고, 그 외 운영체제에서는 버추얼박스^{VirtualBox}를 설치한 후 리눅스를 게스트 OS로 사용해야 한다.

컬러 이미지 다운로드

이 책에 쓰인 컬러 화면과 그림 이미지가 담긴 PDF 파일을 제공한다. PDF 파일의 컬러 이미지를 통해 결과의 변경 내용을 좀 더 쉽게 이해할 수 있다. PDF 파일은 https://www.packtpub.com/sites/default/files/downloads/MasteringKubernetesSecond Edition_ColorImages.pdf에서 다운로드할 수 있다. 또한 에이콘출판사의 도서정보 페이지 http://www.acornpub.co.kr/book/mastering-kubernetes-2에서도 컬러 이미지를 내려받을 수 있다.

이 책의 편집 규약

다음은 다르게 적용된 스타일의 예제와 의미 설명이다.

문장 중에 사용된 코드, 데이터베이스 테이블 이름, 사용자 입력, 트위터 처리 등은 다음과 같이 표기한다. "get node를 사용해 클러스터의 노드를 확인하시오."

코드 블록은 다음과 같이 표기한다.

```
type Scheduler struct {
    config *Config
}
```

커맨드라인의 입력과 출력은 다음과 같이 표기한다.

```
> kubectl create -f candy.yaml
candy "chocolate" created
```

화면상에 출력된 메뉴나 대화상자 문구를 문장 중에 사용할 때는 다음과 같이 표기한다.
예를 들면 다음과 같다.

"kubedns 포드를 클릭하시오."

 주의해야 하거나 중요한 내용은 이와 같이 표기한다.

 참고 사항이나 요령은 이와 같이 표기한다.

▌독자 의견

독자의 피드백은 언제나 환영이다.

일반 피드백: 이메일 제목란에 구입한 책 제목을 적은 후 feedback@packtpub.com으로

이메일을 전송한다. 이 책의 내용에 대해 궁금한 사항이 있으면 questions@packtpub.com으로 전자 메일을 보내주기 바란다.

오탈자: 콘텐츠의 정확성을 기하기 위해 세심한 주의를 기울였음에도 실수가 발생하곤 한다. 본문에서 발견한 오류를 알려주시면 매우 감사하겠다. www.packtpub.com/submit-errata를 방문해 도서를 선택하고 Errata Submission 링크를 클릭한 다음 세부 정보를 입력하면 된다.

불법 복제: 인터넷상의 어떤 형태로든 불법 복제물을 발견하면 주소나 웹 사이트명을 알려주길 부탁드린다. 불법 복제물로 의심되는 링크를 copyright@packtpub.com으로 보내주기 바란다.

저자에 관심이 있는 경우: 특정 분야의 전문가로서 저자가 되고 싶다면 authors.packtpub.com을 참고한다.

▍리뷰

후기를 남겨주기 바란다. 이 책을 읽고 사용한 후 구입한 사이트에 리뷰를 남겨주기 바란다. 여러분의 편견 없는 의견은 잠재적인 독자가 구매 결정을 내리는 데 도움이 된다. 팩트 제품에 대한 의견을 이해할 수 있으며, 저자는 책에 관한 의견을 볼 수 있다.

팩트에 대한 더 자세한 내용은 packtpub.com을 참조한다.

▍알고 가면 좋은 IT 용어

이 책에 사용되는 IT 용어 중 한글로 번역 시 의미가 명확히 전달되지 않는 용어는 영문 그대로 표기했다. 예를 들어 프로비저닝의 경우 준비 또는 배포로 번역되나 실제로는 그보다 더 많은 의미가 '프로비저닝'이라는 단어에 내포돼 있다.

그 중 특히 자주 사용되는 용어를 별도로 정리했다. 더 자세한 의미는 별도로 찾아서 익혀보기 바란다.

- **가상 머신** VM, Virtual Machine

  실제로 존재하는 물리적인 컴퓨터 또는 시스템에서 소프트웨어로 구성해 만들어진 또 다른 가상의 컴퓨터 시스템. 하나의 컴퓨터를 여러 명의 사용자가 동시에 사용할 수 있도록 여러 대의 작은 컴퓨터로 분할 사용하거나, 운영체제나 하드웨어 등의 구성을 달리해 운영하고자 할 때 사용된다.

- **가상화** Virtualization

  여러 대의 물리 시스템을 논리적으로 통합해 하나의 컴퓨터처럼 보이도록 만들거나, 하나의 물리적 시스템을 논리적으로 분할해 마치 여러 대의 컴퓨터처럼 보이게 하는 기술이다.

- **로드밸런스** Load balance

  특정 시스템에 과중한 부하가 걸리지 않도록 시간 조정 또는 병렬 장비의 도입을 통해 부하를 고루 분배하는 것이다. 작업부하 분산이라고도 한다.

- **마운트** mount

  디스크를 컴퓨터에 추가하고 파일시스템으로 생성한 후 파일시스템 구조 내에 있는 파일을 사용자가 이용할 수 있도록 만드는 것이다.

- **마이그레이션** migration

  하나의 운영 환경에서 다른 운영 환경으로 옮겨가는 과정이다. 이전, 이관 또는 전환이라고도 한다.

- **마이크로서비스 아키텍처** MSA, MicroService Architecture

  단독으로 실행 가능하고 독립적으로 배치될 수 있는 작은 단위(모듈)로 기능을 분해해 서비스하는 아키텍처다. 분해된 독립적인 작은 모듈을 마이크로서비스라 한다. 각 마이크로서비스는 공유나 프로세스 간 통신이 없이도 독립적으로 실행되며 운영 관리된다.

- **매니페스트**^{Manifest}

  애플리케이션은 구성 요소를 시작하기 전에 매니페스트를 읽어서 존재한다. 매니페스트에는 패키지와 관련된 이름, 버전, 설치 위치, 권한 등의 정보가 들어 있다.

- **멀티테넌트**^{Multitenant}

  하나의 장비에서 서로 분리된 리소스를 할당해 가상의 장비를 구성하는 방식을 말한다. 서로 다른 복수의 서비스 사업자나 사용자의 컴퓨팅 자원이 하나의 데이터 센터에 동시에 상주하는 경우를 일컫는다.

- **배포**^{release}

  컴퓨터 소프트웨어나 하드웨어의 새로운 신제품을 시장에 내어 발표하는 것으로 릴리스라고도 한다.

- **베어 메탈**^{bare metal / bare machine}

  운영체제(OS)를 포함해 어떤 소프트웨어도 설치되어 있지 않은 하드웨어를 의미한다.

- **애드인**^{add-in}

  컴퓨터나 장치에 기능을 늘리기 위해 추가하는 컴포넌트 또는 프로그램의 기능을 확장하는 프로그램을 의미한다.

- **애드혹**^{adhoc}

  특정한 목적을 위해 임시로 만든 것을 의미하며, 애드혹 네트워크, 애드혹 쿼리 등이 대표적이다.

- **엔드포인트**^{Endpoint}

  소프트웨어나 제품의 최종 목적지인 사용자를 의미하며, 예를 들어 PC, 노트북, 핸드폰, 태블릿 등 사용자가 사용하는 장치가 여기에 포함된다.

- **온프레미스**^{On-Premise}

  클라우드 같은 원격 환경이 아니라 자체적으로 보유한 전산실 서버에 하드웨어, 소프트웨어, 네트워크 등을 직접 설치해 운영하는 방식을 말한다.

- **자동 스케일링**auto-scaling

  클라우드 환경의 가장 기본적인 요소 중 하나로, 갑작스러운 트래픽 집중에 서버, 스토리지 등의 자원이 자동으로 확장하면서 안정적인 서비스를 유지하는 것이다.

- **작업부하**workload

  주어진 시간 안에 컴퓨터 시스템이 처리해야 할 작업의 할당량을 의미한다. 워크로드 그대로 표기하기도 한다.

- **CPU 코어**core

  CPU에 내장된 연산을 담당하는 핵심 부분을 코어라고 하며, 싱글, 듀얼(CPU 안에 코어가 2개), 쿼드(4개), 옥타(8개), 헥사 코어(16개) 등이 있다. 싱글 코어에 하이퍼스레딩 기술을 적용하면 가상 듀얼 코어 역할을 수행한다.

- **프로비저닝**provisioning

  필요 시 시스템을 즉시 사용할 수 있는 있도록 시스템 리소스를 미리 할당, 배치, 배포 상태로 준비해두는 것을 의미한다.

- **하이퍼바이저**Hypervisor

  하나의 컴퓨터 시스템에서 여러 개의 운영체계를 가동할 수 있게 하는 가상화 엔진으로 물리 컴퓨터의 하드웨어상에서 하이퍼바이저를 직접 동작시키는 네이티브native 또는 베어메탈bare-metal 방식과 호스트 OS 위에 하이퍼바이저를 설치하고 그 위에서 게스트 OS를 동작시키는 호스트 방식이 있다.

01

쿠버네티스 아키텍처 이해

쿠버네티스는 많은 코드와 풍부한 기능으로 구성된 대규모 오픈소스 프로젝트이자 에코 시스템이다. 쿠버네티스는 구글에서 만들었지만 CNCF^{Cloud Native Computing Foundation}에 가입 하면서 컨테이너 기반 애플리케이션 분야의 확실한 리더가 됐다. 쿠버네티스는 한 문장으 로 말한다면 컨테이너 기반 애플리케이션의 배포, 확장, 관리를 조율하는 플랫폼이다. 아 마도 한 번쯤은 쿠버네티스 관련 기사를 읽었거나 들어보았을 것이고, 작은 프로젝트나 조직에서 쿠버네티스를 사용해 보았을 수도 있다. 그렇더라도 쿠버네티스가 무엇에 관한 것인지 이해하고, 그것을 효과적으로 사용하는 방법과 모범 사례를 정확히 이해하기 위해 자세히 알 필요가 있다. 이 장에서는 쿠버네티스를 활용하는 데 필요한 지식 기반을 구축 할 것이다. 이를 위해 쿠버네티스가 무엇인지, 쿠버네티스가 아닌 것은 어떤 것인지, 컨 테이너 오케스트레이션이 정확히 무엇을 의미하는지 이해하는 것으로 시작할 것이다. 그 런 다음 쿠버네티스 개념과 관련해 책 전체에서 사용할 어휘도 다룬다. 쿠버네티스 아키텍처에 대해 자세히 살펴보고, 쿠버네티스가 사용자에게 제공되는 모든 기능의 사용 방법을 살펴본다. 그 후 쿠버네티스가 지원하는 다양한 런타임과 컨테이너 엔진도 알아볼 것이다. 도커는 이런 옵션 중 하나다. 마지막으로 지속적 통합과 배포CI/CD 파이프라인에서 쿠버네티스의 역할에 대해 논의한다.

이 장의 마지막 부분에서는 컨테이너 오케스트레이션과 쿠버네티스가 다루는 문제, 쿠버네티스 설계와 아키텍처의 이론적 근거, 쿠버네티스가 지원하는 다양한 런타임에 대해 확실히 이해할 수 있을 것이다. 또한 오픈소스 저장소repository의 전반적인 구조에 익숙해지고 그와 관련된 어떤 질문에 대해서도 답변을 할 수 있게 될 것이다.

▌ 쿠버네티스는 무엇인가

쿠버네티스는 계속 증가하고 있는 엄청난 수의 서비스와 기능이 포함된 플랫폼이다. 핵심 기능은 인프라 전체에 걸쳐 컨테이너에서 작업부하를 스케줄할 수 있는 능력이다. 그러나 이게 전부는 아니다. 다음은 쿠버네티스가 제공하는 몇 가지 기능이다.

- 스토리지 시스템 마운트
- 보안 배포
- 애플리케이션 상태 확인
- 애플리케이션 인스턴스 복제
- 수평적 포드 자동 스케일링
- 이름 지정과 검색
- 로드밸런싱(부하 균형 조정)
- 롤링 업데이트
- 리소스 모니터링
- 로그 액세스 및 수집

- 애플리케이션 디버깅
- 인증과 권한 부여

▌ 쿠버네티스가 아닌 것은 무엇인가

쿠버네티스는 **서비스로서의 플랫폼**[PaaS]은 아니다. 원하는 서비스를 만들 때 시스템의 중요 사항을 일일이 구성할 필요가 없다. 대신 이런 사항을 데이버트[Deibert], 오픈시프트[OpenShift], 엘다리온[Eldarion] 같은 쿠버네티스 위에 구축된 시스템이나 사용자에게 남겨 둔다. 예를 들면 다음과 같다.

- 쿠버네티스는 특정한 애플리케이션 유형이나 프레임워크를 요구하지 않는다.
- 쿠버네티스는 특정한 프로그래밍 언어를 요구하지 않는다.
- 쿠버네티스는 데이터베이스 또는 메시지 대기열을 제공하지 않는다.
- 쿠버네티스는 앱과 서비스를 구분하지 않는다.
- 쿠버네티스는 클릭 투 배포 서비스 시장을 가지고 있지 않다.
- 쿠버네티스는 사용자가 자체 로깅과 모니터링, 경보 시스템을 선택할 수 있다.

▌ 컨테이너 오케스트레이션 이해

쿠버네티스의 주요 임무는 컨테이너 오케스트레이션[container orchestration]이다. 즉, 다양한 작업을 실행하는 모든 컨테이너가 물리 장치나 가상 머신에서 실행되도록 예약돼 있는지 확인한다. 그리고 배포 환경과 클러스터 설정의 제약 사항에 따라 컨테이너가 효율적으로 패키징돼야 한다. 또한 쿠버네티스는 실행 중인 모든 컨테이너를 모니터링하여 중지되거나 응답이 없거나 상태가 불량한 컨테이너를 교체한다. 다음 장에서 쿠버네티스의 더 많은 기능을 배울 것이다. 이 절에서는 컨테이너와 오케스트레이션[1]을 중점적으로 다룬다.

실제 머신, 가상 머신, 컨테이너

모든 것은 하드웨어로 시작해서 하드웨어로 끝난다. 작업을 실행하려면 실제 하드웨어를 프로비저닝해야 한다. 프로비저닝 대상에는 특정 컴퓨팅 기능(CPU나 코어)이거나, 메모리와 로컬 영구 스토리지local persistent storage(회전 디스크 또는 SSD)를 가진 실제 물리 머신physical machine이 포함된다. 또한 공유 영구 스토리지shared persistent storage가 필요하며 물리 머신을 네트워크로 연결할 통신이 필요하다. 이런 조건에서 여러 개의 가상 머신을 물리 머신에서 실행하거나, 가상 머신이 없는 베어 메탈 수준으로 유지할 수 있다. 쿠버네티스는 실제 하드웨어인 베어 메탈 클러스터 또는 가상 머신의 클러스터에 배포할 수 있다. 또한 베어 메탈이나 가상 머신에서 직접 관리하는 컨테이너를 조정하고 관리할 수 있다. 이론적으로 베어 메탈과 가상 머신을 혼용해 쿠버네티스 클러스터를 구성할 수는 있지만 일반적인 방법은 아니다.

컨테이너의 장점

컨테이너는 크고 복잡한 소프트웨어 시스템의 개발과 운영에 진정한 패러다임의 변화를 가져오고 있다. 기존 개발 모델과 비교해 컨테이너를 사용했을 때의 이점은 다음과 같다.

---

1 컨테이너 오케스트레이션은 컨테이너 배포 관리라고도 불리며, 여러 컨테이너를 배포하고 관리하는 프로세스를 최적화하는 데 그 목적이 있다. 이런 컨테이너 오케스트레이션은 다음과 같은 기능을 제공한다.
   · 프로비저닝: 컨테이너를 자동으로 배치하고 복제하며, 예약하고 시작할 수 있다.
   · 구성 스크립트: 특정 애플리케이션 구성 정보를 컨테이너에 로드할 수 있다.
   · 모니터링: 컨테이너의 상태를 감시하고, 로드밸런싱을 수행할 수 있다. 또한 컨테이너의 장애를 탐지하고, 새로운 인스턴스를 기동한다. 필요시 컨테이너를 추가하거나 삭제할 수 있다(확장과 축소).
   · 서비스 탐색: 사용자가 일일이 서비스를 지정하고 않고, 컨테이너가 적합한 자원을 찾기 위해 서비스 탐색을 사용하고, 외부로 노출시킨다.
   대표적인 오케스트레이션 도구로는 쿠버네티스, 도커 스웜(Docker Swarm), 아파치 메소스(Apache Mesos) 등이 있다. – 옮긴이

- 애자일(민첩한) 애플리케이션 생성과 배포
- 지속적인 개발과 통합 및 배포
- 개발 및 운영 분리의 관심사
- 개발과 테스트, 운영 전반에 걸친 환경 일관성
- 클라우드와 OS 배포 이식성
- 애플리케이션 중심의 관리
- 느슨하게 결합하고 분산되며 탄력적이고 자율적인 마이크로서비스의 리소스 격리
- 리소스 활용성

클라우드 컨테이너

컨테이너는 마이크로서비스를 격리하는 동시에 매우 가벼우며, 가상 머신을 이용해서 마이크로서비스를 배포할 때처럼 많은 오버헤드가 발생하지 않기 때문에 마이크로서비스를 패키징하는 데 이상적이다. 이것은 각각의 마이크로서비스에 전체 가상 머신을 할당하는 것은 비용이 많이 들기 때문에, 컨테이너가 클라우드 배포에 이상적임을 의미한다.

아마존 AWS, 구글의 GCE[2], 마이크로소프트의 애저, 알리바바 클라우드 같은 주요 클라우드 공급자는 최근 컨테이너 호스팅 서비스를 제공한다. 구글의 GKE 등 일부 클라우드 공급자는 기반 기술로써 쿠버네티스를 채택했고, AWS의 ECS(EC2상의 컨테이너 서비스)는 자사에서 만든 오케스트레이션 솔루션을 기반으로 한다. 마이크로소프트의 애저 컨테이너 서비스를 포함한 일부 클라우드 공급자는 아파치 메소스Apache Mesos를 기반으로 한다. 쿠버네티스는 이런 클라우드 모두에 배포할 수 있지만, 오늘날까지 다른 서비스와 깊게 통합되고 있지는 않았다. 그러나 2017년말 모든 클라우드 공급자는 쿠버네티스에 대

---

2 GCE/GKE: Google Container Engine. 구글 컨테이너 엔진으로 쿠버네티스를 활용해 컨테이너 기술을 구글 클라우드 플랫폼에서 쉽게 사용할 수 있도록 도와준다. – 옮긴이

한 직접 지원을 발표했다. 마이크로소프트는 AKS를 시작했고, AWS는 EKS를 출시했으며, 알리바바 클라우드는 쿠버네티스와 통합하기 위하여 쿠버네티스 컨트롤러 매니저상에서 작업하기 시작했다.

소 떼 vs 애완동물

예전 소규모 시스템 환경에서는 각 서버마다 고유한 이름을 지정했다. 개발자와 사용자는 각 서버에서 어떤 소프트웨어가 운영 중인지 정확히 알고 있었다. 내가 근무했던 많은 회사에서도 서버 이름의 테마를 정하기 위해 며칠씩 토론했던 기억이 난다. 작곡가와 그리스 신화 속 인물은 서버에 이름을 부여할 때 사용하는 단골 소재였다. 그 당시에는 서버를 마치 애완동물pet처럼 다뤘다. 서버가 죽는 것은 애완동물이 죽는것과 같은 큰 재앙이었다. 모든 인력이 대체할 서버를 확보해야 했고 죽은 서버에서 실행 중이던 소프트웨어를 새로운 서버에 동작시키는 방법을 알아내기 위해 노력했다. 중요한 데이터가 죽은 서버에 있으며 해당 백업본이 있는 경우에는 다행이도 최신 백업본을 활용해 복원할 수 있었다.

하지만 단언컨대 이런 방식의 접근은 대규모 환경에서는 적합하지 않다. 수십 또는 수백 대의 서버가 있는 경우에는 소 떼cattle처럼 다뤄야 한다. 즉, 개별 애완동물처럼 관리할 수 있는 빌드머신 같은 서버도 있지만 웹 서버 같은 경우는 소 떼와 같이 하나의 집단으로 다뤄야 한다.

쿠버네티스는 극단적인 방법으로 소 떼와 같은 집단 접근 방식을 취하고, 컨테이너를 특정 시스템에 할당하는 모든 부분을 담당한다. 대부분의 상황에서 개별 시스템(노드)과 상호작용할 필요는 없다. 이 작업은 상태 비저장stateless[3] 업무에 적합하다. 상태 저장stateful[4] 애플리케이션의 경우 상황이 조금 다르지만 쿠버네티스는 추후에 우리가 다루게 될 스테이트풀세트라는 솔루션을 제공한다.

---

3 상태 비저장(Stateless)은 이전의 상태를 기록하지 않는 접속으로 대표적으로 HTTP가 있다. 웹 서버는 사용자의 작업을 기억할 필요가 없기 때문이다. - 옮긴이

4 상태 저장(Stateful)은 이전의 상태를 기록하고 있는 것으로 온라인 게임이 대표적이다. 게임의 경우 사용자가 진행한 내용을 기록했다가 로그인 시 이전 기록부터 보여주어야 한다. - 옮긴이

이 절에서는 컨테이너 오케스트레이션의 개념을 다뤘으며 호스트(물리 또는 가상)와 컨테이너의 관계 및 클라우드에서 컨테이너 운영 시 장점을 살펴봤다. 그리고 마지막으로 소 떼와 애완동물에 대해 논의했다. 다음 절에서는 쿠버네티스의 세계를 알아보고 개념과 용어에 대해 살펴본다.

▌ 쿠버네티스 개념

이번 절에서는 쿠버네티스의 중요한 개념을 몇 가지 간략하게 소개하고 쿠버네티스가 필요한 이유와 다른 개념과 상호작용하는 방법을 설명한다. 용어와 개념에 익숙해지는 것이 목표다. 그런 다음 이런 개념이 얽히고설켜 어떻게 API 그룹과 리소스 카테고리와 조화를 이뤄 놀라운 결과를 만들어내는지 살펴본다. 이런 개념 중 많은 부분은 블록을 쌓는 놀이라고 생각하면 된다. 일부 개념들 중 노드나 마스터 같은 개념은 쿠버네티스 컴포넌트 집합으로 동작한다. 이런 구성 요소는 다른 추상화 수준에 있으며 '쿠버네티스 컴포넌트' 절에서 자세히 다룬다.

다음 그림은 유명한 쿠버네티스 아키텍처 다이어그램이다.

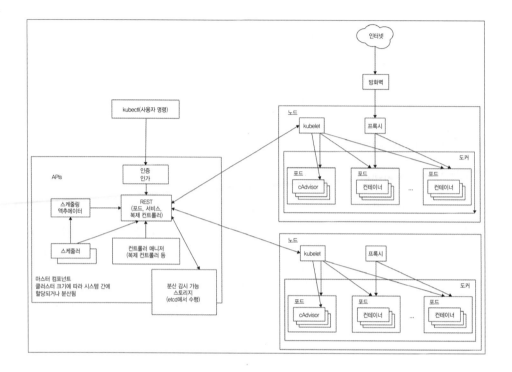

클러스터

클러스터^{Cluster}는 쿠버네티스가 시스템을 구성하는 다양한 업무를 실행하는 데 사용하는 다수의 컴퓨터, 스토리지, 네트워크 리소스의 집합이다. 여러 개의 클러스터로 전체 시스템을 구성할 수 있다. 고급 사용 사례는 이후에 자세히 다룬다.

노드

노드^{Node}는 단일 호스트로 물리 머신이거나 가상 머신일 수 있다. 노드는 포드^{pod}를 실행시킨다. 각 쿠버네티스 노드는 kubelet과 kube proxy 등 여러 쿠버네티스 컴포넌트를 실행한다. 각각의 노드는 쿠버네티스 마스터에 의해 관리된다. 노드는 쿠버네티스에서 일별의 역할을 하며 책임이 막중하다. 과거에는 '미니온^{minion}'이라 불렸으며 오래된 문서나 기사에서 미니온은 노드와 같은 의미로 사용됐다.

마스터

마스터^{Master}는 쿠버네티스의 컨트롤 플레인^{control plane}으로 클러스터를 관리한다. 마스터는 API 서버, 스케줄러, 컨트롤러 매니저 등 여러 컴포넌트로 구성된다. 마스터는 클러스터 수준의 포드 스케줄링과 이벤트 처리를 담당한다. 모든 마스터 컴포넌트는 단일 호스트에 설정하는 것이 일반적이나, 고가용성 시나리오나 대규모 클러스터를 고려할 경우에는 마스터 이중화^{redundancy}를 요구한다. 고가용성 클러스터에 관한 자세한 내용은 4장, '고가용성과 신뢰성'에서 다룬다.

포드

포드^{Pod}는 쿠버네티스의 작업 단위다. 포드에는 한 개 또는 여러 개의 컨테이너가 들어 있다. 동일한 시스템에서 실행되는 여러 포드는 항상 함께 스케줄링된다. 포드의 컨테이너들은 모두 동일한 IP 주소와 포트 공간^{port space}을 가지고 있으며 로컬호스트를 사용하거나 표준 IPC^{inter-process communication}를 사용해 서로 통신한다. 또한 포드의 모든 컨테이너는 포드를 호스팅하는 노드에 있는 공유 로컬 저장소에 접근이 가능하며, 공유 저장소는 각 컨테이너로 마운트될 수 있다. 포드는 쿠버네티스에서 매우 중요한 요소다. 다중 프로세스를 실행하는 기본 도커 애플리케이션으로 슈퍼바이저 같은 기능을 사용해 단일 도커 컨테이너 내부에서 여러 애플리케이션을 실행할 수도 있다. 그러나 쿠버네티스를 사용하면 다음과 같은 장점이 있기 때문에 이런 방법을 사용하지 않는 경우가 많다.

- **투명성**: 포드 내부의 컨테이너를 인프라에 표시하면 인프라가 프로세스 관리와 리소스 모니터링 서비스를 컨테이너에 제공할 수 있다. 이로써 사용자가 편리하게 사용할 수 있다.
- **소프트웨어 종속성 분리**: 개별 컨테이너의 버전 관리, 재구축, 재배포를 독립적으로 수행할 수 있다. 쿠버네티스는 개별 컨테이너의 라이브 업데이트를 제공할 것이다. 아직은 아니다.
- **사용 편의성**: 사용자는 자신의 프로세스 매니저를 실행할 필요가 없으며 시그널과 종료 코드 전파 등을 걱정하지 않아도 된다.
- **효율성**: 인프라에 더 많은 역할을 부여해 컨테이너를 더 경량화할 수 있는 장점이 있다.

포드는 서로 의존하며 목적을 달성하기 위해 동일한 호스트에서 협업해야 하는 밀접한 연관이 있는 컨테이너 그룹을 관리하기 위한 훌륭한 솔루션을 제공한다. 포드는 필요에 따라 버릴 수 있고 교체할 수 있는 일시적인 요소임을 기억해야 한다. 포드 저장소는 해당 포드와 함께 소멸된다. 각 포드는 **고유한 ID**UID, unique ID를 가지며 필요에 따라 ID를 구별할 수 있다.

라벨

라벨Label은 키/값key-value 쌍의 객체 집합이며 주로 포드를 그룹화할 때 사용한다. 라벨은 복제 컨트롤러, 복제 세트, 동적 개체 그룹에서 동작하고 그룹 구성원을 식별하는 서비스와 같은 여러 다른 관점에서 중요하다. 객체와 라벨 사이에는 N×N 관계가 있다. 따라서 각 개체는 여러 개의 라벨을 가질 수 있고 각 라벨도 여러 객체에 적용될 수 있다. 라벨 설계에는 제한 사항이 있다. 객체의 라벨은 반드시 고유한 키를 가져야 하며, 라벨 키는 반드시 엄격한 구문을 따라야 한다. 구문은 접두사와 이름, 두 부분으로 구성되며 접두사는 선택 사항이다. 접두사는 슬래시(/)로 이름과 구분되며 유효한 DNS 하위 도메인으로 구성되고 최대 253자까지 허용된다. 이름은 필수이며 최대 63자까지 허용된다. 이름은 문자나 숫자(a–z, A–Z, 0–9)로 시작하고 끝나야 하며 문자, 숫자, 점, 대시, 밑줄만 사용 가능하다. 값 항목에도 이름과 동일한 제약 사항이 적용된다. 라벨은 객체를 식별하는 데 사용하며 객체에 임의의 메타데이터를 연결하지 않는다. 이것은 애노테이션을 위한 것으로 다음 절에서 다룬다.

애노테이션

애노테이션Annotation을 사용하면 임의의 메타데이터를 쿠버네티스 객체와 연결할 수 있다. 쿠버네티스는 애노테이션을 저장하고 메타데이터를 사용할 수 있게 한다. 라벨과 애노테이션의 차이는 애노테이션은 허용 가능한 문자나 크기에 엄격한 제한이 없다는 것이다. 내 경험상 복잡한 시스템의 경우 항상 이런 메타데이터가 필요했다. 쿠버네티스는 이런 필요성을 인식하고 신속하게 제공하므로, 사용자가 별도의 메타데이터 저장소를 마련하고 객체를 메타데이터에 매핑할 필요가 없다.

지금까지 쿠버네티스와 관련된 대부분의 개념을 다뤘으며 간략하게 언급할 몇 가지 개념이 더 남아 있다. 다음 절에서는 쿠버네티스의 구조에 대하여 설계 동기와 내부 구조, 구현 방식을 살펴보고, 소스 코드도 살펴본다.

라벨 셀렉터

라벨 셀렉터Label selector는 라벨을 기반으로 객체를 선택하며, 동등 기반 셀렉터와 집합 기반 셀렉터가 있다. 동등 기반equality-based 셀렉터는 키 이름과 값을 지정하며 값에 따라 같음이나 다름을 나타내는 =(또는 ==)와 != 두 연산자를 사용한다. 다음은 연산자를 사용하는 예제다.

```
role = webserver
```

이 경우 라벨 키와 값을 가진 모든 객체가 선택된다.

라벨 셀렉터는 복수의 조건을 쉼표(,)로 구분할 수 있다.

```
role = webserver, application != foo
```

집합 기반set-based 셀렉터는 기능을 확장해 다양한 값을 기반으로 하여 객체를 선택한다.

```
role in (webserver, backend)
```

복제 컨트롤러와 복제 세트

복제 컨트롤러Replication controller와 복제 세트replica set는 라벨 셀렉터로 식별된 포드 그룹을 관리하고 특정 수만큼 항상 실행 중인지 확인한다. 복제 컨트롤러는 이름의 동일 여부로 구성원을 확인하는 반면에, 복제 세트는 집합 기반 선택을 사용한다는 것이 두 개념의 주요 차이점이다. 복제 세트는 복제 컨트롤러의 다음 버전이기 때문에 계속 사용될 것이다. 어느 시점이 되면 복제 컨트롤러는 더 이상 사용되지 않을 것이다.

쿠버네티스는 복제 컨트롤러나 복제 세트에서 지정한 수의 포드가 항상 실행되도록 보장한다. 어떤 문제가 발생해 호스팅 노드나 포드의 수가 일정 수준 이하로 내려가면 쿠버네티스는 새로운 인스턴스를 시작한다. 사용자가 수동으로 새로운 포드를 시작해 지정한 수를 초과하면 복제 컨트롤러는 지정한 수를 유지하기 위해 추가된 포드만큼 기존에 동작 중인 포드를 정지시키므로 주의해야 한다.

복제 컨트롤러는 롤링 업데이트rolling update[5]나 일회성 작업 실행과 같은 많은 업무 흐름의 중심에 있다. 쿠버네티스가 진화함에 따라 **배포**Deployment, **잡**Job, **데몬세트**DaemonSet 같은 전용 객체(오브젝트)를 통해 여러 작업 흐름들을 직접 지원할 수 있게 됐다. 이 부분은 이후에 다룬다.

---

5 롤링 업데이트(rolling update)는 서비스를 업데이트하는 경우 전체 인스턴스를 중단시키지 않고 점진적으로 컨테이너에 하나하나 차례대로 업데이트하는 것을 의미한다. – 옮긴이

서비스

서비스Service는 사용자나 다른 서비스에 특정 기능을 노출하는 데 사용된다. 서비스는 특정 라벨을 가지고 있는 포드를 선택해 서비스로 묶을 수 있다. 또한 외부 리소스에 대한 접근을 제공하거나 가상 IP 수준에서 직접 제어하는 포드에 접근할 수 있는 서비스를 제공할수 있다. 기본 쿠버네티스 서비스는 편리한 엔드포인트를 통해 노출된다. 서비스는 OSI 7계층의 3계층layer 3(TCP/UDP)에서 동작한다. 쿠버네티스 1.2부터 HTTP 객체에 접근할 수있는 Ingress 객체가 추가됐고 이후 더 많은 기능이 추가됐다. 서비스는 DNS 또는 환경변수 두 가지 메커니즘 중 하나를 통해 게시되거나 발견된다. 서비스는 쿠버네티스에 의해 로드밸런싱이 가능하지만, 개발자는 외부 리소스를 사용하거나 특별한 처리가 필요한서비스의 경우 직접 로드밸런싱을 관리할 수 있다.

서비스에는 IP 주소, 가상 IP 주소, 포트 공간과 관련된 많은 세부 정보가 있으며 다음 장에서 깊이 있게 다룬다.

볼륨

포드의 로컬 저장소는 포드의 소멸과 함께 제거되는 일시적 생명주기를 가진다. 때때로 노드의 컨테이너 사이에 데이터를 교환하기만 하면 되는 경우도 있지만 데이터가 포드보다오래 보존되거나 포드 간에 데이터를 공유해야 하는 경우도 있다.

볼륨Volume은 이런 요구를 지원한다. 계속 발전 중인 도커는 아직은 제약 사항이 많은 볼륨의 개념을 가지고 있다. 쿠버네티스는 별도의 자체 볼륨을 사용한다. 그리고 rkt 같은 컨테이너 유형도 지원해 원칙적으로 도커 볼륨에 의존하지 않는다.

쿠버네티스는 다양한 유형의 볼륨을 지원한다. 현재 많은 볼륨 유형을 직접 지원하지만, **컨테이너 스토리지 인터페이스**CSI, Container Storage Interface를 통해 더 많은 볼륨 유형으로 확장하는 현대적인 접근법이 이루어지고 있다. 이 부분은 나중에 자세히 설명한다.

볼륨 유형 중 emptyDir은 호스팅 머신 환경에서 사용할 수 있는 것은 무엇이든지 기본적으로 지원되는 볼륨을 각각의 컨테이너에 마운트한다. 메모리 매체의 요청도 가능하다. 이 저장소는 어떤 이유로든 포드가 제거될 때 함께 사라진다. 특정 클라우드 환경과 다양한 네트워크 파일시스템뿐만 아니라 깃 저장소에서 사용 가능한 볼륨 유형까지 지원한다. 그 중에서 persistentDiskClaim은 흥미로운 볼륨 유형으로, 세부 정보를 약간 추상화하고 사용자 환경(일반적으로 클라우드 공급자)의 기본 영구 저장소를 사용한다.

스테이트풀세트

포드의 생성과 소멸로 인한 데이터 유실이 걱정되면 영구 저장소를 사용할 수 있다. 그러나 때로는 MySQL 갈레라^{Galera}나 쿠버네티스 같은 분산 데이터 저장소의 관리를 원할 수도 있을 것이다. 이런 클러스터 저장소는 고유하게 식별된 노드에 데이터를 분산시켜 보관한다. 스테이트풀세트^{StatefulSet} 관점에서 보면 일반적인 포드와 서비스를 사용해서는 모델링이 불가능하다. 소 떼와 애완동물에서 언급한 소 떼의 관리 방식을 떠올려본다면, 스테이트풀세트는 그 중간 정도로 생각할 수 있다. 스테이트풀세트는 복제 컨트롤러와 유사하게 지정된 시간에 지정된 수만큼의 애완동물이 실행하도록 보장한다. 애완동물은 아래 속성들을 가진다.

- DNS에서 사용 가능한 안정적인 호스트네임
- 서수 인덱스
- 서수와 호스트네임에 연결된 안정적인 저장소

스테이트풀세트는 애완동물을 추가하거나 제거하는 것뿐 아니라 주변 동료를 찾을 때에도 사용할 수 있다.

시크릿

시크릿Secret은 자격증명과 토큰 같은 민감한 정보를 가진 작은 객체다. 시크릿은 etcd에 저장되며 쿠버네티스 API 서버를 통해 접근이 가능하다. 또한 일반적인 데이터 볼륨에 피기백하는 전용 시크릿 볼륨을 사용해 시크릿에 접근하려는 포드에 파일로 마운트될 수 있다. 시크릿은 여러 포드에 마운트될 수 있다. 쿠버네티스는 컴포넌트의 시크릿을 스스로 생성할 수 있으며 사용자는 자신의 시크릿을 생성할 수 있다. 또한 시크릿을 환경 변수로 사용하는 방법도 있다. 포드의 시크릿은 더나은 보안을 위해 항상 메모리(마운트된 시크릿의 경우 tmpfs)에 저장된다.

이름

쿠버네티스에 있는 각각의 객체는 UID와 이름name으로 식별된다. 이름은 API 호출 시 객체를 참조할 때 사용한다. 이름은 253자 이하의 소문자 영숫자, 대시(-), 점(.)을 포함한 문자열로 구성된다. 객체를 삭제하면 삭제된 객체와 동일한 이름의 또 다른 객체를 만들 수 있지만 UID는 클러스터 생명주기 동안 유일해야 한다. 쿠버네티스는 UID를 자동으로 생성하기 때문에 사용자는 UID 생성을 고민하지 않아도 된다.

네임스페이스

네임스페이스namespace는 가상 클러스터다. 사용자는 네임스페이스로 분리된 여러 가상 클러스터들을 가진 단일 물리 클러스터를 가질 수 있다. 각 가상 클러스터는 다른 가상 클러스터와 완전히 분리되어 있으며 공용 인터페이스를 통해서만 통신할 수 있다. 노드 객체와 영구 볼륨은 네임스페이스에 상주하지 않는다. 동일 노드에서 실행을 위해 쿠버네티스는 다른 네임스페이스의 포드를 스케줄링할 수 있다. 마찬가지로 서로 다른 네임스페이스에 있는 포드는 동일한 영구 저장소를 사용할 수 있다.

네임스페이스를 사용할 때는 실제 클러스터 리소스가 적절하게 접근하고 분배할 수 있게 네트워크 정책과 리소스 할당을 고려해야 한다.

▌ 쿠버네티스 구조 심층 탐구

쿠버네티스는 광범위한 환경에서 클라우드 공급자의 분산 환경 시스템을 간단하게 오케스트레이션, 배포, 관리하는 매우 원대한 목표를 가지고 있다. 현재의 쿠버네티스는 진화와 발전을 거듭하면서 다양한 환경에서 운영 가능한 많은 기능과 서비스를 제공하며 사용하기 쉽게 변화하고 있다. 이런 서비스 제공은 어려운 작업으로, 쿠버네티스는 수정처럼 명료하고 높은 수준의 디자인을 따르고, 확장성과 결합성을 촉진하는 잘 설계된 아키텍처를 통해 이를 제공하고 있다. 여전히 많은 부분이 하드코딩되거나 환경 인식에 의존하지만 계속해서 플러그인으로 리팩토링하고 코어를 일반화해 추상화하는 쪽으로 변화되고 있다. 이번 절에서는 양파 껍질을 벗기며 새로운 사실을 마주하는 것처럼 쿠버네티스를 자세히 살펴본다. 다양한 분산 시스템 디자인 패턴과 쿠버네티스가 이를 지원하는 방법부터 시작해 쿠버네티스의 매커니즘을 살펴보고, 쿠버네티스 API 집합과 쿠버네티스를 구성하는 실제 컴포넌트에 대해 다뤄본다. 마지막으로 쿠버네티스의 구조를 더 깊이 이해하도록 소스코드를 간단히 살펴본다.

이 절을 마치면 쿠버네티스의 아키텍처와 구현, 특정 디자인이 만들어진 이유를 명확히 알게 될 것이다.

분산 시스템 디자인 패턴

톨스토이의 작품 『안나 카레리나』[6]와 유사하게, 분산 시스템 역시 모범 사례와 원칙에 따라 설계됐다면 정상적으로 동작할 것이다. 쿠버네티스는 단순한 관리 시스템이 아니다. 쿠버네티스는 모범 사례의 지원과 활용으로 개발자와 매니저에게 높은 수준의 서비스를 제공한다. 이것을 위한 디자인 패턴 중 일부를 살펴보자.

사이드카 패턴

사이드카 패턴sidecar pattern은 포드에 있는 다른 컨테이너를 메인 애플리케이션 컨테이너에 함께 배치하는 것이다. 애플리케이션 컨테이너는 사이드카 컨테이너가 추가된 것을 인지하지 못한 채 자신의 역할을 수행한다. 중앙 집중식 로깅 에이전트central logging agent가 좋은 예다. 메인 컨테이너는 표준 출력stdout에 로그를 기록한다. 하지만 사이드카 컨테이너는 모든 로그를 중앙 집중식 로깅 서비스로 전송하고 전체로 시스템과의 로그를 집계한다. 메인 애플리케이션에 중앙 집중식 로그의 기록을 위해 사이드카 컨테이너를 함께 사용하면 큰 장점이 있다. 대표적인 장점은 중앙 집중식 로그 수집 환경으로 발생하는 애플리케이션의 부담을 해소하는 것이다. 중앙 집중식 로깅 정책을 갱신하거나 완전히 새로운 공급자로 전환할 경우 사이드카 컨테이너만 업데이트하고 배포하면 된다. 애플리케이션 컨테이너에는 변경이 없으므로 실수로 애플리케이션이 중단되는 일도 없을 것이다.

앰버서더 패턴

앰버서더 패턴ambassador pattern은 원격 서비스가 마치 로컬인 것처럼 운영되도록 일부 정책을 시행하는 것이다. 쓰기 작업용 마스터 하나와 읽기 작업용 복제본 다수로 구성된 레디스Redis 클러스터가 앰버서더 패턴의 좋은 예다. 로컬 앰버서더 컨테이너는 프록시 역할을 하며 로컬호스트localhost의 메인 애플리케이션 컨테이너에 레디스를 노출할 수 있다. 메인

---

6 이 책의 저자 기기 사이판은 본문 중간에 시적 표현을 사용하곤 한다. 톨스토이의 『안나 카레니나』를 분산 시스템에 비유한 것도 사이판의 문학적인 감성 표현법이라 생각한다. 저자는 안나 카레니나의 당시 사회, 문화적 환경에서 원칙 준수와 파격 행보를 분산 시스템의 원칙과 확장성으로 표현한 것이라 생각한다. – 옮긴이

애플리케이션 컨테이너는 `localhost:6379`(Redis의 기본 포트)에 있는 레디스에 간단히 연결되지만 실제로 동일한 포드에서 동작 중인 앰버서더에 연결된다. 앰버서더는 요청을 필터링하고, 실제 레디스 마스터에게 쓰기 요청을 보내고, 읽기 복제본 중 하나로 읽기 요청을 전송한다. 사이드카 패턴과 같이 메인 애플리케이션은 어떤 일이 일어나고 있는지 알지 못한다. 이것은 실제 로컬 레디스 환경에서 테스트할 경우 많은 도움이 된다. 또한 레디스 클러스터 구성의 변경이 있는 경우 앰버서더만 수정하면 되며 메인 애플리케이션은 아무런 영향을 받지 않는다.

어댑터 패턴

어댑터 패턴^{adapter pattern}은 메인 애플리케이션 컨테이너의 출력을 표준화하는 것이다. 점진적으로 배포되는 서비스를 가정해보자. 이전 버전과 일치하지 않는 형식의 출력이 발생하고 그 출력을 사용하는 다른 서비스나 애플리케이션은 아직 업그레이드되지 않은 경우를 가정하자. 이 경우 어댑터 컨테이너는 새로운 애플리케이션 컨테이너와 함께 동일한 포드에 배포될 수 있으며 해당 출력을 사용하는 다른 서비스나 애플리케이션이 업그레이드될 때까지 이전 버전에 맞게 출력을 변경할 수 있다. 어댑터 컨테이너는 메인 애플리케이션 컨테이너와 파일시스템을 공유하기 때문에 로컬 파일시스템의 감시가 가능하며 새로운 애플리케이션이 무언가 쓰기 작업을 할 때마다 이를 즉시 변경한다.

다중 노드 패턴

모든 단일 노드 패턴^{single-node pattern}은 포드를 통해 쿠버네티스가 직접 지원한다. 반면, 리더 선출, 작업 큐, 분산 수집 같은 다중 노드 패턴^{multi-node pattern}은 쿠버네티스의 직접적인 지원 없이 표준 인터페이스를 사용해 포드를 구성한 쿠버네티스에서 실행 가능한 접근 방식이다.

▌쿠버네티스 API

시스템과 시스템 기능이 제공하는 것을 이해하려면 시스템의 API에 많은 관심을 가져야한다. 사용자는 API를 통해 시스템이 제공하는 기능을 포괄적으로 이해할 수 있다. 쿠버네티스는 다양한 목적과 대상을 위해 몇 가지 REST API 집합을 공개한다. 일부 API는 주로 도구로 사용되며 일부 API는 개발자가 직접 사용할 수 있다. API가 지속적으로 개발되고 있다는 것은 매우 중요한 포인트다. 쿠버네티스 개발자는 기존 객체에 새로운 객체와 필드를 추가해 API를 확장하고, 기존 객체와 필드의 이름 바꾸기나 삭제를 피함으로써 API 관리가 가능하도록 유지한다. 또한 모든 API 엔드포인트endpoint의 버전은 관리되며 알파나 베타 표기법을 사용해 관리하는 경우가 많다. 다음은 그 예다.

```
/api/v1
/api/v2alpha1
```

개발자는 kubectl cli 또는 클라이언트 라이브러리를 사용하거나 직접 REST API 호출을 통해 API에 접근할 수 있다. API 사용에는 정교한 인증과 권한 부여 메커니즘이 있으며, 이것은 이후 장에서 살펴본다. 올바른 사용 권한이 있으면 다양한 쿠버네티스 객체를 나열하고, 보고, 생성하고, 업데이트, 삭제할 수 있다. 이 시점에서 API를 살짝 엿보자. API를 탐색하는 가장 좋은 방법은 API 그룹을 이용하는 것이다. 일부 API 그룹은 기본적으로 활성화되어 있다. 일부 그룹은 플래그를 이용해 활성화 또는 비활성화할 수 있다. 예를 들어 배치 V1 그룹을 비활성화하고 배치 V2 알파 그룹을 활성화하려면 다음과 같이 API 서버를 실행할 때 --runtime-config 플래그를 설정할 수 있다.

```
--runtime-config=batch/v1=false,batch/v2alpha=true
```

핵심 리소스 외에 다음 리소스가 기본적으로 활성화된다.

- 데몬셋(DeamonSets)
- 배포(Deployments)
- 수평적 포드 자동 스케일러(HorizontalPodAutoscalers)
- 인그레스(Ingress)
- 잡(Jobs)
- 복제 세트(ReplicaSets)

리소스 카테고리

API 그룹 외에도 사용 가능한 API의 또 다른 유용한 분류는 기능이다. 쿠버네티스 API^{Kubernetes API}는 쿠버네티스의 주요 API로 매우 방대하며, 카테고리로 분류하면 필요한 것을 찾을 때 많은 도움이 된다. 쿠버네티스는 다음과 같이 리소스 카테고리를 정의한다.

- 작업부하(Workloads): 클러스터에서 컨테이너를 관리하고 실행하는 데 사용하는 객체다.
- 검색과 로드밸런싱(Discovery and load balancing): 작업부하를 외부에서 접근 가능하고 로드밸런스된 서비스로 전 세계에 노출하는 데 사용하는 객체다.
- 구성과 스토리지(Config and storage): 애플리케이션 초기화와 구성 및 컨테이너 외부에 있는 데이터를 유지하는 데 사용되는 객체다.
- 클러스터(Cluster): 클러스터 자체 구성 방법을 정의하는 객체다. 일반적으로 클러스터 운영자만 사용한다.
- 메타데이터(Metadata): 작업부하를 조정하기 위한 수평적 포드 자동 스케일러처럼 클러스터 내 다른 리소스의 동작을 구성하는 데 사용하는 객체다.

다음 절에서는 각 그룹에 속한 리소스와 해당 그룹이 속한 API 그룹을 나열할 것이다. API 는 버전의 변화가 매우 빠르다. 알파에서 베타로 그리고 GA^{General Availability}[7]로 이동하고, V1에서 V2로 이동하는 등 변화가 매우 빠르기 때문에 여기서는 버전을 지정하지 않는다.

워크로드 API

워크로드 API에는 다음과 같은 리소스가 들어있다.

- 컨테이너(Container): 코어
- 크론잡(CronJob): 배치
- 데몬셋(DaemonSet): 앱
- 배포(Deployment): 앱
- 잡(Job): 배치
- 포드(Pod): 코어
- 복제 세트(ReplicaSet): 앱
- 복제 컨트롤러(ReplicationController): 코어
- 스테이트풀세트(StatefulSet): 앱

컨테이너는 포드를 사용해 컨트롤러에 의해 생성된다. 포드는 컨테이너를 실행하고 공유 또는 영구 스토리지 볼륨과 같은 환경 종속성을 제공하며, 컨테이너에 주입된 구성이나 비밀 데이터를 제공한다.

다음은 가장 일반적인 작업 중 하나인 REST API로 모든 포드의 목록을 가져오는 작업을 자세히 설명한다.

---

7 GA(General Availability)는 테스트가 완료돼 시장에서 이용할 수 있도록 정식으로 릴리스되는 버전을 말한다. General Acceptance라고도 한다. 비슷한 의미의 용어로는 정식 릴리스 버전이 아닌 베타 버전을 의미하는 RC(Release Candidate) 와 테스트 버전인 M(Milestone)이 있다. 시스코 같은 일부 기업은 자사의 소프트웨어 버전에 GA대신 FCS(First Customer Shipment)를 사용하기도 한다. - 옮긴이

다양한 쿼리 매개변수를 사용할 수 있으며 모두 선택 사항이다.

- pretty: 참이면 보기 좋은 형태로 출력
- labelSelector: 라벨에 따라 반환된 객체 목록 제한하는 선택자
- watch: 참이면 변경을 감시하고 이벤트(추가, 업데이트, 제거) 스트림을 반환
- resourceVersion: 특정 버전 이후 발생한 이벤트 반환
- timeoutSeconds: list나 watch 호출 시 타임아웃 설정값

검색과 로드밸런싱

기본적으로 워크로드는 클러스터 내에서만 액세스할 수 있으며 LoadBalancer 또는 NodePort 서비스를 사용해 외부에 노출돼야 한다. 개발 중에 내부적으로 접근할 수 있는 워크로드는 kubectl proxy 명령을 사용해 API 마스터를 거쳐 프록시를 거쳐 액세스할 수 있다.

- 엔드포인트(Endpoint): 코어
- 인그레스(Ingress): 확장 프로그램
- 서비스(service): 코어

구성과 스토리지

재배포하지 않는 동적 구성은 쿠버네티스의 기반이며 쿠버네티스 클러스터에서 복잡한 분산 애플리케이션을 실행한다.

- ConfigMap: 코어
- Secret: 코어
- PersistentVolumeClaim: 코어

- StorageClass: 스토리지

- VolumeAttachment: 스토리지

메타데이터

메타데이터^{Metadata} 리소스는 일반적으로 구성하는 리소스의 하위 그룹으로 포함된다. 예를 들어 제한 범위는 포드 구성의 일부가 된다. 대부분의 경우 이런 객체와 직접 상호작용하지 않는다. 많은 메타데이터 리소스가 있다. 전체 목록은 https://kubernetes.io/docs/reference/generated/kubernetes-api/v1.10/#-strong-metadata-strong-에서 찾을 수 있다.

클러스터

클러스터 범주의 리소스는 개발자가 아니라 클러스터 운영자가 사용하도록 설계됐다. 이 범주에도 많은 리소스가 있다. 다음은 가장 중요한 리소스 중 일부다.

- Namespace: 코어

- Node: 코어

- PersistentVolume: 코어

- ResourceQuota: 코어

- ClusterRole: Rbac

- NetworkPolicy: 네트워킹

▌쿠버네티스 컴포넌트

쿠버네티스 클러스터의 컴포넌트는 클러스터를 제어하는 목적을 가진 여러 마스터 컴포넌트와 각 클러스터 노드에서 실행되는 노드 컴포넌트로 구성되어 있다. 각 컴포넌트는 무엇이고 어떻게 서로 동작하는지 알아보자.

마스터 컴포넌트

마스터 컴포넌트는 일반적으로 하나의 노드에서 동작하지만 고가용성 환경이나 대규모 클러스터에서는 여러 노드에 분산된 형태도 가능하다.

API 서버

kube API 서버는 쿠버네티스 REST API를 공개한다. 상태 비저장이고 모든 데이터를 etcd 클러스터에 저장하므로 쉽게 수평 확장이 가능하다. API 서버는 쿠버네티스 제어 플레인control plane을 구체화한 것이다.

etcd

etcd는 높은 신뢰 기반의 분산 데이터 저장소다. 쿠버네티스는 이것을 사용해 전체 클러스터의 상태를 저장한다. 규모가 작고 일시적인 클러스터의 경우에는 etcd 단일 인스턴스가 다른 마스터 컴포넌트와 함께 동일한 노드에서 동작할 수 있다. 하지만 대규모 클러스터의 경우 일반적으로 이중화와 고가용성을 위해 3개에서 많으면 5개 노드의 etcd 클러스터를 갖기도 한다.

kube 컨트롤러 매니저

kube 컨트롤러 매니저controller manager는 다양한 매니저를 하나의 바이너리(이진 파일)로 통합한 도구다. 따라서 컨트롤러 매니저에는 복제 컨트롤러, 포드 컨트롤러, 서비스 컨트롤러, 엔드포인트 컨트롤러 등이 포함된다. 컨트롤러 매니저는 API를 사용해 클러스터의 상태를 감시하고, 클러스터를 원하는 상태로 조정한다.

클라우드 컨트롤러 매니저

클라우드 공급자는 쿠버네티스를 통해 클라우드에서 실행될 때 노드, 라우트, 서비스, 볼륨을 관리하기 위해 플랫폼을 통합할 수 있다. 클라우드 공급자 코드는 쿠버네티스 코드와 상호작용한다. 이것은 Kube 컨트롤러 매니저의 일부 기능을 대체한다. 클라우드 컨트롤러 매니저와 함께 쿠버네티스를 실행할 때는 Kube 컨트롤러 매니저 플래그인 --cloud-provider를 external로 설정해야 한다. 이렇게 하면 클라우드 컨트롤러 매니저가 수행하는 제어 루프가 비활성화된다. 클라우드 컨트롤러 매니저는 쿠버네티스 1.6에서 도입됐으며 여러 클라우드 공급자가 사용하고 있다.

 코드를 파싱하는 데 도움이 되는 간단한 참고 사항: 메서드 이름이 먼저 오고 다음에 괄호 안의 메서드 매개변수가 나온다. 각 매개변수는 쌍으로 구성되며 이름 뒤에 해당 유형으로 구성된다. 마지막으로 반환 값이 지정된다. Go는 여러 개의 반환 유형을 사용할 수 있다. 실제 결과와 함께 오류 객체를 반환하는 것은 매우 일반적이다. 모든 것이 정상이어서 문제가 없으면 오류 개체는 0이 된다.

다음은 cloudprovider 패키지의 기본 인터페이스다.

```
package cloudprovider
import (
    "errors"
    "fmt"
    "strings"
    "k8s.io/api/core/v1"
    "k8s.io/apimachinery/pkg/types"
    "k8s.io/client-go/informers"
    "k8s.io/kubernetes/pkg/controller"
)
```

```
// 인터페이스는 클라우드 공급자를 위해 추상적이며 플러그 형태의 인터페이스다.
type Interface interface {
    Initialize(clientBuilder controller.ControllerClientBuilder)
    LoadBalancer() (LoadBalancer, bool)
    Instances() (Instances, bool)
    Zones() (Zones, bool)
    Clusters() (Clusters, bool)
    Routes() (Routes, bool)
    ProviderName() string
    HasClusterID() bool
}
```

대부분의 메소드는 자신의 메소드와 함께 다른 인터페이스를 반환한다. 예를 들어 다음은 LoadBalancer 인터페이스다.[8]

```
type LoadBalancer interface {
    GetLoadBalancer(clusterName string, service *v1.Service)
    (status *v1.LoadBalancerStatus, exists bool, err error)
EnsureLoadBalancer(clusterName string, service *v1.Service, nodes []*v1.Node)
(*v1.LoadBalancerStatus, error)
UpdateLoadBalancer(clusterName string, service *v1.Service, nodes []*v1.Node)
error
EnsureLoadBalancerDeleted(clusterName string, service *v1.Service) error
}
```

kube 스케줄러

kube 스케줄러(kube-scheduler)는 노드에 포드를 스케줄링하는 역할을 담당한다. 이것은 다음과 같은 여러 상호작용 요인을 고려해야 하므로 매우 복잡한 작업이다.

---

8 전체 소스는 https://github.com/kubernetes-incubator/external-storage/blob/master/snapshot/pkg/cloudprovider/cloud.
go에서 찾을 수 있다. – 옮긴이

- 리소스 요구 사항
- 서비스 요구 사항
- 하드웨어와 소프트웨어 정책 제약 사항
- 노드 친화성과 비친화성 사양
- 포드 친화성과 비친화성 사양
- taint와 toleration[9]
- 데이터 지역성
- 마감 시간

기본 Kube 스케줄러에서 다루지 않는 특별한 스케줄링 로직이 필요한 경우, 자신만의 스케줄러로 대체할 수 있다. 또한 사용자 정의 스케줄러를 기본 스케줄러와 함께 실행하고 사용자 정의 스케줄러가 포드의 일부만 스케줄하도록 할 수도 있다.

DNS

쿠버네티스 1.3부터 DNS 서비스는 표준 쿠버네티스 클러스터에 포함됐으며 일반적인 포드로 스케줄링된다. 헤드리스headless 서비스[10]를 제외한 모든 서비스는 DNS 이름을 가지며 포드 역시 DNS 이름을 가진다. 이것은 자동 검색automatic discovery에 매우 유용하다.

노드 컴포넌트

클러스터의 노드가 클러스터 마스터 컴포넌트와 상호작용하고 클러스터를 실행하고 업데이트하기 위한 워크로드를 받기 위해서는 몇 가지 관련 컴포넌트가 필요하다.

---

9 포드의 스케줄 여부를 제어할 때 사용된다. 예) $oc taint nodes node1 key=value:NoSchedule – 옮긴이

10 헤드리스 서비스(headless service)는 로드밸런싱과 단일 IP 주소의 적용이 필요없는 쿠버네티스 서비스로써 클러스터 IP(spec.clusterIP)의 옵션을 'NONE'으로 설정하여 생성되는 서비스다. – 옮긴이

프록시

kube 프록시^{kube proxy}는 각 노드에서 저수준의 네트워크 관리 업무를 수행한다. 쿠버네티스 서비스를 지역적으로 반영하고 TCP와 UDP 포워딩을 수행하며 환경 변수나 DNS를 통해 클러스터 IP를 찾는다.

Kubelet

Kubelet은 쿠버네티스를 대표하는 노드라고 할 수 있다. Kubelet은 마스터 컴포넌트와 통신을 수행하며 실행 중인 포드를 관리하고 감독한다. 구체적인 역할은 다음과 같다.

- API 서버에서 포드 시크릿 다운로드
- 볼륨 마운트
- 포드의 컨테이너 실행 (CRI 또는 rkt를 통해)
- 노드와 각 포드의 상태 보고
- 실행 중인 컨테이너의 활성 여부 조사

이번 절에서는 클러스터를 제어하고 관리하는 데 사용하는 API와 컴포넌트를 통해 쿠버네티스에 대해 자세히 알아보고 매우 높은 수준에서 쿠버네티스 아키텍처를 살펴봤다. 또한 쿠버네티스가 지원하는 디자인 패턴도 살펴봤다. 다음 절에서는 쿠버네티스가 지원하는 다양한 런타임을 빠르게 짚고 넘어갈 것이다.

▌ 쿠버네티스 런타임

본래 쿠버네티스는 컨테이너 런타임 엔진으로서 도커만 지원했다. 그러나 지금은 더이상 그렇지 않다. 쿠버네티스는 이제 여러 가지 런타임을 지원한다.

- Docker(CRI shim을 통해)

- Rkt(rktlet로 대체될 직접 통합)

- Cri-o

- Frakti(하이퍼바이저에 대한 쿠버네티스, 이전의 하이퍼네티스^{Hypernetes11})

- Rktlet(rkt에 대한 CRI 구현)

- cri-containerd

쿠버네티스의 주된 설계 정책은 쿠버네티스가 특정 런타임과 완전히 분리돼야 한다는 것이다. **컨테이너 런타임 인터페이스**^{CRI}는 이것을 가능하게 한다.

이번 절에서는 런타임 인터페이스를 자세히 살펴보고 각 런타임 엔진에 대해 알아본다. 이 절을 마치면 독자의 사용 사례에 적합한 런타임 엔진과 동일한 시스템에서 여러 런타임을 전환하거나 결합해서 함께 사용해야 할 경우 현명한 결정을 할 수 있게 될 것이다.

컨테이너 런타임 인터페이스

컨테이너 런타임 인터페이스^{CRI}는 노드에서 kubelet과 통합할 컨테이너 런타임의 사양/요구 사항 및 라이브러리를 포함하는 gRPC API이다. 쿠버네티스 1.7에서는 쿠버네티스의 내부 도커 통합이 CRI 기반 통합으로 대체됐다. 이것은 대단히 큰 사건으로, 컨테이너 분야의 이점을 이용할 수 있는 다양한 구현이 가능해졌다. Kubelet은 여러 런타임과 직접 연결할 필요가 없다. 대신 CRI 호환 컨테이너 런타임과 통신할 수 있다. 다음 다이어그램은 컨테이너 런타임 인터페이스의 흐름을 보여준다.

---

11 하이퍼네티스는 안정적인 멀티테넌트 쿠버네티스 배포판으로, Hypernetes = Bare-metal + Hyper + Kubernetes + KeyStone + Cinder + Neutron 또는 multi-tenant Container as a Service이다. – 옮긴이

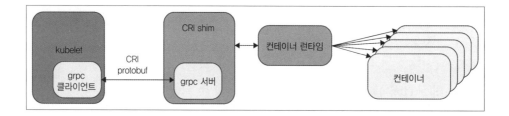

CRI 컨테이너 런타임(또는 shims)이 구현해야 하는 두 가지 gRPC 서비스 인터페이스 (ImageService와 RuntimeService)가 있다. ImageService는 이미지를 관리하는 역할을 담당한다. 다음은 gRPC/protobuf 인터페이스다(Go가 아니다).

```
service ImageService {
    rpc ListImages(ListImagesRequest) returns (ListImagesResponse) {}
    rpc ImageStatus(ImageStatusRequest) returns (ImageStatusResponse) {}
    rpc PullImage(PullImageRequest) returns (PullImageResponse) {}
    rpc RemoveImage(RemoveImageRequest) returns (RemoveImageResponse) {}
    rpc ImageFsInfo(ImageFsInfoRequest) returns (ImageFsInfoResponse) {}
}
```

RuntimeService는 포드와 컨테이너를 관리한다. 다음은 gRPC/profobug 인터페이스다.

```
service RuntimeService {
    rpc Version(VersionRequest) returns (VersionResponse) {}
    rpc RunPodSandbox(RunPodSandboxRequest) returns (RunPodSandboxResponse) {}
    rpc StopPodSandbox(StopPodSandboxRequest) returns (StopPodSandboxResponse) {}
    rpc RemovePodSandbox(RemovePodSandboxRequest) returns
(RemovePodSandboxResponse) {}
    rpc PodSandboxStatus(PodSandboxStatusRequest) returns
(PodSandboxStatusResponse) {}
    rpc ListPodSandbox(ListPodSandboxRequest) returns (ListPodSandboxResponse) {}
    rpc CreateContainer(CreateContainerRequest) returns (CreateContainerResponse)
{}
    rpc StartContainer(StartContainerRequest) returns (StartContainerResponse) {}
    rpc StopContainer(StopContainerRequest) returns (StopContainerResponse) {}
    rpc RemoveContainer(RemoveContainerRequest) returns (RemoveContainerResponse)
```

```
{}
    rpc ListContainers(ListContainersRequest) returns (ListContainersResponse) []
    rpc ContainerStatus(ContainerStatusRequest) returns (ContainerStatusResponse)
{}
    rpc UpdateContainerResources(UpdateContainerResourcesRequest) returns (UpdateC
ontainerResourcesResponse) {}
    rpc ExecSync(ExecSyncRequest) returns (ExecSyncResponse) {}
    rpc Exec(ExecRequest) returns (ExecResponse) {}
    rpc Attach(AttachRequest) returns (AttachResponse) {}
    rpc PortForward(PortForwardRequest) returns (PortForwardResponse) {}
    rpc ContainerStats(ContainerStatsRequest) returns
(ContainerStatsResponse) {}
    rpc ListContainerStats(ListContainerStatsRequest) returns
(ListContainerStatsResponse) {}
    rpc UpdateRuntimeConfig(UpdateRuntimeConfigRequest) returns
(UpdateRuntimeConfigResponse) {}
    rpc Status(StatusRequest) returns (StatusResponse) {}
}
```

인수와 반환 유형으로 사용되는 데이터 유형을 메시지라고 하며 API의 일부로 정의된다. 다음은 그 중 하나다.

```
message CreateContainerRequest {
    string pod_sandbox_id = 1;
    ContainerConfig config = 2;
    PodSandboxConfig sandbox_config = 3;
}
```

보다시피 메시지는 서로 내부에 임베드될 수 있다. CreateContainerRequest 메시지에는 한 개의 문자열 필드와 그 자체로 메시지인 ContainerConfig와 PodSandboxConfig 두 필드가 있다.

이제 쿠버네티스 런타임 엔진의 코드 수준을 알게 됐으므로, 개별 런타임 엔진을 간략하게 살펴보겠다.

도커

도커Docker는 800파운드짜리 고릴라처럼 규모가 크고 막강한 컨테이너다. 처음에 쿠버네티스는 도커 컨테이너만 관리하도록 설계됐다. 다중 런타임 기능은 쿠버네티스 1.3에서 처음 소개됐고 CRI는 1.5 버전에서 처음 소개됐다. 그때까지 쿠버네티스는 도커 컨테이너만 관리할 수 있었다.

이 책을 읽고 있는 독자라면 도커를 잘 알고 있고 도커가 기여한 부분도 잘 알고 있으리라 생각한다. 도커는 엄청난 인기와 성장을 누리고 있는 반면 많은 비판도 함께 받고 있다. 비평가들이 우려하는 부분은 다음과 같다.

- 보안
- 다중 컨테이너 애플리케이션 설정의 어려움(특히 네트워크 부분)
- 개발, 모니터링, 로깅
- 하나의 명령을 실행하는 도커 컨테이너의 제한 사항
- 완전하지 않은 급한 출시

도커는 이런 비판을 알고 있으며 이 중 일부를 해결했다. 특히 도커는 도커 스웜swarm 제품에 투자했다. 도커 스웜은 도커 고유의 통합 오케스트레이션 솔루션이며 쿠버네티스와 경쟁 관계다. 도커 스웜은 쿠버네티스에 비해 사용이 간단하지만 쿠버네티스만큼 강력하고 향상된 기능을 제공하지는 않는다.

 도커 1.12부터 스웜 모드는 도커 데몬에 기본적으로 포함되어 있다. 일부 사용자는 이것으로 인해 도커가 불필요하게 커졌다고 불만을 토로했다. 그 결과 많은 사람이 대안으로 CoreOS rkt를 선택했다.

2016년 4월에 출시된 도커 1.11부터 도커는 컨테이너 실행 방법에 많은 변화를 시도했다. 현재 런타임에서 containerd와 runC를 사용해 컨테이너에 있는 OCI^{Open Container Initiative} 이미지를 실행한다.

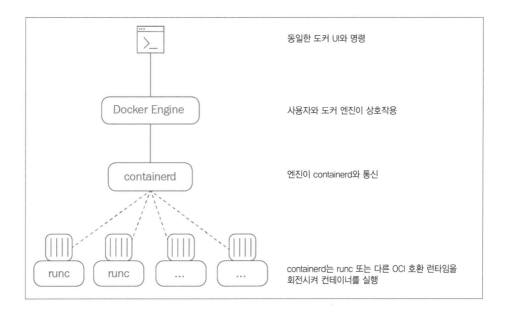

Rkt

Rkt는 CoreOS(CoreOS Linux distro, etcd, flannel 등의 개발자 그룹)에서 파생된 새로운 컨테이너 매니저다. Rkt 런타임은 보안과 격리에 대한 단순성과 강력한 강점을 가진 특징을 가지고 있다. rkt는 도커 엔진과 같은 데몬^{Daemon}을 가지지 않으며 systemd와 같은 OS init 시스템을 사용해 rkt 실행 파일을 시작한다. 또한 Rkt는 App Container^{appc} 이미지와 OCI 이미지를 다운로드하고 검증하며 컨테이너에서 실행할 수 있다. Rkt의 아키텍처는 매우 간단하다.

앱 컨테이너

CoreOS는 2014년 12월 appc라는 표준화 작업을 시작했다. 표준화 작업 대상에는 표준 이미지 포맷^{ACI}, 런타임, 서명, 탐색 등이 포함돼 있었다. 몇 달 후 도커는 OCI를 사용해 자체적으로 표준화 작업을 시작했다. 현재 이런 표준화 작업은 통합될 것으로 예상된다. 예상이지만 통합할 경우 도구, 이미지, 런타임은 자유롭게 상호 운영할 수 있을 것이다.

크리오

크리오$^{Cri-o}$는 쿠버네티스 인큐베이터 프로젝트다. 쿠버네티스와 도커 같은 OCI 호환 컨테이너 런타임간에 통합 경로를 제공하도록 설계됐다. 크리오는 다음과 같은 기능을 제공한다는 생각을 가지고 있다.

- 기존 도커 이미지 형식을 비롯한 여러 이미지 형식 지원 신뢰 및 이미지 확인을 포함한 다양한 이미지 다운로드 방법 지원
- 컨테이너 이미지 관리(이미지 레이어 관리, 파일시스템 오버레이 등)
- 컨테이너 프로세스 생명주기 관리
- CRI에서 요구하는 CRI 리소스 격리를 충족시키는 데 필요한 모니터링과 로깅

그렇게 되면 모든 OCI 호환 컨테이너 런타임을 플러그인할 수 있으며 쿠버네티스와 통합될 것이다.

Rktnetes

Rktnetes는 쿠버네티스에 rkt를 추가한 런타임 엔진이다. 쿠버네티스는 여전히 런타임 엔진을 추상화하고 있다. 사실 Rktnetes는 별개의 제품이 아니다. 외부에서 할 수 있는 작업은 몇 개의 명령 행 스위치를 사용해 각 노드에서 kubelet를 실행하는 일이다.

운영 환경에서 rkt 사용 조건

나는 rkt를 실제로 많이 경험해보지 못했지만, rkt는 상용 CoreOS 기반 쿠버네티스 배포판인 테토닉^{Tectonic}에서 사용되고 있다. 만약 서로 다른 유형의 클러스터를 실행하는 경우라면 rkt이 CRI/rktlet을 통해 쿠버네티스와 통합될 때까지 기다리는 것이 좋다. 완전히 매끄럽게 진행되지 않았고 여전히 해결되지 않은 부분이 남아 있다. 2016년 하반기 원고를 쓰고 있는 시점에서, 특별한 이유로 rkt를 사용하지 않아도 된다면 도커 사용을 권하는 바다. Rkt 사용이 사용 사례에서 중요한 경우에는 CoreOS 기반 클러스터를 운영해야 하는 경우다. 이런 환경에서 여러분은 최고의 문서 자료와 온라인 지원을 받고 CoreOS 클러스터와 가장 잘 통합할 수 있을 것이다.

쿠버네티스를 사용한 도커와는 달리 rkt를 사용할 때 알아야 할 몇 가지 알려진 문제가 있다. 예를 들어 누락된 볼륨이 자동으로 생성되지 않는다거나, Kubectl의 **attach**와 **get** 로그가 작동하지 않으며, **init** 컨테이너가 지원되지 않는 등의 문제가 있다.

하이퍼 컨테이너

하이퍼 컨테이너^{hyper container}는 또 다른 선택 사항이다. 자체 게스트 커널의 경량 VM을 가진 하이퍼 컨테이너는 베어 메탈에서 동작한다. 하이퍼 컨테이너는 리눅스 cgroup[12]이 아닌 하이퍼바이저^{hypervisor}를 사용해 격리 기능을 구현한다. 이 방법은 설정이 어려운 표준 베어 메탈 클러스터와 무거운 VM에 컨테이너를 배포하는 공공 클라우드에 비해 흥미로운 조합을 제공한다.

Stackub

Stackub(이전에 하이퍼네티스^{Hypernetes}라고 함)는 인증, 영구 스토리지 및 네트워킹을 위해 일부 오픈스택^{OpenStack} 컴포넌트뿐만 아니라 하이퍼 컨테이너를 사용하는 멀티테넌트 배

---

12 cgroup(Control group)은 시스템의 리소스를 일정한 기준에 따라 분배해 사용하도록 제어하는 컨테이너에서 중요한 기능이다.
   – 옮긴이

포판이다. 컨테이너는 호스트 커널을 공유하지 않기 때문에 동일한 물리 호스트에서 서로 다른 테넌트의 컨테이너를 실행하는 것이 안전하다. Stackube는 컨테이너 런타임으로 Frakti를 사용한다.

이번 절에서는 쿠버네티스가 지원하는 다양한 런타임 엔진과 함께 표준화와 통합 추세에 대해 살펴봤다. 다음 절에서는 한발 물러나서 큰 그림을 보고, 쿠버네티스가 CI/CD 파이프라인에 어떻게 적용되는지 살펴본다.

▌지속적 통합과 배포(CI/CD)

쿠버네티스는 마이크로서비스 기반 애플리케이션을 실행하기에 좋은 플랫폼이다. 그러나 가장 중요한 마지막은 구현의 세부 사항이다. 사용자와 대부분의 개발자는 시스템이 쿠버네티스에 배포되어 있다는 사실을 알지 못한다. 하지만 쿠버네티스는 상황 자체를 바꾸고 어려운 서비스 환경에서 획기적인 솔루션의 역할을 할 것이다.

이번 절에서는 CI/CD[Continuous integration/Continuous Deployment] 파이프라인과 쿠버네티스가 무엇을 테이블로 가져오는지를 살펴본다. 이 절을 마치면 쉬운 확장성과 개발–생산의 동등성 같은 쿠버네티스 속성의 장점을 활용한 CI/CD 파이프라인을 설계할 수 있을 것이다. 이를 통해 일상적인 개발과 배포 단계에서 생산성과 견고성을 향상시키게 될 것이다.

CI/CD 파이프라인

CI/CD 파이프라인은 개발자나 운영자가 시스템 코드, 데이터, 구성을 변경하고 테스트하며 이를 운영 환경으로 배포하는 일련의 단계다. 일부 파이프라인은 완전 자동화되어 있으며, 일부는 수동으로 운영되는 반자동화 형태다. 대규모 조직에서는 변경 사항이 자동으로 배포되는 테스트와 준비 환경이 마련돼 있을 수 있다. 그러나 제품을 출시하려면 결국 수작업이 필요하다. 다음 그림은 일반적인 파이프라인이다.

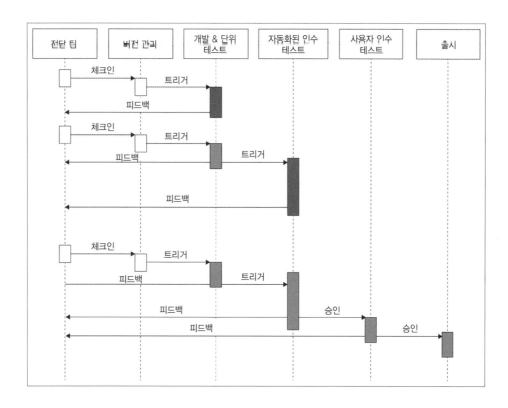

개발자가 운영 환경과 완전히 분리될 수 있다는 점을 언급할 가치가 있다. 인터페이스는 깃 워크플로우뿐이다. 데이스 워크플로우Deis Workflow[13]는 깃 시스템만을 이용해 개발자와 운영 환경의 인터페이스를 제공하는 좋은 사례다(PaaS on 쿠버네티스, 헤로쿠Heroku[14]와 유사하다).

---

13 데이스(Deis)는 오픈소스 컨테이너 오케스트레이션 시스템 쿠베네티스용 툴 전문업체로 최근 마이크로소프트에 인수됐으며, 데이스 워크플로우는 데이스 사의 쿠베네티스 네이티브 플랫폼이다. - 옮긴이

14 헤로쿠(Heroku)는 깃허브와 같은 깃 저장 웹사이트로, 깃허브와 달리 서버를 제공해 웹사이트를 실행할 수 있는 기능을 제공한다. - 옮긴이

쿠버네티스를 위한 CI/CD 파이프라인 설계

배포 대상이 쿠버네티스 클러스터인 경우 업무 관행의 변경을 고려해야 한다. 먼저 패키징이 다르다. 컨테이너에 맞게 이미지를 만들어야 한다. 이때 스마트 라벨링smart labeling을 사용하면 코드 변경을 쉽고 빠르게 복구할 수 있다. 테스트 배포 버전에 오류가 있을 경우 이전 버전으로 즉시 되돌릴 수 있어 업무 수행도 안정적이다. 스키마 변경이나 데이터 이관 같은 업무는 자동으로 되돌릴 수 없기 때문에 주의해야 한다.

쿠버네티스의 또 다른 고유한 기능은 개발자가 전체 클러스터를 로컬에서 실행할 수 있다는 점이다. 이것은 클러스터 설계 시 약간의 작업을 필요로 하지만, 시스템을 구성하는 마이크로서비스가 컨테이너에서 실행되고 그 컨테이너가 API를 통해 상호작용하기 때문에 이런 환경 구성이 가능하다. 항상 그렇듯이 시스템이 데이터 중심적이라면 이를 수용하고 개발자가 사용할 수 있는 데이터 스냅샷과 합성 데이터를 제공해야 한다.

▌ 요약

이번 장에서는 쿠버네티스의 기반이 되는 많은 부분을 다뤘으며 이를 통해 쿠버네티스의 설계와 아키텍처를 이해했다. 쿠버네티스는 컨테이너로 실행되는 마이크로서비스 기반 애플리케이션을 위한 오케스트레이션 플랫폼이다. 쿠버네티스 클러스터에는 마스터 노드와 작업자 노드worker node가 있다.

컨테이너는 포드 내부에서 동작하며 각 포드는 단일 물리 머신이나 가상 머신에서 실행된다. 쿠버네티스는 서비스, 라벨, 영구 스토리지 같은 다양한 개념을 직접 지원한다. 또한 쿠버네티스에서 다양한 분산 시스템 디자인 패턴을 구현할 수 있다. 컨테이너 런타임은 CRI를 구현하기만 하면 된다. 도커, rkt, 하이퍼 컨테이너 등이 지원된다.

2장, '쿠버네티스 클러스터 생성하기'에서는 쿠버네티스 클러스터를 생성하는 다양한 방법을 살펴보고, 각 옵션을 사용하는 상황에 대해 논의하고, 다중 노드 클러스터도 구축해 본다.

02

쿠버네티스 클러스터 생성하기

1장에서는 쿠버네티스가 무엇인지, 쿠버네티스의 설계 방식, 쿠버네티스가 지원하는 개념, 런타임 엔진, 그리고 쿠버네티스가 CI/CD 파이프라인 구조에 어떻게 적합한지에 대해 배워보았다.

쿠버네티스 클러스터의 생성 과정은 다소 복잡하다. 많은 옵션과 다양한 도구를 선택하고 고려해야 한다. 이번 장에서는 쿠버네티스의 생성에 대해 알아본다. Minikube, kubeadm, kube-spray, bootkube, stackube 같은 도구에 대해서도 토론하고 평가할 것이다. 또한 로컬, 클라우드, 베어 메탈 같은 다양한 배포 환경도 살펴본다. 2장에서 다루는 내용은 다음과 같다.

- Minikube를 사용해 단일 노드 클러스터 생성하기
- Kubeadm을 사용해 멀티 노드 클러스터 생성하기
- 클라우드에서 클러스터 생성하기
- 맨처음부터 베어 메탈 클러스터 생성하기
- 쿠버네티스 클러스터를 생성하기 위한 다른 옵션 검토하기

이 장을 마치면 다양한 옵션과 최상의 도구를 이용해 쿠버네티스 클러스터를 생성하는 방법을 확실히 이해하게 될 것이다. 또한 이를 바탕으로 단일 노드 클러스터와 다중 노드 클러스터를 만들 수 있을 것이다.

▌ Minikube를 사용해 단일 노드 클러스터 생성하기

이 절에서는 윈도우 운영체제에서 단일 노드 클러스터를 생성한다. 윈도우 환경을 사용하는 이유는 로컬 개발자 컴퓨터에 Minikube와 단일 노드 클러스터를 생성하기에 매우 좋은 환경이기 때문이다. 쿠버네티스는 일반적인 운영 환경에서 리눅스를 채택해 배포되지만 대다수 개발자는 윈도우 PC나 맥에서 작업을 한다. 즉, 운영 환경인 리눅스와 개발자 환경인 윈도우 또는 맥 어디에 Minikube를 설치해도 큰 차이가 없다. Minikube는 로컬 머신이나 싱글 노드에서 실행되는 쿠버네티스의 배포판이다.

작업 준비하기

클러스터를 생성하기 전에 설치해야 할 소프트웨어가 몇 가지 있다. 가상 머신으로써 버추얼박스^{VirtualBox}를 먼저 설치하고 쿠버네티스에 대한 kubectl 명령행 인터페이스와 Minikube를 미리 설치해야 한다. 다음은 각 소프트웨어의 최신 버전 목록이다.

- 버추얼박스: https://www.virtualbox.org/wiki/Downloads
- Kubectl: https://kubernetes.io/docs/tasks/tools/install-kubectl/
- Minikube: https://kubernetes.io/docs/tasks/tools/install-minikube/

윈도우의 경우

버추얼박스를 설치한 후 path 환경 변수에 kubectl과 Minikube가 등록됐는지 확인한다. 나는 사용하는 모든 명령행 프로그램을 c:\windows 폴더로 옮겨 둔다. 사용자의 편의에 따라 명령행 프로그램인 실행 파일을 특정한 폴더에 복사하고 해당 폴더를 path에 등록한 후 사용해도 된다. 또한 ConEMU[1]라는 훌륭한 도구를 사용한다. ConEMU는 여러 개의 콘솔과, 터미널, SSH 섹션을 관리하는 도구로써 cmd.exe, 파워셸^{PowerShell}, 퍼티^{PuTTY}, 시그윈^{Cygwin}, msys, 깃배시^{Git-Bash} 등 다양한 프로그램과 함께 사용할 수 있다.

 윈도우 10 프로 환경에서는 윈도우에 특화된 Hyper-V 하이퍼바이저를 사용할 수 있으며 기술적으로 버추얼박스보다 앞서 있다. 그러나 프로 버전의 윈도우가 필요하며 완전히 윈도우 전용이다. 다양한 운영체제에서 사용이 가능한 버추얼박스는 윈도우 10 프로 이외 버전에서도 손쉽게 사용할 수 있다. 주의해야 할 점은 Hyper-V가 활성화된 상태에서는 버추얼박스의 사용이 불가능하니 Hyper-V를 반드시 비활성화시켜야 한다.

---

1 ConEMU는 다중 콘솔과 단순한 GUI를 제공하는 윈도우 콘솔 에뮬레이터다. ConEMU를 기반으로 GUI를 좀 더 다듬은 cmder도 있다. https://conemu.github.io/en/Downloads.html에서 다운로드받을 수 있다. – 옮긴이

관리자 모드로 파워셸을 실행하기 바란다. 파워셸 프로파일에 아래와 같이 `alias`와 `function`을 추가할 수 있다.[2]

```
Set-Alias -Name k -Value kubectl
function mk
{
minikube-windows-amd64 `
--show-libmachine-logs `
--alsologtostderr `
@args
}
```

맥OS의 경우

윈도우의 파워셸 별칭 및 함수와 유사한 `.bashrc` 파일에 별칭을 추가할 수 있다.

```
alias k='kubectl'
alias mk='/usr/local/bin/minikube'
```

이제 단축 키 k와 mk를 사용해 키보드 입력을 줄일 수 있다. mk 함수에서 Minikube 플래그 설정으로 로깅 기능을 향상시키고 tee 명령과 유사하게 콘솔과 파일로 로깅이 출력되도록 했다.

---

2 윈도우에서 Minikube를 설치할 때 컴퓨터가 최대 절전 모드로 설정되어 있거나, Minikube 설치를 중단하거나, 네트워크를 변경하거나, 기타 예상치 않은 이벤트가 발생할 경우 설치가 실패할 수 있다. 설치 실패로 있해 Minikube가 시작되지 않을 수 있으며, 이 경우 인스턴스를 삭제한 후 다시 작성해야 한다.
　① Minikube를 중지한다. `minikube stop`
　② Minikube를 삭제한다. `minikube delete`
　③ Hyper-V를 사용하고 있다면 Hyper-V 관리자에서 'minikube' 가상 머신을 제거한다.
　④ c:\USERS\{사용자명}\.minikube\가 존재한다면 삭제한다.
　⑤ 필요시 새 VM에 정적 MAC 주소를 지정해 설치 프로세스를 다시 시작한다. – 옮긴이

Minikube의 정상 동작 여부는 mk version 명령으로 확인할 수 있다.

```
> mk version

minikube version: v0.26.0
```

kubectl의 정상 동작 여부는 k version 명령으로 확인할 수 있다.

```
> k version
Client Version: version.Info{Major:"1", Minor:"9", GitVersion:"v1.9.0",
GitCommit:"925c127ec6b946659ad0fd596fa959be43f0cc05", GitTreeState:"clean",
BuildDate:"2017-12-16T03:15:38Z", GoVersion:"go1.9.2", Compiler:"gc",
Platform:"darwin/amd64"}
Unable to connect to the server: dial tcp 192.168.99.100:8443: getsockopt:
operation timed out
```

마지막 행의 메시지는 오류를 의미하지 않는다. 이 메시지는 해당 명령어에 반응하는 클러스터가 없어 발생한 것이다. Kubectl은 연결할 클러스터를 찾지 못할 경우 오류 메시지를 표시한다.

기타 Minikube와 kubectl의 명령과 옵션 플래그는 직접 찾아보기 바란다. 여기에서는 모든 명령을 설명하지 않고 내가 주로 사용하는 명령 위주로 다룬다.

클러스터 생성하기

Minikube 도구는 다양한 쿠버네티스 버전을 지원한다. 원고 작성 시점에서 지원하는 버전은 다음과 같다.

```
> mk get-k8s-versions
The following Kubernetes versions are available when using the localkube
bootstrapper:
```

```
- v1.10.0
- v1.9.4
- v1.9.0
- v1.8.0
- v1.7.5
- v1.7.4
- v1.7.3
- v1.7.2
- v1.7.0
- v1.7.0-rc.1
- v1.7.0-alpha.2
- v1.6.4
- v1.6.3
- v1.6.0
- v1.6.0-rc.1
- v1.6.0-beta.4
- v1.6.0-beta.3
- v1.6.0-beta.2
- v1.6.0-alpha.1
- v1.6.0-alpha.0
- v1.5.3
- v1.5.2
- v1.5.1
- v1.4.5
- v1.4.3
- v1.4.2
- v1.4.1
- v1.4.0
- v1.3.7
- v1.3.6
- v1.3.5
- v1.3.4
- v1.3.3
- v1.3.0
```

여기서는 안정적인 배포판 버전인 1.10.0으로 실습을 진행할 것이다. 먼저 버전 v1.10.0
을 옵션으로 사용한 Start 명령을 입력해 쿠버네티스 클러스터를 생성하자.

설치를 위해 Minikube는 해당 이미지를 다운로드하고 로컬 클러스터의 환경 설정을 수행한다. 따라서 완료까지 다소 시간이 걸린다. 작업이 진행되는 동안 아래와 같은 출력 결과가 표시된다.

```
> mk start --kubernetes-version="v1.10.0"
Starting local Kubernetes v1.10.0 cluster...
Starting VM...
Getting VM IP address...
Moving files into cluster...
Finished Downloading kubeadm v1.10.0
Finished Downloading kubelet v1.10.0
Setting up certs...
Connecting to cluster...
Setting up kubeconfig...
Starting cluster components...
Kubectl is now configured to use the cluster.
Loading cached images from config file.
```

출력 메시지를 통해 Minikube에 의해 수행된 작업을 살펴보면, 아래와 같이 작업이 수행된다. 만약 직접 클러스터를 처음부터 생성한다면 많은 작업이 필요한 것을 알 수 있다.

1. 버추얼박스 VM 시작
2. 로컬 머신과 VM을 위한 인증서 생성
3. 이미지 다운로드
4. 로컬 머신과 VM간 네트워킹 설정
5. VM에서 로컬 쿠버네티스 클러스터 실행
6. 클러스터 구성
7. 모든 쿠버네티스 콘트롤러 플레인 컴포넌트 시작
8. 클러스터와 통신하도록 kubectl 구성

문제 해결

쿠버네티스 생성 과정에서 오류가 발생하면 해당 오류 메시지를 확인하고 따른다. --also logtostderr 플래그를 추가해 콘솔에서 자세한 오류 정보를 얻을 수 있다. Minikube 가 하는 모든 일은 ~/.minikube 밑에 깔끔하게 정리되어 있다. 다음은 디렉토리 구조다.

```
> tree ~/.minikube -L 2
/Users/gigi.sayfan/.minikube
├── addons
├── apiserver.crt
├── apiserver.key
├── ca.crt
├── ca.key
├── ca.pem
├── cache
│   ├── images
│   ├── iso
│   └── localkube
├── cert.pem
├── certs
│   ├── ca-key.pem
│   ├── ca.pem
│   ├── cert.pem
│   └── key.pem
├── client.crt
├── client.key
├── config
│   └── config.json
├── files
├── key.pem
├── last_update_check
├── logs
├── machines
│   ├── minikube
│   ├── server-key.pem
│   └── server.pem
├── profiles
```

```
|   └── minikube
├── proxy-client-ca.crt
├── proxy-client-ca.key
├── proxy-client.crt
└── proxy-client.key
13 directories, 21 files
```

클러스터 확인하기

이젝 클러스터가 실행되고 있을 것이다. 동작을 확인해보자.

먼저 원격 접속 도구인 ssh를 이용해 VM에 접속한다.

```
> mk ssh
                    _ _
               _ _ ( ) ( )
  ___ ___ (_) ___ (_)| |/') _ _ | |_ __
/' _ ` _ `\| |/' _ `\| || , < ( ) ( )| '_`\ /'__`\
| ( ) ( ) || || ( ) || || |\`\ | (_) || |_) )( ___/
(_) (_) (_)(_)(_) (_)(_)(_) (_)`\___/'(_,__/'`\____)


$ uname -a
Linux minikube 4.9.64 #1 SMP Fri Mar 30 21:27:22 UTC 2018 x86_64 GNU/Linux$
```

위와 같이 표시되는 메시지를 통해 정상적으로 동작하고 있음을 확인할 수 있다. 이상한 기호는 minikube를 ASCII로 그린 그림이다. 다음으로 kubectl을 사용해보자. Kubectl은 다양한 용도로 사용할 수 있는 맥가이버처럼 연합 클러스터를 포함한 모든 클러스터에 유용하게 사용할 수 있다. Kubectl은 쿠버네티스 운영을 위한 CLI 도구로 많은 기능을 제공하기 때문에 모든 기능을 다 파악하는 것은 어렵다.

여기서는 다양한 kubectl 명령을 다뤄볼 것이다. 먼저 cluster-info 명령을 사용해 클러스터 상태를 확인해보자.

```
> k cluster-info
```

쿠버네티스는 https://192.168.99.101:8443에서 실행된다.

KubeDNS는 https://192.168.99.1010:443/api/v1/namespaces/kube-system/services/kube-dns:dns/proxy에서 실행된다.

클러스터 문제를 추가로 디버그하고 진단하고 싶으면 kubectl cluster-info dump를 사용한다. 마스터가 제대로 작동하는지 확인할 수 있다. 클러스터의 모든 객체를 JSON 유형으로 더욱 자세히 보려면 k cluster-info dump를 사용한다. 결과물이 다소 어려울 수 있으므로 클러스터 탐색을 위해 좀 더 구체적인 명령을 사용해보자.

get nodes 명령을 사용해 클러스터의 노드를 확인해 본다.

```
> k get nodes
NAME       STATUS    ROLES     AGE    VERSION
NAME       STATUS    ROLES     AGE    VERSION
minikube   Ready     master    15m    v1.10.0
```

결과 메시지에서 minikube라는 노드를 확인할 수 있다. minikube의 상세한 정보를 확인하려면 k describe node minikube 명령을 사용한다. 해당 명령의 실행으로 표시되는 결과 메시지는 매우 상세하고 많은 내용을 포함하니 직접 확인해보기를 바란다.

작업하기

생성된 클러스터는 빈 상태다(kube-system 네임스페이스에서 DNS 서비스와 대시보드가 포드로 동작하고 있으므로 완전히 비어 있는 상태는 아니다). 그러면 몇 가지 포드를 실행해보자. 예제처럼 echo 서버를 예로 들어본다.

```
> k run echo --image=gcr.io/google_containers/echoserver:1.8 --port=8080
deployment "echo" created
```

쿠버네티스는 하나의 배포를 생성했고, 하나의 포드가 실행 중이다. 동작 중인 포드는 아래와 같은 명령으로 확인해보면 echo 접두사가 붙은 것을 볼 수 있다.

```
> k get pods
NAME                        READY       STATUS      RESTARTS      AGE
echo-69f7cfb5bb-wqgkh       1/1         Running     0             18s
```

동작 중인 포드를 서비스로 노출시키기 위해 아래와 같은 명령을 수행한다.

```
> k expose deployment echo --type=NodePort
  service "echo" exposed
```

명령줄에서 –type=NodePort의 의미는 특정 서비스 포트를 사용해 외부에 서비스하는 것을 의미한다. 그러나 해당 포드의 서비스 포트는 8080이 아니며 서비스 포트는 클러스터에서 설정된다. 생성된 서비스에 접근하기 위해 클러스터 IP와 서비스 포트 정보가 필요하며 아래 명령을 통해 확인 가능하다.

```
> mk ip
192.168.99.101
> k get service echo --output='jsonpath="{.spec.ports[0].nodePort}"'
30388
```

이제 많은 정보를 반환하는 echo 서비스에 접근할 수 있다.

```
> curl http://192.168.99.101:30388/hi
```

방금 우리는 로컬 쿠버네티스 클러스터를 생성하고 서비스를 배포했다.

대시보드로 클러스터 검사하기

쿠버네티스는 아주 근사한 웹 인터페이스를 가지고 있으며, 포드에 서비스로써 배포된다. 체계적으로 잘 설계된 대시보드는 다양한 정보를 확인할 수 있도록 높은 수준의 직관적인 시각화 기능을 제공한다. 뿐만 아니라 대시보드를 통해 개별 리소스의 세부 정보 확인, 로그, 리소스 파일 편집 등의 작업을 수행할 수 있다. 따라서 대시보드는 클러스터를 수동 관리하도록 지원하는 최적의 도구다. 이런 대시보드를 실행하려면 minikube dashboard 명령을 입력한다.

Minikube는 새로운 웹 브라우저 창에서 대시보드 UI를 표시할 것이다. 마이크로소프트 사의 Edge 환경에서는 동작하지 않으니 다른 웹 브라우저를 사용한다.

다음은 배포, 목세 세트, 복제 컨트롤러, 포드를 표시하는 Workloads Overview다.

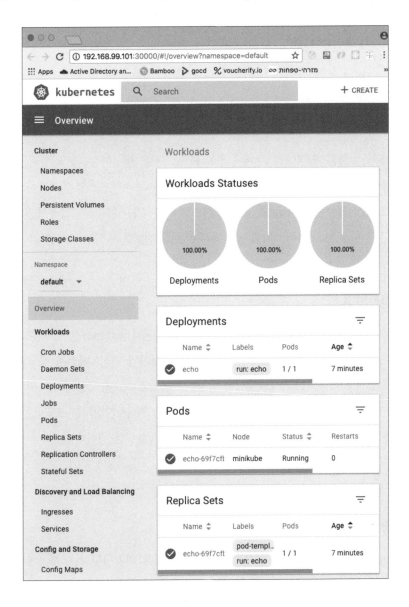

또한 Daemon Sets, Stateful Sets, Jobs도 표시할 수 있지만 앞서 실습한 클러스터에서는 아직 아무것도 표시되지 않는다.

이 절에서는 윈도우 환경에서 로컬 단일 노드 쿠버네티스를 생성하고, kubectl을 사용해 간략하게 살펴봤다. 또한 서비스를 배포하고 웹 UI를 경험해 보았다. 다음 절에는 다중 노드 클러스터를 확인한다.

▌ Kubeadm을 사용해 다중 노드 클러스터 생성하기

이번 절에서는 모든 환경에서 쿠버네티스 클러스터를 생성하는 데 권장되는 도구인 kubeadm을 설명한다. 아직 개발 단계에 있는 Kubeadm은 쿠버네티스의 일부분이기 때문에 지속적으로 개선 중이다. Kubeadm은 전체 클러스터에서 접근 가능하도록 VM을 기반으로 한다. 이 절은 다중 노드 클러스터의 배포에 대한 실습 경험을 원하는 독자를 위한 것이다.

기대치 설정하기

Kubeadm을 알아보기 전에 결코 쉽지는 않다는 것을 밝힌다. kubeadm은 어려운 과제를 가지고 있다. Kubeadm은 쿠버네티스 자체의 진화를 따라야만 한다. 따라서 항상 안정적이지는 않다. 『Mastering Kubernetes』 초판을 쓸 당시, kubeadm을 작동시키기 위해 다양한 해결책을 찾기 위해 노력했다. 2/e에서도 똑같은 일을 했다. 기대치를 조금 낮추고 주변에 물어볼 준비를 하는 것이 좋겠다. 좀 더 간소화된 솔루션을 원한다면, 이후에 몇 가지 좋은 옵션을 논의한다.

준비 사항

Kubeadm은 물리 머신과 가상 머신을 포함해 사전 프로비저닝된 하드웨어에서 동작한다. 쿠버네티스 클러스터를 생성하기에 앞서 VM에 도커, kubelet, kubeadm, kubectl(마스터에만 설치) 같은 기본적인 소프트웨어를 설치해야 한다.

베이그런트 VM 클러스터 준비하기

다음 베이그런트^{vagrant3} 파일은 n1, n2, n3, n4라는 4개의 VM 클러스터를 생성한다. 클러스터를 기동하여 실행하려면 vagrant up을 입력한다. Bento/Ubuntu-16.04를 기반으로 하며, Ubuntu/xenial을 사용하면 여러 문제에 직면할 수 있다.

```ruby
# -*- mode: ruby -*-
# vi: set ft=ruby :
hosts = {
  "n1" => "192.168.77.10",
  "n2" => "192.168.77.11",
  "n3" => "192.168.77.12",
  "n4" => "192.168.77.13"
}
Vagrant.configure("2") do |config|
  # Vagrant 보안키는 항상 사용
  config.ssh.insert_key = false
  # 다른 시스템에 ssh로 쉽게 접속하기 위해 ssh 에이전트 전송
  config.ssh.forward_agent = true

  check_guest_additions = false
  functional_vboxsf = false

  config.vm.box = "bento/ubuntu-16.04"
  hosts.each do |name, ip|
    config.vm.hostname = name
    config.vm.define name do |machine|
      machine.vm.network :private_network, ip: ip
      machine.vm.provider "virtualbox" do |v|
        v.name = name
      end
    end
  end
end
```

---

3 베이그런트(Vagrant)는 VM 관리 도구다. − 옮긴이

필요 소프트웨어 설치하기

내가 주로 사용하는 구성 관리 도구는 앤서블Ansible[4]이다. 나는 우분투 16.04가 실행 중인 n4 VM에 앤서블을 설치했다. 이제부터는 n4를 제어 시스템으로 사용한다. 이는 우리가 리눅스 환경에서 실행한다는 것을 의미한다. 맥에서 앤서블을 직접 사용할 수도 있다. 그러나 앤서블은 윈도우에서는 실행되지 않는다.

```
> vagrant ssh n4
Welcome to Ubuntu 16.04.3 LTS (GNU/Linux 4.4.0-87-generic x86_64)
* Documentation:     https://help.ubuntu.com
* Management:        https://landscape.canonical.com
* Support:           https://ubuntu.com/advantage
0 packages can be updated.
0 updates are security updates.
vagrant@vagrant:~$ sudo apt-get -y --fix-missing install python-pip
  sshpass
vagrant@vagrant:~$ sudo pip install  ansible
```

여기서는 버전 2.5.0을 사용했다. 최신 버전을 사용해도 된다.

```
vagrant@vagrant:~$ ansible --version
ansible 2.5.0
  config file = None
  configured module search path = [u'/home/vagrant/.ansible/plugins/modules', u'/
usr/share/ansible/plugins/modules']
  ansible python module location = /home/vagrant/.local/lib/python2.7/
sitepackages/ansible
  executable location = /home/vagrant/.local/bin/ansible
  python version = 2.7.12 (default, Dec 4 2017, 14:50:18) [GCC 5.4.020160609]
python version = 2.7.12 (default, Dec 4 2017, 14:50:18) [GCC 5.4.020160609]
```

---

4 앤서블(Ansible)은 오픈소스 IT 자동화 프레임워크다. - 옮긴이

설치한 sshpass 프로그램을 사용하면 기본으로 제공되는 vagrant 사용자를 통해 모든 베이그런트 VM에 연결할 수 있다. 이는 로컬 VM 기반 다중 노드 클러스터에서만 중요하다.

다음 단계로 ansible이라는 이름의 폴더를 생성하고 hosts, vars.yml, playbook.yml 3개의 파일을 생성한 폴더에 저장한다.

hosts 파일

host 파일은 어떤 호스트가 동작할 것인지 ansible 폴더에 알려주는 목록 파일이다. 지정된 호스트는 컨트롤러 시스템에서 SSH로 접속할 수 있어야 한다. 다음은 클러스터를 설치할 세 개의 VM이다.

```
[all]
192.168.77.10 ansible_user=vagrant ansible_ssh_pass=vagrant
192.168.77.11 ansible_user=vagrant ansible_ssh_pass=vagrant
192.168.77.12 ansible_user=vagrant ansible_ssh_pass=vagrant
```

vars.yml 파일

각 노드에 설치될 패키지 목록은 vars.yml 파일에 명시되어 있다. 내가 주로 사용하는 패키지 vim, htop, tmux를 관리 대상 시스템에 설치하기 위해 추가했다. 나머지 항목은 쿠버네티스 운영에 필요한 패키지다.

```
---
PACKAGES:
  - vim - htop - tmux - docker.io
  - kubelet
  - kubeadm
  - kubectl
  - kubernetes-cni
```

playbook.yml 파일

playbook.yml 파일은 모든 호스트에서 패키지를 설치할 때 필요한 파일이다.

```
---
- hosts: all
  become: true
  vars.yml
    - vars_files;
  strategy: free
  tasks:
  - name: hack to resolve Problem with MergeList Issue
    shell: 'find /var/lib/apt/lists -maxdepth 1 -type f -exec rm -v {} \;'
  - name: update apt cache directly (apt module not reliable)
    shell: 'apt-get clean && apt-get update'
  - name: Preliminary installation
    apt: name=apt-transport-https force=yes
  - name: Add the Google signing key
    apt_key: url=https://packages.cloud.google.com/apt/doc/apt-key.gpg
state=present
  - name: Add the k8s APT repo
    apt_repository: repo='deb http://apt.kubernetes.io/ kubernetes-xenial main'
state=present
  - name: update apt cache directly (apt module not reliable)
    shell: 'apt-get update'
  - name: Install packages
    apt: name={{ item }} state=installed force=yes
    with_items: "{{ PACKAGES }}"
```

일부 패키지는 쿠버네티스의 APT 저장소에서 가져오기 때문에 구글 서명키[signing key] 정보
와 함께 추가해야 한다.

n4에 접속한다.

```
> vagrant ssh n4
```

노드 n1, n2, n3 각각에 접속하기 위해 ssh를 사용한다.

```
vagrant@vagrant:~$ ssh 192.168.77.10
vagrant@vagrant:~$ ssh 192.168.77.11
vagrant@vagrant:~$ ssh 192.168.77.12
```

영구적인 해결책은 ~/.ansible.cfg 파일에 다음 줄을 추가하는 것이다.

```
[defaults]
host_key_checking = False
```

다음과 같이 n4에서 playbook 목록을 실행한다.

```
vagrant@n4:~$ ansible-playbook -i hosts playbook.yml
```

 연결에 실패하면 다시 시도해보자. 쿠버네티스의 APT repo(저장소)는 때때로 반응이 느린 경우가 있다. 노드당 한 번만 이 작업을 수행해야 한다.

클러스터 생성하기

이번 절에서는 클러스터를 생성한다. 먼저 첫 번째 VM에서 마스터를 초기화하고 네트워크를 설정한다. 그리고 나머지 VM을 노드로 추가한다.

마스터 초기화하기

n1(192.168.77.10)에서 마스터를 초기화해보자. 단, 베이그런트 VM 기반 클라우드의 경우는 경우 --apiserver- advertise-address 플래그를 사용해야 한다.

```
> vagrant ssh n1
vagrant@n1:~$ sudo kubeadm init --apiserver-advertise-address 192.168.77.10
```

쿠버네티스 1.10.1에서는 다음과 같은 오류 메시지가 나타난다.

```
[init] Using Kubernetes version: v1.10.1
[init] Using Authorization modes: [Node RBAC]
[preflight] Running pre-flight checks.
    [WARNING FileExisting-crictl]: crictl not found in system path
[preflight] Some fatal errors occurred:
    [ERROR Swap]: running with swap on is not supported. Please disable
swap
[preflight] If you know what you are doing, you can make a check non-fatal
with `--ignore-preflight-errors=...`
```

그 이유는 필요한 cri-tools가 기본적으로 설치되지 않기 때문이다. 여기서는 쿠버네티스의 최첨단을 다루고 있다. Go와 cri-tools를 설치하고 스왑을 해제하고 베이그런트 VM의 호스트 이름을 수정하기 위해 추가 playbook을 만든다.

```
---
- hosts: all
  become: true
  strategy: free
  tasks:
    - name: Add the longsleep repo for recent golang version
      apt_repository: repo='ppa:longsleep/golang-backports' state=present
    - name: update apt cache directly (apt module not reliable)
      shell: 'apt-get update'
      args:
        warn: False
    - name: Install Go
      apt: name=golang-go state=present force=yes
    - name: Install crictl
      shell: 'go get github.com/kubernetes-incubator/cri-tools/cmd/crictl'
      become_user: vagrant
```

```
    - name: Create symlink in /usr/local/bin for crictl
      file:
        src: /home/vagrant/go/bin/crictl
        dest: /usr/local/bin/crictl
        state: link
    - name: Set hostname properly
      shell: "hostname n$((1 + $(ifconfig | grep 192.168 | awk '{print $2}' | tail
-c 2)))"
    - name: Turn off swap
      shell: 'swapoff -a'
```

n4를 다시 실행해 클러스터의 모든 노드를 업데이트한다.

쿠버네티스가 성공적으로 기동되면 아래와 같은 결과를 출력한다.

```
vagrant@n1:~$ sudo kubeadm init --apiserver-advertise-address 192.168.77.10 [init]
Using Kubernetes version: v1.10.1
[init] Using Authorization modes: [Node RBAC] [certificates] Generated ca
certificate and key. [certificates] Generated apiserver certificate and key.
[certificates] Valid certificates and keys now exist in "/etc/kubernetes/pki"
.
.
.

[addons] Applied essential addon: kube-dns [addons] Applied essential addon:
kube-proxy
Your Kubernetes master has initialized successfully!
```

나중에 다른 노드를 클러스터에 가입시키려면 기록해야 할 많은 정보가 있다. 클러스터를
사용하려면 다음을 일반 사용자로 실행해야 한다.

```
vagrant@n1:~$ mkdir -p $HOME/.kube
vagrant@n1:~$ sudo cp -i /etc/kubernetes/admin.conf $HOME/.kube/config
vagrant@n1:~$ sudo chown $(id -u):$(id -g) $HOME/.kube/config
```

이제 각 노드에서 root로 명령을 실행해 여러 대의 시스템을 연결할 수 있다. kubeadm init cmmand:sudo kubeadm join -- token << token>> --discovery-token-ca-cert-hash <<discvery token>> -- skip-prflight-cheks에서 반환된 명령을 사용한다.

포드 네트워크 설정하기

클러스터 네트워크는 중요한 항목이다. 각각의 포드는 서로 통신할 수 있어야 한다. 따라서 포드 네트워크를 위한 애드온 기능이 필요하다. 이를 위한 여러 가지 옵션이 있다. kubeadm으로 만들어진 클러스터의 경우 CNI[Container Network Interface] 기반의 애드온이 필요하다. 나의 경우 네트워크 정책[Network Policy] 리소스를 지원하는 위브넷[weave net] 애드온을 선택했다. 이와 같이 시스템 환경에 따라 애드온을 선택할 수 있다.

마스터 VM에서 다음 명령을 실행한다.

```
vagrant@n1:~$ sudo sysctl net.bridge.bridge-nf-call-iptables=1 net.bridge.bridge-
nf-call-iptables = 1vagrant@n1:~$ kubectl apply -f "https://cloud.weave.works/
k8s/net?k8s-version=$(kubectl version | base64 | tr -d '\n')"
```

명령의 실행 결과 다음과 같은 결과가 표시될 것이다.

```
serviceaccount "weave-net" created
clusterrole.rbac.authorization.k8s.io "weave-net" created
clusterrolebinding.rbac.authorization.k8s.io "weave-net" created
role.rbac.authorization.k8s.io "weave-net" created
rolebinding.rbac.authorization.k8s.io "weave-net" created
daemonset.extensions "weave-net" created
```

상태를 확인하기 위해 아래와 같이 실행한다.

```
vagrant@n1:~$ kubectl get po --all-namespaces
NAMESPACE NAME READY STATUS RESTARTS AGE
kube-system etcd-n1 1/1 Running 0 2m
kube-system kube-apiserver-n1 1/1 Running 0 2m
kube-system kube-controller-manager-n1 1/1 Running 0 2m
kube-system kube-dns-86f4d74b45-jqctg 3/3 Running 0 3m
kube-system kube-proxy-l54s9 1/1 Running 0 3m
kube-system kube-scheduler-n1 1/1 Running 0 2m
kube-system weave-net-fl7wn 2/2 Running 0 31s
```

우리가 찾고자 하는 weave-net-fl7 주와 kube-dns 포드를 볼 수 있다. 둘 다 잘 실행되고 있다.

작업자 노드 추가하기

이제 이전에 획득한 토큰을 사용해 클러스터에 작업자worker 노드를 추가할 수 있다. 마스터 노드에서 쿠버네티스를 초기화할 때 얻은 토큰을 이용해 각각의 노드에서 다음 명령을 실행한다. 관리자 권한으로 명령을 실행해야 하기 때문에 root 유저가 아니라면 반드시 sudo 명령을 함께 입력한다.

```
sudo kubeadm join --token <<token>>        --discovery-token-ca-cert-hash
<<discovery token>> --ignore-preflight-errors=all
```

글을 쓰는 시점인 쿠버네티스 1.10에서는 일부 preflight 검사에서 fail을 맞을 것이다. 하지만 이것은 오류로 인한 것은 아니다. 실제로는 이상은 없다. ignore-preflight-errors=all 옵션을 사용해 이런 검사를 건너뛸 수 있다. 이 책을 읽을 시점에는 이런 사소한 문제가 해결돼 있기를 바란다. 다음과 같이 명령 실행 결과가 표시된다.

```
[discovery] Trying to connect to API Server "192.168.77.10:6443"
[discovery] Created cluster-info discovery client, requesting info from
"https://192.168.77.10:6443"
[discovery] Requesting info from "https://192.168.77.10:6443" again to validate
TLS against the pinned public key
[discovery] Cluster info signature and contents are valid and TLS certificate
validates against pinned roots, will use API Server "192.168.77.10:6443"
[discovery] Successfully established connection with API Server
"192.168.77.10:6443"
```

이제 노드가 클러스터에 가입됐다.

* 인증서 서명 요청이 마스터에게 전송됐고 응답이 수신됐다.
* Kubelet은 새로운 보안 연결의 세부 정보를 통보받았다.

마스터 노드에서 kubectl get nodes를 실행해 이 노드가 클러스터에 가입됐는지 확인한다.

CNI 플러그인 초기화 문제로 인해 일부 조합에서는 작동하지 않을 수 있다.

▌ 클라우드(GCP, AWS, 애저)에서 클러스터 생성하기

로컬 환경에서 클러스터를 구성하는 것은 여러분을 매우 흥미롭게 만들 것이다. 로컬 환경은 개발 중이거나 로컬에서 문제를 해결할 때 중요한 요인이다. 그러나 안타깝게도 쿠버네티스는 클라우드 기반 애플리케이션용으로 설계됐다. 쿠버네티스는 작은 규모의 개별 클라우드 환경을 인식하지 않는 대신 클라우드 공급자 인터페이스 개념을 가지고 있다. 모든 클라우드 공급자는 이 인터페이스를 구현하여 쿠버네티스를 호스팅할 수 있다. 쿠버네티스 버전 1.5는 많은 클라우드 공급자의 인터페이스 구현을 다양한 버전으로 관리하고 있으나 앞으로 완전히 재구성될 것이다.

클라우드 공급자 인터페이스

클라우드 공급자 인터페이스는 Go 언어로 작성된 데이터 유형과 인터페이스의 모음으로 cloud.go 파일에 정의되어 있다. 이 파일이 제공하는 내용은 http://bit.ly/2fq4NbW에서 확인할 수 있다. 주요 인터페이스 항목은 다음과 같다.

```go
type Interface interface {
    Initialize(clientBuilder controller.ControllerClientBuilder)
    LoadBalancer() (LoadBalancer, bool)
    Instances() (Instances, bool)
    Zones() (Zones, bool)
    Clusters() (Clusters, bool)
    Routes() (Routes, bool)
    ProviderName() string
    HasClusterID() bool
}
```

인터페이스의 내용은 매우 명확하다. 쿠버네티스는 instances, Zones, Clusters, Routes 단위로 작동하고, 로드밸런서와 ProviderName에 접근할 수 있어야 한다. 대부분의 메소드는 다른 인터페이스를 반환한다.

예를 들어 Clusters는 매우 단순한 형태의 인터페이스다.

```go
type Clusters interface {
    ListClusters() ([]string, error)
    Master(clusterName string) (string, error)
}
```

ListClusters() 메소드는 클러스터 이름을 반환한다. Master() 메소드는 마스터 노드의 IP 주소나 DNS 이름을 반환한다.

다른 인터페이스의 경우도 크게 복잡하지 않다. 작성 당시 전체 파일은 주석을 포함해 총 214줄로 구성되어 있다. 중요하게 생각할 것은 클라우드가 이런 기본 개념을 사용한다면 쿠버네티스 공급자를 구현하는 것이 크게 복잡하지 않다는 것이다.

구글 클라우드 플랫폼(GCP)

구글 클라우드 플랫폼^{GCP, Google Cloud Platform}은 쿠버네티스를 즉시 사용할 수 있도록 지원한다. 이른바 **구글 쿠버네티스 엔진**^{GKE, Google Kubernetes Engine}은 쿠버네티스를 기반으로 하는 컨테이너 관리 솔루션이다. 쿠버네티스의 설치 없이 GCP 환경에서 구글 클라우드 API를 사용해 쿠버네티스 클러스터를 생성하고 프로비저닝할 수 있다. 쿠버네티스가 GCP에 내장되어 있다는 것은 이후 배포되는 버전에서 통합과 테스트에 문제가 발생하지 않을 것임을 보장한다. 따라서 클라우드 공급자 인터페이스를 저해하는 기본 플랫폼의 변경 사항에 대해 걱정할 필요가 없다.

어떤 시스템을 쿠버네티스에 구축하고 다른 클라우드 플랫폼에 기존 코드가 없는 경우라면 대체로 GCP를 선택하는 것이 최선의 결정이다.

아마존 웹서비스(AWS)

아마존 웹서비스^{AWS, Amazon Web Services}는 쿠버네티스에 기반을 두지 않고 자체 컨테이너 관리 서비스인 ECS를 보유하고 있다. 그렇지만 AWS에서 쿠버네티스를 운영할 수 있다. 쿠버네티스는 AWS를 지원하며 이 내용과 관련된 설치 방법을 많은 자료를 통해 제공한다. kubeadm을 사용해 일부 VM을 직접 프로비저닝할 수 있지만 나는 **kops**^{Kubernetes Operations} 프로젝트 사용을 권장한다. Kops는 깃허브에서 사용할 수 있는 쿠버네티스 프로젝트다 (http://bit.ly/2ft5KA5). Kops 프로젝트는 쿠버네티스 자체의 구성 요소는 아니지만 쿠버네티스 개발자가 개발하고 유지 관리한다.

Kops는 다음과 같은 기능을 제공한다.

- 클라우드^{AWS}에 자동화된 쿠버네티스 클러스터 CRUD
- 고가용성^{HA, Highly Available} 쿠버네티스 클러스터
- 드라이 런^{dry-run}과 자동 멱등성^{idempotency}을 위한 상태−동기 모델 사용
- Kubectl 애드온에 사용자 정의 지원
- 테라폼^{Terraform} 구성 생성
- 디렉토리 트리에 정의된 단순한 메타 모델 기반
- 쉬운 명령행 구문
- 커뮤니티 지원

클러스터를 생성하려면 route53으로 최소한의 DNS를 설정해야 한다. 클러스터 구성 설정을 저장하기 위해 S3 버킷을 설정하고 다음 명령을 실행한다.

```
kops create cluster --cloud=aws --zones=us-east-1c ${NAME}
```

전체 절차는 http://bit.ly/2f7r6EK에서 확인할 수 있다.

2017년 말 AWS는 CNCF에 가입했고 쿠버네티스와 관련된 두 가지 큰 프로젝트를 발표했다. 자체 쿠버네티스 기반 컨테이너 통합 솔루션^{EKS}과 컨테이너 온 디맨드 솔루션^{Fargate}이다.

쿠버네티스용 아마존 일래스틱 컨테이너 서비스(EKS)

쿠버네티스용 **아마존 일래스틱 컨테이너 서비스**^{ESK, Amazon Elastic Container Service}는 완벽하게 관리되고가용성이 높은 쿠버네티스 솔루션이다. 이것은 3개의 애리조나^{AZ}에서 세 개의 마스터를 운영하고 있다. 또한 EKS는 업그레이드와 패치 작업도 수행한다. EKS의 가장 큰 장점은 변경 없이 쿠버네티스를 운영한다는 것이다. 즉, 커뮤니티에서 개발한 표준 플러그인과 도구를 모두 사용할 수 있다. 또한 다른 클라우드 공급자 또는 자체 사내 쿠버네티스 클

러스터와의 편리한 클러스터 연합을 가능하게 한다. EKS는 AWS 인프라와 긴밀한 통합을 제공한다. IAM 인증은 쿠버네티스 **역할 기반 액세스 제어**RBAC, role-based access control와 통합된다. 자신의 아마존 VPC에서 직접 쿠버네티스 마스터에 액세스하려는 경우 PrivateLink를 사용할 수도 있다. PrivateLink를 사용하면 쿠버네티스 마스터와 아마존 EKS 서비스 엔드포인트가 아마존 VPC의 사설 IP 주소를 사용하는 탄력적인 네트워크 인터페이스로 나타난다. 또 중요한 부분은 쿠버네티스 컴포넌트가 AWS 네트워킹을 사용해 서로 통신할 수 있게 해주는 특수한 CNI 플러그인이다.

파게이트

파게이트Fargate를 사용하면 하드웨어 프로비저닝에 대한 걱정없이 컨테이너를 직접 실행할 수 있다. 일부 제어 기능을 잃어버리는 대신 운영상의 복잡성을 상당 부분 줄일 수 있다.

파게이트를 사용하면 애플리케이션을 컨테이너에 패키징하고 CPU와 메모리 요구 사항을 지정하며 네트워크와 IAM 정책을 정의할 수 있다. 파게이트는 ECS와 EKS의 상단에서 실행될 수 있다. 파게이트가 쿠버네티스와 직접적으로 관련이 있는 것은 아니지만, 서버리스 캠프의 매우 흥미로운 멤버다.

애저

애저Azure도 자체 컨테이너 관리 서비스를 가지고 있다. 메소스Mesos 기반의 DC/OS나 도커 스웜Docker Swarm을 사용해 관리할 수도 있으며, 쿠버네티스를 사용할 수도 있다. 클러스터를 직접 프로비저닝한 후 kubeadm을 사용해 쿠버네티스 클러스터를 생성할 수도 있다(예: 애저의 원하는 상태 구성 사용). 그러나 쿠버네티스 프로젝트 kubernetes-anywhere(http://bit.ly/2eCS7Ps)를 사용하는 것을 권장한다. Kubernetes-anywhere의 목표는 어디에서나 클라우드 환경(최소 GCP, AWS, 애저의 경우)에서 클러스터를 생성하는 크로스 플랫폼 방식을 제공하는 것이다.

그 과정을 어렵지 않게 수행할 수 있다. 도커, make, kubectl을 설치하고 애저 구독 ID가 필요하다. 그리고 kubernetes-anywhere 저장소를 내려받아 복사하고 몇 가지 make 명령을 실행한다. 그러면 클러스터 생성 과정은 끝난다.

애저 클러스터를 만드는 전체 지침은 http://bit.ly/2d56WdA에 있다. 2017년 하반기 애저는 쿠버네티스 진영에 합류해 AKS-애저 컨테이너 서비스를 소개했다. 아마존 EKS와 비슷하지만 구현에서 조금 앞서 있다.

AKS는 쿠버네티스 클러스터를 관리하기 위해 CLI는 물론 REST API를 제공하고 있지만 kubectl과 기타 쿠버네티스 도구를 직접 사용할 수도 있다.

다음은 AKS를 사용할 경우 얻는 이점 중 일부다.

- 자동화된 쿠버네티스 버전 업그레이드와 패치 적용
- 간편한 클러스터 확장
- 자가 치유 호스트된 제어부(마스터)
- 비용 절감: 에이전트 풀 노드를 실행하는 경우에만 비용 지불

이 절에서는 클라우드 공급자 인터페이스와 다양한 클라우드 공급자 환경에서 쿠버네티스 클러스터를 생성하는 다양한 권장 방법을 살펴봤다. 아직 초기이고 관련 도구가 빠르게 발전하고 있으므로 언젠가는 이런 방법이 통합될 것이다. Kubeadm, kops, Kargo, kubernetes-anywhere 같은 도구와 프로젝트들은 결국 하나로 통합돼 쿠버네티스 클러스터를 간단히 만들 수 있는 쉽고 단일화된 생성 방법이 제공될 것이다.

알리바바 클라우드

중국 **알리바바** 클라우드Alibaba Cloud는 클라우드 플랫폼 분야에서 선전하고 있다. 영어로 된 문서가 부족한 점이 아쉽긴 하지만 AWS와 매우 흡사하다. 알리 클라우드Ali Cloud에 운영 중인 애플리케이션을 배포했지만 쿠버네티스 클러스터를 사용하지는 않았다. 알리 클라

우드에 대한 쿠버네티스의 공식적인 지원이 있는 것으로 보이지만, 문서는 중국어로 되어 있다. 알리 클라우드에서 쿠버네티스 클러스터를 배포하는 방법을 영어로 자세히 설명한 포럼 게시물이 있다.

https://www.alibabacloud.com/forum/read-830

▌ 베어 메탈 클러스터 생성하기

앞 절에서는 클라우드 공급자 환경에서 쿠버네티스를 실행하는 방법을 알아봤다. 앞서 설명한 쿠버네티스 배포 방식은 일반적으로 수행되는 방식이다. 그러나 베어 메탈에서 쿠버네티스를 운영하는 사례도 많이 있다. 호스팅 환경과 온프레미스의 내용은 차원이 다르므로 여기서 이 둘의 차이를 언급하지는 않겠다. 만약 온프레미스 환경에서 다수의 서버를 운영 중인 경우라면 이번 절을 통해 최상의 결정을 내릴 수 있을 것이다.

베어 메탈 사용 사례

시스템 관리자가 베어 메탈 클러스터를 직접 관리하는 경우 많은 어려움이 있다. 플랫폼 9Platform 9과 같이 베어 메탈 클러스터를 상업적으로 지원하는 회사가 있지만, 아직 성숙된 시장은 아니다. 강력한 오픈소스 옵션인 큐브스프레이Kubespray는 베어 메탈, AWS, GCE, 애저, 오픈스택에 고성능 쿠버네티스 클러스터를 배포할 수 있다.

다음은 유익한 사용 사례다.

- **예산 문제**: 대규모 베어 클러스터를 관리 중인 경우 물리적인 인프라에 쿠버네티스 클러스터를 운영하는 편이 훨씬 비용이 저렴하다.
- **낮은 네트워크 지연**(대기 시간): 노드 사이의 대기 시간을 짧게 하면 VM 오버헤드는 증가할 수 있다.

- **규정 요구 사항**: 규정을 반드시 준수해야 하는 경우 클라우드 공급자를 사용할 수 없게 될 수 있다.
- **하드웨어의 완벽한 제어**: 클라우드 공급자가 다양한 옵션을 제공하더라도, 그 외의 특별한 요구 사항이 생길 수 있다.

베어 메탈 클러스터 생성 시기

쿠버네티스 클러스터의 설치와 운영은 다소 어렵다. 따라서 처음부터 클러스터 생성으로 시작하려면 매우 복잡함을 느낄 것이다. 인터넷에는 베어 메탈 클러스터를 설치하는 문서가 많이 있다. 그러나 전체 생태계의 발전에 따라 대부분의 문서들은 빠르게 효용성을 잃고 금방 뒤쳐진다.

운영 능력이 있다면 베어 메탈 클러스터를 사용하는 것도 좋다. 그러나 스택의 모든 레벨에서 문제를 디버깅하는 데 어려움이 있는 경우 처음부터 베어 메탈 클러스터를 생성하는 것은 다시 생각해야 한다. 문제가 발생하는 원인은 대부분 네크워크와 관련이 있다. 하지만 쿠버네티스, 도커(또는 RKt), 도커 이미지, OS, OS 커널, 다양한 부가 기능과 사용하는 도구 등의 컴포넌트 간 일반적인 비호환성 및 버전 불일치 문제, 그리고 파일시스템과 저장소 드라이버도 문제를 일으킬 수 있다.

▍ 클러스터 생성 절차

클러스터를 생성하려면 많은 작업을 해야 한다. 다음은 몇 가지 고려해야 할 사항이다.

- 자체 클라우드 공급자 인터페이스 구현 또는 회피
- 네트워킹 모델과 구현 방법 선택(CNI 플러그인 또는 직접 컴파일)
- 네트워크 정책 사용 여부
- 시스템 컴포넌트용 이미지 선택

- 보안 모델 및 SSL 인증서
- 관리자^{Admin} 자격증명
- API 서버, 복제 컨트롤러, 스케줄러 등 컴포넌트에 대한 템플릿
- DNS, 로깅, 모니터링, GUI 같은 클러스터 서비스

클러스터를 만들 때 쿠버네티스 사이트의 가이드(http://bit.ly/1ToR9EC)를 따를 것을 권장한다. 필요한 절차와 심도 있는 내용을 해당 가이드에서 확인할 수 있다.

▌ 가상 사설 클라우드 인프라 사용하기

원하는 사용 사례가 베어 메탈 사용 사례와 일치하지만, 숙련된 기술 인력이 없거나 베어 메탈에서 발생하는 인프라 문제를 해결할 수 없다면 오픈스택과 같은 사설 클라우드를 선택한다(예: 스택큐브^{stackube} 사용). 좀 더 높은 수준의 추상화 단계를 목표로 한다면 미란티스^{Mirantis}를 선택할 수도 있다. 미란티스는 오픈스택과 쿠버네티스를 기반으로 구축한 클라우드 플랫폼을 제공한다.

이번 절에서는 베어 메탈 쿠버네티스 클러스터를 구축하는 옵션을 고려해 봤다. 그리고 베어 메탈 쿠버네티스 클러스터가 필요한 사용 사례를 살펴보고 그에 따른 과제와 어려움을 살펴봤다.

부트큐브

부트큐브^{Bootkube} 역시 매우 흥미롭다. 부트큐브는 스스로 호스팅하는 쿠버네티스 클러스터를 시작할 수 있다. 스스로 호스팅한다는 것은 대부분의 클러스터 구성 요소가 일반 포드로 실행되며 컨테이너형 애플리케이션에 사용하는 것과 동일한 도구와 프로세스를 사용해 관리, 모니터링, 업그레이드할 수 있음을 의미한다. 이 접근 방식에는 쿠버네티스 클러스터의 개발과 운영을 단순화하는 중요한 이점이 있다.

요약

이번 장에서는 클러스터를 만들어 봤다. 미니큐브를 사용해 단일 노드 클러스터를 만들어 보았고 kubeadm을 사용해 멀티 노드 클러스터도 만들어 보았다. 그리고 클라우드 공급자 환경에서 쿠버네티스 클러스터를 생성하는 많은 옵션을 살펴봤다. 마지막으로 베어 메탈 환경에서 쿠버네티스 클러스터를 만드는 일이 얼마나 복잡한지 살펴봤다. 현재 상황은 매우 역동적이다. 기본 구성 요소는 빠르게 변화하고 도구들은 아직 초기 단계이며 각 환경마다 선택 사항이 다르다. 쿠버네티스 클러스터를 설정하는 일이 쉽지는 않지만 세부 사항에 집중하고 노력하면 신속하게 완료할 수 있을 것이다.

3장에서는 모니터링, 로깅, 문제 해결에 대한 중요한 주제를 살펴본다. 클러스터가 기동되고 워크로드를 배포하기 시작하면 클러스터가 정상으로 동작하고 있는지와 요구 사항을 충족하고 있는지 여부를 확인해야 한다. 이를 위해 실제 환경에서 발생하는 다양한 고장과 실패에 계속해서 관심을 갖고 대응해 나가야 한다.

03

모니터링, 로깅, 문제 해결

2장에서는 서로 다른 환경에서 쿠버네티스 클러스터를 생성하는 방법과 관련된 도구의 사용 방법을 배웠으며 몇 개의 클러스터를 직접 만들어 보았다.

쿠버네티스 클러스터의 생성은 단지 시작에 불과하다. 클러스터가 실행되면 클러스터가 정상적으로 동작하고 있는지, 필요한 모든 컴포넌트가 올바르게 배치되고 구성돼 있는지, 요구 사항을 충족할 만큼 충분한 리소스가 배포돼 있는지 여부를 확인해야 한다. 장애, 디버깅, 문제 해결에 적절히 대응하는 일은 복잡한 시스템을 관리하는 데 있어서 매우 중요하며, 쿠버네티스 역시 예외는 아니다.

3장에서 다루는 내용은 다음과 같다.

- 힙스터를 사용한 모니터링
- 쿠버네티스 대시보드를 사용한 성능 분석
- 중앙 집중 로깅
- 노드 레벨의 문제 탐지
- 문제 해결 시나리오
- 프로메테우스 사용

이 장을 마치면 쿠버네티스 클러스터를 모니터링하는 다양한 옵션, 로그에 접근하는 방법, 로그를 분석하는 방법을 확실히 이해하게 될 것이다. 그리고 쿠버네티스 클러스터의 정상 동작 여부를 확인할 수 있다. 쿠버네티스 클러스터의 비정상적 동작을 발견했을 때 체계적으로 진단, 분석해 문제의 원인을 파악하고 문제를 해결하는 능력을 향상시킬 수 있게 될 것이다.

▌ 힙스터를 사용한 쿠버네티스 모니터링

힙스터Heapster는 쿠버네티스 클러스터에 강력한 모니터링 솔루션을 제공하는 쿠버네티스 프로젝트다. 힙스터는 포드로 실행되므로 쿠버네티스 자체에서 관리할 수 있다. 매우 모듈화되고 유연한 설계 구조의 힙스터는 쿠버네티스와 CoreOS 클러스터를 지원한다. 힙스터는 클러스터내 모든 노드에서 운영 메트릭과 이벤트 정보를 수집하고 이를 잘 정의된 스키마를 사용해 영구 백엔드에 저장하며 시각화와 프로그래밍 방식의 접근을 제공한다. 또한 힙스터는 서로 다른 백엔드(힙스터에서는 sink라 한다)와 그것에 대응하는 시각화 기능을 제공하는 프론트엔드를 사용하도록 구성할 수 있다. 가장 일반적인 조합은 백엔드로 인플럭스DBInfluxDB를 사용하고 프론트엔드로 그라파나Grafana를 사용하는 것이다. 구글 클라우드 플랫폼은 힙스터를 구글 모니터링 서비스와 통합했다. 다음과 같이 일반적으로 사용하지 않는 백엔드도 있다.

- 로그^{Log}
- 구글 클라우드 모니터링^{Google Cloud monitoring}
- 구글 클라우드 로깅^{Google Cloud logging}
- 화쿨라 메트릭^{Hawkular-Metrics}(메트릭만 사용)
- 오픈TSDB^{OpenTSDB}
- 모나스카^{Monasca}(메트릭만 사용)
- 카프카^{Kafka}(메트릭만 사용)
- 리에만^{Riemann}(메트릭만 사용)
- 일래스틱서치^{Elasticsearch}

명령줄에서 싱크^{sink}를 지정하면 여러 백엔드를 사용할 수 있다.

```
--sink=log --sink=influxdb:http://monitoring-influxdb:80/
```

cAdvisor

cAdvisor는 모든 노드에서 동작하는 kubelet의 일부다. cAdvisor는 각각의 컨테이너의 CPU/cores 사용량, 메모리, 네트워크, 파일시스템 정보를 수집한다. cAdvisor의 기본 UI 에 접근하기 위해서는 4194 포트를 사용하며, 힙스터를 위한 가장 중요한 점은 이 모든 정보를 kubelet을 통해 제공한다는 것이다. 힙스터는 cAdvisor에서 수집한 정보를 각 노드에 기록한다. 또한 분석과 시각화를 위해 백엔드에 정보를 저장한다.

힙스터가 아직 연결되지 않은 상태에서 새로운 클러스터를 생성하는 경우와 같이 cAdvisor UI는 특정 노드가 올바르게 설정됐는지 빠르게 확인하려는 경우에 유용하다.

다음 그림은 cAdvisor UI의 대시보드를 통한 시각화 기능이다.

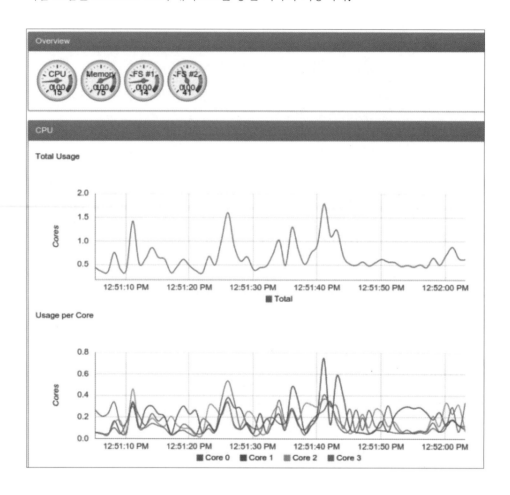

▌ 힙스터 설치

쿠버네티스 클러스터에 힙스터 컴포넌트가 설치되어 있지 않을 수 있다. 만약 힙스터가 설치되어 있지 않으면 몇 가지 간단한 명령으로 설치할 수 있다. 먼저 힙스터 저장소를 복제한다.

```
> git clone https://github.com/kubernetes/heapster.git
> cd heapster
```

이전 버전의 쿠버네티스에서는 힙스터가 기본적으로 서비스를 NodePort로 표시했다. 이
제는 기본적으로 클러스터 내부에서만 사용할 수 있는 ClusterIP로 표시한다. 이것을 로
컬에서 사용 가능하게 만들기 위해 deploy/kube-config/influxdb의 각 서비스 스펙에
NodePort를 추가했다.

예를 들어 deploy/kube-config/influxdb/influxdb.yaml의 경우는 다음과 같다.

```
> git diff deploy/kube-config/influxdb/influxdb.yaml
diff --git a/deploy/kube-config/influxdb/influxdb.yaml b/deploy/kubeconfig/
influxdb/influxdb.yaml
index 29408b81..70f52d2c 100644
--- a/deploy/kube-config/influxdb/influxdb.yaml
+++ b/deploy/kube-config/influxdb/influxdb.yaml
@@ -33,6 +33,7 @@ metadata:
   name: monitoring-influxdb
   namespace: kube-system
 spec:
+ type: NodePort
   ports:
   - port: 8086
     targetPort: 8086
```

비슷하게 deploy/kube-config/influxdb/grafana.yaml에 + type : NodePort 줄을 주석
처리했다. 이제 인플럭스DB와 그라파나를 설치할 수 있다.

```
> kubectl create -f deploy/kube-config/influxdb
```

실행하면 다음과 같은 결과가 나타날 것이다.

```
deployment "monitoring-grafana" created
service "monitoring-grafana" created
serviceaccount "heapster" created
deployment "heapster" created
service "heapster" created
deployment "monitoring-influxdb" created
service "monitoring-influxdb" created
```

▌ 인플럭스DB 백엔드

인플럭스DB는 현대적이고 강력한 분산형 시계열 데이터베이스다. 중앙 집중식 메트릭과 로깅을 위해 매우 적합하고 광범위하게 사용된다. 또한 힙스터 백엔드(구글 클라우드 플랫폼 외부)를 선호하는 데이터베이스다. 유일한 것은 인플럭스DB 클러스터링으로, 고가용성은 인플럭스 엔터프라이즈의 일부로 제공된다.

스토리지 스키마

인플럭스DB 스토리지 스키마는 힙스터가 인플럭스DB에 저장하는 정보를 정의하고 이후 활용 측면에서 질의와 그래프 작성에 사용할 수 있다. 측정 항목은 측정measurement[1] 형태로 여러 카테고리로 분류된다. 각각의 측정 항목을 개별적으로 다루고 질의하거나, 전체 카테고리를 하나의 measurement 값으로 질의하고 개별 측정 항목을 필드로 받아볼 수 있다. 명명 규칙은 <category>/<metricsname>이다(단일 측정 항목을 가지는 가동 시간은 제외한다). SQL에 대해 기본 지식을 가지고 있다면 measurement를 테이블로 생각하면 된다. 각각의 측정 항목은 컨테이너별로 저장되며 다음 정보로 라벨되어 있다.

---

1 인플럭스DB에서 measurement는 RDB에서의 테이블과 유사하다. - 옮긴이

- `pod_id`: 포드의 고유 ID
- `pod_name`: 사용자가 제공하는 포드 이름
- `pod_namespace`: 포드의 네임스페이스
- `container_base_image`: 컨테이너 기본 이미지
- `container_name`: 사용자가 제공한 컨테이너 이름 또는 시스템 컨테이너에 대한 완전한 `cgroup` 이름
- `host_id`: 클라우드 공급자 또는 사용자가 지정한 노드 식별자
- `hostname`: 컨테이너가 실행 중인 호스트 이름
- `labels`: 쉼표로 구분한 사용자가 제공 라벨 목록. 형식은 키/값(key:value)
- `namespace_id`: 포드 네임스페이스의 UID
- `resource_id`: 동일한 종류의 메트릭을 구분하는 고유 식별자. 예를 들면 파일시스템/사용법filesystem/usage에서 FS 파티션

다음과 같이 모든 측정 항목이 카테고리별로 그룹지어져 있다. 보다시피 매우 광범위하다.

CPU

CPU의 측정 항목은 다음과 같다.

- `cpu/limit`: 밀리코어 단위의 CPU 한계
- `cpu/node_capacity`: 노드의 CPU 용량
- `cpu/node_allocatable`: 노드의 할당 가능한 CPU 용량
- `cpu/node_reservation`: 노드의 예약된 공유 CPU 용량
- `cpu/node_utilization`: 노드의 공유 CPU 사용률
- `cpu/request`: 밀리코어 단위의 CPU 요청(보장된 자원량)
- `cpu/usage`: 모든 코어의 누적 CPU 사용량
- `cpu/usage_rate`: 밀리코어 단위의 전체 코어의 CPU 사용량

파일시스템

파일시스템의 측정 항목은 다음과 같다.

- `filesystem/usage`: 파일시스템에서 사용한 총 바이트 수
- `filesystem/limit`: 바이트 단위의 파일시스템 전체 크기
- `filesystem/available`: 파일시스템에 남아있는 사용 가능한 바이트 수

메모리

메모리 측정 항목은 다음과 같다.

- `memory/limit`: 바이트 단위의 메모리 하드 제한
- `memory/major_page_faults`: 주요 페이지 부재page faults 수
- `memory/major_page_faults_rate`: 초당 주요 페이지 부재 수
- `memory/node_capacity`: 노드의 메모리 용량
- `memory/node_allocatable`: 노드의 메모리 할당 가능 용량
- `memory/node_reservation`: 노드에 예약된 공유 메모리 용량
- `memory/node_utilization`: 공유 메모리 사용률
- `memory/page_faults`: 페이지 부재 수
- `memory/page_faults_rate`: 초당 페이지 부재 수
- `memory/request`: 바이트 단위의 메모리 요청(보장된 자원량)
- `memory/usage`: 총 메모리 사용량
- `memory/working_set`: 총 working set 사용량. working set은 사용 중인 메모리 이며, 커널에 의해 쉽게 삭제되지 않는다.

네트워크

네트워크의 측정 항목은 다음과 같다.

- network/rx: 네트워크를 통해 수신한 누적 바이트 수
- network/rx_errors: 네트워크를 통해 수신하는 동안 발생한 누적 오류 수
- network/rx_errors_rate: 네트워크를 통해 수신하는 동안 발생한 초당 오류 수
- network/rx_rate: 초당 네트워크를 통해 수신한 바이트 수
- network/tx: 네트워크를 통해 송신한 누적 바이트 수
- network/tx_errors: 네트워크를 통해 송신하는 동안 발생한 오류의 누적 수
- network/tx_errors_rate: 네트워크를 통해 송신하는 동안 발생한 초당 오류 수
- network/tx_rate: 초당 네트워크에서 송신한 바이트 수

가동 시간

가동 시간uptime은 컨테이너가 시작된 시간부터 현재까지의 밀리초 단위의 시간이다.

인플럭스DB의 사용이 익숙한 경우 직접 사용할 수 있다. 또는 제공되는 API를 사용해 연결하거나 웹 인터페이스를 통해 사용할 수도 있다. 다음 명령을 입력해 해당 서비스의 포트와 엔트포인트를 확인한다.

```
> k describe service monitoring-influxdb --namespace=kube-system | grep NodePort
Type:              NodePort
NodePort:          <unset>  32699/TCP
```

명령의 결과와 같이 HTTP 서비스 포트로 접속해 인플럭스DB의 웹 인터페이스를 이용할
수 있다. API 서비스 포트를 가리키도록 구성해야 한다. 웹 인터페이스의 기본 Username
과 Password는 root와 root이다.

설정을 완료하고 오른쪽 상단에서 사용할 데이터베이스를 선택할 수 있다. 쿠버네티스 데
이터베이스 이름은 k8s이다. 이제 인플럭스DB 질의 언어를 사용해 측정 항목을 질의할
수 있다.

그라파나 시각화

그라파나Grafana는 자체 컨테이너에서 실행되며, 인플럭스DB를 데이터 소스로 사용하는
정교한 대시보드를 제공한다. 다음 명령으로 해당 포트를 확인한다.

```
> k describe service monitoring-influxdb --namespace=kube-system | grep NodePort
Type:            NodePort
NodePort:        <unset>  30763/TCP
```

확인된 서비스 포트를 이용해 그라파나의 웹 인터페이스에 접속할 수 있다. 먼저 해야 할
일은 인플럭스DB 백엔드에 데이터 소스를 설정하는 것이다.

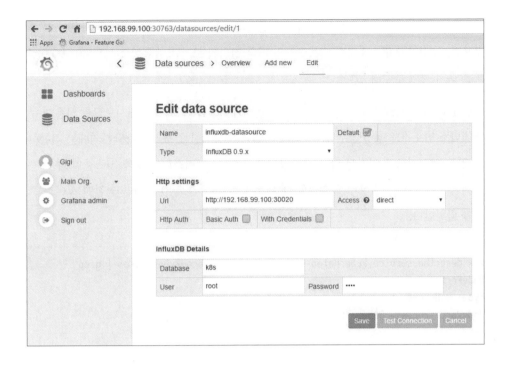

연결 테스트 후 대시보드의 다양한 옵션을 확인한다. 기본 대시보드로 몇 가지가 제공되며, 사용자의 요구 조건에 따라 변경할 수 있다. 그라파나는 사용자의 요구 조건에 맞게 조정할 수 있도록 설계됐다.

대시보드를 사용한 성능 분석

클러스터에서 발생하는 작업 항목에 대해 알고 싶을 때 내가 가장 선호하는 도구는 단연 쿠버네티스 대시보드다. 내가 쿠버네티스 대시보드를 좋아하는 이유는 다음과 같다.

- 쿠버네티스 내장형(쿠버네티스와 항상 동기화되고 테스트 수행)
- 빠른 속도
- 클러스터 수준에서 개별 컨테이너까지 직관적이고 자세한 인터페이스 제공
- 별도의 사용자 정의나 설정 불필요

강력한 사용자 정의보기와 질의 관점에서 힙스터, 인플럭스DB, 그라파나의 사용이 더 유용하다. 그렇지만 쿠버네티스 대시보드의 미리 정의된 보기는 필요한 정보의 80~90% 정도를 즉시 보여줄 수가 있다.

또한 YAML이나 JSON 파일을 업로드해 애플리케이션을 배포하고, 대시보드를 사용해 쿠버네티스 리소스도 생성할 수 있다. 하지만 관리가 용이한 인프라에 채택하기에는 적합하지 않은 패턴이므로 여기서 다루지는 않는다. 테스트 클러스터에서 테스트 중일 때 유용하지만 실제 클러스터 상태를 수정할 때 나는 명령줄을 선호한다. 다음과 같이 서비스 포트를 확인한다.

```
> k describe service kubernetes-dashboard --namespace=kube-system | grep
NodePort
Type: NodePort
NodePort: <unset> 30000/TCP
```

최상위 수준 보기

대시보드는 화면 왼쪽 영역은 계층적 구조의 메뉴(클릭하면 메뉴 화면 영역을 숨기는 기능의 햄버거 메뉴[2] 포함)로 구성되며, 화면 오른쪽 영역은 왼쪽 메뉴 항목을 상세히 보여주는 동적 컨텍스트 기반 내용으로 구성된다. 계층적 구조의 세부 메뉴를 열어 관련 정보를 좀 더 상세하게 확인할 수 있다.

최상위 수준의 항목은 다음과 같다.

- Cluster
- Overview
- Workloads

---

2 햄버거 메뉴는 3단으로 구성된 이미지로 화면 상단 왼쪽에 위치하고 있으며 클릭하면 특정 화면 영역을 숨기고 보이는 역할을 한다. – 옮긴이

- Discovery and load balancing
- Config and storage

특정 네임스페이스별로 필터링하거나 모든 네임스페이스를 선택할 수도 있다.

Cluster

Cluster 메뉴 항목은 Namespace, Node, PersistentVolume, Roles, Storage 다섯 개의 클래스로 구성되며, 클러스터의 물리적 자원을 관찰하는 기능을 제공한다.

모든 노드의 CPU와 메모리 사용량, 사용가능한 네임스페이스의 **상태**Statue와 **수명**Age, 각 노드에 대한 **수명**Age과 **라벨**Labels, 사용 준비 여부(Ready) 등 한눈에 많은 정보를 확인할 수 있다. 영구적인 볼륨과 역할이 있다면 관련된 정보를 볼 수 있다. 스토리지 클래스도 볼 수 있다. 이 경우에는 호스트 경로다.

노드Nodes에서 minikube 노드를 클릭하면 해당 노드의 정보와 할당된 리소스가 멋진 원형 파이 차트로 화면에 표시된다. 이는 성능 문제를 처리하는 데 있어서 중요하다. 노드에 충분한 리소스가 없는 경우 해당 포드의 요구를 충족시키지 못할 수도 있다.

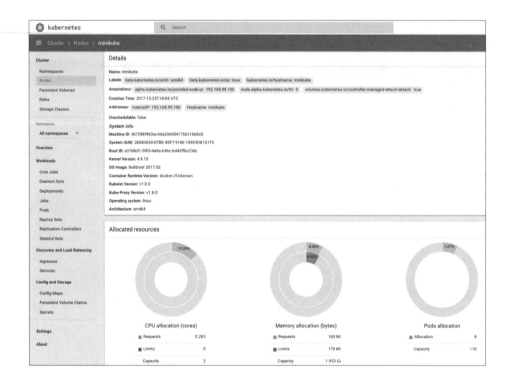

아래로 스크롤하면 더욱 흥미로운 정보인 Conditions 화면 영역을 볼 수 있다. 개별 노드 수
준에서 메모리와 디스크를 이주 훌륭하고 간결하게 나타내는 뷰를 확인할 수 있다.

Conditions					
Type	Status	Last heartbeat time	Last transition time	Reason	Message
OutOfDisk	False	7 seconds	6 days	KubeletHasSufficientDisk	kubelet has sufficient disk space available
MemoryPressure	False	7 seconds	6 days	KubeletHasSufficientMemory	kubelet has sufficient memory available
DiskPressure	False	7 seconds	6 days	KubeletHasNoDiskPressure	kubelet has no disk pressure
Ready	True	7 seconds	4 hours	KubeletReady	kubelet is posting ready status

Pods								
Name ⇕	Namespace	Node	Status ⇕	Restarts	Age ⇕	CPU (cores)	Memory (bytes)	
✔ heapster-d7688d788-vfh4x	kube-system	minikube	Running	0	34 minutes	0	21.012 Mi	⊞ ⋮
✔ monitoring-influxdb-77bd46594b-zv	kube-system	minikube	Running	0	34 minutes	0	22.719 Mi	⊞ ⋮
✔ monitoring-grafana-5d967dd96d-gh	kube-system	minikube	Running	0	34 minutes	0	11.426 Mi	⊞ ⋮
✔ echo-557f84bf4f-p5tvq	default	minikube	Running	1	5 days	0	2.555 Mi	⊞ ⋮
✔ kube-dns-86f6f55dd5-zfvnz	kube-system	minikube	Running	6	6 days	0.001	34.215 Mi	⊞ ⋮
✔ kubernetes-dashboard-q5xcm	kube-system	minikube	Running	2	6 days	0	31.180 Mi	⊞ ⋮
✔ storage-provisioner	kube-system	minikube	Running	2	6 days	0	14.281 Mi	⊞ ⋮
✔ kube-addon-manager-minikube	kube-system	minikube	Running	2	6 days	0.021	33.398 Mi	⊞ ⋮

포드Pods와 이벤트Events 화면 영역도 볼 수 있다. 포드 부분은 다음 절에서 다루기로 한다.

Workloads

Workloads도 중요한 메뉴다. Workloads 항목은 Cronjobs, Deamon Sets, Deployments,
Jobs, Pods, Replica Sets, Replication Controllers, Stateful Sets 같은 다양한 유형의 쿠버네
티스 리소스에 대한 하위 메뉴로 구성된다. 이런 하위 메뉴 항목은 드릴다운을 통해 더 자
세히 확인이 가능하다. 다음은 에코Echo 서비스만 배포된 기본 네임스페이스의 최상위 수
준 Workloads 뷰다. Workloads 뷰는 하위 항목으로 Deployments, Replica sets, Pods 등이
있다.

모든 네임스페이스로 전환하고 하위 메뉴인 **Pods**의 상세한 화면 내용을 살펴보자. 표시되는 화면 정보는 유용한 정보들로 가득하다. 각 행에서 포드의 동작 여부, 재시작 횟수, IP, CPU와 메모리 사용 내역을 작고 세련된 그래프로 포함시킬 수 있다.

또한 오른쪽 두 번째 열의 텍스트 표시를 클릭하면 해당 노드의 **로그**를 확인할 수 있다. 인플럭스DB 포드의 로그를 확인해보자. 그림과 같이 잘 정돈된 형태로 힙스터가 로그를 기록하고 있다.

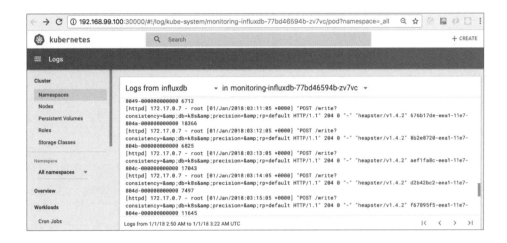

아직 다루지 않은 세부 항목이 있다. 컨테이너 레벨까지 내려간 후 **kube-dns** 포드를 클릭한다. 다음과 같이 개별 컨테이너와 각각의 컨테이너에서 실행하는 명령을 볼 수 있고 로그도 확인할 수 있다.

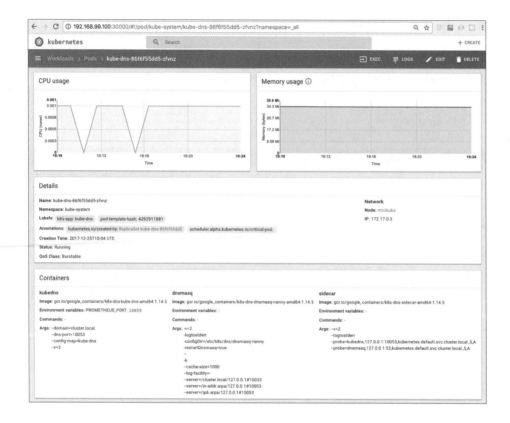

Discovery and load balancing

때때로 Discovery and load balancing 메뉴 항목이 시작점일 때도 있다. Services 항목은 쿠버네티스 클러스터 사용을 위해 제공되는 공용 인터페이스다. 서비스에 영향을 주는 심각한 문제라면 사용자에게도 영향을 미칠 것이다.

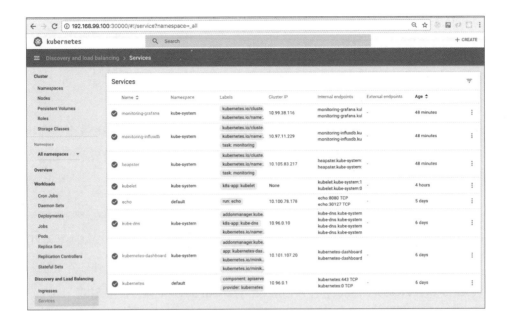

Services 항목을 클릭해 드릴다운하면 서비스(가장 중요한 것은 라벨 셀렉터)와 포드 뷰의 자세한 정보를 확인할 수 있다.

중앙 집중 로깅 추가

중앙 집중 로깅이나 클러스터 수준 로깅은 두 개 이상의 노드나 포드 또는 컨테이너를 가지는 클러스터에 있어서 기본적인 요구 사항이다. 중앙 집중 로깅 방식의 필요한 이유 중 첫 번째 각각의 포드나 컨테이너의 로그를 개별 시스템에서 독립적으로 관리하는 것은 실무적으로 어렵기 때문이다. 개별 시스템별 로그 관리를 하는 경우 전체 시스템을 모니터링할 수 없으며 너무 많은 메시지가 나올 것이다. 따라서 로그 메시지를 모으고, 수집된 메시지를 분할 및 분리할 수 있는 솔루션이 필요하다. 두 번째 이유로는 컨테이너의 휘발성 생성주기 때문이다. 문제가 발생하는 포드는 종종 생명을 다하고 죽는다. 죽은 포드의 복제 컨트롤러나 복제 집합은 새로운 인스턴스를 시작하며 이때 이전까지 기록된 중요한 모든 로그 정보는 손실된다. 이런 심각한 문제로부터 중요한 정보를 보존하는 방법 중 하나가 중앙 집중 로깅 서비스를 이용하는 것이다.

중앙 집중 로깅 계획

중앙 집중 로깅은 매우 간단한 개념의 구조다. 각각의 노드에 전용 에이전트를 실행해 노드의 모든 포드와 컨테이너에서 발생하는 로그 메시지를 메타데이터와 함께 중앙 저장소로 전송하고 안전하게 저장한다.

구글 플랫폼 환경의 경우, 통합된 형태의 구글 중앙 로깅 서비스를 GKE$^{Google\ Container\ Engine}$에서 지원한다. 다른 플랫폼의 경우 인기 있는 솔루션은 플루언트디^{fluentd}, 일래스틱서치, 키바나^{Kibana}다. 각각의 컴포넌트별로 적절한 서비스를 설치하기 위한 공식 애드온이 있다. `fluentd-elasticsearch` 애드온은 http://bit.ly/2f6MF5b에서 확인할 수 있다.

이 애드온은 일래스틱서치와 키바나용 서비스 집합으로 설치되고 각 노드에 플루언트디 에이전트가 설치된다.

플루언트디

플루언트디^{Fluentd}는 임의의 데이터 소스와 임의의 데이터 싱크^{sink} 사이에 위치하는 통합 로깅 계층으로 로그 메시지를 A에서 B로 스트리밍할 수 있도록 한다. 쿠버네티스는 플루언티드 에이전트를 배포하도록 도커 이미지가 포함된 애드온을 포함하고 있다. 이 에이전트는 도커 로그, etcd 로그, kube 로그와 같이 쿠버네티스와 관련된 다양한 로그를 수집 및 분석할 수 있다. 또한 각 로그 메시지에 라벨을 추가하며 사용자가 라벨을 기준으로 이후에 쉽게 로그를 필터링할 수 있도록 한다. 다음은 `fluentd-es-configmap.yaml` 파일의 일부다.

전체 설정 파일은 https://github.com/kubernetes/kubernetes/blob/master/cluster/addons/fluentd-elasticsearch/fluentd-es-configmap.yaml에서 확인할 수 있다.

```
# Example:
# 2016/02/04 06:52:38 filePurge: successfully removed file /var/etcd/data/member/
wal/00000000000006d0-00000000010a23d1.wal
<source>
  @id etcd.log
  @type tail
  # 심각도(severity) 같은 특별히 유용한 정보를 가지고 있지 않기 때문에 파싱하지 않는다.
  format none
  path /var/log/etcd.log
  pos_file /var/log/es-etcd.log.pos
  tag etcd
</source>
```

일래스틱서치

일래스틱서치Elasticsearch는 훌륭한 문서 저장소이며 텍스트 검색 엔진이다. 매우 빠르고 안정적이며 확장성이 뛰어난 많은 기업에서 좋아하는 제품이다. 쿠버네티스의 중앙 집중 로깅 애드온에서 도커 이미지로 사용되고 서비스로 배포된다. 쿠버네티스 클러스터에 배포되는 일래스틱서치의 클러스터 제품에는 자체 마스터, 클라이언트, 데이터 노드가 필요하다. 대규모 고가용성 쿠버네티스 클러스터는 중앙 집중 로깅 자체가 클러스터링돼 있다. 일래스틱서치의 엔터프라이즈급 솔루션은 https://github.com/pires/kubernetes-elasticsearch-cluster에서 확인 가능하다.

키비나

키비나Kibana는 일래스틱서치와 함께 사용하는 플러그인이다. 일래스틱서치는 데이터를 저장하고 인덱싱한다. 그리고 키비나는 저장되고 인덱싱된 데이터를 시각화하고 상호작용하도록 한다. 키비나 애드온도 서비스로 설치된다. 키비나 도커파일 템플릿은 https://github.com/elastic/kibana-docker/blob/a294ab853b31641d63dd1f60971b3c820460f127/templates/Dockerfile.j2(http://bit.ly/2lwmtpc)에서 찾을 수 있다.

▌ 노드 문제 감지

쿠버네티스 개념 모델에서 작업의 단위는 포드다. 그리고 포드는 노드에서 스케줄링된다. 그러나 모티터링과 신뢰성에 대해 쿠버네티스 자체적(스케줄러와 복제 컨트롤러)으로 포드를 관리한다. 따라서 노드에 많은 신경을 써야 한다. 노드는 쿠버네티스가 인식하기 어려운 다양한 문제에 노출될 수 있다. 따라서 쿠버네티스는 손상된 노드에도 계속해서 포드를 스케줄링하지만 이런 포드는 정상적으로 작동하지 않는다. 다음은 노드에 발생할 수 있는 기능 관련 문제다.

- CPU 손상
- 메모리 손상
- 디스크 손상
- 커널 교착 상태
- 파일시스템 손상
- 도커 데몬 관련 문제

Kubelet과 cAdvisor는 이런 종류의 문제를 탐지하지 못하기 때문에 다른 솔루션이 필요하다. 이런 솔루션으로 노드 문제 감지기에 대해 알아보자.

노드 문제 감지기

노드 문제 감지기node problem detector는 모든 노드에서 실행되는 포드로 어려운 문제를 해결한다. 노드 문제 감지기는 다양한 환경, 하드웨어, 운영체제에서 발생하는 문제를 감지하고 보고해야 한다. 따라서 감지기 자체는 문제에 영향을 받지 않는 신뢰성을 가지고 있어야 한다. 또한 마스터에게 부하를 주지 않으려면 부하가 적어야 한다. 쿠버네티스는 최근 새로운 기능으로 데몬세트를 추가해 이 문제를 해결했다.

소스코드는 https://github.com/kubernetes/node-problem-detector에 있다.

데몬세트

데몬세트^{DaemonSet}는 모든 노드를 위한 포드다. 데몬세트를 정의하면 클러스터에 추가된 모든 노드에서 생성된 포드를 자동으로 가져온다. 생성된 포드가 죽으면 쿠버네티스는 해당 포드가 포함된 노드에서 해당 포드의 새 인스턴스를 생성한다. 이런 데몬세트는 1:1의 노드 포드 친화력을 가진 복제 컨트롤러라고 생각하면 된다. 노드 문제 감지기는 데몬세트로 정의되며 이것은 감지기의 요구 사항을 완벽히 반영한 것이다. affinity, anti-affinity, taints 속성을 사용해 데몬세트 스케줄링을 좀 더 세세히 제어할 수 있다.

Problem Daemons

노드 문제 감지기의 문제점은 처리해야 할 문제가 너무 많다는 것이다. 발생하는 모든 문제를 단일 코드베이스에 포함시키면 복잡함과 비대함으로 안정적인 코드베이스가 될 수 없다. 노드 문제 감지기를 설계할 때 마스터에게 노드 문제를 보고하는 핵심 기능과 특정 문제를 탐지하는 기능을 분리해야 한다. 보고 API는 일반적인 조건과 이벤트를 기반으로 한다. 문제 탐지는 개별 컨테이너의 독립된 Problem Daemon에 탐지돼야 한다. 이렇게 하면 코드 노드 문제 감지기에 영향을 주지 않고 새로운 문제 감지기를 추가하고 개선할 수 있다. 또한 컨트롤 플레인에는 일부 노드 문제를 자동으로 해결할 수 있는 자가 치료 기능의 치료 컨트롤러$^{remedy controller}$가 포함돼 있다.

 원고 집필 시점인 쿠버네티스 1.10에서 Problem Daemon은 노드 문제 감지기 바이너리로 옮겨지고 Goroutine으로 실행되므로 낮은 결합도로 인한 설계 장점은 없다.

이번 절에서는 워크로드의 성공적인 스케줄링에 영향을 줄 수 있는 노드의 문제와 관련된 중요한 주제와 노드 문제 감지기가 이를 어떻게 돕는지 살펴봤다. 다음 절에서는 다양한 장애 시나리오와 힙스터, 중앙 집중 로깅, 쿠버네티스 대시보드, 노드 문제 감지기를 이용해 이를 해결하는 방법을 알아볼 것이다.

문제 해결 시나리오

대규모 쿠버네티스 클러스터 환경은 어떤 문제의 발생 가능성이 많이 내재되어 있으며 실제로 내재된 문제들이 업무에서 발생한다. 그리고 이런 사실은 충분히 예상할 수 있다. 우리는 주로 사람의 실수로 발생하는 예상된 문제에 모범 사례를 적용하고 엄격한 프로세스로 최소화할 수 있다. 하지만 하드웨어 장애나 네트워크 문제 같은 인프라의 문제는 완전한 예방이 불가능하다. 뿐만 아니라 통제 가능한 인적 오류도 촉박한 개발 기간 동안에는 최소화하기 쉽지 않다. 이번 절에서는 다양한 장애 상황과 감지 방법, 장애 영향 평가 방법, 올바른 대응 방법을 다룬다.

견고한 시스템 설계

견고한 시스템을 설계하려면 먼저 발생 가능한 장애 모드, 각 장애의 위험 및 발생 가능성과 영향, 비용을 알아야 한다. 그리고 다양한 예방과 완화 방법, 손실 방지 전략, 인시던트 관리 전략, 복구 절차를 고려해야 한다. 마지막으로 비용을 고려한 위험 요소에 대한 위험 완화 전략 계획을 수립해야 한다. 안정된 시스템의 운영을 위해 종합적인 설계가 중요하며 시스템의 발전과 함께 위험 완화 전략은 갱신돼야 한다. 복잡한 이해 관계가 존재할 경우 계획은 더 철저해야 하며, 이 프로세스는 각 조직에 맞게 특화돼야 한다. 오류 복구와 견고성의 한 부분으로 장애를 감지하고 문제를 해결할 수 있다. 다음 하위 절에서는 일반적인 장애 범주와 이를 감지하는 방법, 추가 정보를 수집하는 방법에 대해 살펴본다.

▌하드웨어 장애

쿠버네티스에서 발생하는 하드웨어 장애는 두 가지로 분류할 수 있다.

- 노드의 응답이 없는 경우
- 노드의 응답이 있는 경우

노드의 응답이 없는 경우에는 네트워크 문제인지 구성 문제인지 아니면 실제 하드웨어 문제인지 원인의 판단에 어려움을 겪을 수 있다. 이런 경우 로그 정보를 활용하거나 노드 자체에서 진단을 수행하기가 불가능하다. 이 상황에서 예측 가능한 사항을 생각해보자. 가능성 중 하나는 노드의 응답이 그 동안 항상 있었는지 확인하는 것이다. 클러스터에 새로 노드가 추가된 경우 설정 문제일 가능성이 높다. 그리고 클러스터에 노드가 이미 속한 경우 힙스터의 노드나 중앙 집중 로깅에서 이력 데이터를 확인하여 에러가 포함된 로그 여부로 장애 발생 하드웨어 및 성능 저하 원인을 찾을 수 있다.

노드의 응답이 있는 경우에는 중복 구성이 가능한 디스크나 일부 코어 장치와 같은 하드웨어에서 장애가 발생할 수 있다. 노드 문제 감지기가 동작하는 상태에서 노드에서 어떤 이벤트나 노드 상태의 변화를 마스터가 인지하면 발생한 장애를 감지할 수 있다. 또는 계속적으로 포드가 다시 시작하거나 작업 완료까지 시간이 평소보다 더 걸리는 증상은 장애 발생을 인지할 수 있는 또 다른 방법이다. 이런 모든 것은 하드웨어 장애의 징후일 수 있다. 하드웨어 장애의 더 큰 문제는 격리된 단일 노드의 환경에서 재부팅 같은 표준 운영 절차에 의해서도 발생한 문제의 증상을 완화시키지 못하는 경우다.

클라우드 환경에 클러스터가 배포된 경우 하드웨어 문제로 의심되는 노드를 교체하는 것은 간단하다. 간단하게 수동으로 새로운 VM을 프로비저닝하고 잘못된 VM을 제거하면 된다. 일부 상황에서는 더욱 자동화된 프로세스와 노드 문제 감지기 설계에 따라 문제 해결 컨트롤러를 사용할 수 있다. 문제 해결 컨트롤러는 문제 또는 누락된 상태 검사를 확인하고 잘못된 노드를 자동으로 수정할 수 있다. 이런 접근 방법은 여분의 노드 풀을 가지고 있는 경우 사설 호스팅과 베어 메탈에서도 가능하다. 대부분 대규모 클러스터는 용량이 줄어도 정상적인 동작이 가능하다. 적은 수의 노드가 다운됐을 때 약간의 용량 감소를 감내하거나 조금 더 프로비저닝할 수 있다. 이런 방식으로 노드 다운 시 문제를 해결할 수 있다.

할당량, 공유, 제한

쿠버네티스는 멀티테넌트 시스템으로 자원을 효율적으로 사용하도록 설계됐다. 쿠버네티스는 포드를 스케줄링하고 네임스페이스당 사용 가능한 할당량과 제한 사이에서 자원을 할당하며, 포드와 컨테이너의 보장된 자원의 요청을 확인한다. 이 책의 뒷부분에서 자세한 내용을 살펴본다. 여기에서는 무엇이 잘못 될 수 있는지와 그것을 감지하는 방법을 알아볼 것이다. 예상하는 몇 가지 잘못된 결과는 다음과 같다.

- **부족한 자원**: 포드가 일정량의 CPU나 메모리를 요구하지만 용량에 맞는 노드가 없는 경우 포드는 스케줄링되지 않는다.
- **낮은 사용률**: 포드가 일정량의 CPU나 메모리를 요구할 수 있으며 쿠버네티스는 자원을 제공한다. 그러나 포드가 요청한 리소스의 일부만 사용하는 경우 낭비라고 볼 수 있다.
- **노드 구성의 불일치**: 높은 CPU 요구와 적은 메모리 요구 조건의 포드가 대용량 메모리의 노드에서 스케줄링될 경우 해당 노드의 모든 CPU 자원을 사용하며 해당 노드를 독차지할 것이다. 따라서 다른 포드는 해당 노드에 스케줄링될 수 없고 미사용 메모리는 낭비된다.

의심스러운 증상이 있을 경우 대시보드의 시각적 기능은 문제의 탐색과 조치를 위한 첫 번째 도구가 될 것이다. 과도한 자원 요청과 낮은 사용률을 보이는 노드와 포드는 자원의 할당량과 요청 사이에서 불일치가 발생할 가능성이 높은 후보다.

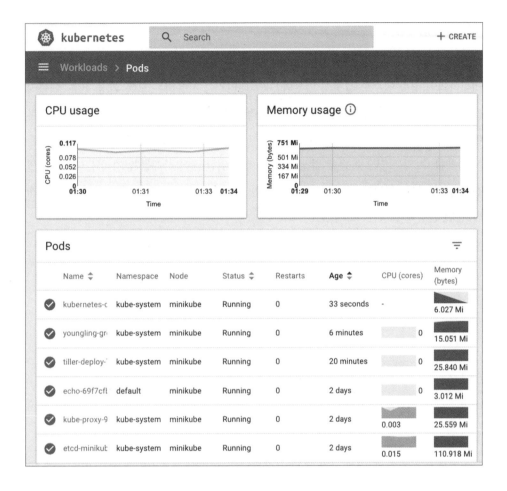

후보를 발견하면 describe 명령을 사용해 노드나 포드 수준의 자세한 내용을 확인한다. 대규모 클러스터에서는 용량 계획과 사용량 비교를 자동으로 수행하는 옵션을 사용해야 한다. 대부분의 대규모 시스템에서 일정 수준의 변동이 있고 균일한 부하를 기대할 수 없으므로 이런 옵션의 선택은 중요하다. 시스템 요구 사항을 이해하고 정상 범위 내에 클러스터 용량이 있거나 필요에 따라 탄력적으로 조정할 수 있는지 확인해야 한다.

잘못된 설정

잘못된 설정은 많은 것을 포함하는 용어라고 볼 수 있다. 쿠버네티스 클러스터 상태와 컨테이너의 명령줄 인수도 설정의 일부다. 쿠버네티스가 사용하는 모든 환경 변수, 애플리케이션 서비스, 모든 서드 파티 서비스도 설정이다. 설정 파일 역시 모두 설정이다. 일부 데이터 기반 시스템에서는 이런 설정이 다양한 데이터 저장소에 저장된다. 설정 문제는 흔히 발생할 수 있는 것으로 문제 발생 시 테스트를 위한 좋은 사례를 얻기 힘들다. 또한 설정 파일의 검색 경로를 제공하는 등의 다양한 대비책과 기본값을 가지며 운영 환경과 개발/준비 환경의 설정은 다르다.

쿠버네티스 클러스터 수준에서는 다음과 같은 설정 문제가 발생할 수 있다.

- 부정확한 노드나 포드, 컨테이너 라벨
- 복제 컨트롤러 없는 포드 스케줄링
- 부정확한 서비스 포트 명세
- 부정확한 ConfigMap

이런 문제의 대부분은 적절한 자동 배포 프로세스를 통해 해결할 수 있다. 그렇지만 클러스터 아키텍처와 쿠버네티스 자원의 상호 조화 방법을 확실히 이해해야만 한다.

무언가를 변경했을 때 대개 설정 문제가 발생한다. 따라서 클러스터에 배포 또는 수동 변경 작업을 하는 경우 반드시 클러스터의 상태를 확인해야 한다.

힙스터와 대시보드는 원활한 관리를 위한 좋은 옵션이다. 서비스 기능을 알아보는 것으로 시작해 해당 서비스가 사용 가능하고 정상적인 응답을 주는지 여부를 확인할 것을 권장한다. 그런 다음 더 깊이 있게 탐색하며 예상되는 성능 범위 내에서 시스템이 동작하는지 확인해야 할 것이다.

로그는 또 하나의 문제 해결 도구이며 특정 설정 옵션을 정확하게 찾을 수 있도록 도울 것이다.

비용 대비 성능

대규모 클러스터는 높은 비용이 요구된다. 또한 클라우드 환경에서 클러스터를 운영하면 더 많은 비용이 청구될 것이다. 비용의 추적과 관리는 대규모 시스템 운영에 있어 중요한 요소다.

클라우드에서의 비용 관리

클라우드의 가장 큰 장점 중 하나는 필요에 따른 자원의 할당과 해제이며 이런 시스템의 확장 및 축소는 자동화를 통해 탄력적인 요구 사항을 만족시킬 수 있다. 쿠버네티스는 이런 모델에 매우 적합하며 필요에 따라 프로비저닝으로 더 많은 노드를 확장할 수 있다. 이때 발생하는 위험으로는 자동화에 의한 자원 관리로 서비스 거부 공격 발생 시 값비싼 자원이 임의로 프로비저닝될 수 있다는 것이다. 따라서 신중하게 모니터링하고 시스템이 공격받았을 때 신속히 대응할 수 있어야 한다. 네임스페이스의 할당량은 이런 문제를 회피할 수 있지만 더 깊이 확인해 핵심 문제를 탐색할 수 있어야 한다. 근본 원인은 외부(봇넷 공격)에 있거나, 잘못된 설정, 내부 테스트 실패, 자원을 감지하거나 할당하는 코드 내부의 버그일 수 있다.

베어 메탈에서의 비용 관리

일반적으로 베어 메탈에서는 자원의 임의 할당 문제는 고려 대상이 아니다. 베어 메탈에서는 용량의 추가가 필요할 때 추가 자원을 신속하게 충분히 프로비저닝하지 못하는 경우 문제가 될 수 있다. 이런 문제의 조기 탐지를 위해 용량 계획과 시스템 성능을 모니터링하는 일은 오퍼레이터에게 매우 중요한 일이다. 힙스터는 현황 이력을 표시하며 피크 타임과 요구의 전체적인 수요 증가를 파악하는 데 도움을 준다.

하이브리드 클러스터에서의 비용 관리

하이브리드 클러스터는 사설 호스팅 서비스뿐 아니라 클라우드와 베어 메탈에서 모두 동작한다. 고려 사항은 비슷하지만 분석 기능을 통합해야 할 수도 있다. 하이브리드 클러스터는 나중에 더 자세히 논의할 것이다.

▌프로메테우스 사용

힙스터와 쿠버네티스와 함께 제공되는 기본 모니터링 및 로깅은 훌륭한 출발점이다. 그러나 쿠버네티스 커뮤니티는 혁신으로 넘쳐나고 있으며 여러 가지 대안 솔루션이 있다. 가장 인기 있는 솔루션 중 하나는 프로메테우스Prometheus다. 이 절에서는 새로운 오퍼레이터, 프로메테우스 오퍼레이터, 설치 방법과 클러스터 모니터링에 사용하는 방법에 대해 살펴본다.

오퍼레이터란

오퍼레이터Operator는 쿠버네티스 위에서 애플리케이션을 개발, 관리, 유지 관리하는 데 필요한 운영 지식을 캡슐화하는 새로운 유형의 소프트웨어다. 이 용어는 2016년 말 CoreOS에 의해 도입됐다. 오퍼레이터는 쿠버네티스 API를 확장해 쿠버네티스 사용자 대신 복잡한 상태 저장 애플리케이션의 인스턴스를 생성, 구성, 관리하는 애플리케이션별 컨트롤러다. 이 도구는 기본 쿠버네티스 리소스와 컨트롤러 개념을 기반으로 하지만 도메인이나 애플리케이션별 지식을 포함해 일반적인 작업을 자동화한다.

프로메테우스 오퍼레이터

프로메테우스(https://prometheus.io)는 클러스터의 애플리케이션 모니터링을 위한 오픈 소스 시스템 모니터링 및 경고 툴킷이다. 구글의 보그몬Borgmon에서 영감을 얻어 작업 단위를 할당하고 스케줄링하는 쿠버네티스 모델에 맞게 설계됐다. 2016년 CNCF에 가입하여 업계 전반에 걸쳐 널리 채택되고 있다. 인플럭스DB와 프로메테우스의 가장 큰 차이점은 프로메테우스는 누구나/메트릭 엔드포인트에 도달할 수 있는 끌어오기 모델을 사용하며, 쿼리 언어는 매우 표현적이지만 SQL과 유사한 인플럭스DB 쿼리 언어보다 간단하다.

쿠버네티스에는 프로메테우스 측정 항목을 지원하는 기능이 내장되어 있으며, 쿠버네티스의 프로메테우스 인식은 계속해서 향상되고 있다. 프로메테우스 오퍼레이터는 모든 모니터링 기능을 설치 및 사용하기 쉽게 패키지화한다.

kube-prometheus를 이용해서 프로메테우스 설치하기

프로메테우스를 설치하는 가장 쉬운 방법은 kube-prometheus를 사용하는 것이다. Kube-prometheus는 대시보드를 위한 그라파나와 경고 관리를 위한 얼럿매니저AlertManager뿐만 아니라 프로메테우스 오퍼레이터를 사용한다. 시작하기 위해 저장소를 복제하고 배포 스크립트를 실행한다.

```
> git clone https://github.com/coreos/prometheus-operator.git
> cd contrib/kube-prometheus
> hack/cluster-monitoring/deploy
```

이 스크립트는 모니터링 네임스페이스와 많은 쿠버네티스 엔터티 및 지원 컴포넌트를 만든다.

- 프로메테우스 오퍼레이터 그 자체
- 프로메테우스 node_exporter
- kube-state 측정 항목
- 모든 쿠버네티스 핵심 구성 요소를 모니터링할 수 있는 프로메테우스 구성
- 클러스터 구성 요소의 상태의 기본 경고 규칙

- 클러스터 측정 항목의 대시보드를 제공하는 그라파나 인스턴스
- 가용성이 높은 3개 노드의 얼럿매니저^{Alertmanager} 클러스터

모든 것이 올바른지 확인한다.

```
> kg po --namespace=monitoring
NAME                                    READY   STATUS    RESTARTS   AGE
alertmanager-main-0                     2/2     Running   0          1h
alertmanager-main-1                     2/2     Running   0          1h
alertmanager-main-2                     0/2     Pending   0          1h
grafana-7d966ff57-rvpwk                 2/2     Running   0          1h
kube-state-metrics-5dc6c89cd7-s9n4m     2/2     Running   0          1h
node-exporter-vfbhq                     1/1     Running   0          1h
prometheus-k8s-0                        2/2     Running   0          1h
prometheus-k8s-1                        2/2     Running   0          1h
prometheus-operator-66578f9cd9-5t6xw    1/1     Running   0          1h
```

alertmanager-main-2가 보류 중이다. 이것은 Minikube가 두 개의 코어에서 실행되기 때문인 것으로 보인다. 실제로 설치 시 어떤 문제가 발생하지는 않는다.

프로메테우스로 클러스터 모니터링

프로메테우스 오퍼레이터가 그라파나, 얼럿매니저와 함께 실행되면 UI에 접속해서 다양한 구성 요소와 상호작용할 수 있다.

- 노드 포트 30900의 프로메테우스 UI
- 노드 포트 30903의 얼럿매니저 UI
- 노드 포트 30902의 그라파나

144

프로메테우스는 선택할 수 있는 측정 항목을 제공한다. 다음은 컨테이너별로 세분화된 마이크로 초 단위의 HTTP 요청 지속 시간을 보여주는 화면이다.

prometheus-k8s 서비스에 대한 뷰를 0.99 분위수로만 제한하려면 다음 쿼리를 사용하면 된다.

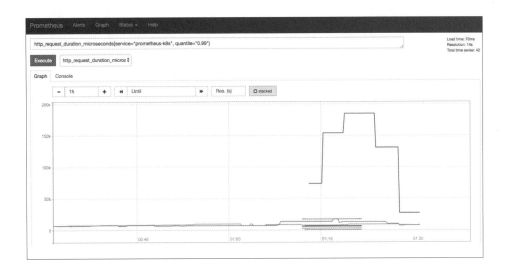

```
http_request_duration_microseconds{service="prometheus-k8s", quantile="0.99"}
```

Alertmanager는 프로메테우스 모니터링의 또 다른 중요한 부분이다. 위 그림은 임의의 측정 항목을 기반으로 알림을 정의하고 구성할 수 있는 웹 UI의 화면이다.

▋ 요약

이번 장에서는 모니터링, 로깅, 문제 해결에 대해 살펴봤다. 이런 기능은 모든 시스템의 운영에 있어 중요한 부분이다. 특히 쿠버네티스와 함께 동작하는 구성 요소가 많은 플랫폼에서는 특히 더 중요하다. 가장 우려하는 상황은 잘못이 발생했으나 잘못된 항목을 찾지 못해서 문제 해결 방법을 체계적으로 수립할 수 없는 상황이다. 쿠버네티스는 발생하는 문제 해결을 위해 힙스터, 로깅, 데몬세트, 노드 문제 감지기 같은 도구와 기능이 내장되어 있다. 또한 선호하는 종류의 모니터링 솔루션을 쿠버네티스에 배포할 수도 있다.

4장에서는 고가용성과 쿠버네티스 클러스터의 확장성을 살펴본다. 이것은 다른 오케스트레이션 솔루션과 비교해볼 때 쿠버네티스의 중요한 사용 사례라고 볼 수 있다.

04

고가용성과 신뢰성

3장에서는 쿠버네티스 클러스터의 모니터링과 노드의 문제 감지 및 성능 문제를 식별하고 수정하는 방법과 일반적인 문제 해결 방법에 대해 살펴봤다.

이번 장에서는 고가용성 클러스터를 자세히 알아볼 것이다. 고가용성은 매우 복잡한 주제다. 쿠버네티스 프로젝트와 커뮤니티는 고가용성을 위한 단일 방법을 제시하고 있지는 않다. 고가용성 쿠버네티스를 위해서는 장애 상황에서 컨트롤 플레인의 동작을 보장하고, etcd의 클러스터 상태를 보호하며, 시스템 데이터를 보호하고, 용량과 성능을 빠르게 복구하는 등의 많은 부분을 고려해야 한다. 각기 다른 신뢰성과 가용성의 요구 사항을 가진 각각의 시스템은 앞서 말한 요구 사항을 충족하는 고가용성 쿠버네티스 클러스터의 설계와 구현 방법을 제공해야 한다.

이 장을 마치면 고가용성과 관련된 다양한 개념과 쿠버네티스 고가용성의 모범 사례 및 적절한 사용 시기를 확실히 이해할 수 있게 될 것이나. 또한 다른 종류의 전략과 기술을 사용해 실시간 클러스터를 업그레이드할 수 있을 것이다. 성능, 비용, 가용성 간의 균형을 기반으로 여러 가지 가능한 솔루션을 선택할 수 있는 안목도 갖게 될 것이다.

▌고가용성의 개념

이 절에서는 신뢰성을 가진 고가용성High Availability 시스템의 개념과 구성 요소를 알아보는 것으로 시작할 것이다. 신뢰할 수 없는 구성 요소를 가지고 신뢰성 있고가용성 높은 시스템을 구축하는 것은 시스템 담당자에게 엄청나게 큰 고민거리다. 구성 요소의 실패, 즉 하드웨어 장애, 네트워크 장애, 설정 오류, 소프트웨어 버그, 그리고 사람의 실수 등은 언제든지 발생할 수 있다. 이런 다양한 문제 발생을 예상하며 구성 요소에 장애가 발생한 경우에도 신뢰할 수 있는 고가용성 시스템을 설계해야 한다. 중복성, 구성 요소 장애 감지, 유효하지 않은 구성 요소의 빠른 교체 등이 신뢰할 수 있는 고가용성 시스템 설계의 시작이다.

중복성

중복성redundancy은 하드웨어와 데이터의 관점에서 신뢰할 수 있는 고가용성 시스템을 구축하는 기반이다. 중요한 구성 요소의 장애 발생 상황에서 즉시 사용 가능한 중복된 구성 요소는 서비스의 중단 없이 시스템 동작을 유지시킬 수 있다. 쿠버네티스는 복제 컨트롤러와 복제 세트의 형태로 상태 비저장 포드를 관리한다. 그러나 etcd의 클러스터 상태와 마스터 구성 요소 자체는 일부 구성 요소가 실패할 때 작동하기 위해 중복성이 필요하다. 또한 주요 구성 요소를 백업하지 않아 발생할 수 있는 데이터 손실을 방지하기 위해 클라우드 플랫폼 같은 여분의 저장소에 중복해서 구성해야 한다.

핫 스와핑

핫 스와핑hot swapping은 사용자 서비스를 최소한으로 중단시키면서 시스템을 다운시키지 않고 장애가 발생한 구성 요소를 즉시 교체하는 이론상 무 중단 상태의 서비스를 제공하는 개념이다. 구성 요소가 상태 비저장이거나 상태를 별도의 중복 저장소에 저장했다면, 새로운 구성 요소를 핫 스와핑해 쉽게 교체할 수 있으며, 모든 클라이언트를 교체된 새로운 구성 요소로 다시 지정된다. 그러나 메모리를 비롯해 로컬 저장소에 상태 정보를 저장하고 있는 경우 핫 스와핑은 중요하다. 다음 두 가지 주요 선택 사항이 있다.

- 진행 중인 트랜잭션 포기
- 핫 복제본 동기 유지

첫 번째 해결 방법은 두 번째보다 간단하다. 대부분의 시스템은 장애를 처리할 수 있는 탄력성을 가지고 있다. 클라이언트의 실패한 요청이 재시도되는 경우 교체된 새로운 구성 요소가 요청을 처리할 것이다.

두 번째 해결 방법은 더 복잡하고 손상되기 쉽다. 모든 트랜잭션은 두 개의 복사본이 필요하고 이에 따른 성능상 오버헤드 문제가 발생한다. 시스템의 일부분은 이를 필요로 할 수 있다.

리더 선출

리더나 마스터 선출은 분산 시스템에서 일반적인 패턴이다. 대부분의 시스템은 상호 협력과 작업을 분배하도록 여러 개의 동일한 구성 요소를 가진다. 그 중 하나의 구성 요소를 리더로 선출하고, 특정 작업은 리더를 통해 일련번호가 지정된다. 리더 선출 패턴으로 구성된 시스템은 중복과 핫 스와핑의 조합으로 생각할 수 있다. 구성 요소는 모두 중복되며, 현재의 리더에 장애가 발생해 사용 불가 상태가 되면 새로운 리더가 선출되고 핫 스와핑된다.

스마트 로드밸런싱

로드밸런싱은 수신된 서비스 요청을 여러 구성 요소에 워크로드를 분배한다. 일부 구성 요소에 장애가 발생하면 로드밸런서는 먼저 장애가 발생한 구성 요소나 미응답 구성 요소로 서비스 요청을 전달하는 것을 중단해야 한다. 그리고 서비스를 위한 용량 복구 작업으로 새로운 구성 요소를 프로비저닝하고 로드밸런서를 업데이트해야 한다. 쿠버네티스는 서비스, 엔드포인트, 라벨을 통해 로드밸런싱을 지원하는 훌륭한 기능을 가지고 있다.

멱등성

많은 유형의 장애가 일시적이며 네트워크 문제나 엄격한 제한 시간이 일반적인 장애의 원인이다. 상태 확인에 응답하지 않는 구성 요소는 접근 불가로 간주돼 다른 구성 요소가 해당 구성 요소의 역할을 대체하며, 장애가 발생한 구성 요소로 예정된 작업은 다른 구성 요소로 이전될 것이다. 그러나 원래 구성 요소는 여전히 동작하고 동일한 작업을 수행한다. 결과적으로 동일한 작업이 두 번 수행될 수 있다. 이런 상황을 피하기는 매우 어렵다. 정확히 단일 처리되도록 구성하려면 오버헤드, 성능, 지연, 복잡성과 관련해 많은 비용을 지불해야 한다. 따라서 대부분의 시스템은 적어도 한 번at-least-once[1]의 개념을 지원하므로 시스템의 데이터 무결성을 위반하지 않는 범위에서 동일한 작업이 여러 번 수행돼도 무방하다. 이런 특성을 멱등성idempotency이라 한다. 이 특성이 적용된 시스템은 동일한 작업이 여러 번 수행돼도 정확한 상태를 유지한다.

자가 치유

동적 시스템에서 구성 요소에 장애가 발생하면 일반적으로 시스템이 스스로 치유할 수 있어야 한다. 쿠버네티스의 복제 컨트롤러와 복제 세트는 자가 치유 시스템self-healing system을

---

1 데이터 처리 방식에는 Most once, At least once, Exactly once가 있다. Most once는 데이터 중복이 발생하지 않도록 한 번만 실행하는 것을 의미하며, 이로 인해 데이터 손실이 발생할 수 있다. At least once는 데이터 처리를 여러 번 시도해 적어도 한 번은 성공하는 방식이다. Exactly once는 정확하게 한 번만 데이터를 처리하며, 중복과 손실 모두 허용하지 않는다. – 옮긴이

가진 좋은 예다. 그렇지만 장애는 하나의 포드를 넘어 다른 포드로 확대될 수 있다. 3장에서 자원 모니터링과 노드 문제 감지를 살펴봤다. 치유 컨트롤러는 자가 치유 개념을 구현한 좋은 사례다. 자가 치유는 문제 자동 감지와 자동 해결로 시작한다. 할당량과 제한은 DDOS 공격 같은 예측할 수 없는 상황에서 점검과 균형 생성을 수행함으로써 자동으로 자가 치유가 실행되지 않게 한다.

이번 절에서는 신뢰할 수 있는 고가용성 시스템 생성과 관련된 다양한 개념을 살펴봤다. 다음 절에서는 이런 개념을 적용해 쿠버네티스 클러스터에 배포된 시스템의 모범 사례를 보여줄 것이다.

▌ 고가용성 모범 사례

신뢰성 있는 고가용성 분산 시스템을 구축하는 일은 간단하지 않다. 이번 절에서는 쿠버네티스 기반의 시스템이 안정적으로 동작하고 다양한 장애 유형에 대응할 수 있게 해주는 몇 가지 모범 사례를 확인한다.

고가용성 클러스터 생성

고가용성 쿠버네티스 클러스터를 구축하려면 마스터 구성 요소는 반드시 중복해서 구성돼야 한다. 이것이 의미하는 것은 etcd가 클러스터로 배포돼야 한다는 것이며(일반적으로 3개나 5개의 노드를 사용) 쿠버네티스 API 서버가 중복 구성돼야 한다는 것이다. 필요한 경우 힙스터의 저장소 같은 보조 클러스터 관리 서비스도 중복 구성될 수 있다. 다음 그림은 전형적인 신뢰할 수 있는 고가용성 쿠버네티스 클러스터를 나타낸 것이다. 여러 개의 마스터 노드가 로드밸런싱되며 각각의 마스터 노드는 전체 마스터 구성 요소와 etcd 구성 요소를 가지고 있다.

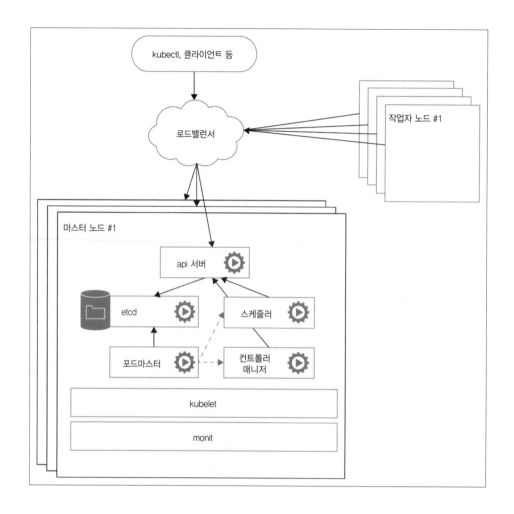

고가용성 클러스터를 구성하는 방법은 이 방법뿐 아니라 다양한 방법이 있다. 예를 들어 독립실행형 etcd 클러스터를 배포하여 워크로드에 맞게 시스템을 최적화하거나 다른 마스터 노드보다 etcd 클러스터에 더 많은 중복이 필요한 경우가 있다.

컨트롤 플레인 구성 요소가 클러스터에 포드와 상태 저장 세트로 배포되는 자체 호스팅 쿠버네티스는 훌륭한 접근 방식으로, 쿠버네티스를 쿠버네티스에 적용해 컨트롤 플레인 구성 요소의 견고성, 재해 복구, 자가 치유를 단순화할 수 있다.

154

노드 안정화

노드나 일부 구성 요소에 발생하는 장애는 대부분 일시적인 장애다. 도커 데몬(또는 CRI 구현이 무엇이든지간에)과 kubelet이 장애가 발생할 경우 자동으로 재시작하도록 구성하면 기본 장애에 대비해 복원을 보장할 수 있다.

최신 데비안 기반 OS인 CoreOS(Ubuntu 16.04 버전 이상) 또는 systemd을 init 메커니즘으로 사용하는 OS를 사용 중인 경우 데몬의 형태로 도커와 kubelet을 자동으로 시작하도록 배포하는 방법은 간단하다.

```
systemctl enable docker
systemctl enable kubelet
```

다른 운영체제의 경우, 쿠버네티스 프로젝트는 monit[2]을 사용해 고가용성을 구현할 수 있다. 또한 다른 프로세스를 모니터링할 수 있다.

클러스터 상태 보호

쿠버네티스 클러스터 상태는 etcd에 저장된다. etcd 클러스터는 여러 노드에서 매우 안정적으로 분산되도록 설계되어 있다. 신뢰할 수 있는 고가용성 쿠버네티스 클러스터를 구축하려면 이런 기능을 활용하는 것이 중요하다.

etcd 클러스터링

etcd 클러스터는 적어도 3개의 노드가 필요하며 더 높은 신뢰성과 중복을 확보하려면 5개, 7개 등 홀수개의 노드를 활용할 수 있다. 네트워크를 분할하는 경우 절대적인 장점를 가지려면 반드시 홀수개의 노드로 구성해야 한다.

---

2 monit: 데몬 프로세스를 모니터링하는 오픈소스다. – 옮긴이

클러스터 생성을 위해 etcd 노드는 반드시 서로를 발견할 수 있어야 하며, 이를 위한 여러 가지 방법이 있다. CoreOS의 우수한 etcd-operator를 사용할 것을 추천한다.

오퍼레이터는 다음과 같은 etcd 작업의 복잡한 측면을 처리한다.

- 생성과 파괴
- 크기 조정
- 장애 조치
- 롤링 업그레이드
- 백업 및 복원

etcd 오퍼레이터 설치

etcd 오퍼레이터를 설치하는 가장 쉬운 방법은 쿠버네티스 패키지 관리자인 Helm을 사용하는 것이다. 아직 Helm을 설치하지 않았다면 https://github.com/kubernetes/helm#install에 나와있는 지침을 따라 설치한다.

그런 다음 Helm을 초기화한다.

```
> helm init
  Creating /Users/gigi.sayfan/.helm
  Creating /Users/gigi.sayfan/.helm/repository
  Creating /Users/gigi.sayfan/.helm/repository/cache
```

```
    Creating /Users/gigi.sayfan/.helm/repository/local
    Creating /Users/gigi.sayfan/.helm/plugins
    Creating /Users/gigi.sayfan/.helm/starters
    Creating /Users/gigi.sayfan/.helm/cache/archive
    Creating /Users/gigi.sayfan/.helm/repository/repositories.yaml
    Adding stable repo with URL:
    https://kubernetes-charts.storage.googleapis.com
    Adding local repo with URL: http://127.0.0.1:8879/charts
    $HELM_HOME has been configured at /Users/gigi.sayfan/.helm.
    Tiller (the Helm server-side component) has been installed into your
Kubernetes Cluster.
    Happy Helming!
```

13장, '쿠버네티스 패키지 매니저 관리'에서 Helm에 대해 자세히 알아본다. 지금은 단지 etcd 오퍼레이터를 설치하기 위해 사용한다. 쿠버네티스 1.8을 지원하는 Minikube 0.24.1에는 몇 가지 권한 문제가 있다(쿠버네티스 1.10이 이미 출시됐다). 이런 문제를 극복하려면 몇 가지 역할과 역할 바인딩을 만들어야 한다. 다음은 rbac.yaml 파일이다.

```
# 클러스터에 대한 광범위한 액세스(주로 kubelet용)
kind: ClusterRole
apiVersion: rbac.authorization.k8s.io/v1beta1
metadata:
  name: cluster-writer
rules:
  - apiGroups: ["*"]
    resources: ["*"]
    verbs: ["*"]
  - nonResourceURLs: ["*"]
    verbs: ["*"]
---
# API와 리소스에 대한 Full 읽기 액세스
kind: ClusterRole
apiVersion: rbac.authorization.k8s.io/v1beta1metadata:
  name: cluster-reader
rules:
```

```
  - apiGroups: ["*"]
    resources: ["*"]
    verbs: ["get", "list", "watch"]
  - nonResourceURLs: ["*"]
    verbs: ["*"]
---
# admin, kubelet, kube-system, kube-proxy에 전체 권한 부여
kind: ClusterRoleBinding
apiVersion: rbac.authorization.k8s.io/v1beta1metadata:
  name: cluster-write
subjects:
  - kind: User
    name: admin
  - kind: User
    name: kubelet
  - kind: ServiceAccount
    name: default
    namespace: kube-system
  - kind: User
    name: kube-proxy
roleRef:
  kind: ClusterRole
  name: cluster-writer
  apiGroup: rbac.authorization.k8s.io
```

다른 쿠버네티스 매니페스트처럼 이것을 적용할 수 있다.

```
kubectl apply -f rbac.yaml.
```

etcd 오퍼레이터를 설치한다. 여기서는 x를 짧은 릴리스 이름으로 사용해 출력을 간결하게 만들었다. 더 의미있는 이름을 사용해도 된다.

```
> helm install stable/etcd-operator --name x
NAME: x
LAST DEPLOYED: Sun Jan   7 19:29:17 2018
```

```
NAMESPACE: default
STATUS: DEPLOYED
RESOURCES:
==> v1beta1/ClusterRole
NAME                         AGE
x-etcd-operator-etcd-operator     1s
==> v1beta1/ClusterRoleBinding
NAME                         AGE
x-etcd-operator-etcd-backup-operator   1s
x-etcd-operator-etcd-operator          1s
x-etcd-operator-etcd-restore-operator 1s
==> v1/Service
NAME                    TYPE        CLUSTER-IP     EXTERNAL-IP  PORT(S)    AGE
etcd-restore-operator   ClusterIP   10.96.236.40   <none>       19999/TCP  1s
==> v1beta1/Deployment
NAME                                 DESIRED  CURRENT  UP-TO-DATE
AVAILABLE  AGE
x-etcd-operator-etcd-backup-operator    1        1        1          0
1s
x-etcd-operator-etcd-operator           1        1        1          0
1s
x-etcd-operator-etcd-restore-operator   1        1        1          0
1s
==> v1/ServiceAccount
NAME                                 SECRETS    AGE
x-etcd-operator-etcd-backup-operator    1        1s
x-etcd-operator-etcd-operator           1        1s
x-etcd-operator-etcd-restore-operator   1        1s
NOTES:
1. etcd-operator deployed.
  If you would like to deploy an etcd-cluster set cluster.enabled to true in
values.yaml
  Check the etcd-operator logs
    export POD=$(kubectl get pods -l app=x-etcd-operator-etcd-operator --
namespace default --output name)
    kubectl logs $POD --namespace=default
```

etcd 클러스터 만들기

다음을 etcd-cluster.yaml에 저장한다.

```
apiVersion: "etcd.database.coreos.com/v1beta2"
kind: "EtcdCluster"
metadata:
  name: "etcd-cluster"
spec:
  size: 3
  version: "3.2.13"
```

클러스터 유형을 생성하기 위해 다음을 수행한다.

```
> k create -f etcd-cluster.yaml
etcdcluster "etcd-cluster" created
Let's verify the cluster pods were created properly:
> k get pods | grep etcd-cluster
etcd-cluster-0000                 1/1        Running       0     4m
etcd-cluster-0001                 1/1        Running       0     4m
etcd-cluster-0002                 1/1        Running       0     4m
```

etcd 클러스터 확인

etcd 클러스터가 동작하면 etcdctl 도구를 사용해 클러스터 상태와 상황을 확인할 수 있다. 쿠버네티스는 exec 명령을 통해 포드나 컨테이너 내부에서 직접 명령을 실행할 수 있다(docker exec와 유사하다).

클러스터가 정상인지 확인하는 방법은 다음과 같다.

```
> k exec etcd-cluster-0000 etcdctl cluster-health
member 898a228a043c6ef0 is healthy: got healthy result from
http://etcd-cluster-0001.etcd-cluster.default.svc:2379
```

```
member 89e2f85069640541 is healthy: got healthy result from
http://etcd-cluster-0002.etcd-cluster.default.svc:2379
member 963265fbd20597c6 is healthy: got healthy result from
http://etcd-cluster-0000.etcd-cluster.default.svc:2379
cluster is healthy
```

다음은 키/값 쌍을 설정하고 가져오는 방법이다.

```
> k exec etcd-cluster-0000 etcdctl set test "Yeah, it works"
Yeah, it works
> k exec etcd-cluster-0000 etcdctl get test
```

데이터 보호

업무를 수행할 때 클러스터 상태와 설정을 보호하는 것은 중요하다. 그러나 무엇보다 중
요한 것은 보유 중인 데이터를 보호하는 것이다. 어떤 식으로든 클러스터 상태가 손상된
경우 처음부터 다시 구축할 수 있다. 새로운 클러스터 구축을 위해 서비스 중단을 감수해
야 한다. 그러나 데이터가 손상되거나 손실되면 심각한 업무 중단을 야기한다. 이런 경우
에 대비해서 중복성을 제공하는 동일한 규칙을 적용해야 한다. 그러나 매우 동적인 쿠버
네티스 클러스터의 상태와는 다르게 대부분의 데이터는 덜 동적이라는 사실을 상기해야
한다. 이력 데이터의 경우 대개 중요 데이터이며 백업을 통해 필요 시 복원할 수 있다. 또
한 라이브 데이터는 일부 손실 가능성이 있지만 직전의 스냅샷으로 복원하여 전체 시스템
은 일시적인 일부 데이터 손실만 입을 수 있다.

중복 API 서버 실행

상태 비서장의 특성을 가진 API 서버는 필요한 모든 데이터를 etcd 클러스터에서 즉시 가져온다. 즉, 서버 간 조정 없이 여러 대의 API 서버를 쉽게 실행할 수 있다. 여러 대의 API 서버를 실행하는 경우 앞단에 로드밸런서의 설치해 클라이언트에게 투명성을 제공할 수 있다.

쿠버네티스를 사용한 리더 선출 실행

스케줄러와 컨트롤러 관리자 같은 일부 마스터 구성 요소는 여러 개의 인스턴스를 동시에 활성화할 수 없다. 이런 환경에서는 여러 노드에서 동일한 포드를 여러 개의 스케줄러가 스케줄링하거나, 동일 노드를 여러 번 스케줄링하는 문제가 발생하게 될 것이다. 확장성이 뛰어난 쿠버네티스 클러스터를 사용하는 올바른 방법은 리더 선출 모드로 구성 요소를 실행하는 것이다. 즉, 여러 인스턴스가 실행하는 중이지만 한 번에 하나의 인스턴스만 활성화되고 해당 인스턴스에 문제가 발생하는 경우 다른 인스턴스가 리더로 선출돼 기존 인스턴스를 교체한다.

쿠버네티스의 리더 선출 모드의 설정 옵션은 --leader-elect 플래그다. 스케줄러와 컨트롤러 관리자는 각각의 매니페스트를 /etc/kubernetes/manifests에 복사해 포드로 배포할 수 있다.

다음은 스케줄러 매니페스트의 해당 플래그 사용을 보여주는 부분이다.

```
command:
- /bin/sh
- -c
- /usr/local/bin/kube-scheduler --master=127.0.0.1:8080 --v=2 --leader-elect=true
1>>/var/log/kube-scheduler.log
2>&1
```

다음은 컨트롤러 관리자 매니페스트의 해당 플래그 사용을 보여주는 부분이다.

```
command:
- /bin/sh
- -c
- /usr/local/bin/kube-controller-manager --master=127.0.0.1:8080 --cluster-
name=e2e-test-bburns
--cluster-cidr=10.245.0.0/16 --allocate-node-cidrs=true --cloud-provider=gce
--service-account-private-key-file=/srv/kubernetes/server.Key --v=2 --leader-
elect=true 1>>/var/log/kube-controller-manager.log 2>&1
image: gcr.io/google_containers/kube-controller-manager:fda24638d51a48baa13c35337
fcd4793
```

이들 구성 요소는 실패한 포드의 재시작 역할을 담당하기 때문에 쿠버네티스로 자동 재시작을 수행할 수 없다. 따라서 장애 발생 시 스스로 재시작이 불가능하여, 이미 실행 중인 즉시 교체 가능한 대체제가 있어야 한다.

애플리케이션을 위한 리더 선출

리더 선출은 애플리케이션의 경우에도 유용하지만 구현하기가 매우 어렵다. 다행히도 이런 어려움을 해결하는 방법은 쿠버네티스를 사용하는 것이다. 구글의 leader-elector 컨테이너를 통해 애플리케이션의 리더 선출을 지원하는 절차는 문서화되어 있다. 기본 개념은 ResourceVersion과 Annotations이 결합된 쿠버네티스 엔드포인트를 사용하는 것이다. 이 컨테이너를 애플리케이션의 사이드카로 연결하면 매우 합리적인 방법으로 리더 선출 기능을 사용할 수 있다.

세 개의 포드와 election이라는 이름의 선출과 함께 leader-election을 실행해보자.

```
> kubectl run leader-elector --image=gcr.io/google_containers/leader-elector:0.4
--replicas=3 --election=election –http=0.0.0.0:4040
```

잠시후 클러스터에서 leader-elector-xxx 이름으로 된 세 개의 새로운 포드를 확인할
수 있다.

```
> kubectl get pods | grep elect
  leader-elector-57746fd798-7s886    1/1    Running    0    39s
  leader-elector-57746fd798-d94zx    1/1    Running    0    39s
  leader-elector-57746fd798-xcljl    1/1    Running    0    39s
```

그러면 어떤 노드가 마스터인지 확인하기 위해 선출 엔드포인트를 질의해보자.

```
> kubectl get endpoints election -o json
{
    "apiVersion": "v1",
    "kind": "Endpoints",
    "metadata": {
      "annotations": {
          "control-plane.alpha.kubernetes.io/leader":
"{\"holderIdentity\":\"leader-elector-57746fd798-
xcljl\",\"leaseDurationSeconds\":10,\"acquireTime\":\"2018-01-08T04:16:40Z\
",\"renewTime\":\"2018-01-08T04:18:26Z\",\"leaderTransitions\":0}"
    },
    "creationTimestamp": "2018-01-08T04:16:40Z",
    "name": "election",
    "namespace": "default",
    "resourceVersion": "1090942",
    "selfLink": "/api/v1/namespaces/default/endpoints/election",
    "uid": "ba42f436-f42a-11e7-abf8-080027c94384"
  },
  "subsets": null
}
```

자세히 보면 metadata의 annotations 하위 항목에서 리더 정보를 확인할 수 있다. 해당
항목은 JSON 결과를 쉽게 표시하는 jq 프로그램을 사용해 찾을 수 있다(https://stedolan.

github.io/jq/). 쿠버네티스 API 또는 kubectl의 출력에 대한 구문 분석으로 유용한 정보를 확인할 수 있다.

```
> kubectl get endpoints election -o json | jq -r .metadata.annotations[] | jq
.holderIdentity
"leader-elector-57746fd798-xcljl"
```

정상적인 리더 선출 동작을 확인하기 위해 리더를 정지시키고 새로운 리더가 선출됐는지 본다.

```
> kubectl delete pod leader-elector-916043122-10wjj pod
"leader-elector-57746fd798-xcljl" deleted
```

새로운 리더가 동작하는 것을 확인할 수 있다.

```
> kubectl get endpoints election -o json | jq -r .metadata.annotations[] | jq
.holderIdentity
"leader-elector-57746fd798-d94zx"
```

각각의 leader-elector 컨테이너는 로컬 웹 서버(포트 4040에서 실행)를 통해 리더를 공개한다. HTTP로 리더를 확인할 수 있다.

```
> kubectl proxy
In a separate console:
> curl
http://localhost:8001/api/v1/proxy/namespaces/default/pods/leader-elector-5
7746fd798-d94zx:4040/ | jq .name
"leader-elector-57746fd798-d94zx"
```

로컬 웹 서버를 사용해 leader-elector 컨테이너를 동일한 포드에서 기본 애플리케이션 컨테이너의 사이드카 컨테이너로 사용할 수 있다. 애플리케이션 컨테이너는 leader-elector 컨테이너와 동일한 로컬 네트워크를 공유하므로 http://localhost:4040으로 접속해 현재 리더의 이름을 받아올 수 있다. 선출된 리더 역할의 포드를 공유하는 애플리케이션 컨테이너만 애플리케이션을 실행할 수 있다. 다른 포드의 애플리케이션 컨테이너는 휴면 상태가 될 것이다. 애플리케이션 컨테이너가 요청을 받으면 리더에게 요청을 전달하거나 로드밸런싱 트릭을 사용해 모든 요청을 현재 리더에게 자동으로 보낸다.

고가용성 스테이징 환경 만들기

고가용성 환경을 구성하는 것은 어려운 일이다. 고가용성 구성의 어려움에 직면한 경우에는 고가용성 시스템에 대한 구축 사례를 확인해야 한다. 운영 환경에 배포하기 전에 고가용성 클러스터를 신뢰할 수 있는지 테스트해야 한다(참고로 넷플릭스[Netflix]는 운영 환경에서 테스트한다). 또한 이론적으로 클러스터에서 발생한 변경은 다른 클러스터 기능을 방해하지 않고도 고가용성을 저해할 수 있다. 중요한 것은 다른 기능의 테스트와 마찬가지로 테스트를 수행하지 않고 고가용성 기능의 정상 동작을 예측하면 안 된다는 것이다.

시스템의 안정적인 사용을 위해 신뢰성과 고가용성을 위한 테스트를 실시해야 한다. 이를 수행하는 가장 좋은 방법은 운영 환경을 복제하여 최대한 운영 환경과 비슷한 준비 환경을 만드는 것이다. 이 방법은 다소 많은 비용이 요구된다. 비용을 관리하는 방법에는 여러 가지가 있다.

- **임시 HA 스테이징 환경**: HA 테스트 기간 동안에만 대규모 HA 클러스터를 구축하는 방법
- **시간 압축**: 관심있는 이벤트 스트림과 시나리오를 미리 작성하고 정보를 입력해 신속하게 시뮬레이션하는 방법
- **성능과 스트레스 테스트가 결합된 HA 테스팅**: 성능과 스트레스 테스트 마지막 단계에서 시스템에 과부하를 주어 신뢰성과 고가용성 구성이 부하를 조절하는 방법을 관찰

고가용성 테스트

고가용성 테스트에서 필요한 것은 신중한 계획과 시스템에 대한 깊은 이해다. 모든 테스트의 목표는 시스템 설계와 구현의 결함을 발견하고, 발견한 결함의 조치 및 해결을 보장하는 것이다. 또한 테스트 통과 후 시스템이 예상대로 동작하는 것을 보장하는 것이다.

신뢰성과 고가용성이 뜻하는 것은 시스템에 임의의 고장을 발생시키고 시스템 스스로 복원하는 방법을 찾는 것을 의미한다.

이를 위해 필요한 사항은 다음과 같다.

- 합당한 조합을 포함한 포괄적인 발생 가능한 장애 리스트
- 각각의 발생 가능한 장애 시나리오별 시스템의 대응 방법을 명확하게 이해
- 장애를 유발하는 방법
- 시스템의 반응을 관찰하는 방법

나열된 목록 중 중요하지 않은 항목은 없다. 경험상 가장 좋은 접근 방법은 시시각각 변하는 저수준의 장애 목록보다 상대적으로 작은 일반적인 장애 범주와 일반적인 대응책을 점진적으로 시도하는 것이다.

예를 들어, 일반적인 장애 항목에 노드에서 응답이 없는 경우가 있다. 일반적인 대응 방법은 노드를 재부팅하는 것이며, VM을 운영 중인 경우 장애 유발 방법은 노드의 VM을 중지시키는 것이다. 이런 시나리오에서 중지 상태의 노드는 표준 인수 테스트에 따라 정상적 동작이 보장되어 해당 노드는 결국 다시 동작하고 시스템은 정상으로 돌아가는 것을 관찰할 수 있을 것이다. 이경우 문제가 기록되고, 적절한 경고가 담당자에게 전달됐는지, 다양한 통계와 보고서가 업데이트됐는지 등 많은 사항들을 테스트해 볼 수도 있다.

경우에 따라 하나의 대응 절차로 장애를 해결할 수 없는 경우도 있다. 예를 들어 응답이 없는 노드의 경우 하드웨어 장애가 발생하면 재부팅은 도움이 되지 않는다. 이 경우 두 번째 대응 절차가 구동되며 새로운 VM을 시작하고 구성해 노드에 연결될 것이다. 이 경우 매

우 일반적인 경우라 할 수 없으며 노드에 있는 포드나 롤의 특정 유형(etcd, 마스터, 워커, 데이터베이스, 모니터링)에 대한 테스트를 작성해야 할 수도 있다.

고품질 요구 사항이 요구되는 경우 운영 환경보다 적절한 테스트 환경과 테스트 설정에 더 많은 시간을 할애해야 한다.

마지막으로 중요한 점은 최대한 간섭이 없도록 하는 것이다. 즉, 운영 시스템에는 테스트 기능의 동작으로 시스템 일부를 정지시키거나, 테스트를 위해 자원이 분배돼 줄어든 용량으로 실행되도록 구성하지 않는 것이 이상적이다. 그 이유는 시스템의 공격 영역을 증가시키고 설정 상의 실수로 이에 대한 트리거가 될 수 있기 때문이다. 운영 환경에 배포될 코드나 설정에 종속되지 않고 테스트 환경을 제어하는 환경이 가장 이상적이다. 쿠버네티스를 사용하면 시스템 구성 요소와 상호작용하는 사용자 정의 테스트 기능을 가진 포드나 컨테이너를 준비환경에 쉽게 삽입할 수 있다. 그러나 운영 환경에는 결코 배포되지 않을 것이다.

이번 절에서는 etcd, API 서버, 스케줄러, 컨트롤러 관리자를 포함해 실제로 신뢰할 수 있는 고가용성 클러스터를 구축하는데 필요한 사항을 살펴봤다. 또한 클러스터 뿐만 아니라 데이터 자체를 보호하기 위한 모범 사례를 고려하고, 스테이징 환경과 테스트 문제도 다뤘다.

▌ 실시간 클러스터 업그레이드

쿠버네티스 클러스터 실행과 관련해서 실시간 업그레이드는 가장 복잡하고 위험한 작업 중 하나다. 서로 다른 버전의 시스템과 서로 다른 구성 요소 간 상호작용은 대개 예측하기 어렵다. 그러나 여러 상황에서 복잡하고 위험한 작업이 필요하다. 복잡함을 해결하는 가장 좋은 방법은 대상을 분해하여 해결하는 것이다. 마이크로서비스 아키텍처는 이럴 때 많은 도움이 된다. 전체 시스템을 업그레이드하는 것은 위험한 접근 방법이다. 관련된 마이크로서비스 집합을 지속적으로 업그레이드하고, API가 변경된 경우에도 해당 API의 클리이인드를 함께 업그레이드할 수 있다. 잘 설계된 업그레이드 전략은 모든 클라이언트가 업그레이드될 때까지 이전 버전과의 호환성을 유지하고 여러 번에 걸친 배포에서 이전 API 사용을 중단하는 것이다.

이번 절에서는 롤링 업그레이드, 블루그린 업그레이드 같은 다양한 전략을 사용해 클러스터를 업그레이드하는 방법을 살펴본다. 또한 큰 변화의 업그레이드와 이전 버전 호환 업그레이드의 적절한 도입 시기를 논의하고 스키마와 데이터 마이그레이션에 대한 중요한 주제를 다뤄 볼 것이다.

롤링 업그레이드

롤링 업그레이드는 구성 요소를 현재 버전에서 다음 버전으로 점진적으로 업그레이드하는 방법이다. 즉, 클러스터의 실행 환경은 기존 버전과 새로운 버전의 구성 요소를 동시에 지원한다. 이때 고려해야 할 사항이 두 가지가 있다.

- 이전 버전과 호환 가능한 새로운 구성 요소
- 이전 버전과 호환 불가능한 새로운 구성 요소

새로운 구성 요소가 이전 버전과 호환 가능한 경우 업그레이드가 매우 쉽다. 이전 버전에서 쿠버네티스는 라벨을 사용해 롤링 업그레이드를 매우 조심스럽게 관리했으며, 이전 버전과 새로운 버전 모두에 대해 복제본의 수를 점진적으로 변경해야 했다. 복제 컨트롤러에 kubectl rolling-update라는 편리한 명령이 있었다. 그러나 쿠버네티스 1.2에 도입된 배포 리소스^{deployment resource}는 훨씬 쉽게 복제 세트를 지원한다. 이것은 다음과 같은 기능을 내장하고 있다.

- 서버측 실행(컴퓨터가 분리되어도 계속 진행)
- 버전 관리
- 다중 동시 롤아웃

- 배포 업데이트

- 모든 포드의 상태 집계

- 롤백

- 카나리아canary 배포

- 다중 업그레이드 전략(기본은 롤링 업그레이드)

다음은 세 개의 nginx 포드를 배포하는 배포용 매니페스트 예제다.

```
apiVersion: extensions/v1beta1
kind: Deployment
metadata:
  name: nginx-deployment
spec:
  replicas: 3
  template:
    metadata:
      labels:
        app: nginx
    spec:
      containers:
      - name: nginx
        image: nginx:1.7.9
        ports:
        - containerPort: 80
```

리소스의 종류(kind)는 배포(Deployment)이며, name(이름)은 nginx-deployment이다. 이 이름으로 이후에 (예를 들어 업데이트나 롤백할 때) 배포를 참조할 수 있다. 가장 중요한 부분은 Spec이며 포드 템플릿을 가진다. spec의 replicas는 클러스터에 포함될 포드의 수를 결정하며, template은 각 컨테이너에 대한 설정을 가지고 있다. 이 경우 단일 컨테이너에 대한 구성이다.

롤링 업데이트의 시작을 위해 deployment 리소스를 생성한다.

```
$ kubectl create -f nginx-deployment.yaml --record
```

그다음 deployment 상태를 확인한다.

```
$ kubectl rollout status deployment/nginx-deployment
```

복잡한 배포

배포 리소스는 하나의 노드를 업그레이드하는 경우 유용하다. 그러나 여러 개의 포드를 업그레이드해야 하는 경우 이들 포드는 버전 간 상호 의존성이 있을 수 있다. 이런 상황에서 종종 롤링 업데이트를 무시하거나 임시 호환성 계층temporary compatibility layer을 도입해야 하는 경우가 있다. 예를 들어 서비스 A가 서비스 B에 종속돼 있다고 가정하자. 서비스 B에 큰 변경이 있다면, 서비스 A의 v1 포드는 서비스 B의 v2 포드와 상호 운영될 수 없다. 그렇다고 서비스 B의 v2 포드가 이전 API와 새로운 API를 지원하도록 만드는 것은 신뢰성과 변경 관리 관점에서 바람직하지 않다. 이런 경우 서비스B는 어댑터 서비스 도입으로 v1 API를 구현하는 해결 방법이 있다. 이 서비스는 A와 B 사이에 위치하며 다른 버전 간 요청과 응답을 연결해주는 역할을 할 것이다. 이런 방법은 배포 프로세스가 복잡해지고 여러 단계가 필요하지만 A와 B 서비스 자체는 단순해질 것이다. 호환되지 않는 버전 간 롤링 업데이트를 실행할 수 있고 A와 B의 모든 포드가 v2로 업그레이드되면 모든 간접 참조는 없어질 것이다.

블루그린 업그레이드

롤링 업데이트는 가용성 측면에서 유용하지만 때로는 적절한 롤링 업데이트 관리와 관련된 복잡성이 증가하고 많은 양의 작업이 추가돼 우선순위가 높은 프로젝트가 뒤로 밀리는 경우가 발생할 수 있다. 이런 경우 블루그린blue-green 업그레이드는 좋은 대안이 될 수 있다. 블루그린 배포를 사용하면 새로운 버전으로 전체 운영 환경의 복제본을 준비할 수 있다. 이런 준비 작업으로 두 개의 복제본인 이전 버전(블루)과 신규 버전(그린)을 갖게 된다. 어느 것이 블루이고 어느 것이 그린인지는 중요하지 않다. 중요한 것은 두 개의 완전히 독립된 운영 환경을 가지고 있다는 사실이다. 블루는 현재 활성화되어 있으며 모든 요청에 대한 서비스를 처리한다. 그리고 모든 테스트를 그린에서 실행할 수 있다. 모든 테스트가 그린에서 통과되면 블루와 그린을 교체하고 그린을 활성화한다. 무언가 잘못되면 쉽게 롤백할 수 있다. 그저 그린을 블루로 전환하기만 하면 된다. 저장소와 인메모리 상태는 여기서 무시한다. 이런 즉각적인 전환은 블루와 그린이 상태없는 구성 요소로만 구성되며 공통된 지속성 계층common persistence layer을 공유한다고 가정한다.

저장소에 변경이 있거나 외부 클라이언트가 접근하는 API에 큰 변경 사항이 발생한 경우, 추가 과정이 필요하다. 예를 들어 블루와 그린이 자체 저장소를 가지고 있다면 들어오는 모든 요청은 블루와 그린 모두에게 보내져야 하고 그린은 교체되기 전에 블루에서 과거의 이력 데이터를 가져와 동기화를 수행해야 할 수도 있다.

데이터 컨트랙트 변경 관리

데이터 컨트랙트data contract는 데이터 구성 방법을 설명하며 구조적 메타데이터에 대한 포괄적인 용어다. 데이터베이스 스키마가 가장 일반적인 예다. 다른 예로는 네트워크 페이로드, 파일 형식, 문자열 인수, 응답 내용도 여기에 포함된다. 설정 파일이 있는 경우 이 설정 파일은 파일 형식(JSON, YAML, TOML, XML, INI, 사용자 정의 형식)과 유효한 계층 구조, 키, 값, 데이터 형식에 대한 종류를 설명하는 일부 내부 구조 모두를 가지고 있다. 데이터 컨트랙트는 때로로 명시적이며, 때때로 암시적이다. 어느 쪽이든 신중하게 데이터 컨트랙트를 관리해야 한다. 관리가 되지 않을 경우 정의되지 않은 구조의 데이터 처리시 데이터를 읽고, 구문을 분석하고, 유효성 검사를 수행하는 처리 코드에서 런타임 오류가 발생한다.

데이터 마이그레이션

데이터 이전 또는 데이터 마이그레이션은 대단히 큰 작업이다. 오늘날 많은 시스템은 테라바이트나 페타바이트 또는 그 이상의 데이터를 관리한다. 그리고 수집되고 관리되는 데이터의 양은 당분간 계속 증가할 것이다. 데이터의 수집 속도는 하드웨어 발전 속도보다 훨씬 빠르다. 중요한 점은 많은 양의 데이터가 있고 이전해야 할 경우 많은 시간이 소요된다는 것이다. 나는 이전 회사에서 레거시 시스템의 카산드라 클러스터에서 다른 카산드라 클러스트로 100테라바이트의 데이터를 이전하는 프로젝트를 감독했었다.

데이터를 이전받는 카산드라 클러스터는 다른 스키마를 가지고 있었으며 쿠버네티스 클러스터가 24시간 365일 항상 접속 중이었다. 이 프로젝트는 매우 복잡했으며 긴급한 문제 발생 시 데이터 이전 작업의 우선순위는 계속 뒤로 밀려났다. 레거시 시스템은 애초 계획보다 더 오랫동안 차세대 시스템과 함께 동작했다.

데이터를 분할해 양쪽 클러스터로 보내는 많은 방법이 있었지만 신규 시스템의 확장성 문제가 발생해 데이터 이전을 진행하기 전에 이를 해결해야 했다. 이력 데이터는 중요했지만 최신의 중요 데이터의 서비스 수준만큼은 아니었다. 따라서 더 저렴한 스토리지로 이력 데이터를 보내는 또 다른 프로젝트를 수행했다. 이런 결과 클라이언트 라이브러리나 프론트엔드 서비스가 양 쪽 저장소로 질의하고 결과를 합치는 방법을 알아야 했다. 많은 양의 데이터를 처리하는 경우 어떤 것도 보장하지 못한다. 사용하는 도구, 인프라, 서드파티 종속성, 프로세스의 확장성 등의 문제가 발생한다. 대규모 변경은 단순히 수적인 변경이 아니라 대개 질적인 변경이다. 그것이 원활하게 진행될 것이라는 기대는 허상일 수 있다. 데이터 이전은 몇 개의 파일을 A에서 B로 복사하는 수준이 아니다.

API 지원 중단

API 지원 중단은 내부 또는 외부 두 가지 형태로 영향을 미친다. 내부 API^{Internal API}는 사용자와 팀 또는 조직이 완전히 제어하는 구성 요소가 사용하는 API로, 짧은 시간 내에 모든 API 사용자가 새 API로 업그레이드되는 것을 보장해야 한다. 외부 API^{external API}는 직접적인 영향권 밖에 있는 사용자나 서비스에서 사용한다. 구글과 같은 거대한 조직에서 일을 한다면 일부 맞지 않는 상황도 있으며 내부 API 조차도 외부 API로 다뤄야 할 때도 있다. 운 좋게도 모든 외부 API가 자동으로 업데이트되는 애플리케이션이나 사용자가 제어하는 웹 인터페이스를 통해 사용되면 사실상 이 API는 거의 숨겨져 있으므로 공개할 필요가 없다.

많은 사용자(또는 소수의 매우 중요 사용자)가 API를 사용하는 경우 지원 중단은 매우 신중하게 결정해야 한다. API 지원 중단은 해당 API를 사용하는 사용자들의 애플리케이션을 강제로 변경해 이전 버전과 동일하게 작동하도록 하거나 새로운 버전의 API를 사용하지 않고 이전 버전의 API를 사용해야만 한다는 의미다.

이를 완화할 수 있는 몇 가지 방안이 있다.

- **API 지원 유지**: 기존 API를 확장하거나 이전 API를 활성화 상태로 유지한다. 테스트 부담은 가중되지만 때로는 매우 간단한 해결 방안

- **모든 관련된 프로그래밍 언어로 클라이언트 라이브러리 제공**: 가장 좋은 방법으로 프로그래밍 언어 인터페이스를 안정적으로 유지해 사용자에게 영향 없이 기본 API의 많은 변경이 가능

- **지원 중단 사유 설명**: 어쩔 수 없이 지원 중단하는 경우 명확한 이유를 설명하고 업그레이드에 필요한 충분한 시간과 가능한 범위를 최대한 지원(예제와 업그레이드 가이드 제공)

▌ 대규모 클러스터 성능, 비용, 설계 균형

앞 절에서는 실시간 클러스터 업그레이드를 살펴봤다. 다양한 기술과 쿠버네티스가 어떻게 지원하는지 살펴봤다. 또한 대규모 변경, 데이터 컨트랙트 변경, 데이터 이전, API 지원 중단 같은 어려운 문제를 논의했다. 이번 절에서는 각기 다른 신뢰성과 고가용성 특성을 가진 대규모 클러스터의 다양한 옵션과 설정을 알아볼 것이다. 옵션을 정확하게 이해하고 조직의 요구에 맞는 클러스터를 설계해야 한다.

이 절에서는 모든 최상의 방법으로 가동 중단 시간이 없는 다양한 가용성 요구 사항을 충족시킬 것이다. 그리고 성능과 비용 관점에서 의미하는 바를 고려해본다.

가용성 요구 사항

서로 다른 시스템은 신뢰성과 가용성에 대한 요구 사항도 다르다. 또한 서로 다른 하위 시스템도 서로 다른 요구 사항을 가지고 있다. 예를 들어 시스템이 다운되면 돈을 벌 수 없는 수익과 직결된 청구 시스템은 항상 최상위 우선순위를 갖는다. 그러나 청구 시스템에서도 요금 징수의 이의 제기 기능이 종종 사용할 수 없는 경우도 있는데, 비즈니스 관점에서는 이를 허용할 수 있다.

최선의 노력

최선의 노력best effort의 의미는 용어 자체가 주는 의미와는 다르게 어떠한 보장도 하지 않는다. 이 용어의 의미는 잘 동작하는 것을 추구하나 그렇지 않은 경우에도 인정한다는 것이다. 이런 수준의 신뢰성과 가용성은 자주 변경된다. 따라서 견고할 필요가 없는 내부 구성 요소에게 적합할 것이다. 또한 베타 버전으로 출시될 서비스에도 적합할 것이다.

최선의 노력은 개발자에게도 좋은 전략이다. 개발자는 유연하고 빠르게 일을 수행하고 중단할 수 있다. 결과를 걱정할 필요가 없으며 엄격한 테스트와 승인을 통과하려고 사투를 벌일 필요도 없다. 최선의 노력을 적용한 서비스의 성능은 요청 검증, 지속적인 중간 결과, 데이터 복제와 같은 영향도가 큰 단계를 건너뛰므로 보다 견고한 서비스보다 나을 수 있다. 반면, 과할 정도로 최적화된 견고한 서비스는 지원하는 하드웨어의 워크로드에 맞게 조절된다. 운영자가 기본 용량 계획을 무시하고 불필요하게 과다한 프로비저닝을 하지 않는 한 중복 구성을 사용할 필요가 없기 때문에 최선의 노력을 갖춘 서비스는 일반적으로 낮은 비용을 요구한다.

쿠버네티스의 현재 상황에서 다뤄야 할 문제는 클러스터가 제공하는 모든 서비스가 최선의 노력인지 여부를 확인하는 것이다. 최선의 서비스를 제공하는 상황이라면 클러스터는 고가용성을 유지하지 않아도 된다. etcd 단일 인스턴스가 있는 단일 마스터 노드를 가지거나 힙스터 또는 다른 모니터링 솔루션을 배포하지 않아도 된다.

유지보수 작업시간

유지보수 작업시간^{maintenance window}이 있는 시스템은 특별히 지정된 시간에 보안 패치 적용, 소프트웨어 업그레이드, 로그 파일 정리, 데이터베이스 정리 같은 다양한 유지보수 작업을 수행한다. 유지보수 작업시간에 시스템과 하위 시스템은 사용할 수 없다. 이런 유지보수 작업은 업무 시간 이외에 수행되며 사용자에게 사전 공지된다. 유지보수 작업시간의 이점은 유지보수 작업 동안 시스템에 들어오는 실시간 서비스 요청의 영향을 고려하지 않아도 된다는 것이다. 이것은 작업을 대폭 단순화할 수 있다. 개발자가 최선의 환경이 적용된 시스템을 좋아하는 것처럼 시스템 관리자는 유지보수 작업시간을 좋아한다.

물론, 유지보수 작업시간 동안 시스템이 다운된다는 단점이 있다. 따라서 사용자 활동이 특정 시간(미국 근무 시간이나 주중에만 해당)으로 제한되는 시스템에서 가능한 작업이다.

쿠버네티스는 로드밸런서를 사용해 모든 들어오는 요청을 유지보수 작업시간에 대해 알려주는 웹 페이지나 JSON 응답으로 리다이렉션하여 사용자에게 유지보수 작업시간에 대해 알리고 유지보수 작업을 수행할 수 있다.

그러나 대부분의 경우 쿠버네티스의 유연성을 통해 시스템 다운 없이 유지보수할 수 있다. 쿠버네티스의 버전 업그레이드나 etcd v2에서 etcd v3로 전환하는 등의 극단적인 경우, 유비보수 작업시간을 활용하는 것이 좋다. 블루그린 배포가 대안이 될 수 있지만 클러스터 규모가 커질수록 블루그린 비용도 커진다. 이것은 전체 운영 클러스터의 복제 비용이 높고 부족한 자원의 할당량 문제가 발생할 수 있기 때문이다.

빠른 복구

빠른 복구는 고가용성 클러스터의 또 다른 중요한 특징이다. 어떤 시점에 잘못이 발생할 수 있다. 시스템 사용 불가시 얼마나 빠른 시간 안에 정상 복구가 가능한지 생각해야 한다.

어떤 경우 복구는 노력이나 의지와 무관할 수 있다. 예를 들어 클라우드 공급자의 서비스 중단 발생시 이후에 다룰 페더레이션 클러스터가 구현되지 않은 경우, 여러분은 공급자의 해결만 학수고대해야 할 것이다. 그러나 가장 가능성 있는 원인 중 하나는 최근 배포에 따른 문제일 수 있다. 또한 시간 관련한 날짜 문제일 수 있다. 2012년 2월 29일, 마이크로소프트사의 애저^{Azure}를 다운시킨 윤년 버그는 대표적인 시간 관련 문제다.

문제를 발견한 시점에 여전히 이전 버전을 사용 중이면 블루그린 배포를 이용해 빠르게 복구할 수 있다.

반면, 롤링 업데이트를 사용하는 경우 문제가 조기에 발견되면 대부분의 포드가 여전히 이전 버전을 실행한다는 것을 의미한다.

데이터의 경우 최신의 백업을 유지하고 실제 복원 절차가 잘 수행되는 경우에도(분명히 정기적인 테스트를 수행했음에도 불구하고) 복구하기까지는 많은 시간이 필요하다.

Heptio Ark와 같은 도구는 클러스터의 스냅샷 백업을 생성해 문제를 해결하고, 복구 방법을 모를 경우를 대비해 복원할 수 있는 클러스터의 스냅샷 백업을 지원한다.

무중단

마지막으로 무중단zero-downtime 시스템이다. 무중단 시스템은 사실 존재하지 않는다. 모든 시스템 장애 발생의 경우 소프트웨어 시스템 장애도 동반한다. 경우에 따라 시스템이나 시스템의 일부 서비스가 중단될 정도로 심각한 장애가 발생할 수 있다. 분산 시스템 설계는 무중단을 위한 최선의 선택이라 생각한다. 시스템 중단없이 예상되는 장애를 해결할 수 있는 수많은 복제와 메커니즘을 제공한다는 점에서 분산 시스템은 무중단을 위한 설계로 이해할 수 있다. 항상 그렇듯 무중단에 대한 서비스 사례가 있다 하더라도 모든 구성 요소가 그렇게 따라야 하는 것은 아니다.

다음은 무중단을 위한 계획이다.

- **모든 수준에서 중복**: 이것은 필수 조건으로 단일 실패 지점single point of failure이 없어야 한다. 이것은 해당 지점에서의 실패가 시스템 다운의 원인이 되기 때문이다.

- **장애 구성 요소의 자동 핫 스와핑**: 이중화는 원래 구성 요소에 장애가 발생하자마자 동작하는 중복 구성 요소의 기능만큼 좋다. 일부 구성 요소는 부하를 공유하므로(예를 들어 상태 비저장 웹 서버) 명시적 조치가 필요하지 않다. 쿠버네티스 스케줄러와 컨트롤러 관리자의 경우 리더 선출을 통해 클러스터가 계속 동작할 수 있게 한다.

- **모니터링과 경고 신호로 문제의 조기 감지**: 신중한 설계에도 불구하고 무언가를 놓칠 수도 있고, 일부 암묵적인 가정으로 설계가 무효화될 수도 있다. 대개 이런 미묘한 문제는 충분한 관심과 집중으로 시스템이 완전히 고장나기 전에 발견할 수 있다. 예를 들어 디스크 공간 사용이 90% 이상이면 오래된 로그 파일을 지우는 메커니즘이 있다고 생각해보자. 어떤 이유로 이 메커니즘이 동작하지 않더라도 디스크 공간이 95%를 넘는 경우 경고가 발생하도록 설정했다면 이 문제를 포착하고 시스템 장애를 예방할 수 있을 것이다.

- **운영 환경 배포 전 세밀한 테스트**: 포괄적인 테스트는 품질을 향상시킬 수 있는 방법으로 입증됐다. 어떤 대상을 포괄적으로 테스트하는 일은 대용량 분산 시스템을

식행하는 대규모 쿠버네티스 클러스터만큼 복잡성과 필요성을 가진다. 무엇을 테스트해야 하는가? 그렇다. 모두 테스트해야 한다. 무중단을 위해 애플리케이션과 인프라를 모두 함께 테스트해야 한다. 단위 테스트의 모든 항목을 통과하는 것은 좋은 일이지만, 애플리케이션을 운영 환경의 쿠버네티스 클러스터에 배포했을 때 예상대로 동작한다고 보장할 수는 없다. 가장 좋은 테스트는 블루그린 배포나 동일한 클러스터에서 테스트를 수행한 후 운영 환경의 클러스터에서 사용하는 것이다. 동일한 클러스터 대신 운영 환경과 최대한 유사한 스테이징 환경을 고려한다. 다음은 실행할 테스트 목록이다. 각 테스트는 테스트되지 않은 항목이 있으면 중단될 수 있으므로 포괄적이어야 한다.

- 단위 테스트
- 인수 테스트
- 성능 테스트
- 스트레스 테스트
- 롤백 테스트
- 데이터 복구 테스트
- 침투 테스트

무중단의 대규모 시스템을 만드는 일은 매우 이상적이며 어렵다. 따라서 마이크로소프트, 구글, 아마존, 페이스북 등 대형 회사들은 인프라, 운영, 상태 확인에만 수만 명의 소프트웨어 엔지니어를 보유하고 있다.

- **로우 데이터 보관**: 대부분의 시스템에서 데이터는 가장 중요한 자산이다. 로우 데이터raw data를 보관하면 추후 발생할 수 있는 데이터 손상 및 데이터 손실로부터 데이터를 복구할 수 있다. 로우 데이터를 다시 처리하는 데는 다소 오랜 시간이 걸릴 수 있고 중단 시간이 거의 필요하지 않지만, 데이터 무손실에 도움이 돼 때로는 무중단보다 더 중요하다. 이 접근 방식의 단점은 처리된 데이터에 비해 로우

데이터의 크기가 대체로 크다. 로우 데이터를 처리된 데이터보다 저렴한 저장소에 보관하는 것은 좋은 방법이 될 것이다.

- **최후 수단으로 가동 시간 인지**: 시스템 일부가 다운된 경우 유지할 수 있는 서비스가 있다. 대부분 약간 오래된 버전의 데이터에 접근하거나 사용자가 시스템의 다른 부분에 접근할 수 있을 것이다. 좋은 사용자 경험은 아니지만 기술적으로 시스템은 사용 가능하다.

성능과 데이터 일관성

분산 시스템을 개발하거나 운영할 때 항상 CAP 이론을 기억해야 한다. CAP는 일관성Consistency, 가용성Availability, 파티션 톨러런스Partition tolerance를 의미한다. CAP 정리에 따르면 이 세 가지 중 두가지를 가질 수 있다고 한다. 모든 분산 시스템은 실제로 네트워크 단절로 인해 문제가 발생할 수 있으므로 CP 또는 AP 중 하나를 선택할 수 있다. CP는 일관성을 유지하기 위해 네트워크 파티션이 발생한 경우 시스템을 사용할 수 없음을 의미한다. AP는 시스템을 항상 사용할 수 있지만 일관성이 없을 수도 있음을 의미한다. 예를 들어, 파티션 중 하나가 쓰기를 수신하지 않아, 다른 파티션의 읽기에서 다른 결과를 반환할 수 있다. 이 절에서는 AP를 의미하는 고가용성 시스템에 집중할 것이다. 가용성을 높이려면 일관성을 희생해야 한다. 그러나 시스템이 손상되거나 임의의 데이터를 갖게 되는 것을 의미하지는 않는다. 핵심은 결과의 일관성이다. 시스템은 약간 뒤쳐져 다소 오래된 데이터에 접근할 수 있지만 결과적으로 예상된 데이터를 얻을 수 있을 것이다. 결과의 일관성 측면에서 생각해보면 잠재적으로 중요한 성능 향상이라는 중요한 기회를 가질 수 있다.

예를 들어 몇 가지 중요한 값이 매초 단위로 자주 업데이트되고 그 값을 매분 보낸다면 네트워크 트래픽은 60배 감소하고, 실시간 업데이트는 평균 30초 정도 늦게 이뤄진다. 이는 매우 중요하고 큰 부분이다. 기존보다 60배 이상의 사용자 또는 요청을 처리하도록 시스템이 확장됨을 의미한다.

▋ 요약

이번 장에서는 신뢰할 수 있는 고가용성 대규모 쿠버네티스 클러스터를 살펴봤다. 고가용성은 쿠버네티스의 매력적인 기능이다. 작은 수의 컨테이너에서 동작하는 소규모 클러스터를 통제하는 데 유용하지만 대규모일 필요는 없다. 대신 시스템을 확장할 수 있고 이를 위한 도구와 모범 사례를 제공하는 신뢰된 오케스트레이션 솔루션이 필요하다.

이제 분산 시스템에서 신뢰성과 고가용성의 개념을 확실히 이해했고, 신뢰할 수 있는 고가용성 쿠버네티스 클러스터를 실행하는 데 필요한 모범 사례를 살펴봤다. 쿠버네티스 클러스터 실시간 업그레이드를 살펴봤고 신뢰성과 고가용성 수준 및 그에 따른 성능과 비용에 기반하여 설계할 수 있게 됐다.

5장에서는 쿠버네티스에 대한 중요한 보안 주제를 다룬다. 쿠버네티스의 보안과 관련된 위험을 살펴보고 네임스페이스, 서비스 계정, 승인 제어, 인증, 인가, 권한 부여, 암호화를 배울 것이다.

05

쿠버네티스 보안,
제한, 계정 설정

4장 고가용성과 신뢰성에서 신뢰성과 가용성이 높은 쿠버네티스 클러스터, 기본 개념, 모범 사례, 실시간 클러스터 업그레이드 방법, 성능과 비용의 균형을 조정한 다양한 설계 방법을 살펴봤다.

이 장에서는 중요한 주제인 보안을 살펴본다. 쿠버네티스 클러스터는 여러 계층으로 구성된 컴포넌트가 상호작용하는 복잡한 구성의 시스템이다. 중요한 애플리케이션을 실행할 때 다른 계층과 분리되어 구획을 나누는 것은 매우 중요하다. 시스템을 보호하고 리소스, 기능, 데이터에 올바른 접근을 제공하려면 쿠버네티스가 직면한 고유한 문제를 알려지지 않는 작업부하를 실행하는 범용 오케스트레이션 플랫폼으로 이해해야 한다. 그런 다음 다양한 보안, 격리, 접근제어 매커니즘을 이용해 클러스터와 클러스터에서 실행 중인 애플리케이션 및 데이터가 모두 안전한지 확인할 수 있다. 다양한 모범 사례와 각 매커니즘을 사용하는 것이 적절한지 논의할 것이다.

이 장을 마치면 쿠버네티스의 보안 문제에 대해 잘 이해하게 될 것이다. 다양한 잠재적 공격으로부터 쿠버네티스를 보호하는 방법에 대한 실질적인 지식을 얻고, 철저한 방어계획을 수립하고, 여러 사용자에게 완전한 격리와 더불어 클러스터의 모든 부분에 대한 완전한 제어를 제공함으로써 멀티테넌트 클러스터를 안전하게 실행할 수 있게 될 것이다.

▍ 쿠버네티스 보안 문제에 대한 이해

쿠버네티스는 매우 낮은 수준의 리소스를 일반적인 방식으로 관리하는 매우 유연한 시스템이다. 쿠버네티스는 여러 운영체제, 하드웨어 또는 가상 머신 솔루션을 직접 설치On-Premise 환경이나 클라우드 환경에 다양한 형태로 배포될 수 있다. 쿠버네티스는 잘 정의된 런타임 인터페이스를 통해 상호작용하는 런타임에 의해 구현된 작업을 실행한다. 그러나 런타임의 구현 방식을 이해할 필요는 없다. 쿠버네티스는 애플리케이션의 서비스 대신 네트워크, DNS, 리소스 할당 같은 중요한 리소스를 처리하거나, 알 수 없는 애플리케이션의 서비스를 위해 조작한다. 즉, 쿠버네티스는 우수한 보안 매커니즘과 기능을 제공하여 애플리케이션 관리자를 활용하도록 해야 하며, 자기 자신과 애플리케이션 관리자를 통상적인 실수로부터 보호한다.

이 절에서는 쿠버네티스 클러스터의 여러 계층 또는 구성 요소인 노드, 네트워크, 이미지, 포드, 컨테이너의 보안 문제를 설명할 것이다. 심층 계단n-depth 방어는 시스템이 다른 계층에 침입한 공격을 완화하고 침입의 범위와 손상을 제한하기 위해 각 수준에서 자신을 보호해야 하는 중요한 보안의 개념이다. 심층 방어의 첫 번째 절차는 각 계층의 문제점을 인식하는 것이다.

노드 문제

노드는 런타임 엔진의 호스트다. 공격자의 노드 접근 권한 획득은 그 자체로 심각한 위협이다. 호스트 자체와 호스트에서 실행 중인 모든 작업을 제어할 수 있다. 그러나 이 정도로 그치지 않을 것이다. 노드에는 API 서버와 통신하는 kubelet이 실행 중이며, 높은 수준의 공격자는 수정된 버전의 kubelet으로 대체하여 예약된 작업 대신 공격자의 작업을 실행시킨다. 쿠버네티스 API 서버와 정상적인 통신을 수행하기 때문에 공격 탐지를 효과적으로 회피할 수 있다. 노드에서 공격자는 공유 리소스와 보안에 대한 접근 권한을 가지고 더 깊숙히 침투할 수 있다. 노드의 침해는 손상 정도와 침해 사실 탐지의 어려움으로 매우 심각한 결과를 초래할 수 있다.

노드는 물리적 수준의 침해 가능성도 있다. 이런 침해 가능성은 쿠버네티스 클러스터에 하드웨어가 할당된 베어메탈 머신에서 더 잘 발생할 것이다.

또 다른 공격 요소는 리소스의 소모다. 노드가 DDoS의 봇 네트워크 일부가 되어 쿠버네티스 클러스터와 관련 없는 공격자의 작업을 위해 CPU와 메모리를 소모한다고 가정해보자. 여기에서 더 큰 위험은 쿠버네티스와 인프라가 자동으로 확장되고 더 많은 리소스를 할당할 수 있다는 것이다.

또 다른 문제는 디버깅과 문제 해결 도구를 설치하거나 자동 배포 설정을 수정하는 것이다. 그것들은 일반적으로 테스트가 수행되지 않고 활성화 상태로 남겨져 있게 되면 성능을 떨어뜨리거나 더 심각한 문제를 야기할 수 있다.

보안은 숫자 게임으로 생각될 수 있다. 여러분은 시스템의 공격받는 노출 부분과 취약한 곳을 이해하고 싶을 것이다. 다음은 노드와 관련된 모든 보안 문제에 대한 목록이다.

- 공격자가 호스트를 제어
- 공격자가 kubelet을 대체
- 공격자가 마스터 구성 요소인 API 서버, 스케줄러, 컨트롤러 관리자를 실행하는 노드를 제어
- 공격자가 노드에 물리적으로 접근
- 공격자가 쿠버네티스 클러스터와 관련 없는 리소스 소모
- 디버깅 및 문제 해결 도구 설치 또는 설정 변경으로 발생한 손상

매우 작은 규모의 쿠버네티스 클러스터라 하더라도 최소 하나의 네트워크에 존재하며 이에 따라 네트워크와 관련된 많은 문제점들이 있다. 시스템 구성 요소의 연결 방법은 상세한 수준의 이해가 필요하다. 어떤 구성 요소가 서로 통신하는지, 사용하는 네트워크 프로토콜은 무엇인지, 사용하는 서비스 포트는 무엇인지, 어떤 데이터를 교환하는지, 클러스터가 외부 네트워크와 어떻게 연결되는지 등의 정보가 있을 것이다.

공개된 서비스 포트와 기능 또는 서비스의 복잡한 연결고리가 있다.

- 호스트와 컨테이너
- 내부 네트워크 내 호스트와 호스트
- 호스트와 세계(인터넷)

10장, '고급 쿠버네티스 네트워크'에서 설명할 오버레이 네트워크를 사용하면 심층 방어를 할 수 있다. 도커 컨테이너의 접근 권한을 공격자가 획득해도 샌드박스화된 언더레이 네트워크 인프라를 벗어날 수 없다.

구성 요소를 발견하는 것도 큰 도전 과제다. 여기에는 DNS(도메인네임서비스), 전용 검색 서비스, 로드밸런서 같은 몇 가지 옵션이 있다. 각 옵션은 각각의 상황에 맞는 적절한 계획과 통찰력을 얻는 장단점이 있다.

두 컨테이너가 서로를 찾고 정보를 교환할 수 있는지 확인해야 한다. 공개적으로 접근 가능한 리소스와 엔드포인트를 결정해야 한다. 그런 다음 사용자와 서비스를 인증하고 리소스에서 작동하도록 권한을 부여하는 적절한 방법을 찾아야 한다.

민감한 데이터는 클러스터 내 외부로 통신과 저장 시에도 암호화돼야 한다. 이것은 보안 영역에서 해결해야 할 가장 어려운 문제 중 하나로 안전한 암호화 키 교환과 키 관리가 필요하다.

클러스터가 다른 쿠버네티스 클러스터 또는 쿠버네티스가 아닌 프로세스와 네트워크 인프라를 공유하는 경우 보안 강화를 위해 격리와 분리에 더 신경을 써야 한다.

네트워크 격리와 분리를 위해 네트워그 정책, 방화벽 규칙과 소프트웨어 정의 네트워크SDN, software-defined networking를 사용할 수 있으며, 사용자가 정의하여 사용한다. 이것은 특히 자체 구축 환경인 온프레미스와 베어메탈 클러스터에서 어려운 문제다. 요약하면 다음과 같다.

- 연결 계획 수립
- 구성 요소, 프로토콜, 포트 선택
- 동적 검색 이해
- 공개 접근과 비공개 접근 비교
- 인증 및 권한 부여
- 방화벽 규칙 설계
- 네트워크 정책 결정
- 키 관리와 키 교환

컨테이너, 사용자, 서비스가 네트워크에서 서로 쉽게 찾고 통신할 수 있도록 하는 것과 접근을 차단하고 네트워크를 통한 공격이나 네트워크 자체에 대한 공격을 차단하는 것 사이에는 일정한 긴장감이 있다.

이런 과제 중 상당 수는 쿠버네티스와 관련은 없다. 그러나 쿠버네티스가 핵심 인프라를 관리하고 하위 수준의 네트워크를 관리하는 일반적인 플랫폼이기 때문에 시스템 특화 요구 사항을 쿠버네티스에 통합할 수 있는 역동적이고 유연한 솔루션에 대해 생각해볼 필요가 있다.

이미지 문제

쿠버네티스는 런타임 엔진 중 하나를 선택해 관련된 컨테이너를 실행한다. 측정 항목 수집을 제외하고 이 컨테이너가 수행 중인 작업에 대해서는 알지 못한다. 할당량을 이용해 컨테이너에 특별한 제한을 설정할 수 있다. 네트워크 정책을 이용해 네트워크의 다른 부분에 접근을 제한할 수 있다. 그러나 결국 컨테이너는 호스트 리소스, 네트워크상의 다른 호스트, 분산 스토리지, 외부 서비스에 접근해야 한다. 컨테이너의 동작은 이미지에 의해 결정된다. 이런 이미지에는 두 가지 형태의 문제가 있다.

- 악의적인 이미지
- 취약한 이미지

악의적인 이미지는 해를 끼치거나 정보 수집을 위해 공격자가 고안한 코드 또는 설정을 포함하는 이미지다. 악의적인 코드는 사용 중인 이미지 저장소를 포함해 이미지 준비 파이프라인[1]에 삽입될 수 있다. 또는 자신을 공격하여 악의적인 코드가 포함된 타사 이미지를 설치할 수도 있다.

취약한 이미지는 이미지 설치 후 공격자가 악성 코드를 삽입하는 것을 포함해 실행 중인 컨테이너를 제어하거나 해를 입힐 수 있는 몇 가지 취약점을 포함한 이미지이거나 설치한 타사 이미지다.

어떤 형태의 이미지가 더 위험한지 구분하기는 매우 어렵다. 극단적인 경우 컨테이너의 완전한 제어권을 소유할 수 있기 때문에 이 두 개의 공격 형태는 동등하다고 할 수 있다. 심층 방어와 같은 다른 방어 수단도 있다. 그리고 컨테이너의 제한 설정으로 피해 정도를 결정할 수 있다. 나쁜 이미지의 위험을 최소화하는 것은 매우 어려운 문제다. 마이크로서비스를 이용해 신속한 비즈니스 서비스를 수행하는 조직은 매일 많은 이미지를 생성한다. 따라서 이미지의 검증도 어려운 업무 중 하나다. 예를 들어 도커 이미지가 어떤 단계를 거쳐 생성되는지 생각해보자. 운영체제가 포함된 기본 이미지는 새로운 가변성이 발견될 때마다 취약해질 수 있다. 또한 다른 사람이 작성한 기본 이미지(매우 일반적인 이미지)에 의존하면 악성코드가 기본 이미지에 포함될 수 있다. 이 악성코드가 포함된 기본 이미지는 제어할 권한이 없으며 암시적으로 신뢰하게 된다.

---

1 이미지 준비 파이프라인은 패키지(이미지)를 배포하고 사용자 PC에 설치되는 전과정이라 생각된다. - 옮긴이

다음은 이미지와 관련된 문제의 목록이다.

- 쿠버네티스는 이미지가 어떤 작업을 수행하는지 알지 못한다.
- 쿠버네티스는 본연의 기능을 위해 민감한 리소스 접근을 제공한다.
- 이미지 준비와 전달 파이프라인(이미지 저장소 포함)을 보호하기 어렵다.
- 새로운 이미지 개발과 배포 속도가 변경 사항을 신중하게 검토하는 시간과 충돌할 수 있다.
- 운영체제를 포함한 기본 이미지는 쉽게 구식이 되고 취약해질 수 있다.
- 기본 이미지는 종종 사용자가 제어할 수 없으며 악성코드가 주입되는 경향이 있다.
- CoreOS Clair 같은 정적 이미지 분석기를 통합하면 많은 도움이 될 수 있다.

설정과 배포 문제

쿠버네티스 클러스터는 원격으로 관리된다. 다양한 매니페스트와 정책으로 각 시점에서 클러스터의 상태를 결정한다. 공격자가 클러스터에 대한 관리와 제어 권한을 가진 시스템에 접근하면 정보 수집, 악의적인 이미지 삽입, 보안 약화, 로그 변조 등의 혼란을 야기할 수 있다. 평소에 중요한 보안 조치를 취하지 않거나 공격자에게 클러스터를 노출시키면 버그와 실수로 발생하는 수준에 준하는 위험에 직면하게 될 것이다. 클러스터의 관리자 권한을 가진 직원이 자신의 노트북을 이용해 집이나 공공장소와 같은 원격 환경에서 kubectl 명령어를 활용하여 작업을 하는 것은 매우 일반적인 일이 됐다.

다음은 설정과 배포에 관련된 문제의 목록이다.

- 쿠버네티스는 원격으로 관리된다.
- 원격 관리자 권한을 가진 공격자가 클러스터를 완벽하게 제어할 수 있다.
- 설정과 배포는 일반적으로 코드보다 테스트하기가 더 어렵다.

- 공격자가 관리자 권한이 있는 원격 또는 부재 중 직원의 노트북이나 전화에 접근할 수 있는 노출 위험이 증가한다.

포드와 컨테이너 문제

쿠버네티스에서 포드는 작업 단위이며, 하나 이상의 컨테이너를 포함한다. 포드는 그룹화와 배포의 구조에 불과하지만 실제로 동일한 포드에 함께 배포되는 컨테이너는 일반적으로 직접 상호작용하는 메커니즘을 사용한다. 컨테이너는 모두 동일한 로컬호스트의 네트워크를, 호스트에서 마운트된 볼륨을 공유하는 경우가 많다. 동일한 포드에 있는 컨테이너 간의 이런 쉬운 통합으로 호스트의 일부가 모든 컨테이너에 노출될 수 있다. 이런 결과, 하나의 잘못된 컨테이너(악의적이거나 취약한 컨테이너)로 인해 포드의 다른 컨테이너가 쉽게 공격을 받고 이 위협은 노드로 확산될 수 있다. 마스터 애드온은 종종 마스터 구성 요소와 함께 위치해 유사한 위험을 가지고 있으며, 특히 이들 중 많은 수가 실험적이기 때문에 그 위험은 더 크다. 모든 노드에서 포드를 실행하는 데몬세트도 마찬가지다.

다음은 다중 컨테이너 포드에 관한 문제의 목록이다.

- 동일한 포드 컨테이너가 로컬호스트 네트워크를 공유한다.
- 동일한 포드 컨테이너는 때때로 호스트 파일시스템에 마운트된 볼륨을 공유한다.
- 잘못된 컨테이너로 인해 포드 내 다른 컨테이너에 악의적인 영향을 줄 수 있다.
- 잘못된 컨테이너로 인해 노드의 중요한 리소스에 접근하는 컨테이너가 쉽게 공격당할 수 있다.
- 마스터 구성 요소와 함께 배치된 실험용 애드온은 실험적이며 보안상 취약성을 가질 수 있다.

조직, 문화, 프로세스 문제

일반적으로 보안과 생산성은 비례관계는 아니다. 이런 관계는 정상적인 트레이드오프이며 걱정할 필요는 없다. 전통적으로 개발과 운영의 분리로 발생하는 갈등은 조직 차원에서 관리된다. 개발자는 더 높은 생산성을 추구하고 보안 요구 사항에 대해 부수적인 업무비용으로 인식한다. 운영자는 운영 환경을 제어하고 접근과 절차에 대한 보안 업무 수행의 책임을 가진다. 데브옵스는 개발자와 운영 간의 벽을 허물었고 이제는 조직에서 개발 속도가 우선순위가 높다. 사람의 개입 없이 하루에도 여러 번 배포하는 지속적인 배포의 개념은 대부분의 조직에서는 전례가 없던 것이다. 쿠버네티스는 데브옵스나 클라우드의 기술을 활용하여 새로운 환경의 조성을 위해 설계됐다. 이는 구글의 경험을 토대로 개발됐다. 구글은 신속한 배포와 보안의 균형 조절을 위해 적절한 프로세스와 도구를 개발하는 데 많은 시간을 투자했고 숙련된 전문가를 보유하고 있다. 소규모 조직의 경우 이런 균형 잡힌 활동은 매우 어려울 수 있으며 이로 인해 보안이 손상될 수 있다.

다음은 쿠버네티스를 채택하는 조직이 직면한 문제 목록이다.

- 쿠버네티스의 운영을 제어하는 개발자는 보안에 대한 인식이 부족할 수 있다.
- 개발 속도가 보안보다 우선순위가 높을 수 있다.
- 지속적인 배포로 인해 특정 보안 문제가 운영에 도달하기 전에 이를 탐지하기 어려울 수 있다.
- 소규모 조직의 쿠버네티스 클러스터에서는 보안을 적절히 관리할 수 있는 지식과 전문 지식이 부족할 수 있다.

이 절에서는 안전한 쿠버네티스 클러스터를 구축할 때 직면하는 여러 가지 보안상의 문제를 검토했다. 이런 문제의 대부분은 쿠버네티스에만 한정되는 것은 아니지만, 쿠버네티스를 사용한다는 것은 시스템 전반적인 부분을 사용하는 것이 일반적이며 시스템이 수행하는 작업을 인식하지 못한다는 것을 의미한다. 시스템을 잠그려고Lock down 시도할 때 이런 문제들이 발생할 수 있다. 이런 문제는 여러 분야에 걸쳐 있다.

- 노드 문제
- 네트워크 문제
- 이미지 문제
- 구성 및 배포 문제
- 포드 및 컨테이너 문제
- 조직 및 프로세스 문제

다음 절에서는 이런 문제 중 일부를 해결하기 위해 쿠버네티스가 제공하는 기능을 살펴본다. 많은 문제의 해결을 위해 대규모 시스템 수준에서 적당한 솔루션이 필요하다. 따라서 쿠버네티스에서 제공하는 보안 기능만으로는 충분하지 않다는 것을 인식하는 것이 중요하다.

█ 쿠버네티스 보안강화

이전 절에서 쿠버네티스 클러스터를 배포하고 유지 관리하는 개발자와 관리자가 직면하는 다양한 보안 문제를 살펴봤다. 이번 절에서는 몇몇 문제의 해결을 위해 쿠버네티스가 제공하는 디자인 측면의 요소, 메커니즘, 기능에 대해 설명할 것이다. 서비스 계정, 네트워크 정책, 인증, 권한 부여, AppArmor, 시크릿 같은 기능을 적절하게 사용해 더욱 안전한 수준의 보안 상태로 개선할 수 있다.

쿠버네티스 클러스터는 소프트웨어 시스템, 사람, 프로세스가 포함된 더 큰 시스템의 한 부분임을 기억하자. 쿠버네티스 하나로 모든 문제를 해결할 수 없다. 심층방어, 알아야 할 기본 지식, 최소 권한 부여 원칙과 같은 일반적인 보안 원칙을 항상 염두에 두어야 한다. 또한 공격 이벤트 중 유용하다고 판단되는 모든 것을 기록하고 시스템이 정상 상태를 벗어나면 조기 발견을 위한 경고를 설정해야 한다. 버그일 수도 있고 공격일 수도 있다. 하지만 어느 쪽이든 그 현상을 분석하고 조치해야 한다.

쿠버네티스 서비스 계정 이해

쿠버네티스는 클러스터에 연결하는 사용자를 관리하기 위해 클러스터 외부에서 kubectl 명령을 통해 일반 사용자를 관리하며, 서비스 계정을 가지고 있다. 일반 사용자는 전역에 생성되는 이유로 클러스터의 여러 네임스페이스에 접근할 수 있다. 서비스 계정은 하나의 네임스페이스 접근만 허용된다. 이것은 상당히 중요한 개념이다. API 서버가 포드의 요청을 수신할 때마다 자체 네임스페이스만 자격증명이 적용되기 때문에 네임스페이스의 격리가 보장된다.

쿠버네티스는 포드를 대신하여 서비스 계정을 관리한다. 쿠버네티스가 포드를 인스턴스화할 때마다 해당 포드에 서비스 계정을 할당한다. 서비스 계정은 API 서버와 상호작용을 할 때 모든 포드 프로세스를 식별한다. 각각의 서비스 계정은 일련의 자격증명의 집합을 가지고 있으며 비밀 볼륨에 탑재돼 있다. 각각의 네임스페이스는 default라는 기본 서비스 계정이 있다. 포드를 만들 때 다른 서비스 계정을 지정하지 않으면 자동으로 default 서비스 계정이 할당된다.

customer-services-account.yaml 파일에 다음 내용을 포함해 서비스 계정을 만들 수 있다.

```
apiVersion: v1
kind: ServiceAccount
metadata:
 name: custom-service-account
Now type the following:
kubectl create -f custom-service-account.yaml
That will result in the following output:
serviceaccount "custom-service-account" created
Here is the service account listed alongside the default service account:
> kubectl get serviceAccounts
NAME                        SECRETS    AGE
custom-service-account      1          3m
default                     1          29d
```

새로운 서비스 계정을 위해 시크릿은 자동으로 생성된다.

조금 더 자세한 정보 확인을 위해 다음 명령을 실행한다.

```
> kubectl get serviceAccounts/custom-service-account -o yaml
apiVersion: v1
kind: ServiceAccount
metadata:
  creationTimestamp: 2018-01-15T18:24:40Z
  name: custom-service-account
  namespace: default
  resourceVersion: "1974321"
  selfLink: /api/v1/namespaces/default/serviceaccounts/custom-service-account
  uid: 59bc3515-fa21-11e7-beab-080027c94384
  secrets:
  - name: custom-service-account-token-w2v7v
```

ca.crt 파일과 토큰을 포함한 비밀 정보를 확인하기 위해 다음 명령을 실행한다.

```
kubectl get secrets/custom-service-account-token-w2v7v -o yaml
```

쿠버네티스 서비스 계정 관리 방법

API 서버는 서비스 계정 승인 컨트롤러라는 전용 컴포넌트가 있다. 이 컴포넌트는 포드 생성 시 사용자 정의 서비스 계정이 있는지 확인하고, 존재하면 사용자 정의 서비스 계정을 사용하고, 서비스 계정이 지정되어 있지 않으면 기본 서비스 계정을 할당한다. 또한 포드의 ImagePullSecrets 보유 여부를 확인한다.

포드는 원격 이미지 레지스트리에서 이미지를 가져올 때 ImagePullSecrets를 필요로 한다. 포드 사양에 비밀 정보가 없는 경우 서비스 계정의 ImagePullSecrets를 사용한다.

마지막으로 API 접근용 API 토큰을 포함하는 볼륨과 /var/run/secrets/kubernetes.io/serviceaccount에 마운트된 volumeSource를 추가한다.

API 토큰은 서비스 계정이 생성될 때마다 **토큰 컨트롤러**^{Token Controller}라는 다른 컴포넌트에 의해 생성되고, 비밀 정보에 API 토큰을 추가한다. 토큰 컨트롤러는 비밀 정보를 모니터링하고 비밀 정보가 서비스 계정에 추가/삭제될 때마다 토큰을 추가 또는 삭제한다.

서비스 계정 컨트롤러는 모든 네임스페이스에 대해 기본 서비스 계정이 존재하는지 확인한다.

API 서버 접근

API에 접근하려면 인증, 권한 부여, 승인 제어를 포함하는 일련의 단계가 필요하다. 각 단계에서 요청은 거부될 수 있다. 각 단계는 함께 연계된 여러 개의 플러그인으로 구성된다. 다음 그림은 API 서버에 접근하는 단계를 보여준다.

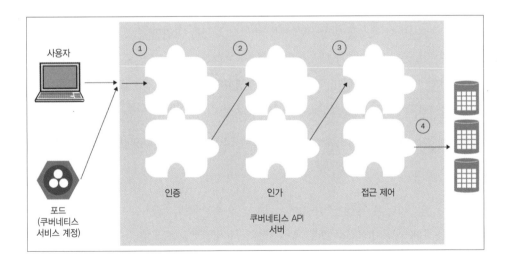

사용자 인증

클러스터를 처음 만들면, 클라이언트 인증서와 키가 생성된다. Kubectl은 이 정보들을 HTTPS 연결시 포트 443의 TLS를 통해 API 서버와 자신을 인증하는 경우 사용한다. 이 정보들은 .kube/config 파일에서 확인할 수 있다.

```
> cat ~/.kube/config | grep client
client-certificate: /Users/gigi.sayfan/.minikube/client.crt client-key: /Users/
gigi.sayfan/.minikube/client.key
```

 여러 사용자가 클러스터에 접근해야 하는 경우, 비밀 정보 생성자는 안전한 방식으로 다른 사용자에게 클라이언트 인증서와 키를 제공해야 한다.

이것은 쿠버네티스 API 서버에 대한 가장 기초적인 신뢰를 구축하는 것이다. 아직 인증되지 않았으며 다양한 인증 모듈은 요청을 확인하고 다양한 추가 클라이언트 인증서, 패스워드, 토큰, 서비스 계정을 위한 JWT^JSON Web Token 토큰을 확인할 수 있다. 인증된 사용자(일반사용자 또는 서비스 계정)가 대부분의 요청을 수행하며 일부 익명 요청도 있다. 모든 인증자^Authenticator의 요청에 대해 인증 실패가 발생하면 '부정확한 정보로 승인되지 않음'을 표시하는 HTTP 응답 상태코드 401로 서비스 요청이 거부된다.

클러스터 관리자는 API 서버에 다양한 명령줄 인수를 제공하여 사용할 인증 방법을 결정한다.

- --client-ca-file=<파일이름> (파일에 x509 클라이언트 인증서 명시)
- --token-auth-file=<파일이름> (파일에 전달자^bearer 토큰 명시)
- --basic-auth-file=<파일이름> (파일에 사용자와 패스워드 정보 명시)
- --experimental-bootstrap-token-auth (kubeadm 의해 부트스트랩 토큰 사용)

196

서비스 계정은 자동으로 적재된 인증 플러그인을 사용한다. 관리자는 두 가지 옵션 플래그를 제공할 수 있다.

- --service-account-key-file=<파일이름> (전달자 토큰 서명을 위한 PEM으로 인코딩된 키, 미지정시 API 서버의 TLS 개인키가 사용됨)
- --service-account-lookup (활성화 설정시, API에서 삭제된 토큰은 취소됨)

다른 방법으로 오픈ID, 웹훅[2], 키스톤keystone(오픈스택의 ID 서비스), 인증 프록시와 같은 몇 가지 방법이 있다. 중요한 것은 인증 단계는 확장이 가능하고 다른 인증 메커니즘을 지원할 수 있다는 것이다. 다양한 인증 플러그인은 요청을 검사하고, 제공된 자격증명을 기반으로 다음 속성과 연계할 것이다.

- **사용자 이름**(사용자가 친숙한 이름)
- **UID**(사용자이름보다 일관성 있는 유일한 식별자)
- **그룹**(사용자가 속해 있는 그룹 이름)
- **추가 필드**(문자열 키와 문자열 값을 매핑)

인증자는 특정 사용자가 무엇을 할 수 있는지에 대해 전혀 알지 못한다. 인증자는 일련의 자격증명을 일련의 ID에 매핑한다. 승인자는 요청이 인증된 사용자에게 유효한지 여부를 확인하는 역할을 수행한다. 모든 인증자가 자격증명을 수락하면 인증이 성공한다. 어떤 인증자를 실행할지의 순서는 정의되지 않는다.

인격화

사용자는 적합한 권한을 가진 다른 사용자로 가장할 수 있다. 예를 들어 관리자는 권한이 적은 다른 사용자로 일부 문제를 해결하려고 할 수 있다. 이렇게 하려면 API 요청에 가장 헤더를 전달해야 한다. 헤더는 다음과 같다.

---

2 웹훅(Webhook)은 특정 이벤트와 액션 데이터를 외부에 메시지 형태로 전송하는 기능으로, 상호 연관 없는 두 가지 이상의 앱과 서비스를 연결한다. – 옮긴이

- Impersonate-User: 역할을 수행할 사용자 이름
- Impersonate-Group: 역할을 수행할 그룹 이름. 그룹 이름을 여러 번 제공해 여러 그룹을 설정할 수 있다. 선택 사항이며 Impersonate-User가 필요하다.
- Impersonate-Extra- (추가 이름): 추가 필드를 사용자와 연결하는 데 사용되는 동적 헤더. 선택 사항이며 Impersonate-User가 필요하다.

kubectl을 사용해 --as와 --as-group 매개변수를 전달한다.

요청 승인

사용자가 인증되면 권한 부여가 시작된다. 쿠버네티스는 일반적인 인증을 수행한다. 일련의 권한 부여 플러그인은 인증된 사용자의 이름과 요청한 작업(list, get, watch, create 등)과 같은 정보를 수신한다. 인증과 달리, 모든 권한 부여 플러그인은 어떠한 요청도 받아들인다. 단일 승인 플러그인이 요청을 거부하거나, 의견이 있는 플러그인이 없는 경우 403 HTTP 상태 코드(금지됨)로 거부된다. 적어도 하나 이상의 플러그인이 수락되고 다른 플러그인이 거부되지 않은 경우에만 요청은 계속된다.

클러스터 관리자는 --authorization-mode 명령 옵션을 지정해 권한 부여를 위해 사용될 플러그인을 선택한다. 옵션은 쉼표로 구분되며 다음과 같은 모드가 지원된다.

- --authorization-mode=AlwaysDeny => 모든 요청 차단(테스트하는 동안 유용함)
- --authorization-mode=AlwaysAllows => 모든 요청 허용, 요청 승인이 필요하지 않은 경우 사용
- --authorization-mode=ABAC => 단순하고 로컬 파일 기반의 사용자 구성 인증 정책 허용, ABAC^Attributed-Based Access Control는 속성 기반 액세스 제어의 약자
- --authorization-mode=RBAC => 권한 정책이 쿠버네티스 API에 의해 저장되고 구동되는 역할 기반 매커니즘. RBAC^Role-Based Access Control은 역할 기반 액세스 제어의 약자

- --authorization-mode = kode -> kubelet에서 만든 API 요청을 인증하기 위한 특수 모드
- --authorization-mode=Webhook => REST를 사용해 원격 서비스에 의한 인증을 허용

다음과 같이 간단한 Go 인터페이스의 구현으로 사용자 정의 권한 부여 플러그인을 추가할 수 있다.

```
type Authorizer interface {
  Authorize(a Attributes) (authorized bool, reason string, err error)
    }
```

Attributes 입력 매개변수는 권한 부여 결정을 내리는 데 필요한 모든 정보를 제공하는 인터페이스다.

```
type Attributes interface {
  GetUser() user.Info
  GetVerb() string
  IsReadOnly() bool
  GetNamespace() string
  GetResource() string
  GetSubresource() string
  GetName() string
  GetAPIGroup() string
  GetAPIVersion() string
  IsResourceRequest() bool
  GetPath() string
}
```

승인 제어 플러그인 사용

요청의 승인 후 해당 요청의 실행 전까지 수행해야 할 단계가 하나 더 남아있다. 승인 제어 플러그인은 해당 요청을 처리한다. 권한 부여 프로그램과 마찬가지로 단일 승인 제어기가 승인 요청을 거부하면 승인은 거부된다.

승인 제어기는 단순한 개념이다. 그 개념은 요청에 대한 거절 근거로써 글로벌 클러스터에 어떠한 문제가 존재한다고 인식하는 것이다. 승인 제어기가 없으면 모든 승인권자는 이런 문제를 인식하고 요청을 거부해야 한다. 그러나 승인 제어기가 존재하면 이 논리를 한 번 수행할 수 있다. 또한 승인 제어기는 요청을 변경할 수 있다. 승인 제어기는 유효성 확인 모드 또는 변경 모드로 실행된다. 대개 클러스터 관리자는 admission-control 명령줄 인수를 제공해 승인 제어 플러그인의 처리 방식을 결정한다. 인수의 값은 쉼표로 구분된 정렬된 플러그인의 목록이다. 다음은 쿠버네티스 1.9 이상에서 권장되는 플러그인 목록이다.

```
--admission-
control=NamespaceLifecycle,LimitRanger,ServiceAccount,PersistentVolumeLabel,Defa
ultStorageClass,MutatingAdmissionWebhook,ValidatingAdmissionWebhook,Re sourceQuot
a,DefaultTolerationSeconds
```

사용 가능한 플러그인 중 일부를 살펴본다. 더 많은 플러그인이 추가되고 있다.

- AlwaysAdmit: 승인 통과(필자는 해당 플러그인이 왜 필요한지 모르겠다)

- AlwaysDeny: 모든 요청 거부(테스트 시 유용)

- AlwaysPullImages: 새로운 포드 이미지 풀 정책을 Always로 설정(멀티테넌트 클러스터에서 유용하게 사용할 수있는 자격증명이 없는 포드에서 비공개 이미지가 사용되지 않도록 보장)

- DefaultStorageClass: 저장소 클래스를 지정하지 않은 PersistentVolumeClaim의 생성 요청에 기본 저장소 클래스를 추가

- `DefaultTollerationSeconds`: Taints에 대한 포드의 기본 허용치를 설정(아직 설정되지 않은 경우). notready : NoExecute와 notreachable : NoExecute.

- `DenyEscalatingExec`: 격상된 권한으로 실행되고 호스트 접근을 허용하는 포드에 exec와 attach 명령을 거부. 여기에는 특권으로 실행되고 호스트의 IPC 네임스페이스에 접근하며 호스트의 PID 네임스페이스에 접근할 수 있는 포드가 포함

- `EventRateLimit`: 이벤트를 사용해 API 서버의 플러딩을 제한(쿠버네티스 1.9의 새로운 기능).

- `ExtendedResourceToleration`: GPU와 FPGA 같은 특수 리소스가 있는 노드의 Taints와 해당 리소스를 요청하는 포드의 허용 범위를 결합. 추가 리소스가 있는 노드는 적절한 허용 오차를 가진 포드 전용으로 사용

- `ImagePolicyWebhook`: 복잡한 플러그인은 이미지를 기반으로 요청을 거부해야 하는지 여부를 결정하기 위해 외부 백엔드에 연결

- `Initializers`: InitializerConfiguration에 기반하여 생성될 리소스의 메타데이터를 수정하여 보류 중인 이니셜 라이저를 설정

- `InitialResources`(실험적): 컴퓨팅 리소스를 지정. 지정되지 않은 경우 과거 사용량을 기반으로 컴퓨팅 리소스를 제한

- `LimitPodHardAntiAffinity`: requiredDuringSchedulingRequiredDuringExecution에서 kubernetes.io/hostname 이외의 anti-affinity 토폴로지 키를 정의하는 모든 포드를 거부

- `LimitRanger`: 리소스 제한을 위반하는 요청을 거부

- `MutatingAdAddressWebhook`: 순서에 따라 호출하고, 대상 객체를 수정할 수 있는 변형된 웹훅을 등록. 다른 변형된 웹훅에 의해 발생할 수 있는 잠재적인 변화로 인해 변경 사항이 효과적이라는 보장은 없음

- `NamespaceLifecycle`: 종료 중이거나 존재하지 않는 네임스페이스에 객체 생성 요청을 거부

- `ResourceQuota`: 네임스페이스의 리소스 할당량을 위반하는 요청을 거부

- ServiceAccount: 서비스 계정의 자동화
- ValidatingAdmissionWebhook: 이 승인 컨트롤러는 요청과 일치하는 모든 유효 웹훅을 호출. 일치하는 웹훅은 병렬로 호출. 만약 이 중 하나라도 요청을 거절하면 요청이 실패

보다시피 승인 제어 플러그인은 매우 다양한 기능을 제공한다. 승인 제어 플러그인은 네임스페이스 차원의 정책을 지원하고 주로 리소스 관리 관점에서 요청의 유효성을 확인한다. 이렇게 하면 권한 부여 플러그인이 유효한 운영에 집중할 수 있다. ImagePolicyWebHook 은 이미지를 검증하는 관문이며 매우 큰 도전 과제다. Initializers는 동적 승인 제어로 가는 관문으로, 쿠버네티스에 컴파일하지 않고도 자체 승인 제어기를 배포할 수 있다. 리소스의 의미론적 유효성 검사(모든 포드에는 표준 라벨 집합이 있는가?) 같은 작업에 적합한 외부 승인 웹훅도 있다.

들어오는 요청을 인증, 권한 부여, 승인 단계별로 각각의 플러그인을 통해 확인하는 책임 분담은 복잡한 프로세스를 더욱 쉽게 이해하고 사용하게 만들 것이다.

포드 보호

쿠버네티스가 포드를 스케줄링하고 실행시키기 때문에 보안 문제는 포드의 주요 관심사다. 포드와 컨테이너를 보호하는 독립 메커니즘이 몇 가지 있다. 이런 메커니즘은 심층 방어를 지원하고 공격자(또는 실수)가 어떤 메커니즘을 우회하더라도 다른 메커니즘에 의해 차단되도록 구현되어 있다.

사설 이미지 저장소 사용

이 방법은 클러스터가 이전에 검사한 이미지만 가져오므로 업그레이드를 더욱 잘 관리할 수 있다는 점에서 많은 이점을 준다. 각 노드에서 $HOME/.dockercfg 또는 $HOME/.docker/config.json을 설정할 수 있다. 그러나 많은 클라우드 제공자는 노드가 자동으로 프로비저닝되기 때문에 이를 구성할 수 없다.

ImagePullSecrets

이 방법은 클라우드 공급자의 클러스터를 대상으로 권장한다. 레지스트리에 대한 자격증명은 포드가 제공하므로 어떤 노드에서 실행되도록 스케줄링했는지는 중요하지 않다. 이는 노드 수준에서 .dockercfg의 문제점을 우회한다. 먼저 자격증명을 위한 시크릿 객체를 만들어야 한다.

```
> kubectl create secret the-registry-secret
  --docker-server=<docker registry server>
  --docker-username=<username>
  --docker-password=<password>
  --docker-email=<email>
secret "docker-registry-secret" created.
```

필요한 경우 여러 레지스트리 또는 동일한 레지스트리의 여러 사용자에 대한 시크릿을 생성할 수 있다. Kubelet은 모든 ImagePullSecrets를 결합할 것이다.

그러나 포드는 자체 네임스페이스에서만 시크릿에 접근할 수 있으므로 포드를 실행하는 각 네임스페이스에 시크릿을 만들어야 한다.

시크릿이 정의되면 이를 포드의 스펙에 추가하고 클러스터에서 일부 포드를 실행할 수 있다. 포드는 시크릿의 자격증명을 사용해 대상 이미지 레지스트리에서 이미지를 가져온다.

```
apiVersion: v1
kind: Pod
metadata:
  name: cool-pod
  namespace: the-namespace
spec:
  containers:
    - name: cool-container
      image: cool/app:v1
  imagePullSecrets:
    - name: the-registry-secret
```

보안 컨텍스트 지정

보안 컨텍스트는 UID, gid, 기능, SELinux 역할과 같은 운영체제 수준의 보안 설정 집합이다. 이런 설정은 컨테이너 수준에서 컨테이너 보안 내용으로 적용된다. 포드에서 모든 컨테이너에 적용할 포드 보안 컨텍스트를 지정할 수 있다. 포드 보안 컨텍스트는 보안 설정(특히 fsGroup와 seLinuxOptions)을 볼륨에 적용할 수도 있다.

다음은 포드 보안 컨텍스트의 예제다.

```
apiVersion: v1
kind: Pod
metadata:
  name: hello-world
spec:
  containers:
    ...
  securityContext:
    fsGroup: 1234
    supplementalGroups: [5678]
    seLinuxOptions:
      level: "s0:c123,c456"
```

컨테이너 보안 컨텍스트는 개별 컨테이너에 적용되며 포드 보안 컨텍스트보다 우선 적용된다. 이런 설정은 포드 매니페스트의 컨테이너 영역에 포함돼 있다. 포드 수준으로 남아 있는 볼륨에는 컨테이너 컨텍스트 설정을 적용할 수 없다.

다음은 컨테이너 보안 내용의 예제다.

```
apiVersion: v1
kind: Pod
metadata:
  name: hello-world
spec:
  containers:
```

```
- name: hello-world-container
  # 컨테이너 정의
  # ...
  securityContext:
    privileged: true
    seLinuxOptions:
      level: "s0:c123,c456"
```

AppArmor를 활용한 클러스터 보호

AppArmor는 리눅스 커널의 보안 모듈이다. AppArmor를 사용하면 컨테이너에서 실행되는 프로세스를 네트워크 접근, 리눅스 기능, 파일 권한과 같은 한정된 리소스 집합으로 제한할 수 있다. 프로파일을 사용해 AppArmor를 설정한다.

요구 사항

AppArmor는 쿠버네티스 1.4 버전의 베타버전으로 추가됐다. 일부 운영체제에서만 적용이 가능하므로 지원되는 운영체제 배포 버전을 선택해야 한다. 우분투와 SUSE 리눅스는 AppArmor를 지원하며 기본적으로 이 기능이 활성화되어 있다. 다른 배포판은 선택적 지원이 가능하다. AppArmor의 활성화 여부를 확인하려면 다음 명령을 입력한다.

cat /sys/module/apparmor/parameters/enabled
Y

결과가 Y면 AppArmor가 활성화됐음을 의미한다. 프로파일은 커널에 적재해야 한다. 다음 파일을 확인하도록 한다.

/sys/kernel/security/apparmor/profiles

현재 시점에서 도커 런타임만 AppArmor를 지원한다.

AppArmor를 활용한 포드 보호

AppArmor가 아직 베타 버전이므로 메타데이터를 애노테이션으로 지정하고 실제 필드로 지정하지 않는다.

컨테이너에 프로파일을 적용하려면 다음 애노테이션을 추가한다.

```
container.apparmor.security.beta.kubernetes.io/<container-name>: <profile- ref>
```

기본 프로파일인 runtime/default 또는 호스트의 프로파일인 localhost/<profile-name>에서 프로파일이 참조될 수 있다.

다음은 파일에 쓰기를 방지하는 프로파일 예제다.

```
#include <tunables/global>

profile k8s-apparmor-example-deny-write flags=(attach_disconnected) {
  #include <abstractions/base>
  file,

  # Deny all file writes. //모든 파일 쓰기를 거부
  deny /** w,
}
```

 AppArmor는 쿠버네티스 리소스가 아니기 때문에 YAML이나 JSON 같은 익숙한 포맷을 제공하지는 않는다. 프로파일이 올바르게 연결됐는지 확인하기 위해 프로세스1의 속성을 확인한다.

```
kubectl exec <pod-name> cat /proc/1/attr/current
```

포드는 기본적으로 클러스터의 모든 노드에서 스케줄링할 수 있다. 이것은 모든 노드에 프로파일을 적재해야 함을 의미한다. 이것은 DaemonSet의 전형적인 사용 사례다.

AppArmor 프로파일 작성

AppArmor용 프로파일을 직접 작성하는 것은 중요하다. 몇 가지 도움이 되는 프로파일 작성 도구가 있다. aa-genprof와 aa-logprof는 프로파일을 생성하고 불만 모드에서 AppArmor 와 함께 애플리케이션을 실행해 세부적인 조정을 지원한다. 이런 도구는 애플리케이션의 활동과 AppArmor 경고를 추적하고 대응하는 관련 프로파일을 생성한다. 이 방법은 업무에 적용할 수 있으나 실제 많이 활용되지는 않는다.

내가 가장 좋아하는 도구는 bane(https://github.com/genuinetools/bane)이다. TOML 구문 을 기반으로 하는 이 도구는 단순한 프로파일 언어를 이용해 AppArmor 프로파일 작성을 지원한다. Bane 프로파일은 매우 읽기 쉽고(좋은 가독성을 제공하고) 이해하기 쉽게 해준다. 다음은 bane 프로파일의 일부 설정이다.

```
Name = "nginx-sample"
[Filesystem]
# 컨테이너를 위한 읽기 전용 경로
ReadOnlyPaths = [
  "/bin/**",
  "/boot/**",
  "/dev/**",
]

# 쓰기 원하는 경로
LogOnWritePaths = [
  "/**"
]

# 허가된 권한
[Capabilities]
Allow = [
  "chown",
  "setuid",
]

[Network]
```

```
Raw = false
Packet = false
Protocols = [
  "tcp",
  "udp",
  "icmp"
]
```

생성된 AppArmor 프로파일은 매우 유용하다.

포드 보안 정책

포드 보안 정책PSP, Pod Security Policy은 쿠버네티스 1.4에서 베타 버전으로 제공된다. 이 기능의 사용을 위해 기능의 활성화가 필요하며, 포드 보안 정책 승인 제어기를 사용하도록 허용해야 한다. 포드 보안 정책은 클러스터 수준에서 포드의 보안 컨텍스트를 정의한다. 이전에 했던 것처럼 포드 보안 정책을 사용하는 것과 포드 매니페스트에서 보안 컨텍스트를 직접 지정하는 경우에는 몇 가지 차이점이 있다.

- 동일한 정책을 여러 포드 또는 컨테이너에 적용한다.
- 관리자가 포드 생성을 제어할 수 있으므로 사용자의 부적절한 보안 컨텍스트가 포함된 포드 생성을 방지할 수 있다.
- 승인 제어기를 통해 포드에 대해 서로 다른 보안 콘텐츠를 동적으로 생성한다.

실제로 포드 보안 정책은 보안 컨텍스트 개념을 확장한 것이다. 일반적으로 포드 또는 포드 템플릿의 수와 비교해 상대적으로 적은 수의 보안 정책을 갖게 된다. 즉 다수의 포드 템플릿과 컨테이너가 동일한 보안 정책을 부여 받는다. 포드 보안 정책이 없으면 각각의 포드 매니페스트에 대해 개별적으로 관리해야 한다. 다음은 모든 것을 허용하는 포드 보안 정책의 예제다.

```json
{
  "kind". "PodSecurityPolicy",
  "apiVersion":"extensions/v1beta1",
  "metadata": {
    "name": "permissive"
  },
  "spec": {
    "seLinux": {
      "rule": "RunAsAny"
    },
    "supplementalGroups": {
      "rule": "RunAsAny"
    },
    "runAsUser": {
      "rule": "RunAsAny"
    },
    "fsGroup": {
      "rule": "RunAsAny"
    },
    "volumes": ["*"]
  }
}
```

RBAC를 통한 포드 보안 정책 인증

이것은 정책 사용을 권장하는 방법이다. clusterRole(Role 역시 동작한다)을 만들어 대상 정
책을 사용할 수 있는 액세스 권한을 부여한다. 다음과 같이 표시돼야 한다.

```yaml
kind: ClusterRole
apiVersion: rbac.authorization.k8s.io/v1
metadata:
  name: <role name>
rules:
- apiGroups: ['policy']
  resources: ['podsecuritypolicies']
  verbs: ['use']
```

```
  resourceNames:
- <list of policies to authorize>
```

그런 다음 클러스터 역할을 권한이 부여된 사용자와 연결해야 한다.

```
kind: ClusterRoleBinding
apiVersion: rbac.authorization.k8s.io/v1
metadata:
  name: <binding name>
roleRef:
  kind: ClusterRole
  name: <role name>
  apiGroup: rbac.authorization.k8s.io
subjects:
# Authorize specific service accounts:   // 특정 서비스 계정 인증
- kind: ServiceAccount
  name: <authorized service account name>
  namespace: <authorized pod namespace>
# Authorize specific users (not recommended): // 특정 사용자 인증(추천하지 않음)
- kind: User
  apiGroup: rbac.authorization.k8s.io
  name: <authorized user name>
```

클러스터 역할 대신 역할 바인딩을 사용하는 경우 바인딩과 동일한 네임스페이스의 포드
에만 적용된다. 이것은 네임스페이스에서 실행되는 모든 포드에 대한 접근 권한을 부여하
기 위해 시스템 그룹과 쌍을 이룰 수 있다.

```
# Authorize all service accounts in a namespace: // 네임스페이스의 모든 서비스 계정에 권한
부여
- kind: Group
  apiGroup: rbac.authorization.k8s.io
  name: system:serviceaccounts
# Or equivalently, all authenticated users in a namespace: // 또는 동일하게 네임스페이
스의 모든 인증된 사용자
- kind: Group
```

```
apiGroup: rbac.authorization.k8s.io
name: system:authenticated
```

네트워크 정책 관리

노드, 포드, 컨테이너 보안은 필수적이지만 충분하지는 않다. 멀티테넌시를 허용하고 보안 침해의 영향을 최소화할 수 있는 안전한 쿠버네티스 클러스터를 설계하려면 네트워크 세분화가 중요하다. 심층 방어를 통해 서로 통신할 필요가 없는 시스템을 분류하고, 트래픽의 방향, 프로토콜, 트래픽 포트를 신중하게 관리해야 한다.

네트워크 정책은 클러스터 측면에서 세밀한 제어와 적절한 네트워크 세분화를 가능하게 한다. 네트워크 정책이 라벨로 선택된 네임스페이스와 포드의 집합에 적용되는 방화벽 규칙으로 구성되는 것은 핵심적인 사항이다. 라벨을 이용해 가상 네트워크 영역을 정의하고 쿠버네티스 리소스를 매우 유연하게 관리할 수 있다.

지원되는 네트워크 솔루션 선택

일부 네트워크 백엔드는 네트워크 정책을 지원하지 않는다. 예를 들어 인기 있는 Flannel 은 정책을 적용할 수 없다. 다음은 지원되는 네트워크 백엔드 목록이다.

- Calico
- WeaveNet
- Canal
- Cillium
- Kube-Router
- Romana

네트워크 정책 정의

표준 YAML 매니페스트를 사용해 네트워크 정책을 정의한다.

다음은 네트워크 정책 예제다.

```
apiVersion: networking.k8s.io/v1
kind: NetworkPolicy
metadata:
  name: the-network-policy
  namespace: default
spec:
  podSelector:
    matchLabels:
      role: db
  ingress:
   - from:
     - namespaceSelector:
         matchLabels:
           project: cool-project
     - podSelector:
         matchLabels:
           role: frontend
    ports:
    - protocol: tcp
      port: 6379
```

spec 부분에는 두 가지 중요한 항목인 podSelector와 ingress가 있다. podSelector는 네트워크 정책이 적용되는 포드를 관리한다. ingress는 어떤 네임스페이스와 포드가 이 포드로 접근할 수 있는지, 그들이 사용할 수 있는 프로토콜과 포트를 무엇인지를 관리한다.

네트워크 정책 예제에서 podSelector는 role: db라는 라벨이 붙은 모든 포드를 네트워크 정책의 적용 대상으로 지정했다. ingress 항목은 네임스페이스 선택기와 podSelector가 있는 from 하위 항목을 가지고 있다. project: cool-project라는 라벨을 가진 클러스터 내에 모든 네임스페이스 내에서 role: frontend라는 라벨이 지정된 모든 포드는 role: db

라벨이 붙은 대상 포드에 접근할 수 있다. ports 항목은 허용되는 프로토콜과 포트를 제한하는 프로토콜과 포트로 구성된 쌍 목록을 정의한다. 예제의 경우 tcp 프로토콜과 레디스 Redis 표준 포트인 6379 포트가 설정돼 있다.

 네트워크 정책은 클러스터 전체에 적용되기 때문에 클러스터 내에서 여러 개의 네임스페이스를 사용하는 포드는 대상 네임스페이스에 접근할 수 있다. 현재 네임스페이스는 항상 포함되어 있으므로 project:cool 라벨이 없더라도 role:frontend 라벨의 포드는 계속 접근할 수 있다.

네트워크 정책이 화이트 리스트 방식으로 운영된다는 것을 인식하는 것이 중요하다. 기본적으로 네트워크 정책은 모든 접근을 금지하는 것이다. 라벨과 일치하는 특정 포드에 대해 특정 프로토콜과 포트를 이용한 접근만 허용한다. 즉 네트워크 솔루션이 네트워크 정책을 지원하지 않으면 모든 접근이 거부된다.

화이트 리스트의 다른 특성은 여러 네트워크 정책이 설정된 경우 모든 규칙을 통합 적용한다는 것이다. 하나의 정책이 1234 포트에 대한 접근 권한을 부여하고, 동일한 포드에 5678 포트로 접근할 수 있도록 다른 정책이 설정된 경우, 포드는 1234 또는 5678 포트 둘 중 하나를 이용해 접근할 수 있다.

외부 네트워크로의 출력 제한

쿠버네티스 1.8에서 egress 네트워크 정책 지원이 추가되어 외부로 나가는(아웃바운드) 트래픽도 제어할 수 있다. 다음은 외부 IP 1.2.3.4에 대한 접근을 차단하는 예다. order: 999는 정책이 다른 정책보다 먼저 적용되는 것을 보장한다.

```
apiVersion: v1
kind: policy
metadata:
  name: default-deny-egress
```

```
spec:
  order: 999
  egress:
  - action: deny
    destination:
      net: 1.2.3.4
    source: {}
```

네임스페이스 간 정책

클러스터를 여러 개의 네임스페이스로 나눌 경우 포드가 여러 네임스페이스를 통해 통신하는 경우가 종종 있다. 이런 경우 네트워크 정책에 ingress.namespaceSelector 필드를 지정해 여러 네임스페이스에서 접근할 수 있다. 예를 들어 운영과 스테이징 네임스페이스가 있고 운영 데이터의 스냅샷을 이용해 정기적으로 스테이징 환경을 생성할 수 있다.

시크릿 사용

시크릿은 안전한 시스템을 추구하는 경우 가장 중요한 요소다. 시크릿은 사용자 이름과 패스워드, 접근 토큰, API 키 또는 암호키 등의 자격증명이 될 수 있다. 시크릿의 크기는 일반적으로 작다. 대용량 데이터를 보호하려면 암호화를 수행하고 암/복호화 키로써 시크릿을 보관 및 관리해야 한다.

쿠버네티스에 시크릿 저장

쿠버네티스는 기본적으로 시크릿을 평문으로 etcd에 저장한다. 이것은 etcd에 직접 접근 시 제한과 주위 깊은 보호가 필요하다는 것을 의미한다. 쿠버네티스 1.7 버전부터는 시크릿이 etcd에 저장됐을 때, 시크릿을 안전하게 암화화하여 저장할 수 있다. 시크릿은 네임스페이스 수준에서 관리된다. 포드는 비밀 볼륨의 파일이나 환경 변수로 시크릿를 마운트할 수 있다. 보안 관점에서 이것은 네임스페이스에 포드를 생성할 수 있는 모든 사용자나 서비스가 해당 네임스페이스를 관리하도록 모든 시크릿에 접근할 수 있음을 의미한다. 시크릿 접근을 제한하려면 제한된 사용자 또는 서비스만 접근할 수 있는 네임스페이스에 시크릿을 저장하면 된다.

시크릿이 포드에 할당되면 시크릿은 디스크에 기록되지 않고 tmpfs에 저장된다. kubelet이 API 서버와 통신할 때 TLS를 정상적으로 사용하므로 전송 중에도 시크릿은 보호된다.

Rest에서 암호화 설정

API 서버를 시작할 때 이 인수를 전달해야 한다.

```
--experimental-encryption-provider-config < encryption config file >
```

다음은 암호화 설정 예제다.

```
kind: EncryptionConfig
apiVersion: v1
resources:
  - resources:
    - secrets
    providers:
    - identity: {}
    - aesgcm:
        keys:
        - name: key1
          secret: c2VjcmV0IGlzIHNlY3VyZQ==
        - name: key2
          secret: dGhpcyBpcyBwYXNzd29yZA==
    - aescbc:
        keys:
        - name: key1
          secret: c2VjcmV0IGlzIHNlY3VyZQ==
        - name: key2
          secret: dGhpcyBpcyBwYXNzd29yZA==
    - secretbox:
        keys:
```

```
- name: key1
  secret: YWJjZGVmZ2hpamtsbW5vcHFyc3R1dnd4eXoxMjM0NTY=
```

시크릿 생성

시크릿은 포드를 생성하기 전에 만들어야 한다. 시크릿이 없으면 포드 생성은 실패한다.

다음 명령을 사용해 시크릿을 생성할 수 있다.

```
kubectl create secret.
```

여기서는 hush-hash라는 일반적인 시크릿을 만든다. 해당 시크릿은 두 개의 키, username 과 password를 가지고 있다.

```
> kubectl create secret generic hush-hush --from-literal=username=tobias -- from-
literal=password=cutoffs
```

결과로 나온 시크릿은 불분명하다.

```
> kubectl describe secrets/hush-hush
Name: hush-hush
Namespace: default
Labels: <none>
 Annotations: <none>
Type: Opaque
Data
====
password:        7 bytes
username:        6 bytes
```

--from-literal대신 --from-file을 사용하면 파일을 이용해 시크릿을 생성할 수 있다. 시크릿을 base64로 인코딩하면 수동으로 생성할 수 있다.

시크릿의 키 이름은 DNS 하위 도메인의 규칙을 따라야 한다.

시크릿 디코딩

시크릿의 내용을 확인하려면 kubectl get secret 명령을 사용하면 된다.

```
> kubectl get secrets/hush-hush -o yaml
apiVersion: v1
data:
  password: Y3V0b2Zmcw==
  username: dG9iaWFz
kind: Secret
metadata:
  creationTimestamp: 2018-01-15T23:43:50Z
  name: hush-hush
  namespace: default
  resourceVersion: "2030851"
  selfLink: /api/v1/namespaces/default/secrets/hush-hush
  uid: f04641ef-fa4d-11e7-beab-080027c94384
type: Opaque
The values are base64-encoded. You need to decode them yourself:
> echo "Y3V0b2Zmcw==" | base64 --decode
Cutoofs
```

base64로 인코딩된 시크릿의 값은 디코딩해야 한다.

```
> echo "Y3V0b2Zmcw==" | base64 --decode
cutoofs
```

컨테이너에서 시크릿 사용

컨테이너는 포드에서 볼륨을 마운트해 시크릿에 접근할 수 있다. 또 다른 방법은 시크릿을 환경변수로 접근하는 것이다. 마지막으로 컨테이너는 쿠버네티스 API에 직접 접근하거나 kubectl get 시크릿 명령어를 사용해 접근할 수 있다(서비스 계정에 권한이 있다).

마운트 중인 볼륨의 시크릿을 사용하려면 포드 매니페스트에 볼륨을 선언해야 하며 컨테이너 사양에 마운트를 설정해야 한다.

```
{
  "apiVersion": "v1",
  "kind": "Pod",
  "metadata": {
    "name": "pod-with-secret",
    "namespace": "default"
  },
  "spec": {
    "containers": [{
    "name": "the-container",
    "image": "redis",
    "volumeMounts": [{
      "name": "secret-volume",
      "mountPath": "/mnt/secret-volume",
      "readOnly": true
    }]
  }],
  "volumes": [{
    "name": "secret-volume",
    "secret": {
      "secretName": "hush-hush"
    }
  }]
  }
}
```

볼륨 이름(secret-volume)은 포드 블륨을 컨테이너의 마운트에 바인드한다. 여러 컨테이너가 동일한 볼륨을 마운트할 수 있다.

이 포드가 실행 중일 때 사용자 이름과 패스워드는 /etc/secret-volume 아래에 파일로 기록된다.

```
> kubectl exec pod-with-secret cat /mnt/secret-volume/username
tobias
> kubectl exec pod-with-secret cat /mnt/secret-volume/password
cutoffs
```

▌다중 사용자 클러스터 실행

이 절에서는 단일 클러스터 환경에서 여러 사용자 또는 여러 사용자 커뮤니티를 위한 시스템을 구성하는 옵션을 간략히 살펴본다. 완전하게 분리된 상태의 사용자는 다른 사용자와 클러스터를 공유한다는 사실조차 모르는 경우가 많다. 각각의 사용자 커뮤니티는 독자적인 리소스를 갖게 될 것이고, 공용 엔드포인트를 이용하는 경우를 제외하면 상호 간 통신은 발생하지 않는다. 쿠버네티스 네임스페이스 개념은 이런 아이디어의 실천한 것이다.

다중 사용자 클러스터 사례

다수의 격리된 사용자 또는 배포를 위해 단일 클러스터로 실행해야 하는 이유를 무엇인가? 각각의 사용자마다 전용 클러스터를 갖는 것이 더 간단하지 않을까? 단일 클러스터로 운영하는 것은 비용과 운영의 복잡성이 그 이유다. 상대적으로 작은 배포가 많고 각각의 전용 클러스터를 생성하는 경우 분리된 마스터 노드와 각 노드에 대해 3개의 노드로 구성된 etcd 클러스터로 구성될 것이다. 더 많은 노드를 추가할 수도 있다. 운영의 복잡성 또한 매우 중요한 요소다. 수십, 수백 또는 수천 개의 독립적인 클러스터를 관리하려면 많은 시간과 인내가 필요하다. 모든 업그레이드와 패치의 발생시 각각의 클러스터에 적용해야 한다. 운영의 실패가 발생할 수 있으며 일부 클러스터는 다른 클러스터와 약간 다른 상태로 함께 관리해야 한다. 모든 클러스터에 메타 운영이 더 어려울 수 있다. 모든 클러스터에서 작업을 수행하고 데이터를 수집하는 도구를 집계하고 작성해야 한다.

다수의 격리된 커뮤니티 또는 배포에 대한 사용 사례와 요구 사항을 살펴본다.

- x-as-a-service를 위한 플랫폼 또는 서비스 공급자
- 별도의 테스트, 스테이징과 운영 환경의 분리 관리
- 커뮤니티/배포 관리자에게 책임 위임
- 각 커뮤니티에 대한 리소스 할당 및 제한 적용
- 사용자는 소속 커뮤니티의 리소스만 열람 가능

안전한 멀티테넌시를 위한 네임스페이스 사용

쿠버네티스 네임스페이스는 안전한 멀티테넌트 클러스터 구축을 위한 완벽한 솔루션이다. 안전한 멀티테넌트 클러스터 구축은 네임스페이스의 설계 목표 중 하나이므로 놀랄 일은 아니다.

기본으로 제공되는 kube-system과 default 외에도 네임스페이스를 쉽게 만들 수 있다. 다음은 custom-namespace라는 새로운 네임스페이스를 생성하는 YAML 파일이다. 모든 파일에는 metadata 항목에 하위 항목으로 name 항목이 있다. 더 이상 간단한 방법의 네임스페이스를 생성은 어려울 것이다.

```
apiVersion: v1
kind: Namespace
metadata:
  name: custom-namespace
```

네임스페이스를 생성한다.

```
> Kubectl create -f custom-namespace.yaml
namespace "custom-namespace" created
> kubectl get namesapces

NAME                STATUS      AGE
custom-namespace    Active      39s
default             Active      32d
kube-system         Active      32d
```

상태 필드는 활성화 또는 종료될 수 있다. 네임스페이스를 삭제하면 종료 상태가 된다. 종료 상태의 네임스페이스는 새로운 리소스를 생성할 수 없다. 이렇게 하면 네임스페이스의 리소스 정리가 단순해지고, 네임스페이스가 실제로 삭제된다. 기존 포드가 삭제되는 경우 복제컨트롤러는 네임스페이스 없이 새 포드를 생성할 수 있다.

네임스페이스를 사용하려면 kubectl 명령에 –namespace 인수를 추가한다.

```
> kubectl create -f some-pod.yaml --namespace=custom-namespace
pod "some-pod" created
```

custom-namespace 네임스페이스를 가진 포드를 조회하면 방금 생성한 포드만 조회된다.

```
> kubectl get pods --namespace=custom-namespace
NAME       READY     STATUS     RESTARTS     AGE
some-pod   1/1       Running    0            6m
```

네임스페이스 옵션 없이 포드를 조회하면 기본 네임스페이스에 포함된 포드가 조회된다.

```
> Kubectl get pods
NAME                            READY    STATUS     RESTARTS   AGE
echo-3580479493-n66n4           1/1      Running    16         32d
leader-elector-191609294-lt95t  1/1      Running    4          9d
leader-elector-191609294-m6fb6  1/1      Running    4          9d
leader-elector-191609294-piu8p  1/1      Running    4          9d
pod-with-secret                 1/1      Running    1          1h
```

네임스페이스 함정 피하기

네임스페이스는 훌륭하지만 일부 문제를 발생시킬 수 있다. 기본 네임스페이스만 사용하는 경우 네임스페이스를 생략할 수 있다. 다수의 네임스페이스를 사용하는 경우 네임스페이스로 모든 것을 한정해야 한다. 이런 방식은 업무에 약간의 부담을 줄 수 있지만 다른 위험을 초래하지는 않는다. 그러나 클러스터 관리자와 같은 일부 사용자가 여러 네임스페이스에 접근할 수 있는 경우 실수로 잘못된 네임스페이스를 수정하거나 질의를 수행할 수 있다. 이런 상황을 피하는 가장 좋은 방법은 네임스페이스를 밀폐하고 각각의 네임스페이스에 대해 서로 다른 사용자와 자격증명을 요구하는 것이다.

또한 도구를 사용하면 운영 중인 네임스페이스를 명확히 지정할 수 있다. 예를 들어 명령줄에서 작업하는 경우 셸 프롬프트 또는 웹 인터페이스에서 네임스페이스 목록을 표시할 수 있다.

전용 네임스페이스에서 조작할 수 있는 사용자가 기본 네임스페이스에 접근할 수 없도록 해야 한다. 그렇지 않으면 네임스페이스를 지정하지 않을 때마다 기본 네임스페이스에서 조용히 작동하게 될 것이다.

▌요약

이 장에서는 쿠버네티스 클러스터에서 시스템을 구축하고 애플리케이션을 배포하는 개발자와 관리자가 직면하는 많은 보안 문제에 대해 설명했다. 또한 컨테이너, 포드, 노드를 제한하고 제어 및 관리하는 다양한 방법을 제공하는 보안 기능과 유연한 플러그인 기반의 보안 모델에 대해서도 살펴봤다. 쿠버네티스는 이미 대부분의 보안 문제에 대하여 다양한 솔루션을 제공하고 있다. AppArmor와 다양한 플러그인이 알파/베타 상태에서 점차 정식 배포버전으로 개선될 것이다. 마지막으로 네임스페이스를 사용해 동일한 쿠버네티스 클러스터에서 여러 사용자 커뮤니티 또는 배포를 지원하는 방법을 살펴봤다.

6장에서는 쿠버네티스의 많은 리소스와 개념을 자세히 살펴보고 이것을 사용하는 방법과 효과적으로 결합하는 방법에 대해 살펴본다. 쿠버네티스 객체 모델은 리소스, 매니페스트, 메타데이터와 같은 소수의 일반적인 개념을 기반으로 만들어졌다. 이것은 확장 가능하면서도 놀라울 정도로 일관된 객체 모델을 제공하여 개발자와 관리자에게 매우 다양한 기능을 제공한다.

06

중요 쿠버네티스 리소스 사용하기

이 장에서는 쿠버네티스의 기능성과 확장성에 걸맞는 거대한 플랫폼을 설계한다. 하둡 사용자 경험Hue, Hadoop User Experience 플랫폼을 이용하면 무엇이든지 할 수 있는 디지털 보조장치를 생성할 수 있다. Hue는 디지털적인 확장을 제공해 무엇이든 할 수 있게 도와주고, 많은 경우에 여러분을 대신해 많은 일을 수행할 것이다. 명확하게 많은 양의 정보를 저장하고, 많은 외부 서비스와 통합하며, 알림 및 이벤트에 응답하고, 지능적으로 상호작용할 것이다.

이 장에서는 kubectl과 그 외의 도구를 좀 더 살펴보고, 앞에서 살펴본 포드 같은 리소스뿐만 아니라 Jobs과 같은 새로운 리소스도 자세히 살펴본다. 마지막으로 쿠버네티스가 얼마나 인상적인지, 그리고 거대하고 복잡한 시스템을 구축하는 기반으로써 쿠버네티스의 사용 방법을 명확하게 알게 될 것이다.

▌Hue 플랫폼 설계

이 절에서는 준비 환경을 만들고 놀라운 Hue 플랫폼의 범위를 정의한다. Hue는 모든 것을 진두 지휘하는 거대 감시자가 아니다. 오히려 허용 범위 내에서 일을 수행하는 일꾼과도 같다. Hue는 생각하는 것보다 더 많은 것을 할 수 있다. 따라서 얼마나 도움을 받을지는 스스로 결정해야 한다. 지금부터 Hue를 자세히 살펴보자.

Hue 범위 정의

Hue는 디지털 가상 인물을 관리하게 될 것이다. Hue는 여러분보다 여러분에 대해 더 많이 알고 있다. 다음은 Hue가 관리하고 도와줄 서비스 목록이다.

- 검색과 콘텐츠 통합
- 의료
- 스마트 홈
- 금융 – 은행, 저축, 은퇴, 투자
- 사무실
- 소셜
- 여행
- 웰빙
- 가족
- **스마트 알림 및 통지**: 다음과 같은 일이 가능한지 생각해보자. Hue가 여러분을 알게 되면 여러분이 사용하는 모든 도메인을 통해 친구뿐 아니라 다른 사용자들까지도 알 수 있다. Hue는 실시간으로 대상을 업데이트하므로 오래된 데이터와 혼동하지 않는다. 여러분을 대신해 행동하고 관련 정보를 제시하며, 지속적으로 성향을 학습한다. 좋아할 만한 새로운 쇼나 책을 추천하고, 가족이나 친구와 식사할 레스토랑을 스케줄에 맞춰 예약하고, 집에 있는 가전제품들을 제어한다.

- **보안, 신원, 개인 정보**: Hue는 온라인 대리인이다. 누군가 여러분의 Hue 신원을 훔쳐가거나, 여러분의 Hue 상호작용을 도청당한다면 결과는 참담할 것이다. 잠재적 사용자는 신원 정보가 담긴 Hue 조직을 신뢰하지 못하게 될 것이다. 그렇게 되면 사용자가 Hue의 플러그를 언제든 뽑을 수 있도록 비신뢰 시스템을 고안해야 할지도 모른다. 다음은 Hue를 바르게 이용한 몇 가지 아이디어다.
  - 여러 가지 생체인증뿐만 아니라 다중 요소 인증을 지원하는 전용 장치를 활용한 강력한 신원 증명
  - 주기적인 신원 정보 변경
  - 신속한 서비스 일시 중지와 모든 외부 서비스의 신원 재확인(공급자는 모두 본인 확인 증명을 해야 함)
  - Hue 백엔드는 외부 서비스와 상호작용 시 짧은 수명의 토큰 활용
  - 느슨하게 결합된 마이크로서비스 집합으로써 Hue 아키텍처 설계
  - Hue 아키텍처는 엄청난 다양성과 유연성을 지원해야 한다. 또한 기존 기능 및 외부 서비스는 지속적으로 업그레이드되고, 새로운 기능과 외부 서비스가 플랫폼에 통합되는 경우 확장성이 매우 좋아야 한다. 표준과 확인 가능한 API를 통한 잘 설계된 인터페이스를 제외하고 이런 규모 수준의 마이크로서비스는 다른 서비스와 완전히 독립적인 기능과 서비스를 지원해야 한다.

Hue 컴포넌트

마이크로서비스를 자세히 살펴보기에 앞서 Hue를 구성하는 데 필요한 컴포넌트의 유형을 확인해야 한다.

- **사용자 프로파일**

  사용자 프로파일은 수많은 하위 컴포넌트를 가지는 주요 컴포넌트다. 사용자의 본질, 선호도, 모든 영역의 히스토리와 Hue가 사용자에 대해 알고 있는 모든 정보가 들어 있다.

- **사용자 그래프**

  사용자 그래프 컴포넌트는 여러 도메인의 사용자 간 상호작용 네트워크를 모델링한다. 각 사용자는 페이스북과 트위터 같은 소셜 네트워크, 전문가 네트워크, 취미 네트워크, 자원 봉사 커뮤니티와 같은 여러 네트워크에 참여한다. 이런 네트워크 중 일부는 애드혹으로 되어 있다. 그리고 Hue는 사용자에게 도움을 주기 위해 네트워크를 논리적으로 구조화할 수 있다. Hue는 사용자 연결로 구성된 풍부한 프로파일을 활용해 개인 정보 노출 없이 상호작용을 향상시킬 수 있다.

- **신원**Identity

  앞에서 언급했듯이 신원 관리는 매우 중요하므로 별도의 컴포넌트가 필요하다. 사용자는 별도 ID를 사용해 상호 배타적인 프로파일들을 독립적으로 관리하는 것을 선호한다. 예를 들어 실수로라도 자신의 건강 정보가 친구에게 노출될 수 있기 때문에 건강 프로파일을 소셜 프로파일과 결합하고 싶지 않을 것이다.

- **권한 부여 프로그램**Authorizer

  권한 부여 프로그램은 사용자가 특정 작업을 수행하거나 사용자 대신 다양한 데이터를 수집하도록 Hue에 명시적으로 권한을 부여하는 중요한 컴포넌트다. 승인된 권한에는 물리적 장치, 외부 서비스 계정, 계획 수준에 대한 접근이 포함된다.

- **외부 서비스**

  Hue는 외부 서비스의 집합이다. Hue는 은행, 건강보험회사, 소셜 네트워크를 대체하도록 설계되지 않았다. Hue는 활동에 관한 많은 메타데이터를 유지하지만 그 내용은 외부 서비스와 함께 남는다. 각 외부 서비스에는 외부 서비스 API 및 정책과 상호작용하는 전용 컴포넌트가 필요하다. 사용할 수 있는 API가 없을 경우 Hue는 브라우저나 네이티브 앱을 자동화하여 사용자를 에뮬레이션한다.

- **일반 센서**

  Hue의 가장 큰 가치는 사용자를 대신하는 행위에 있다. 사용자 위임 행위를 효율적으로 수행하려면 다양한 이벤트를 인식해야 한다. 예를 들어 Hue가 휴가를 예약했지만 좀 더 저렴한 항공편을 구매할 수 있을 경우 자동으로 항공편을 변경하거나 여러분에게 확인 요청을 할 수 있다. 감지해야 하는 것들이 무수히 많은데 이 모든 것을 감지해내는 기능을 갖추려면 일반 센서가 필요하다. 일반 센서는 확장 가능하지만 센서를 더 많이 추가해도 Hue의 다른 부분이 일률적으로 활용하도록 일반 인터페이스를 제공한다.

- **일반 액추에이터**

  일반 액추에이터는 일반 센서에 대응하는 컴포넌트다. Hue는 사용자 대신 작업을 수행한다. 예를 들어 항공편을 예약할 때 특정 기능을 지원하도록 Hue를 확장할 수 있는 일반 액츄에이터가 필요하다. 그러나 Hue가 일정한 방식으로 ID관리자와 권한 부여 프로그램과 같은 다른 컴포넌트와 상호작용할 수 있어야 한다.

- **사용자 학습기**

  사용자 학습기는 Hue의 두뇌와 같다. 사용자 학습기는 권한이 부여된 모든 상호작용을 지속적으로 모니터링하고 학습 대상을 업데이트한다. 이것은 시간이 흐를수록 Hue를 점점 더 유용하게 만들어 무엇이 필요하고 어디에 관심을 가지게 될지를 예측하고, 적절한 시기에 더 많은 관련 정보를 표시하고, 성가시거나 혐오감을 주는 일을 회피해 더 나은 선택을 하게 할 것이다.

Hue 마이크로서비스

각각의 컴포넌트 복잡성은 상상을 초월한다. 외부 서비스, 일반 센서, 일반 액추에이터와 같은 일부 컴포넌트는 Hue의 제어 범위를 벗어나 끊임없이 변경되는 수천 개가 넘는 매우 많은 외부 서비스를 운영해야 한다. 사용자 학습기조차도 여러 영역과 도메인을 통해 사용자가 선호하는 것들을 학습해야 한다. 마이크로서비스는 Hue가 자체적인 복잡성으로 붕괴되지 않고 점진적으로 진화하고 더 많은 분리된 기능을 개발할 수 있게 함으로써 이런 요구를 해결한다. 각각의 마이크로서비스는 표준 인터페이스를 통해 일반적인 Hue 인프라 서비스와 상호작용한다. 그리고 잘 정의된 버전이 부여된 인터페이스를 통해 몇 가지 서비스를 선택해 상호작용한다. 각 마이크로서비스의 외부 인터페이스는 관리할 수 있으며, 표준 모범 사례를 기반으로 마이크로서비스 간의 오케스트레이션을 수행한다.

- **플러그인**Plugins

  플러그인은 인터페이스의 확장 없이 Hue를 확장한다. 플러그인의 문제는 종종 여러 추상화 계층을 모두 관통하는 플러그인 체인이 필요하다는 것이다. 예를 들어 유튜브에서 Hue를 위한 새로운 통합을 시도하는 경우 채널 정보, 좋아하는 동영상, 추천 동영상, 시청한 동영상 같은 많은 유튜브 관련 정보를 수집할 수 있다. 이 정보를 사용자에게 표시하고 사용자가 이를 수행하게 하려면 여러 컴포넌트뿐만 아니라 사용자 인터페이스에도 플러그인이 필요하다. 스마트한 디자인은 권장 사항, 선택 및 지연된 알람 같은 다양한 작업 범주를 다양한 서비스에 통합하는 데 도움을 준다.

  플러그인의 장점은 누구나 개발할 수 있다는 것이다. 초기에는 Hue 개발 팀이 플러그인을 개발하지만 Hue가 대중화되면 외부 서비스가 Hue와 통합될 것이고 서비스를 활성화하기 위해 Hue 플러그인을 만들 것이다.

  이런 변화를 통해 플러그인 등록, 승인, 큐레이션의 전체 생태계를 이루게 된다.

- **데이터 저장소**Data Stores

  Hue는 다양한 유형의 데이터 저장소와 유형별로 여러 개의 인스턴스를 이용해 데이터와 메타데이터를 관리한다.

  - 관계형 데이터베이스
  - 그래프 데이터베이스
  - 시계열 데이터베이스
  - 인메모리 캐싱

  Hue의 제어 범위로 인해 데이터베이스는 각기 무리를 이뤄 분산 구조를 가져야 한다.

- **상태 비저장 마이크로서비스**Stateless microservices

  마이크로서비스는 상태 비저장 구조를 가진다. 상태 비저장 구조는 특정 인스턴스를 신속하게 시작하고 종료할 수 있으며 필요한 경우 인프라 전체로 이관할 수 있다. 저장소에서 상태를 관리하고 수명이 짧은 인증 토큰을 사용해 마이크로서비스에서 접근할 수 있다.

- **대기열 기반 상호작용**Queue-based interactions

  모든 마이크로서비스는 서로 통신해야 한다. 사용자는 Hue에게 작업을 대신하도록 요청할 것이다. 외부 서비스는 여러 이벤트를 Hue에게 알린다. 상태 비저장 마이크로서비스와 결합된 대기열은 완벽한 솔루션을 제공한다. 각 마이크로서비스의 여러 인스턴스는 다양한 대기열을 수신하고 관련 이벤트 또는 요청이 대기열에서 추출되면 응답한다. 이런 배치는 매우 견고하고 쉽게 확장할 수 있다. 모든 컴포넌트는 이중화로 중복성을 가지며 고가용성을 가진다. 각 컴포넌트는 오류가 발생할 수 있지만 시스템은 내결함성을 가진다.

  호출 인스턴스가 개인 대기열의 이름을 제공하고 호출수신 인스턴스가 그에 대한 응답을 개인 대기열에 게시하는 비동기 RPC나 요청-응답 형태의 상호작용에도 대기열을 사용할 수 있다.

워크플로우 계획

Hue가 워크플로우workflow를 지원해야 하는 경우도 있다. 일반적으로 워크플로우는 치아를 오랜기간 교정 중인 고객이 의사에게 예약을 할 때처럼 많은 것을 고려해야 한다. 예를 들어, 치아 교정 고객은 치과 의사와 자세한 정보와 일정을 도출하고 치아 교정 고객의 일정에 맞춰 여러 개의 선택 사항 중 최선의 것을 선택해서, 약속을 한 후에 예약을 한다. 우리는 사람이 개입해야 하는 워크플로우와 완전히 자동화된 워크플로우를 분류할 수 있다. 뿐만 아니라 지출과 관련한 워크플로우도 자동 분류할 수 있다.

워크플로우 자동화

자동화된 워크플로우는 사람이 개입할 필요가 없다. Hue는 처음부터 끝까지 모든 단계를 실행할 수 있는 완전한 권한을 가지고 있다. 자동화된 워크플로우는 사용자가 Hue에 자율성을 높게 할당할 때 더 효과적이다. 사용자는 과거와 현재의 모든 워크플로우를 보고 감사할 수 있어야 한다.

휴먼 워크플로우

사람이 개입한 워크플로우는 인간과의 상호작용이 필요하다. 대부분의 경우 사용자는 여러 선택 사항 중 하나를 선택하고 작업을 승인해야 한다. 그러나 다른 서비스를 받는 사람이 관련될 수 있다. 예를 들어 치과 의사와 약속을 잡으려면 해당 치과의 상담 실장과 이야기해 예약 가능한 시간을 알아본 후 결정해야 한다.

예산 인식 워크플로우

사용자는 비용을 지불하는 워크플로우나 선물을 구입할 때 지출이 발생하는 워크플로우가 있다. 이론적으로 Hue는 사용자의 계좌에 언제든 접근할 수 있다. 하지만 대부분의 사용자는 워크플로우에 지출 한계를 지정하거나 직접 승인한 활동의 계획된 지출에만 안심을 한다.

▌ 쿠버네티스를 사용한 Hue 플랫폼 구축

이 절에서는 다양한 쿠버네티스 리소스를 살펴보고 Hue 플랫폼을 구축하는 방법을 알아볼 것이다. 먼저 다양하게 활용되는 kubectl를 조금 더 자세히 알아본 다음, 쿠버네티스에서 장기간 실행되는 프로세스, 내/외부적으로 노출된 서비스, 네임스페이스를 활용한 접근 제한, 애드혹 작업 시작, 비클러스터 컴포넌트들을 연계하는 방법에 대해 살펴본다. Hue는 상당히 거대한 프로젝트다. 따라서 실제 쿠버네티스 클러스터를 생성하지 않고 로컬 Minukube 클러스터를 사용해 개념 수준의 설명을 할 것이다.

효과적인 Kubectl 활용

kubectl은 마치 스위스 군용칼[1]과 같아서 쿠버네티스 클러스터 관련 많은 것을 할 수 있다. 내부적으로 kubectl은 API를 통해 클러스터와 연결한다. kubectl은 .kube/config 파일의 정보를 활용해 클러스터에 연결한다. 명령은 여러 범주로 분류된다.

- **일반 명령**: 일반적인 방법으로 리소스를 처리하며 create, get, delete, run, apply, patch, replace 등이 있다.
- **클러스터 관리 명령**: 노드와 클러스터 전체를 다룬다. cluster-info, certificate, drain 등이 있다.
- **문제 해결 명령**: describe, logs, attach, exec 등이 있다.
- **배포 명령**: 배포 및 확장 처리를 한다. rollout, scale, auto-scale 등이 있다.
- **설정 명령**: 라벨과 애노테이션 처리를 한다. label, annotate 등이 있다.

기타 명령: **Help, config, vertsion**

쿠버네티스 구성 보기configuration view를 사용해 구성을 확인할 수 있다.

다음은 Minikube 클러스터의 구성이다.

```
~/.minikube > k config view
apiVersion: v1
clusters:
- cluster:
    certificate-authority: /Users/gigi.sayfan/.minikube/ca.crt
    server: https://192.168.99.100:8443
  name: minikube
contexts:
- context:
    cluster: minikube
```

---

1 1980, 1990년대 해외 드라마 속 주인공인 맥가이버는 어떠한 힘든 상황에서도 뭐든지 할 수 있는 불사조 같은 주인공이었다. 그리고 그 당시 주인공 맥가이버가 사용하던 스위스 군용칼을 맥가이버 칼이라고 했다. – 옮긴이

```
      user: minikube
  name: minikube
current-context: minikube
kind: Config
preferences: {}
users:
- name: minikube
  user:
    client-certificate: /Users/gigi.sayfan/.minikube/client.crt
    client-key: /Users/gigi.sayfan/.minikube/client.key
```

Kubectl 리소스 구성 파일 이해

create와 같은 대다수 kubectl 처리는 복잡한 계층 구조 형태의 출력을 요구한다(API가 이런 형태의 출력을 필요로 한다). kubectl은 YAML 또는 JSON 구성 파일을 사용한다. 다음은 포드 생성을 위한 JSON 구성 파일이다.

```
apiVersion: v1
kind: Pod
metadata:
  name: ""
  labels:
    name: ""
  namespace: ""
  annotations: []
  generateName: ""
spec:
...
```

- ApiVersion: 쿠버네티스 API는 지속적으로 발전하므로 버전이 다른 API에 맞게 동일한 리소스를 지원하는 중요한 역할을 한다.

234

- Kind: Kind는 쿠버네티스에게 어떤 유형의 리소스를 처리하는지를 알려준다. 이 경우 포드는 항상 Kind가 필요하다.
- 메타데이터(Metadata): 다음은 포드와 포드의 동작 위치다.
  - Name: 네임스페이스 내에서 포드를 구분하는 고유 식별자
  - Labels: 여러 개의 라벨을 적용할 수 있음
  - Namespace: 포드가 속한 네임스페이스
  - Annotations: 질의에 사용할 수 있는 애노테이션 목록
- 사양(Spec): spec은 포드를 시작하는 데 필요한 모든 정보가 포함된 포드 템플릿이다. 상당히 정교한 spec의 여러 가지 항목을 확인한다.

```
"spec": {
  "containers": [
  ],
  "restartPolicy": "",
  "volumes": [
  ]
}
```

- 컨테이너 사양(Container spec): 포드 spec의 container 항목은 컨테이너 사양 목록으로 구성된다. 각각의 컨테이너 사양의 구조는 다음과 같다.

```
{
  "name": "",
  "image": "",
  "command": [
    ""
  ],
  "args": [
    ""
  ],
  "env": [
    {
      "name": "",
```

```
          "value": ""
        }
      ],
      "imagePullPolicy": "",
      "ports": [
        {
          "containerPort": 0,
          "name": "",
          "protocol": ""
        }
      ],
      "resources": {
        "cpu": "",
        "memory": ""
      }
    }
```

개별 컨테이너 항목에는 지정된 도커 이미지 명령을 대체하는 명령이 있다. 또한 컨테이너에는 인수와 환경 변수가 있다. 그리고 앞 장에서 다뤘던 이미지 가져오기 정책, 포트, 리소스 제한 항목이 있다.

포드에 장기 실행 마이크로서비스 배포

포드에서 실행돼야 하는 장기 실행 마이크로서비스는 상태 비저장 형태의 서비스다. Hue의 마이크로서비스를 위해 포드 만드는 방법을 살펴본다. 나중에 추상화 수준을 높여 배포에 사용할 것이다.

포드 생성

Hue 학습기의 내부 서비스를 생성하기 위해 일반 포드 구성 파일부터 시작한다. 이 서비스는 공용 서비스로 공개할 필요가 없고, 알림 대기열을 수신하며, 일부 영구 저장소에 서비스의 통찰력insights을 저장한다.

포드가 실행될 컨테이너가 하나 필요하다. 다음은 Hue 학습기를 시뮬레이션하는 가장 단순한 도커 파일이다.

```
FROM busybox
CMD ash -c "echo 'Started...'; while true ; do sleep 10 ; done"
```

도커 파일의 명령은 기본 이미지로 busybox를 사용해 Started...라고 표준 출력을 표시하고, 오랜 시간 실행되는 무한 루프를 수행한다.

g1g1/hue-learn:v3.0과 g1g1/hue-learn:v4.0이라는 태그가 붙은 두 개의 도커 이미지를 작성하고 도커허브 레지스트리에 푸시했다. g1g1은 나의 사용자 이름이다.

```
docker build . -t g1g1/hue-learn:v3.0
docker build . -t g1g1/hue-learn:v4.0
docker push g1g1/hue-learn:v3.0
docker push g1g1/hue-learn:v4.0
```

이제 Hue의 포드 내부의 컨테이너로 이미지를 가져올 수 있다. YAML은 더 간결하고 가독성이 좋기 때문에 여기서는 YAML을 사용한다. 다음은 상용구와 메타데이터 라벨이다.

```
apiVersion: v1
kind: Pod
metadata:
  name: hue-learner
  labels:
    app: hue
    runtime-environment: production
    tier: internal-service
  annotations:
    version: "3.0"
```

배포 시 포드 집합을 식별하는 데 라벨을 사용하기 때문에, 라벨이 아닌 애노테이션(주석)을 이용해 버전 항목을 표시하는 것에 주목한다. 라벨은 변경할 수 없다.

다음은 각 컨테이너의 필수 사항으로 name과 image를 정의하는 중요한 컨테이너 spec이다.

```
spec:
  containers:
  - name: hue-learner
    image: g1g1/hue-learn:v3.0
```

리소스(resources) 설정 부분은 컨테이너의 리소스 요구 사항을 쿠버네티스에게 알려서 리소스를 좀 더 효과적으로 사용하고 간결하게 스케줄링해 할당할 수 있도록 한다. 여기에서 컨테이너는 200밀리 CPU 유닛(0.2 코어)과 256MiB[2](228바이트)를 요청한다.

```
resources:
  requests:
    cpu: 200m
    memory: 256Mi
```

환경(env) 설정 부분은 클러스터 관리자가 컨테이너에서 사용할 수 있는 환경 변수를 제공한다. 여기서는 dns를 통해 대기열과 저장소를 검색한다. 테스트 환경에서는 다른 검색 방법을 사용할 수도 있다.

```
env:
- name: DISCOVER_QUEUE
  value: dns
- name: DISCOVER_STORE
  value: dns
```

---

2 MiB는 MB와 유사한 개념으로 Mebibyte를 의미한다. Mega, Giga는 사람들이 이해하기 쉽게 사용하는 단위이고, MiB는 2진 타입으로 표현하는 컴퓨터에 익숙한 단위다. 1MiB=2^20bytes=1024Kibibytes=1048576bytes – 옮긴이

포드 라벨링

포드의 명명은 유연한 운영을 위한 핵심 활동이다. 이 기능을 사용하면 클러스터를 실시간으로 개선하고, 마이크로서비스를 동일 수준으로 운영할 수 있는 그룹으로 구성할 수 있다. 그리고 일시적으로 세분화해 여러 하위 집합을 확인할 수 있다.

예를 들어 Hue 학습기 포드에는 다음과 같은 라벨이 있다.

- 런타임 환경^{runtime-environment}: 운영
- 티어^{tier}: 내부 서비스

버전 애노테이션을 사용해 동시에 여러 버전을 실행할 수 있다. 이전 버전과 호환성을 제공하거나 버전2에서 버전3으로 이관하는 동안 일시적으로 버전2와 버전3을 동시에 실행해야 하는 경우 버전 애노테이션이나 라벨을 사용하면 버전이 다른 포드를 독립적으로 확장해 개별적으로 서비스할 수 있다. `runtime-environment` 라벨은 특정 환경에 속한 모든 포드를 전역으로 조작할 수 있다. tier 라벨을 이용해 특정 계층에 속한 모든 포드를 조회할 수 있다. 이런 라벨링은 단편적인 예제이며, 라벨링을 통해 더 많은 유연성을 제공할 수 있다.

장기 실행 프로세스 배포

대규모 시스템에서는 포드를 절대로 만들어서는 안 된다. 예기치 않은 이유로 포드가 갑자기 죽는 경우에는 다른 포드로 교체해 전체 가용성을 유지해야 한다. 복제 컨트롤러 또는 복제 세트를 직접 만들 수도 있지만, 실수나 오류가 발생할 가능성도 염두에 두어야 한다. 포드를 시작할 때 원하는 복제본의 수를 지정하는 것이 훨씬 의미 있는 일이다.

쿠버네티스 배포 리소스를 사용해 Hue 학습기 마이크로서비스의 세 가지 인스턴스를 배포한다. 쿠버네티스 1.9에서는 배포 객체가 안정적이었다.

```
apiVersion: apps/v1 (use apps/v1beta2 before 1.9)
kind: Deployment
metadata:
  name: hue-learn
  labels:
    app: hue
spec:
  replicas: 3
  selector:
    matchLabels:
      app: hue
  template:
    metadata:
      labels:
        app: hue
    spec:
        <same spec as in the pod template >
```

포드 spec은 이전에 사용한 포드 구성 파일의 spec과 동일하다. 배포 버전을 만들고 상태를 확인한다.

```
> kubectl create -f .\deployment.yaml
deployment "hue-learn" created
> kubectl get deployment hue-learn
NAME         DESIRED   CURRENT   UP-TO-DATE   AVAILABLE   AGE
hue-learn    3         3         3            3           4m
> kubectl get pods | grep hue-learn
NAME                         READY   STATUS    RESTARTS   AGE
hue-learn-237202748-d770r    1/1     Running   0          2m
hue-learn-237202748-fwv2t    1/1     Running   0          2m
hue-learn-237202748-tpr4s    1/1     Running   0          2m
```

kubectl의 describe 명령을 사용해 배포 정보를 더 많이 알 수 있다.

배포 업데이트

Hue 플랫폼은 크고 지속적으로 진화되는 시스템으로 끊임없이 업그레이드해야 한다. 간편 업데이트를 위해 배포 버전을 업데이트하고 쿠버네티스가 전체적으로 관리하는 롤링 업데이트를 실행하도록 포드 템플릿을 변경해야 한다.

현재 모든 포드는 버전 3.0으로 실행 중이다.

```
> kubectl get pods -o json | jq .items[0].spec.containers[0].image
"3.0"
```

버전 4.0으로 업그레이드하기 위해 배포를 업데이트한다. deployment.yaml 파일에서 이미지 버전을 수정한다. 라벨을 변경하면 오류가 발생한다. 일반적으로 애노테이션에 이미지와 일부 관련 메타데이터를 수정한 후 apply 명령을 사용해 버전을 업그레이드할 수 있다.

```
> kubectl apply -f hue-learn-deployment.yaml
deployment "hue-learn" updated
> kubectl get pods -o json | jq .items[0].spec.containers[0].image
"4.0"
```

▌ 내부 서비스와 외부 서비스의 분리

내부 서비스는 클러스터의 다른 서비스나 작업 또는 임시도구로 로그인하고 실행하는 관리자로 직접 접근 가능한 서비스다. 경우에 따라 내부 서비스로 접근되지 않고, 내부 서비스는 해당 기능을 수행하고 그 결과를 다른 서비스가 접근 가능한 영구 저장소에 저장하는 경우도 있다.

사용자나 외부 프로그램이 접근할 수 있어야 하는 서비스도 있다. 사용자를 위한 알림 목록을 관리하는 가짜 Hue 서비스를 살펴보자. 이 서비스는 실제로는 아무것도 하지 않지만 서비스에 접근 허용 방법을 설명하기 위해 사용한다. 도커허브에 Hue-reminder 이미지를 올린다.

```
docker push g1g1/hue-reminders:v2.2
```

내부 서비스 배포

Annotations, env, resources 항목을 삭제하고 공간 절약을 위해 라벨 하나만 보관한다. 컨테이너에 ports 항목을 추가한 것을 제외하면 Hue-learner 배포와 유사하다. 다른 서비스가 서비스에 접근하도록 포트를 노출하는 것은 매우 중요하다.

```
apiVersion: extensions/v1beta1
kind: Deployment
metadata:
  name: hue-reminders
spec:
  replicas: 2
  template:
    metadata:
      name: hue-reminders
      labels:
        app: hue-reminders
    spec:
      containers:
    - name: hue-reminders
      image: g1g1/hue-reminders:v2.2
      ports:
    - containerPort: 80
```

242

배포를 실행하면 클러스터에 Hue reminder 포드 두 개가 추가된다.

```
> kubectl create -f hue-reminders-deployment.yaml
> kubectl get pods
NAME                            READY   STATUS    RESTARTS   AGE
hue-learn-56886758d8-h7vm7      1/1     Running   0          49m
hue-learn-56886758d8-lqptj      1/1     Running   0          49m
hue-learn-56886758d8-zwkqt      1/1     Running   0          49m
hue-reminders-75c88cdfcf-5xqtp  1/1     Running   0          50s
hue-reminders-75c88cdfcf-r6jsx  1/1     Running   0          50s
```

포드가 정상적으로 동작하는 것을 확인할 수 있다. 이론상으로는 서로 다른 포드의 내부
IP 주소를 검색하거나 설정할 수 있다. 그리고 모두 동일 네트워크에 있기 때문에 직접 접
근할 수 있다. 그러나 이것은 확장을 어렵게 만든다. 운영 중인 포드가 죽고 새 포드로 교
체될 때마다 또는 포드 수를 증가시키면 이 포드에 접근하는 모든 서비스가 새로 교체된
포드를 알아야 한다. 서비스는 모든 포드에 단일 접근 지점을 제공해 이 문제를 해결한다.
서비스는 다음과 같다.

```
apiVersion: v1
kind: Service
metadata:
  name: hue-reminders
  labels:
    app: hue-reminders
spec:
  ports:
  - port: 80
    protocol: TCP
  selector:
    app: hue-reminders
```

해당 서비스는 서비스와 매칭된 라벨이 있는 모든 포드를 선택하는 선택자를 가지고 있다. 또한 다른 서비스가 접근하는 데 사용할 포트를 제공한다. 단, 컨테이너 포트와 동일한 포트일 필요는 없다.

Hue-reminder 서비스 생성

Hue-reminder 서비스를 만들고 확인해보자.

```
> kubectl create -f hue-reminders-service.yaml
service "hue-reminders" created
> kubectl describe svc hue-reminders
Name:              hue-reminders
Namespace:         default
Labels:            app=hue-reminders
Annotations:       <none>
Selector:          app=hue-reminders
Type:              ClusterIP
IP:                10.108.163.209
Port:              <unset>  80/TCP
TargetPort:        80/TCP
Endpoints:         172.17.0.4:80,172.17.0.6:80
Session Affinity:  None
Events:             <none>
```

서비스가 정상적으로 동작하는 것을 확인할 수 있다. 다른 포드는 환경 변수 또는 DNS를 통해 찾을 수 있다. 모든 서비스의 환경 변수는 포드를 생성할 때 설정된다. 즉, 서비스를 생성할 때 포드가 이미 실행 중이면 포드를 종료하고 쿠버네티스가 환경 변수를 사용해 서비스를 다시 만들도록 해야 한다. 배치를 통해 포드를 만들 수 있다.

```
> kubectl exec hue-learn-56886758d8-fjzdd -- printenv | grep
HUE_REMINDERS_SERVICE
HUE_REMINDERS_SERVICE_PORT=80
HUE_REMINDERS_SERVICE_HOST=10.108.163.209
```

244

그렇지만 DNS의 사용은 작업을 훨씬 간단하게 노와준다. 서비스의 DNS 이름은 <service name>.<namespace>.svc.cluster.local이다.

```
<service name>.<namespace>.svc.cluster.local
> kubectl exec hue-learn-56886758d8-fjzdd -- nslookup hue-reminders
Server:    10.96.0.10
Address 1: 10.96.0.10 kube-dns.kube-system.svc.cluster.local
Name:      hue-reminders
Address 1: 10.108.163.209 hue-reminders.default.svc.cluster.local
```

외부에 서비스 공개

서비스는 클러스터 내부에서 접근할 수 있다. 해당 서비스의 외부 공개를 위해 쿠버네티스는 두 가지 방법을 제공한다.

- 직접 접근을 위한 nodePort 구성
- 클라우드 로드밸런서 설정. 클라우드 환경에서 클라우드 로드밸런서를 실행하는 경우

외부 접근을 위해 서비스를 구성하기 전에 서비스의 보안을 먼저 확인해야 한다. 쿠버네티스 문서에는 세부 내용을 모두 다루는 예제를 제공한다.

https://github.com/kubernetes/examples/blob/master/staging/https-nginx/README.md

우리는 5장, '쿠버네티스 보안, 제한, 계정 설정'에서 해당 원칙을 확인했다.

다음은 NodePort를 통해 외부에 공개되는 hue-reminder 서비스의 spec 항목이다.

```
spec:
  type: NodePort
  ports:
  - port: 8080
    targetPort: 80
    protocol: TCP
    name: http
  - port: 443
    protocol: TCP
    name: https
  selector:
    app: hue-reminders
```

인그레스

인그레스(Ingress)는 쿠버네티스 구성 객체로써 서비스를 외부로 공개하고 많은 세부 사항을 처리할 수 있게 한다. 인그레스가 하는 일은 다음과 같다.

- 서비스의 외부 공개용 URL 제공
- 트래픽 부하 분산
- SSL 종료
- 이름 기반 가상 호스팅 제공

인그레스 기능을 사용하려면 클러스터에서 인그레스 컨트롤러가 실행 중이어야 한다. 인그레스는 아직 베타 버전이므로 제약 사항이 많이 있다. 구글 컨테이너 엔진GKE, Google Container Engine에서 클러스터를 실행한다면 괜찮겠지만 그렇지 않을 경우 주의해서 진행해야 한다. 현재 인그레스 컨트롤러의 한계 중 하나는 규모에 맞게 확장, 축소되지 않는다는 것이다. 따라서 인그레스 기능은 아직 Hue 플랫폼에는 적합하지 않다. 인그레스 컨트롤러는 10장, '쿠버네티스 고급 네트워크'에서 자세히 다룬다.

다음은 인그레스 리소스다.

```yaml
apiVersion: extensions/v1beta1
kind: Ingress
metadata:
  name: test
spec:
  rules:
  - host: foo.bar.com
    http:
      paths:
      - path: /foo
        backend:
          serviceName: fooSvc
          servicePort: 80
  - host: bar.baz.com
    http:
      paths:
      - path: /bar
        backend:
          serviceName: barSvc
          servicePort: 80
```

Nginx 인그레스 컨트롤러는 다음 요청을 해석하고 Nginx 웹 서버를 위해 해당하는 구성 파일을 생성할 것이다.

```nginx
http {
  server {
    listen 80;
    server_name foo.bar.com;

    location /foo {
      proxy_pass http://fooSvc;
    }
  }
  server {
```

```
    listen 80;
    server_name bar.baz.com;
    location /bar {
      proxy_pass http://barSvc;
    }
  }
}
```

인그레스 컨트롤러는 niginx 외의 다른 컨트롤러에서도 구성 파일을 생성할 수 있다.

네임스페이스를 사용한 접근 제한

Hue 프로젝트는 수백 개의 마이크로서비스와 약 100명의 개발자, 데브옵스 엔지니어가 참여해 잘 관리되고 있다. 이와 관련된 마이크로서비스 그룹이 등장하고 이들 그룹 중 많은 수가 매우 자율적으로 활동하고 있다. 개별 그룹은 다른 그룹에 대해 전혀 알지 못한다. 개별 그룹은 건강과 금융 같은 민감한 영역에서 더 효과적으로 접근을 제어하려고 한다. 네임스페이스를 입력한다.

Hue-finance라는 새로운 서비스를 만들고 'restricted'(제한됨)로 명명된 새로운 이름의 네임스페이스를 추가한다.

다음은 새로운 restricted 네임스페이스의 YAML 파일이다.

```
kind: Namespace
apiVersion: v1
metadata:
  name: restricted
  labels:
    name: restricted
> kubectl create -f restricted-namespace.yaml
namespace "restricted" created
```

네임스페이스가 생성되면 네임스페이스의 컨텍스트를 구성해야 한다. 이렇게 하면 네임스페이스 접근을 제한할 수 있다.

```
> kubectl config set-context restricted --namespace=restricted --
cluster=minikube --user=minikube
Context "restricted" set.
> kubectl config use-context restricted
Switched to context "restricted".
```

cluster 구성을 확인해보자.

```
> kubectl config view
apiVersion: v1
clusters:
- cluster:
    certificate-authority: /Users/gigi.sayfan/.minikube/ca.crt
    server: https://192.168.99.100:8443
  name: minikube
contexts:
- context:
    cluster: minikube
    user: minikube
  name: minikube
- context:
    cluster: minikube
    namespace: restricted
    user: minikube
  name: restricted
current-context: restricted
kind: Config
preferences: {}
users:
- name: minikube
  user:
    client-certificate: /Users/gigi.sayfan/.minikube/client.crt
    client-key: /Users/gigi.sayfan/.minikube/client.key
```

확인되는 것과 같이 현재 컨텍스트는 제한(restricted)돼 있다.

이제 아무것도 없는 빈 네임스페이스에서 hue-finance 서비스를 생성할 수 있으며, 이것은 자체적으로 수행될 것이다.

```
> kubectl create -f hue-finance-deployment.yaml
deployment "hue-finance" created
> kubectl get pods
NAME                            READY    STATUS    RESTARTS    AGE
hue-finance-7d4b84cc8d-gcjnz    1/1      Running   0           6s
hue-finance-7d4b84cc8d-tqvr9    1/1      Running   0           6s
hue-finance-7d4b84cc8d-zthdr    1/1      Running   0           6s
```

컨텍스트를 전환할 필요가 없으며 —namespace=<namespace>와 —all-namespaces 명령줄 스위치를 사용할 수도 있다.

▌ 작업 시작

Hue는 마이크로서비스로 배포된 많은 장기 실행 프로세스를 가진다. 또한 실행하고, 목표를 달성하고 종료하는 많은 작업이 있다. 쿠버네티스는 작업 리소스^{Job Resource}를 통해 이 기능을 지원한다. 쿠버네티스 작업은 하나 이상의 포드를 관리하고 성공할 때까지 실행되도록 한다. 작업으로 관리되는 포드 중 하나가 실패하거나 삭제되면 작업은 성공할 때까지 새로운 포드를 실행한다.

다음은 5팩토리얼(5!)을 계산하는 파이썬 프로세스를 실행하는 작업이다. 5팩토리얼(5!)은 120이다.

```
apiVersion: batch/v1
kind: Job
metadata:
```

```
   name: factorial5
spec:
  template:
    metadata:
      name: factorial5
    spec:
      containers:
      - name: factorial5
        image: python:3.6
        command: ["python",
                  "-c",
                  "import math; print(math.factorial(5))"]
        restartPolicy: Never
```

restartPolicy는 Never나 OnFailure로 설정해야 한다. 작업이 성공적으로 완료된 후 다시 시작되지 않아야 하므로 기본값인 Always는 맞지 않다.

작업을 시작하고 상태를 확인한다.

```
> kubectl create -f .\job.yaml job "factorial5" created
> kubectl get jobs
NAME          DESIRED    SUCCESSFUL    AGE
factorial5    1          1             25s
```

완료된 작업의 포드는 기본적으로 표시되지 않는다. 완료된 작업의 포드를 표시하려면 --show-all 옵션을 사용하면 된다.

```
> kubectl get pods --show-all
NAME                            READY  STATUS     RESTARTS  AGE
factorial5-ntp22                0/1    Completed  0         2m
hue-finance-7d4b84cc8d-gcjnz    1/1    Running    0         9m
hue-finance-7d4b84cc8d-tqvr9    1/1    Running    0         8m
hue-finance-7d4b84cc8d-zthdr    1/1    Running    0         9m
```

factorial5 포드의 상태는 Completed이다. 결과를 확인해본다.

```
> kubectl logs factorial5-ntp22
120
```

병렬 작업 실행

병렬처리로 작업을 실행할 수도 있다. spec에는 completions와 parallelism 두 개의 필드가 있다. completions의 기본값은 1이다. 하나 이상의 성공적인 완료를 원하는 경우 이 값을 늘리면 된다. parallelism는 실행할 수 있는 포드의 수를 결정한다. 어떤 작업은 병렬처리를 위해 지정된 수가 많더라도 성공적인 작업 완료를 위해 필요한 것보다 많은 포드를 실행하지 않는다.

세 번의 성공적인 작업이 완료될 때까지 20초 동안 sleep하는 작업을 실행해보자. 6개의 병렬처리 요소를 사용하지만 3개의 포드만 실행된다.

```
apiVersion: batch/v1
kind: Job
metadata:
  name: sleep20
spec:
  completions: 3
  parallelism: 6
  template:
    metadata:
      name: sleep20
    spec:
      containers:
      - name: sleep20
        image: python:3.6
        command: ["python",
                  "-c",
```

```
              "import time; print('started...');
                time.sleep(20), print('done.')"]
        restartPolicy: Never

> Kubectl get pods
NAME                 READY   STATUS     RESTARTS    AGE
sleep20-1t8sd        1/1     Running    0           10s
sleep20-sdjb4        1/1     Running    0           10s
sleep20-wv4jc        1/1     Running    0           10s
```

완료 작업 삭제

작업이 완료돼도 해당 작업은 포드에 남아 있는다. 이것은 로그를 보거나 포드에 연결해 탐색할 수 있게 의도적으로 설계한 것이다. 그러나 일반적으로 작업이 성공적으로 완료되면 더 이상 필요하지 않으므로 완료된 작업과 포드를 정리해야 한다. 가장 쉬운 방법은 작업 객체를 단순히 삭제하는 것이다. 이런 작업으로 포드도 모두 삭제할 수 있다.

```
> kubectl delete jobs/factroial5
job "factorial5" deleted
> kubectl delete jobs/sleep20
job "sleep20" deleted
```

cron 작업 스케줄링

쿠버네티스 cron 작업은 지정된 시간에 한 번 또는 반복적으로 실행되는 작업이다. cron은 /etc/crontab 파일에 지정된 유닉스의 cron 작업으로 동작한다.

쿠버네티스 1.4에서는 ScheduledJob이었지만 쿠버네티스 1.5에서는 CronJob으로 이름이 변경됐다. 쿠버네티스 1.8부터는 Cronjob 리소스가 API 서버에서 기본적으로 활성화돼 있으므로 더 이상 --runtime-config를 사용할 필요가 없지만, 아직까지는 베타 버전이다. 1.8 이전 버전에서는 다음 명령을 사용해 API 서버를 시작하고 cron 작업을 활성화해야 한다.

```
--runtime-config=batch/v2alpha1
```

다음은 매 분 cron 작업을 실행하는 설정 파일이다. Schedule 항목의 *를 ?로 대체할 수 있다.

```
apiVersion: batch/v1beta1
kind: CronJob
metadata:
  name: stretch
spec:
  schedule: "*/1 * * * *"
  jobTemplate:
    spec:
      template:
        metadata:
          labels:
            name: stretch
    spec:
      containers:
      - name: stretch
        image: python
        args:
        - python
        - -c
        - from datetime import datetime; print('[{}]
 Stretch'.format(datetime.now()))
          restartPolicy: OnFailure
```

cron 작업과 해당 포드에 쿠버네티스가 임의로 접두어를 붙인 이름이 할당되기 때문에 포드 spec에서 jobTemplate 아래에 name이라는 라벨을 추가했다. 라벨을 사용하면 특정 cron 작업의 모든 포드를 쉽게 찾을 수 있다. 다음 명령을 이용해 확인한다.

```
> kubectl get pods
NAME                        READY   STATUS            RESTARTS   AGE
stretch-1482165720-qm5bj    0/1     ImagePullBackOff  0          1m
stretch-1482165780-bkqjd    0/1     ContainerCreating 0          6s
```

cron 작업이 호출될 때마다 새로운 작업 객체가 새로운 포드에서 시작된다.

```
> kubectl get jobs
NAME                  DESIRED   SUCCESSFUL   AGE
stretch-1482165300    1         1            11m
stretch-1482165360    1         1            10m
stretch-1482165420    1         1            9m
stretch-1482165480    1         1            8m
```

cron 작업의 호출이 완료되면 해당 포드는 완료(Completed) 상태가 되고, --show-all 또는 -a 플래그가 없으면 완료 상태는 표시되지 않는다.

```
> Kubectl get pods --show-all
NAME                        READY   STATUS      RESTARTS   AGE
stretch-1482165300-g5ps6    0/1     Completed   0          15m
stretch-1482165360-cln08    0/1     Completed   0          14m
stretch-1482165420-n8nzd    0/1     Completed   0          13m
stretch-1482165480-0jq31    0/1     Completed   0          12m
```

일반적인 로그(log) 명령을 사용해 완료된 cron 작업의 포드 결과를 확인할 수 있다.

```
> kubectl logs stretch-1482165300-g5ps6
[2016-12-19 16:35:15.325283] Stretch
```

cron 작업을 삭제하면 새로운 작업 스케줄링이 중지되고, 기존에 생성된 모든 작업 개체가 포드와 함께 삭제된다.

지정된 라벨(이 경우 이름은 stretch)을 사용해 cron 작업에 의해 시작된 모든 작업 객체를 찾을 수 있다. 완료된 작업과 포드를 삭제하지 않고 더 많은 작업을 생성하지 않도록 cron 작업을 일시 중단할 수도 있다. `.spec.successfulJobsHistoryLimit`과 `.spec.failedJobsHistoryLimit` 스펙 이력 제한을 설정해 이전 작업을 관리할 수도 있다.

▌ 비클러스터 컴포넌트 혼합

쿠버네티스 클러스터의 대부분의 실시간 시스템 컴포넌트는 클러스터 외부 컴포넌트와 통신한다. 이들은 몇몇 API를 통해 접근할 수 있는 완전한 외부의 서드파티 서비스지만 여러 가지 이유로 쿠버네티스 클러스터의 일부가 아닌 동일한 로컬 네트워크에서 실행되는 내부 서비스일 수도 있다.

클러스터의 네트워크 컴포넌트에는 내부 클러스터 네트워크와 외부 클러스터 네트워크 두 가지 범주가 있다. 두 가지 범주의 구별은 중요한 사항이다.

외부 클러스터 네트워크 컴포넌트

외부 클러스터 네트워크 컴포넌트는 클러스터에 직접 접속할 수 없다. API나 외부에 공개된 URL, 노출된 서비스를 통해서만 접근할 수 있다. 이런 컴포넌트는 외부 사용자와 같이 처리된다. 대개 클러스터 컴포넌트는 보안 문제가 없는 상태의 외부 서비스만 접근을 허용한다. 예를 들어 이전 장에서는 쿠버네티스 클러스터를 사용해 서드파티에 의한 서비스(https://sentry.io/welcome/)의 예외적인 적용을 소개했다. 해당 서비스의 통신 방식은 쿠버네티스 클러스터에서 서드파티에 의한 서비스로 향하는 단방향 통신 서비스다.

내부 클러스터 네트워크 컴포넌트

내부 클러스터 네트워크 컴포넌트는 네트워크 내부에서 실행되며 쿠버네티스에서 관리하지 않는다. 그러한 내부 클러스터 컴포넌트를 실행하는 데는 여러 가지 이유가 있다. 첫번째 이유는 쿠버네티스를 아직 활용하지 않는 레거시 애플리케이션이거나 쿠버네티스에서 실행하기 어려운 일부 분산 데이터 저장소일 수 있다. 두 번째 이유는 성능 문제, 그리고 외부와 격리를 통해 이런 컴포넌트와 포드 간의 트래픽을 더욱 안전하게 유지하기 위한 것이다. 동일한 네트워크에 있을 경우 짧은 지연 시간과 인증의 필요성이 낮아져 편리성과 인증으로 인한 오버헤드를 최소화할 수 있다.

쿠버네티스로 Hue 플랫폼 관리

이 절에서 쿠버네티스가 Hue와 같은 거대한 플랫폼을 운영하는 방법에 대해 살펴본다. 쿠버네티스는 포드를 조정하고 할당량과 제한을 관리하고 하드웨어 오작동, 프로세스 충돌, 서비스 접근 불가 등 특정 유형의 오류를 감지하고 복구하는 많은 기능을 제공한다. 그러나 Hue와 같은 복잡한 시스템 환경에서 포드와 서비스는 정상적으로 동작하더라도 어떠한 임무 수행을 위해 유효하지 않은 상태나 다른 종속성으로 인한 대기 상태가 발생할 수 있다. 서비스와 포드가 준비되지 않은 상태에서 어떤 요청을 받은 경우 (호출자에게 책임을 부과하는)실패, (횟수와 빈도 및 지속 시간을 고려한)재시도, (누가 대기열을 관리할지 문제를 내포한) 대기열 처리에 대한 관리가 필요하다.

대규모 시스템에서 다른 컴포넌트의 준비 상태를 인지할 수 있거나 실제 구성 요소가 준비됐을 경우 외부에 표시되는 것이 더 좋다. 쿠버네티스는 Hue에 대해 알지 못한다. 그렇지만 클러스터의 애플리케이션별 관리를 지원하기 위해 활성 프로브, 준비 프로브, init 컨테이너 같은 여러 메커니즘을 제공한다.

활성 프로브를 사용한 컨테이너 활성 상태 확인

Kubectl은 컨테이너를 감시하는 기능을 가지고 있다. 컨테이너 프로세스에 충돌 문제가 발생하면 kubelet은 재시작 정책에 따라 처리한다. 그러나 이런 조치로는 충분하지 않다. 프로세스의 문제가 충돌이 아닌 무한 루프나 교착 상태일 경우 재시작 정책은 적합하지 않을 수 있다. 활성 프로브(Liveness Probe)를 사용하면 컨테이너가 활성 상태로 간주되는 시점을 결정할 수 있다. 다음은 Hue 음악 서비스를 위한 포드 템플릿이다. 이 템플릿에는 httpGet 프로브를 사용하는 livenessProbe 항목이 있다. HTTP 프로브는 http 또는 https 이며 기본은 http, 호스트 정보(기본은 PodIp), 경로와 포트 등 스키마가 필요하다. HTTP 상태 코드가 200에서 399 사이인 경우 프로브는 성공으로 간주한다. 컨테이너를 초기화는 시간이 조금 소요되므로 initialDelayInSeconds를 지정할 수 있다. Kubelet은 설정된 시간 동안 활성 여부를 확인하지 않을 것이다.

```
apiVersion: v1
kind: Pod
metadata:
  labels:
    app: hue-music
  name: hue-music
spec:
  containers:
    image: the_g1g1/hue-music
    livenessProbe:
      httpGet:
        path: /pulse
        port: 8888
        httpHeaders:
          - name: X-Custom-Header
            value: Awesome
        initialDelaySeconds: 30
        timeoutSeconds: 1
      name: hue-music
```

컨테이너의 활성 프로브가 실패를 감지하는 경우 포드의 재시작 정책이 적용된다. 재시작 정책이 Never이면 프로브가 쓸모 없게 되기 때문에 해당 정책을 확인해야 한다.

다음은 프로브의 두 가지 유형이다.

- TcpSocket: 포트 오픈 여부 확인
- Exec: 성공 시 0를 반환하는 명령 실행

준비 프로브를 사용한 종속성 관리

준비 프로브(readinessProbe)의 사용 목적은 활성 프로브와는 다르다. 컨테이너가 실행 중이고 그 시점에 사용할 수 없는 상태의 서비스에 따라 다를 수 있다. 예를 들어 Hue 음악 서비스는 청취 기록이 포함된 데이터 서비스의 접근에 의존적이다. 접근 권한이 없으면 해당 업무의 수행은 불가능하다. 이 경우 다른 서비스와 외부 클라이언트는 hue 음악 서비스에 요청을 보낼 수 없다. 하지만 이 서비스를 재시작할 필요가 없으며 이때 준비 프로브를 사용하도록 한다. 컨테이너의 준비 프로브가 실패를 감지하면 컨테이너의 포드는 등록된 모든 서비스의 엔드포인트에서 삭제된다. 결과적으로 요청 처리가 불가한 서비스 목록을 최소화할 수 있다. 준비 프로브를 사용해 내부 대기열을 비우기 전까지, 초과 예약된 포드를 일시적으로 제거할 수 있다.

다음은 준비 프로브의 예제다. 여기서 exec 프로브를 사용해 사용자 정의 명령을 실행한다. 명령이 0이 아닌 종료 코드로 종료하면 해당 컨테이너는 해제될 것이다.

```
readinessProbe:
  exec:
    command:
      - /usr/local/bin/checker
      - --full-check
      - --data-service=hue-multimedia-service
  initialDelaySeconds: 60
  timeoutSeconds: 5
```

준비 프로브와 활성 프로브가 서로 다른 목적으로 제공되는 경우 동일한 컨테이너에 있는 것이 좋다.

▌ init 컨테이너를 사용한 포드 정렬 실행

활성 프로브와 준비 프로브는 훌륭한 기능을 제공한다. 그들은 프로세스 시작시 컨테이너가 아직 준비되지 않았지만 실패한 것으로 간주되면 안되는 기간이 있음을 알고 있다. 이를 위해 준비 대기 시간 initialDelayInSeconds를 설정해 해당 시간 동안 실패로 간주하지 않는다. 그러나 초기 지연이 매우 길다면 고민해 봐야 한다. 대부분의 경우 컨테이너가 2초 후에 준비되고 요청을 처리할 준비가 되지만 초기 지연 시간을 5분으로 설정한 경우 컨테이너가 유휴 상태로 많은 시간을 낭비하게 된다. 컨테이너가 트래픽이 많은 서비스인 경우, 많은 인스턴스가 각각 업그레이드 후 5분 동안 유휴 상태가 되어 서비스를 거의 사용할 수 없게 된다.

이런 문제는 init 컨테이너로 해결할 수 있다. 포드는 다른 컨테이너가 시작되기 전까지 완료 상태로 동작하는 init 컨테이너가 있다. init 컨테이너는 모든 비결정적 초기화를 처리할 수 있으며, 준비 프로브가 있는 애플리케이션 컨테이너에 최소한의 지연만 허용한다.

쿠버네티스 1.6 베타 버전에 포함된 init 컨테이너는 InitContainers 필드로 spec에 명시하며, containers 필드와 유사하다. 다음은 init 컨테이너 예제다.

```
apiVersion: v1
kind: Pod
metadata:
  name: hue-fitness
spec:
  containers:
    name: hue-fitness
    Image: hue-fitness:v4.4
  InitContainers:
```

```
name: install
Image: busybox
command: /support/safe_init
volumeMounts:
- name: workdir
  mountPath: /workdir
```

데몬세트 포드와 공유

데몬세트 포드는 노드 또는 노드의 하위 집합마다 하나씩 자동으로 배포되는 포드다. 데몬세트는 일반적으로 노드를 감시하고 노드가 동작하는지 확인하는 데 사용된다. 이것은 노드 문제 감지기를 살펴본 3장, '모니터링, 로깅, 문제 해결'에서 다룬 매우 중요한 기능이다. 그러나 데몬세트는 훨씬 더 많이 사용될 수 있다. 쿠버네티스 기본 스케줄러의 특성은 리소스 가용성과 요청에 따라 포드를 스케줄링하는 것이다. 리소스가 많이 필요하지 않은 포드가 많으면 유사한 포드가 동일 노드에서 스케줄링된다. 작은 작업을 수행하고 매 초 모든 활동에 대한 요약을 원격 서비스에 보낸다고 생각해보자. 그리고 평균 50개의 포드가 동일한 노드에서 스케줄링된다고 가정해보자. 즉 50개의 포드가 매 초 데이터가 거의 없는 작은 크기의 50개의 네트워크 요청을 처리하는 것이다. 단일 네트워크당 50개의 요청에 대해 부하를 감소시키는 방법을 생각해보자. 데몬세트 포드를 사용하면 50개의 개별 포드가 원격 서비스에 직접 정보를 전송하지 않고 포드와 통신할 수 있다. 데몬세트 포드는 50개의 포드에서 모든 데이터를 수집하고 초당 1회 수집된 데이터를 집계해 원격 서비스에 전송할 것이다. 물론 원격 서비스 API가 집계보고를 지원해야 한다. 이런 구성을 적용하면 포드 자체를 수정할 필요가 없다. 단지 원격 서비스 대신 localhost에 데몬세트와 통신하도록 구성하면 된다. 데몬세트 포드는 집계 프록시 역할을 수행한다.

다음 구성 파일은 매우 흥미롭게도 hostNetwork, hostPID, hostIPC 옵션이 true로 설정돼 있다. 이런 설정은 포드가 동일한 물리적 호스트에서 실행된다는 사실을 활용해 프록시와 효율적으로 통신할 수 있다.

```
apiVersion: apps/v1
kind: DaemonSet
metadata:
  name: hue-collect-proxy
  labels:
    tier: stats
    app: hue-collect-proxy
spec:
  template:
    metadata:
      labels:
        hue-collect-proxy
    spec:
      hostPID: true
      hostIPC: true
      hostNetwork: true
      containers:
          image: the_g1g1/hue-collect-proxy
          name: hue-collect-proxy
```

▌쿠버네티스로 Hue 플랫폼 진화

이 절에서는 Hue 플랫폼을 확장하고 시장과 커뮤니티에 서비스를 제공하는 새로운 방법을 설명한다. 새로운 과제나 요구 사항을 해결하려면 쿠버네티스의 어떤 기능과 특징을 사용할 수 있을까라는 질문은 항상 존재한다.

기업에서 Hue 활용

기업에서는 보안이나 규정 준수 또는 비용 문제로 데이터를 클라우드로 이동할 수 없거나, 레거시 시스템의 성능으로 인해 클라우드에서 실행할 수 없는 경우가 많다. 어쨌든 기업용 Hue는 사내 구축형 클러스터와 베어 메탈 클러스터를 지원해야 한다.

쿠버네티스는 클라우드에 가장 많이 구축되며 특별한 클라우드 공급자 인터페이스도 가지고 있지만, 클라우드에 의존하지 않고 어디서나 배포할 수 있다. 전문 지식이 더 많이 필요하지만 이미 자체 데이터 센터에서 시스템을 운영하는 기업은 전문 지식을 갖추고 있다.

CoreOS는 베어메탈 클러스터에 쿠버네티스 클러스터를 배포하는 것과 관련된 많은 자료를 제공한다.

Hue를 활용한 과학 발전

Hue는 다양한 소스의 데이터 통합뿐만 아니라 과학 분야에서도 효과적으로 큰 이익이 된다. Hue가 다양한 분야의 과학자들 간의 협력을 돕는 방법에 대해 생각해보자.

과학 공동체 네트워크는 지리적으로 분산된 여러 클러스터에 걸쳐 배포해야 한다. 클러스터 연합을 확인하면 쿠버네티스는 이런 사용 사례를 염두에 두고 지원을 발전시킨다. 다음 장에서 더 자세하게 확인한다.

Hue를 활용한 미래의 아이들 교육

Hue는 교육을 위해서 다양한 온라인 교육 시스템에 서비스를 제공할 수 있다. 그러나 개인 정보 보호 문제로 인해 어린이를 위한 Hue를 단일 집중식 시스템으로 배포할 수 없는 경우도 있다. 이 경우 학교마다 다른 네임스페이스를 부여해 단일 클러스터를 갖게 한다면 가능할 것이다. 또 다른 배포 옵션은 각 학교 또는 자치단체별로 독립적인 Hue 쿠버네티스 클러스터를 가지는 것이다. 두 번째 경우 교육을 위한 Hue는 기술적인 전문성이 부족한 학교에 적합하도록 쉬운 작동이 필요하다. 쿠버네티스는 Hue에 대해 자가 치유 및 자동 크기 조절 기능을 제공해 가능한 한 관리가 필요 없는 환경을 지원할 것이다.

▌요약

이 장에서는 마이크로서비스 아키텍처를 기반으로 모든 영역에 적용 가능한 서비스인 Hue 플랫폼의 개발, 배포, 관리를 설계하고 계획했다. 물론 쿠버네티스를 기본 오케스트레이션 플랫폼으로 사용해 많은 개념과 리소스를 꼼꼼하게 확인했다. 특히 단기 또는 cron 작업에 대비되는 장기 실행 서비스를 위한 포드 배포와 내부 서비스 및 외부 서비스를 탐색하거나 쿠버네티스 클러스터를 분할하기 위해 네임스페이스를 사용하는 내용에 중점을 두고 확인했다. 그리고 활성 프로브와 준비 프로브, init 컨테이너, 데몬세트를 활용해 Hue와 같은 큰 시스템을 관리하는 방법을 살펴봤다.

이제 마이크로서비스로 구성된 웹 규모의 시스템을 설계하고 쿠버네티스 클러스터에 배포하고 관리하는 방법에 대해 조금 더 이해가 될 것이다.

7장에서는 매우 중요한 스토리지 영역을 살펴본다. 데이터는 매우 중요한 요소이면서 시스템에서 가장 유연하지 못한 요소다. 쿠버네티스는 다양한 스토리지 솔루션과 통합하는 스토리지 모델과 다양한 옵션을 제공한다.

07

쿠버네티스 스토리지 관리하기

이 장에서는 쿠버네티스가 스토리지를 관리하는 방법에 대해 살펴본다. 스토리지는 연산 처리하는 컴퓨팅 자원과 매우 다르지만 상위 수준에서 이 둘은 모두 자원으로로 취급된다. 범용 플랫폼으로써 쿠버네티스는 프로그래밍 모델과 스토리지 공급자를 위한 플러그인 세트를 기반으로 스토리지를 추상화하는 접근 방식을 취한다. 먼저 스토리지 개념 모델과 클러스터의 컨테이너에서 스토리지를 사용하는 방법을 자세히 알아본다. 그런 다음 AWS, GCE, 애저 같은 일반 클라우드 플랫폼 스토리지 공급자가 제공하는 스토리지를 살펴본다. 그리고 분산 파일시스템을 제공하는 유명한 오픈 스토리지 제공업체인 레드햇의 GlusterFS를 살펴볼 것이다. 또한 쿠버네티스 클러스터의 일부로 컨테이너의 데이터를 관리하는 대체 솔루션인 Flocker도 살펴본다. 마지막으로 쿠버네티스가 기존 기업용 스토리지 솔루션과 통합을 지원하는 방법을 살펴본다.

이 장의 마지막 부분에서는 쿠버네티스에서 스토리지를 확인하는 방법, 각각의 배포 환경에서 다양한 스토리지 옵션(로컬 테스트, 공개 클라우드, 엔터프라이즈)과 사용 사례를 통해 자신의 환경에 가장 적합한 옵션을 선택하는 방법을 확실하게 이해할 수 있게 될 것이다.

▌ 영구 볼륨 살펴보기

이 절에서는 쿠버네티스 스토리지 개념 모델을 이해하고 영구 스토리지를 컨테이너에 매핑해 읽고 쓰는 방법을 살펴본다. 먼저 스토리지와 관련된 문제부터 살펴보자. 컨테이너와 포드는 모두 일시적인 특징을 가지고 있다. 컨테이너가 죽을 때 컨테이너 자체의 파일 시스템에 작성한 모든 것은 삭제된다. 또한 컨테이너는 호스트 노드의 디렉토리를 마운트해 읽고 쓸 수 있다. 컨테이너가 재시작해도 디렉토리는 남지만 호스트 노드는 사라진다. 컨테이너가 죽을 때 마운트된 호스트 디렉토리의 소유권과 같은 다른 문제도 있다. 어떤 컨테이너가 호스트의 여러 데이터 디렉토리에 중요한 데이터를 기록하고 있으며, 어떤 데이터가 어떤 컨테이너에 기록되는지 직접적으로 알려주지 않고 노드 전체에 모든 데이터를 남겨 두는 것을 생각해보자. 이 정보를 기록할 수는 있지만 어디에 기록할지 알지 못할 것이다. 대규모 시스템에서는 데이터를 안정적으로 관리하려면 반드시 모든 노드에서 영구적으로 스토리지 접근을 가능하게 해야 한다.

볼륨

기본 쿠버네티스 스토리지의 추상화 개념이 볼륨이다. 컨테이너는 포드에 바인딩되는 볼륨을 마운트하고 마치 로컬 파일시스템에 있는 것처럼 스토리지에 접근한다. 이것은 전혀 새로운 기능은 아니며, 데이터에 접근해야 하는 애플리케이션을 작성하는 개발자는 저장되는 위치와 방법에 대해 걱정할 필요가 없기 때문에 유용하다.

노느 산 통신을 위한 emptyDir

공유 볼륨을 사용해 동일 포드에서 컨테이너 간에 데이터를 공유하는 방법은 매우 간단하다. 컨테이너 1과 컨테이너 2는 단순히 동일한 볼륨을 마운트하고, 이 공유 공간에 읽고 쓰는 방법으로 통신할 수 있다. 가장 기본적인 볼륨은 emptyDir이다. emptyDir 볼륨은 호스트의 빈 디렉토리다. 포드가 노드로부터 제거되면 내용이 지워지기 때문에 '영구적이지 않다'라는 사실을 기억해야 한다. 컨테이너에 문제가 발생하는 경우 포드는 여전히 동작을 하며 나중에 접근할 수 있다. 다른 흥미로운 옵션 중에 하나는 메모리를 매체로 지정하는 램 디스크RAM Disk를 사용하는 것이다. 램 디스크를 사용하는 컨테이너는 훨씬 빠르지만 휘발성이 큰 공유 메모리를 통해 서로 통신한다. 노드가 다시 시작되면 emptyDir의 볼륨 내용은 손실된다.

다음은 shared-volumed라는 이름의 동일한 볼륨을 마운트하는 두 개의 컨테이너가 있는 포드 구성 파일이다. 컨테이너는 여러 경로로 마운트하지만 hue-global-contanier가 /notifications 디렉토리에 파일을 쓰는 경우 hue-job-scheduler는 /incoming 아래에 해당 파일을 표시한다.

```yaml
apiVersion: v1
kind: Pod
metadata:
  name: hue-scheduler
spec:
  containers:
  - image: the_g1g1/hue-global-listener
    name: hue-global-listener
    volumeMounts:
    - mountPath: /notifications
      name: shared-volume
  - image: the_g1g1/hue-job-scheduler
    name: hue-job-scheduler
    volumeMounts:
    - mountPath: /incoming
      name: shared-volume
```

```
volumes:
- name: shared-volume
  emptyDir: {}
```

공유 메모리 옵션을 사용하려면 emptyDir 항목에 medium: Memory를 추가하면 된다.

```
volumes:
- name: shared-volume
  emptyDir:
    medium: Memory
```

노드 간 통신을 위한 HostPath

간혹 포드가 일부 호스트 정보(예, 도커 데몬)에 접근하거나 동일한 노드의 포드 간에 서로 통신하도록 할 수 있다. 이 기능은 포드가 동일한 호스트에 있다는 것을 알고 있는 경우에 유용하다. 쿠버네티스는 사용 가능한 자원을 기반으로 포드를 스케줄링하기 때문에 일반적으로 포드는 노드를 공유하는 다른 포드를 알지 못한다. 포드가 동일한 노드에서 함께 스케줄링될 다른 포드에 의존할 수 있는 경우는 두 가지다.

- 단일 노드 클러스터에서 모든 포드는 명백히 동일한 하나의 노드를 공유한다.
- DaemonSet 포드는 항상 선택자^{Selector}와 일치하는 다른 포드와 노드를 공유한다.

예를 들어, 6장, '중요 쿠버네티스 리소스 사용하기'에서 다른 포드에 수집 프록시^{aggregating} ^{proxy} 역할을 수행하는 DaemonSet 포드에 대해 설명했다. 이 동작을 구현하는 또 다른 방법은 포드가 호스트 디렉토리에 마운트된 볼륨에 데이터를 쓰고 DaemonSet 포드가 직접 읽고 동작할 수 있도록 하는 것이다.

HostPath 볼륨 사용을 결정하기 전에 다음 제한 사항을 이해할 필요가 있다.

- 구성이 동일한 포드의 동작은 데이터 기반 호스트의 파일이 다른 경우에 다를 수 있다.
- 쿠버네티스는 HostPath 자원을 모니터링할 수 없기 때문에 자원 기반 스케줄링이 불가할 수 있다(해당 기능은 쿠버네티스에서 곧 공개 예정임).
- 호스트 디렉토리에 접근하는 컨테이너는 권한이 True로 설정된 보안 컨텍스트가 있어야 하며, 호스트에서 쓰기가 가능하도록 권한을 변경해야 한다.

다음은 호스트의 /etc/hue/data/coupons 디렉토리에 매핑된 hue-coupon-hunter 컨테이너에 /coupon 디렉토리를 마운트하는 구성 파일이다.

```
apiVersion: v1
kind: Pod
metadata:
  name: hue-coupon-hunter
spec:
  containers:
  - image: the_g1g1/hue-coupon-hunter
    name: hue-coupon-hunter
    volumeMounts:
    - mountPath: /coupons
      name: coupons-volume
  volumes:
  - name: coupons-volume
    host-path:
      path: /etc/hue/data/coupons
```

권한이 없는 보안 컨텍스트를 가진 포드는 호스트 디렉토리에 쓰기 작업을 할 수 없다. 컨테이너 spec에 보안 컨텍스트를 추가 변경해 쓰기 권한을 활성화한다.

```
  - image: the_g1g1/hue-coupon-hunter
    name: hue-coupon-hunter
    volumeMounts:
    - mountPath: /coupons
      name: coupons-volume
    securityContext:
          privileged: true
```

다음 다이어그램에서는 각각의 컨테이너에 다른 컨테이너 또는 포드에 접근할 수 없는 자체 로컬 저장 영역이 있고, 호스트의 **/data** 디렉토리는 컨테이너 1과 컨테이너 2 모두에 볼륨으로 마운트된 것을 확인할 수 있다.

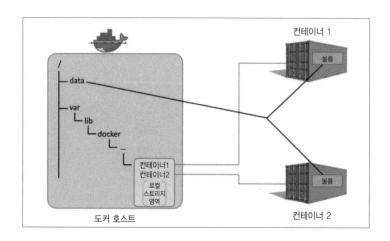

내구성이 뛰어난 노드 스토리지에 로컬 볼륨 사용

로컬 볼륨은 HostPath와 유사하지만 포드를 다시 시작하거나 노드를 다시 시작해도 계속 유지된다. 이런 의미에서, 로컬 볼륨은 영구적인 볼륨으로 간주되며 쿠버네티스 1.7에 추가됐다. 쿠버네티스 1.10에서는 기능을 활성화해야 한다. 로컬 볼륨의 목적은 특정 스토리지 볼륨이 포함된 노드에서 특정 포드를 예약해야 하는 StatefulSet을 지원하는 것이다. 로컬 볼륨에는 노드 유사성 주석이 있어 접근해야 하는 스토리지에 대한 포드의 바인딩을 단순화한다.

```
apiVersion: v1
kind: PersistentVolume
metadata:
  name: example-pv
  annotations:
    "volume.alpha.kubernetes.io/node-affinity": '{
      "requiredDuringSchedulingIgnoredDuringExecution": {
        "nodeSelectorTerms": [
          { "matchExpressions": [
            { "key": "kubernetes.io/hostname",
              "operator": "In",
              "values": ["example-node"]
            }
          ]}
        ]}
      }'
spec:
  capacity:
    storage: 100Gi
  accessModes:
  - ReadWriteOnce
  persistentVolumeReclaimPolicy: Delete
  storageClassName: local-storage
  local:
    path: /mnt/disks/ssd1
```

영구 볼륨 프로비저닝

emptyDir 볼륨은 컨테이너에 마운트해 사용할 수 있다. 그렇지만 영구적이지 않고 노드의 기존 저장소를 사용하기 때문에 특별한 프로비저닝이 필요하지 않다. HostPath 볼륨은 원래 노드에 영구적으로 사용되지만 다른 노드에서 포드가 재시작되면 이전 노드에서 HostPath 볼륨에 접근할 수 없다. 로컬 볼륨은 노드에서 유지되며 포드가 재시작되거나 노드가 재시작돼도 계속 유지된다. 실제로 영구 볼륨은 관리자가 미리 준비한 외부 스토리지를 사용한다(노드에 실제로 연결된 디스크가 아니다). 클라우드 환경에서 프로비저닝은 매우 간소화 될 수 있지만 여전히 필요하다. 그리고 쿠버네티스 클러스터 관리자는 최소한 스토리지 할당량이 충분한지 확인하고 사용량과 할당량의 비율을 주기적으로 모니터링해야 한다.

영구 볼륨은 쿠버네티스 클러스터가 노드와 유사한 방식으로 사용하는 자원이라는 것을 기억해야 한다. 따라서 쿠버네티스 API 서버는 영구 볼륨을 관리하지 않는다. 자원을 정적 또는 동적으로 프로비저닝할 수 있다.

- **정적으로 영구 볼륨 프로비저닝하기**: 정적 프로비저닝은 간단하다. 클러스터 관리자는 사전에 일부 저장 미디어에 의해 백업된 영구 볼륨을 미리 생성하고 컨테이너는 생성된 영구 볼륨을 사용할 수 있다.

- **동적으로 영구 볼륨 프로비저닝하기**: 동적 프로비저닝은 영구 볼륨 프로비저닝 요청과 정적으로 프로비전된 영구 볼륨이 불일치할 경우 발생한다. 해당 요청이 스토리지 클래스를 지정하고 관리자가 동적 프로비저닝을 위해 해당 클래스를 구성하면, 영구 볼륨은 즉시 프로비저닝될 수 있다. 다음 절에서 영구 볼륨 요청과 스토리지 클래스에 대한 예제를 살펴본다.

- **외부에서 영구 볼륨 프로비저닝하기**: 최근 동향 중 하나는 스토리지 제공자를 쿠버네티스 코어에서 볼륨 플러그인(트리 외부Out-of-trees라고도 함)으로 이동하는 것이다. 외부 공급자는 트리 내 동적 공급자처럼 작동하지만 독립적으로 배포 및 업데이트할 수 있다. 점점 더 많은 트리 내 내부 스토리지 공급자가 트리 외부로 옮겨가고 있다. 이런 쿠버네티스 인큐베이터 프로젝트는 https://github.com/kubernetes-incubator/external-storage에서 확인할 수 있다.

영구 볼륨 생성

다음은 NFS 영구 볼륨의 구성 파일이다.

```
apiVersion: v1
kind: PersistentVolume
metadata:
  name: pv-1
  labels:
    release: stable
    capacity: 100Gi
spec:
  capacity:
    storage: 100Gi
  volumeMode: Filesystem
  accessModes:
    - ReadWriteOnce
    - ReadOnlyMany
  persistentVolumeReclaimPolicy: Recycle
  storageClassName: normal
  nfs:
    path: /tmp
    server: 172.17.0.8
```

영구 볼륨에는 이름을 포함하는 spec과 metadata가 있다. 여기서는 spec에 집중할 것이다. spec에는 용량, 볼륨 모드, 접근 모드, 회수[reclaim] 정책, 스토리지 클래스, 볼륨 유형(이 예에서는 nfs) 등이 있다.

용량

각각의 볼륨은 지정된 양의 스토리지 공간이 있다. 스토리지 요구 사항은 적어도 해당 스토리지의 크기를 가진 영구 볼륨으로 충족될 수 있다. 다음 사례에서 영구 볼륨의 용량[Capacity]은 100기가바이트(2^{30}바이트)다. 이것은 스토리지 요청 패턴을 이해하기 위해 정적 영구 볼륨을 할당할 때 중요한 부분이다. 예를 들어 100기가바이트 용량의 영구 볼륨 20개

를 프로비저닝하고, 컨테이너가 150기가바이트의 영구 볼륨을 요구하는 경우 전체 용량
이 충분하더라도 요구 사항은 충족되지 않는다.

```
capacity:
  storage: 100Gi
```

볼륨 모드

쿠버네티스 1.9에서는 선택적인 볼륨 모드가 spec에 필드로 지정하고 애노테이션에 지
정하지 않더라도 정적인 프로비저닝을 위한 알파 기능으로 추가됐다. 파일시스템("File
system") 또는 원시 스토리지("Block")를 원한다면 지정할 수 있다. 볼륨 모드를 지정하지
않으면 기본값은 1.9 버전 이전과 마찬가지로 "Filesystem"이다.

접근 모드

접근 모드Access modes에는 세 가지가 있다.

- ReadOnlyMany: 다수 노드에서 읽기 전용으로 마운트 가능
- ReadWriteOnce: 단일 노드에서 읽기/쓰기로 마운트 가능
- ReadWriteMany: 다수 노드에서 읽기/쓰기로 마운트 가능

스토리지는 노드에 마운트되기 때문에 ReadWriteOnce 옵션을 사용하더라도 동일한 노드
에 있는 여러 컨테이너가 해당 볼륨에 마운트하고 쓰기를 할 수 있다. 그로 인해 문제가
발생하면 다른 메커니즘을 통해 이 문제를 처리해야 한다. 예를 들어 여러분이 알고 있는
DaemonSet 노드의 볼륨을 노드당 하나만 가지도록 요구하는 것이다.

다른 스토리지 공급자는 이런 모드의 일부 하위 집합을 지원한다. 영구 볼륨을 프로비저
닝할 때 지원할 모드를 지정할 수 있다. 예를 들어 NFS는 모든 모드를 지원하지만 이 예
제에서는 다음 모드만 활성화됐다.

```
accessModes:
  - ReadWriteMany
  - ReadOnlyMany
```

회수 정책

회수 정책Reclaim Policy은 영구 볼륨 요청이 삭제될 때 수행할 작업을 결정한다. 회수 정책에는 세 가지가 있다.

- Retain: 수동으로 회수가 필요한 볼륨
- Delete: AWS EBS, GCE PD, 애저 디스크 또는 오픈스택 Cinder 볼륨과 같은 관련 스토리지 자산이 삭제
- Recycle: 내용만 삭제(rm -rf /volume/*)

Retain과 Delete 정책은 향후 요청에 영구 볼륨을 더 이상 사용할 수 없음을 의미한다. Recycle 정책을 사용하면 해당 볼륨을 다시 요청할 수 있다.

현재 NFS와 HostPath만 Recycle 정책을 지원한다. AWS EBS, GCE PD, 애저 디스크, Cinder 볼륨은 Delete를 지원한다. 동적으로 프로비저닝된 볼륨은 항상 삭제된다.

스토리지 클래스

spec의 옵션인 storageClassName 필드를 사용해 스토리지 클래스를 지정할 수 있다. 이 경우 동일한 스토리지 클래스를 지정하는 영구적 볼륨 요청만 영구 볼륨에 바인딩될 수 있다. 스토리지 클래스를 지정하지 않으면 스토리지 클래스를 지정하지 않는 영구 볼륨 요청만 해당 클래스에 바인딩될 수 있다.

볼륨 유형

볼륨 유형은 spec에서 이름으로 지정된다. volumeType 항목은 없으며, 이전에 설명한 예제에서 nfs는 볼륨 유형이다.

```
nfs:
  path: /tmp
  server: 172.17.0.8
```

각각의 볼륨 유형은 고유한 매개변수를 가질 수 있다. 위 예제에서 매개변수는 path와 server이다.

다음 절에서 다양한 볼륨 유형을 살펴본다.

영구적인 볼륨 요청 만들기

컨테이너가 일부 영구 스토리지에 접근해야 할 때 요청을 한다. 또는 개발자와 클러스터 관리자는 필요한 스토리지 자원 요청 시 조정한다. 다음은 이전 절에서 영구 볼륨과 일치하는 요청의 예제다.

```
kind: PersistentVolumeClaim
apiVersion: v1
metadata:
  name: storage-claim
spec:
  accessModes:
  - ReadWriteOnce
  resources:
    requests:
      storage: 80Gi
  storageClassName: "normal"
  selector:
    matchLabels:
      release: "stable"
    matchExpressions:
      - {key: capacity, operator: In, values: [80Gi, 100Gi]}
```

name으로 설정된 storage-claim은 이후 작업에서 컨테이너에 볼륨을 마운트할 때 중요하게 사용된다.

spec에 정의된 접근 모드는 ReadWriteOnce이다. 즉 요청이 수용되면 ReadWriteOnce 모드로 다른 요청은 수용되지 않지만 ReadOnlyMany 모드에 대한 요청은 계속 수용될 수 있다.

resources 항목은 80기가바이트를 요청한다. 이것은 100기가바이트의 용량을 가진 영구 볼륨에 의해 수용될 수 있다. 그러나 이것은 20기가바이트가 사용되지 않기 때문에 약간의 낭비가 발생한다.

스토리지 클래스 이름은 "normal"이다. 앞서 언급했듯이 영구 볼륨의 클래스 이름과 일치해야 한다. 그러나 영구 볼륨 요청[PVC, Persistent Volume Claim]의 경우 빈 클래스 이름 ("")과 클래스 이름이 전혀 다르다. 전자(빈 클래스 이름)는 스토리지 클래스 이름이 없는 영구 볼륨과 일치한다. 후자(클래스 이름 없음)는 DefaultStorageClass 승인 플러그인이 해제돼 있거나 기본 스토리지 클래스가 사용되는 경우에만 영구 볼륨에 바인딩할 수 있다.

selector 항목을 통해 사용 가능한 볼륨을 추가로 필터링할 수 있다. 예를 들어 해당 볼륨은 release:stable 라벨과 일치해야 하며, capacity :80Gi 또는 Capacity : 100Gi 라벨을 가져야 한다. 200기가바이트와 500기가바이트의 용량으로 프로비저닝된 다른 여러 볼륨이 있다고 생각해보면 단지 80기가바이트가 필요할 때 500기가바이트 볼륨을 요청하고 싶지 않을 것이다.

쿠버네티스는 항상 요청에 맞는 최소 크기의 볼륨을 할당하려고 시도한다. 그렇지만 80기가바이트 또는 100기가바이트 볼륨이 없으면, 라벨은 200기가바이트 또는 500기가바이트 볼륨을 할당하는 대신 동적 프로비저닝을 사용한다.

볼륨의 요청이 이름으로 볼륨을 구분하지 않는다는 것을 인식하는 것은 중요하다. 쿠버네티스는 스토리지 클래스, 용량, 라벨을 기반으로 일치 여부를 확인한다.

마지막으로 영구 볼륨 요청은 네임스페이스와도 관련이 있다. 영구 볼륨을 요청에 바인딩하는 것은 독점적 사용을 가능하게 한다. 이것은 영구 볼륨이 네임스페이스에 바인딩됨을 의미한다. 접근 모드가 ReadOnlyMany 또는 ReadWriteMany인 경우에도 영구 볼륨을 요청하는 모든 포드는 요청하는 네임스페이스 내에 있어야 한다.

요청된 볼륨 마운트하기

볼륨을 프로비저닝하고 이를 요청했다. 이제 컨테이너에서 요청된 스토리지를 사용할 것이다. 이것은 매우 간단하다. 먼저 영구 볼륨 요청은 포드 내의 볼륨으로 사용돼야 하며, 포드의 컨테이너는 다른 볼륨들과 마찬가지로 마운트할 수 있다. 다음은 우리가 프로비저닝한 NFS 영구 볼륨에 바인딩되는 이전에 생성한 영구 볼륨 요청을 지정하는 포드 구성 파일이다.

```yaml
kind: Pod
apiVersion: v1
metadata:
  name: the-pod
spec:
  containers:
    - name: the-container
      image: some-image
      volumeMounts:
      - mountPath: "/mnt/data"
        name: persistent-volume
  volumes:
    - name: persistent-volume
      persistentVolumeClaim:
        claimName: storage-claim
```

volumes 아래 persistentVolumeClaim 항목이 중요하다. 요청 이름(여기서는 storage-claim)은 현재 네임스페이스 내에서 구체적인 요청을 유일하게 식별하고 여기에서는

persistent-volume이라는 볼륨으로 사용할 수 있도록 한다. 그리고 컨테이너는 이름을 참조해 /mnt/data에 마운트한다.

원시 블록 볼륨

쿠버네티스 1.9에는 알파 기능으로 원시 블록 볼륨raw block volume 기능이 추가됐다. --feature-gates=BlockVolume=true로 활성화해야 한다. 원시 블록 볼륨은 파일시스템 추상화를 통해 조정되지 않는 기본 스토리지에 대한 직접 접근을 제공한다. 이는 데이터 베이스와 같은 높은 스토리지 성능이 필요한 애플리케이션이나 일관된 I/O 성능과 짧은 대기 시간이 필요한 애플리케이션에 매우 유용하다. 광채널, iSCSI, 로컬 SSD는 모두 원시 블록 스토리지로 사용하기에 적합하다. 현재 쿠버네티스 1.10에서는 로컬 볼륨과 광채널 스토리지 공급자만 원시 블록 볼륨을 지원한다. 원시 블록 볼륨을 정의하는 방법은 다음과 같다.

```
apiVersion: v1
kind: PersistentVolume
metadata:
  name: block-pv
spec:
  capacity:
    storage: 10Gi
  accessModes:
    - ReadWriteOnce
  volumeMode: Block
  persistentVolumeReclaimPolicy: Retain
  fc:
    targetWWNs: ["50060e801049cfd1"]
    lun: 0
    readOnly: false
```

일치하는 PVC는 volumeMode: Block 역시 지정해야 한다. 예를 들어 다음과 같다.

```
apiVersion: v1
kind: PersistentVolumeClaim
metadata:
  name: block-pvc
spec:
  accessModes:
    - ReadWriteOnce
  volumeMode: Block
  resources:Chapter 7
  requests:
    storage: 10Gi
```

포드는 원시 블록 볼륨을 마운트된 파일시스템이 아닌 /dev 아래의 장치로 사용한다. 그런 다음 컨테이너가 이 기기에 접근해 읽기/쓰기를 수행할 수 있다. 실제로 스토리지를 차단하기 위한 I/O 요청은 기본 블록 스토리지로 곧바로 이어지고 파일시스템 드라이버를 통과하지 못함을 의미한다. 이것은 이론상으로는 더 빠르지만 실제로는 애플리케이션이 파일시스템 버퍼링을 통해 이점을 얻는다면 실제로 성능을 저하시킬 수 있다.

다음은 원시 블록 스토리지를 이용해 block-pvc를 /dev/xdva라는 디바이스로 바인딩하는 컨테이너가 있는 포드이다.

```
apiVersion: v1
kind: Pod
metadata:
  name: pod-with-block-volume
spec:
  containers:
    - name: fc-container
      image: fedora:26
      command: ["/bin/sh", "-c"]
      args: [ "tail -f /dev/null" ]
      volumeDevices:
```

```
    - name: data
      devicePath: /dev/xvda
volumes:
  - name: data
    persistentVolumeClaim:
      claimName: block-pvc
```

스토리지 클래스

스토리지 클래스를 사용하게 되면 관리자는 클러스터를 지원하는 적당한 플러그인이 있는 경우 사용자 지정 영구 스토리지로 클러스터를 구성할 수 있다. 스토리지 클래스는 metadata, a provisioner, parameters에 이름을 가지고 있다.

```
kind: StorageClass
apiVersion: storage.k8s.io/v1
metadata:
  name: standard
provisioner: kubernetes.io/aws-ebs
parameters:
  type: gp2
```

서로 다른 파라미터로 동일한 공급자에 대해 다수의 스토리지 클래스를 만들 수 있다. 공급자는 각자의 파라미터를 가진다.

다음은 현재 지원되는 볼륨 유형이다.

- AwsElasticBlockStore
- AzureFile
- AzureDisk
- CephFS
- Cinder

- FC

- FlexVolume

- Flocker

- GcePersistentDisk

- GlusterFS

- ISCSI

- PhotonPersistentDisk

- Quobyte

- NFS

- RBD

- VsphereVolume

- PortworxVolume

- ScaleIO

- StorageOS

- Local

이 목록에는 일반적인 네트워크 스토리지에서 지원하지 않는 gitRepo나 secret 같은 볼륨 유형이 모두 포함되어 있지 않다. 쿠버네티스 지원 범위는 여전히 유동적이다. 또한 향후 결합도는 더 낮아질 것이고 설계는 더 명확해져 플러그인이 쿠버네티스 자체의 일부가 되지는 않을 것이다. 볼륨 유형의 효과적인 활용은 클러스터의 관리와 설계에 있어 매우 중요한 부분이다.

기본 스토리지 클래스

클러스터 관리자는 기본 스토리지 클래스를 할당할 수도 있다. 기본 스토리지 클래스가 할당되고 DefaultStorageClass 승인 플러그인이 활성화되면 스토리지 클래스를 동반하지 않는 요청은 기본 스토리지 클래스를 사용해 동적으로 프로비저닝된다. 기본 스토리지 클래스가 정의되지 않았거나 승인 플러그인이 비활성화 상태인 경우 스토리지 클래스를 동반하지 않는 요청은 스토리지 클래스가 없는 볼륨하고만 할당될 수 있다.

영구 볼륨 스토리지 구성 시연

모든 개념을 설명하기 위해 HostPath 볼륨을 생성하고, 요청하고, 마운트하고 컨테이너에 쓸 수 있도록 작은 규모의 시연을 시도해본다.

먼저 HostPath 볼륨을 만든다. 그리고 다음과 같이 persistent-volume.yaml에 내용을 저장한다.

```
kind: PersistentVolume
apiVersion: v1
metadata:
  name: persistent-volume-1
spec:
  StorageClassName: dir
  capacity:
    storage: 1Gi
  accessModes:
    - ReadWriteOnce
  hostPath:
    path: "/tmp/data"

> kubectl create -f persistent-volume.yaml
persistentvolume "persistent-volume-1" created
```

사용 가능한 볼륨을 확인하기 위해 persistentvolumes 자원 유형 또는 줄여서 pv를 입력한다.

```
> kubectl get pv
NAME:          persistent-volume-1
CAPACITY:      1Gi
```

```
ACCESS MODES:     RWO
RECLAIM POLICY: Retain
STATUS:           Available
CLAIM:
STORAGECLASS:     dir
REASON:
AGE:              17s
```

용량으로 1기가바이트를 요청했다. hostpath 볼륨이 유지되므로 회수 정책은 Retain이다. 그리고 볼륨이 아직 요청되지 않았기 때문에 상태는 Available이다. 접근 모드는 ReadWriteMany을 의미하는 RWX로 지정된다. 모든 접근 모드는 축약된 표기로 표시할 수 있다.

- RWO: ReadWriteOnce – 읽기/쓰기 한 번
- ROX: ReadOnlyMany – 읽기만 여러 번
- RWX: ReadWriteMany – 읽기/쓰기 여러 번

영구 볼륨을 가지게 됐으니 요청을 생성한다. 다음 내용을 pesistentvolume-claim.yaml에 저장한다.

```
kind: PersistentVolumeClaim
apiVersion: v1
metadata:
  name: persistent-volume-claim
spec:
  accessModes:
    - ReadWriteOnce
  resources:
    requests:
      storage: 1Gi
```

그리고 다음 명령을 실행한다.

```
> kubectl create -f persistent-volume-claim.yaml
persistentvolumeclaim "persistent-volume-claim" created
```

claim과 volume을 확인한다.

```
> kubectl get pvc
NAME                             STATUS VOLUME
CAPACITY ACCESSMODES    AGE
persistent-volume-claim   Bound    persistent-volume-1 1Gi RWO
dir           1m
> kubectl get pv
NAME:              persistent-volume-1
CAPACITY:          1Gi
ACCESS MODES:      RWO
RECLAIM POLICY:    Retain
STATUS:            Bound
CLAIM:             default/persistent-volume-claim
STORAGECLASS:      dir
REASON:
AGE:               3m
```

보는 것과 같이 volume과 claim은 서로 바인딩돼 있다. 마지막 단계는 포드를 만들고 요청에 맞는 볼륨을 할당하는 것이다. 다음 내용을 shell-pod.yaml에 저장한다.

```
kind: Pod
apiVersion: v1
metadata:
  name: just-a-shell
  labels:
    name: just-a-shell
spec:
  containers:
    - name: a-shell
      image: ubuntu
        command: ["/bin/bash", "-c", "while true ; do sleep 10 ; done"]
```

```
          volumeMounts:
          - mountPath: "/data"
            name: pv
        - name: another-shell
          image: ubuntu
          command: ["/bin/bash", "-c", "while true ; do sleep 10 ; done"]
          volumeMounts:
          - mountPath: "/data"
            name: pv
      volumes:
        - name: pv
          persistentVolumeClaim:
            claimName: persistent-volume-claim
```

이 포드는 우분투 이미지를 사용하는 두 개의 컨테이너로 구성되며, 모두 무한 루프에서
sleep으로 대기하는 셸 명령을 실행한다. 개념은 컨테이너가 계속 실행될 것이므로, 나
중에 컨테이너에 연결할 수 있고 파일시스템을 확인할 수 있다는 것이다. 포드는 볼륨 이
름 pv로 영구 볼륨 요청을 마운트한다. 두 컨테이너는 모두 /data 디렉토리에 pv 볼륨을
마운트한다.

포드를 생성하고 두 컨테이너가 모두 실행 중인지 확인한다.

```
> kubectl create -f shell-pod.yaml
pod "just-a-shell" created

> kubectl get pods
NAME            READY   STATUS     RESTARTS   AGE
just-a-shell 2/2       Running    0          1m
```

그런 다음 노드에서 ssh를 실행한다. 이것은 /tmp/data가 실행 중이며 각각의 컨테이너와
/data로 마운트된 포드 볼륨의 호스트다.

```
> minikube ssh
$
```

노드 내부에서 도커 명령을 사용해 컨테이너와 통신할 수 있다. 마지막 두 개의 실행 중인 컨테이너를 살펴본다.

```
$ docker ps -n 2 --format '{{.ID}}\t{{.Image}}\t{{.Command}}'
820fc954fb96 ubuntu "/bin/bash -c 'whi..."
cf4502f14be5 ubuntu "/bin/bash -c 'whi..."
```

그리고 호스트에 /tmp/data 디렉토리를 생성한다. 마운트된 볼륨을 통해 두 컨테이너에서 모두 볼 수 있어야 한다.

```
$ sudo touch /tmp/data/1.txt
```

컨테이너 중 하나에서 셸을 실행해 1.txt 파일이 실제로 있는지 확인한다. 그리고 2.txt 파일을 생성한다.

```
$ docker exec -it 820fc954fb96 /bin/bash
root@just-a-shell:/# ls /data
1.txt
root@just-a-shell:/# touch /data/2.txt
root@just-a-shell:/# exit
Finally, we can run a shell on the other container and verify that both 1.txt and
2.txt are visible:
docker@minikube:~$ docker exec -it cf4502f14be5 /bin/bash
root@just-a-shell:/# ls /data
1.txt 2.txt
```

▌공용 스토리지 볼륨 유형: GCE, AWS, 애저

이 절에서는 주요 공용 클라우드 플랫폼에서 사용할 수 있는 일반적인 볼륨 유형 중 일부를 살펴본다. 대규모 환경에서 스토리지 관리는 노드와 같이 물리적 자원을 필요로 하는 어려운 작업이다. 공개 클라우드 플랫폼에서 쿠버네티스 클러스터 사용을 선택한다면, 클라우드 서비스 공급자가 이런 어려운 문제를 처리하고 여러분은 시스템에 집중할 수 있다. 그러나 각 볼륨 유형의 다양한 옵션, 제약 조건, 제한 사항을 이해하는 것이 중요하다.

AWS 탄력적인 블록스토어

AWS는 탄력적인 블록스토어EBS, Elastic Block Store를 EC2 인스턴스의 영구 스토리지로 제공한다. AWS 쿠버네티스 클러스터는 AWS EBS를 영구 스토리지로 사용할 수 있으며, 다음과 같은 제한 사항이 있다.

- 포드는 EC2 인스턴스에서 노드로 실행해야 한다.
- 포드는 가용성 영역에서 프로비저닝 된 EBS 볼륨에만 접근할 수 있다.
- EBS 볼륨은 단일 EC2 인스턴스에 마운트될 수 있다.

이런 제한 사항은 시스템 관리에 있어 심각한 부담을 준다. 단일 가용 영역에 대한 제한 사항은 높은 성능을 보장하는 반면, 사용자 정의 복제와 동기화 기능이 없는 경우 지리적으로 분산된 시스템과 대규모 환경에서 스토리지를 공유할 수 없는 문제를 가진다. 단일 EC2 인스턴스에 단일 EBS 볼륨을 매칭하는 제한은 동일 가용 영역내에서도 동일한 노드에서 실행되는지 여부를 확인하지 않는 한, 포드는 스토리지 공유를 할 수 없음을 의미한다. 읽기조차 되지 않는다.

EBS 볼륨을 마운트하는 방법을 확인한다.

```
apiVersion: v1
kind: Pod
metadata:
  name: some-pod
spec:
  containers:
  - image: some-container
    name: some-container
    volumeMounts:
    - mountPath: /ebs
      name: some-volume
  volumes:
  - name: some-volume
    awsElasticBlockStore:
      volumeID: <volume-id>
      fsType: ext4
```

여러분은 AWS에서 EBS 볼륨을 생성하고 포드에 마운트해야 한다. ID로 직접 볼륨을 마운트하기 때문에 요청 또는 스토리지 클래스는 필요하지 않다. awsElasticBlockStore는 쿠버네티스에 잘 알려진 볼륨 유형이다.

AWS 탄력적인 파일시스템

최근 AWS는 새로운 서비스로 EFS^{Elastic File System}를 출시했다. 이것은 실제로 관리되는 NFS 서비스다. EFS는 NFS 4.1 프로토콜을 사용하고 있으며, EBS보다 많은 장점을 가지고 있다.

- 다수의 EC2 인스턴스가 다수의 가용 영역(단, 동일 지역 내)에서 동일한 파일에 접근할 수 있다.
- 실제 사용량에 따라 용량이 자동으로 조정된다.

- 사용하는 만큼만 지불한다.

- VPN을 통해 회사 내 서버(온프레미스 서버)를 EFS에 연결할 수 있다.

- EFS는 가용 영역에서 자동 복제되는 SSD 드라이브에서 실행된다.

즉 EFS가 다수의 가용 영역^{AZ}을 자동 복제한다는 점을 고려하더라도(전체적으로 EBS볼륨을 활용한다고 가정할 때) EBS보다 더 광범위하게 활용할 수 있다. EFS는 외부 공급자를 사용하고 있으며 배포가 쉽지 않다. 다음 안내를 따른다.

https://github.com/kubernetes-incubator/external-storage/tree/master/aws/efs

설정이 완료되고, 스토리지 클래스를 정의되고, 영구 볼륨이 존재하면 ReadWriteMany 모드로 원하는 만큼의 볼륨을 요청하고 마운트할 수 있다. 다음은 영구 볼륨에 대한 요청이다.

```
kind: PersistentVolumeClaim
apiVersion: v1
metadata:
  name: efs
  annotations:
    volume.beta.kubernetes.io/storage-class: "aws-efs"
spec:
  accessModes:
    - ReadWriteMany
  resources:
    requests:
      storage: 1Mi
```

영구 볼륨을 사용하는 포드는 다음과 같다.

```
kind: Pod
apiVersion: v1
metadata:
  name: test-pod
```

```
spec;
  containers:
  - name: test-pod
    image: gcr.io/google_containers/busybox:1.24
  command:
    - "/bin/sh"
  args:
    - "-c"
    - "touch /mnt/SUCCESS exit 0 || exit 1"
  volumeMounts:
    - name: efs-pvc
      mountPath: "/mnt"
restartPolicy: "Never"
volumes:
  - name: efs-pvc
    persistentVolumeClaim:
      claimName: efs
```

GCE 영구 디스크

gcePersistentDisk 볼륨 유형은 awsElasticBlockStore와 매우 유사하다. 사전에 해당 디스크를 프로비저닝해야 한다. 그리고 해당 볼륨은 동일한 프로젝트와 영역의 GCE인스턴스에서만 사용할 수 있다. 그러나 동일한 볼륨을 여러 인스턴스에서 읽기 전용으로는 사용할 수 있다. 즉 ReadWriteOnce와 ReadOnlyMany 접근 모드로 사용할 수 있다. 동일한 영역에서 여러 포드 간의 읽기 전용 데이터를 공유하기 위해 GCE 영구 디스크를 사용할 수 있다.

ReadWriteOnce 모드에서 영구 디스크를 사용하는 포드는 복제 컨트롤러, 복제 세트 또는 복제 카운트가 0 또는 1인 배포본에 의해 제어돼야 한다. 1을 초과해 확장을 시도하는 경우 실패하게 될 것이다.

```
apiVersion: v1
kind: Pod
metadata:
  name: some-pod
spec:
  containers:
  - image: some-container
    name: some-container
    volumeMounts:
    - mountPath: /pd
      name: some-volume
  volumes:
  - name: some-volume
    gcePersistentDisk:
      pdName: <persistent disk name>
      fsType: ext4
```

애저 데이터 디스크

애저[Azure] 데이터 디스크는 애저 스토리지에 저장된 가상 하드 디스크다. 이것은 AWS EBS 의 기능과 비슷하다. 다음은 예제 포드의 구성 파일이다.

```
apiVersion: v1
kind: Pod
metadata:
  name: some-pod
spec:
containers:
- image: some-container
  name: some-container
  volumeMounts:
    - name: some-volume
      mountPath: /azure
volumes:
    - name: some-volume
```

```
azureDisk:
  diskName: test.vhd
  diskURI: https://someaccount.blob.microsoft.net/vhds/test.vhd
```

필수 항목인 disk와 diskURI 매개변수 외에도 몇 가지 선택적 매개변수가 있다.

- cachingMode: 디스크 캐싱모드. None, ReadOnly, ReadWrite 중 하나로 설정하며 기본값은 None
- fsType: 마운트되도록 설정된 파일시스템 유형이며 기본값은 ext4
- readOnly: 파일시스템의 readOnly 사용 여부 값이며 기본값은 false

애저 데이터 디스크는 1,023GB의 제한이 있다. 각각의 애저 가상 머신은 최대 16개의 데이터 디스크를 가질 수 있다. 하나의 애저 가상 머신에 애저 데이터 디스크를 연결할 수 있다.

애저 파일 스토리지

애저는 데이터 디스크 외에도 AWS EFS와 유사한 공유 파일시스템을 가지고 있다. 그러나 애저 파일 스토리지는 SMB2.1과 SMB3.0을 지원하는 SMB/CIFS 프로토콜을 사용한다. 애저 파일 스토리지는 애저스토리지 플랫폼을 기반으로 하며 Azure Blob, Table 또는 Queue와 동일한 가용성, 내구성, 확장성, 지리적 중복 저장 기능을 제공한다.

애저 파일 스토리지를 사용하려면 각 클라이언트 VM에 cifs-utils 패키지를 설치해야 한다. 그리고 필수 매개변수인 secret를 생성해야 한다.

```
apiVersion: v1
kind: Secret
metadata:
  name: azure-file-secret
type: Opaque
```

```
data:
  azurestorageaccountname: <base64 encoded account name>
  azurestorageaccountkey: <base64 encoded account key>
```

다음은 애저 파일 스토리지 구성 파일이다.

```
apiVersion: v1
kind: Pod
metadata:
  name: some-pod
spec:
containers:
 - image: some-container
   name: some-container
   volumeMounts:
     - name: some-volume
       mountPath: /azure
volumes:
    - name: some-volume
      azureFile:
        secretName: azure-file-secret
       shareName: azure-share
        readOnly: false
```

애저 파일 스토리지는 동일한 지역 내에서 공유는 물론 사내 구축형 온프레미스 클라이언트와의 연결도 지원한다. 다음은 워크플로우를 설명하는 그림이다.

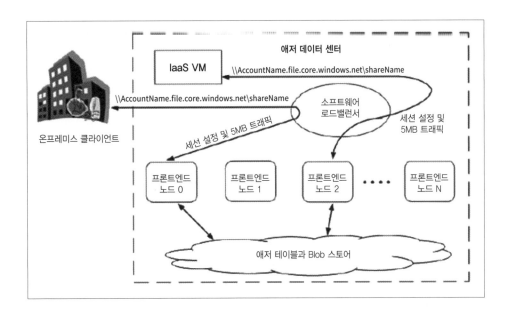

쿠버네티스에서 GlusterFS와 Ceph 볼륨

GlusterFS와 Ceph는 두 개의 분산 영구 스토리지 시스템이다. GlusterFS는 핵심 네트워크 파일시스템이며, Ceph는 객체 저장소의 핵심이다. 두 시스템은 모두 블록, 객체, 파일시스템 인터페이스를 제공하며, xfs 파일시스템을 사용해 데이터와 메타데이터를 xattr 속성으로 저장한다. 쿠버네티스 클러스터에서 GlusterFS 또는 Ceph를 영구 볼륨으로 사용하는 이유는 다음과 같다.

- GlusterFS 또는 Ceph에 저장된 데이터에 접근하는 많은 애플리케이션과 데이터를 보유한 경우
- GlusterFS 또는 Ceph를 관리하는 관리 및 운영 전문 지식을 보유한 경우
- 클라우드에서 실행하지만 클라우드 플랫폼 영구 스토리지 제한이 거의 없는 경우

GlusterFS 사용

GlusterFS는 단순해 기본 디렉토리를 그대로 공개하고, 고가용성, 복제, 배포 처리를 위해 클라이언트(또는 미들웨어)에 GlusterFS를 남겨놓는다. GlusterFS는 파일을 저장하는 브릭brick을 비롯해 여러 노드(장치)가 있는 논리적인 볼륨으로 데이터를 구성한다. 파일은 분산 해시 테이블DHT, Distributed Hash Table에 따라 브릭에 할당된다. 파일 이름이 바뀌거나 GlusterFS 클러스터가 확장되거나 재조정되는 경우, 파일은 브릭 간에 이동할 수 있다. 다음은 GlusterFS 구성 요소를 보여주는 그림이다.

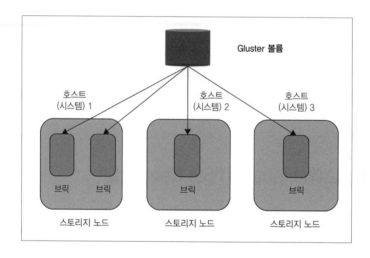

GlusterFS 클러스터를 쿠버네티스의 영구 스토리지로 사용하려면 GlusterFS 클러스터를 실행하고 있다고 가정하는 경우 여러 단계를 수행해야 한다. 특히 GlusterFS 노드는 플러그인에 의해 쿠버네티스 서비스 형태로 관리된다. 애플리케이션 개발자에게는 상관이 없다.

엔드포인트 생성

다음은 kubectl create를 사용해 일반적인 쿠버네티스 자원으로 생성할 수 있는 엔드포인트 자원의 예제다.

```
{
  "kind": "Endpoints",
  "apiVersion": "v1",
  "metadata": {
    "name": "glusterfs-cluster"
  },
  "subsets": [
    {
      "addresses": [
        {
          "ip": "10.240.106.152"
        }
      ],
      "ports": [
        {
          "port": 1
        }
      ]
    },
    {
      "addresses": [
        {
          "ip": "10.240.79.157"
        }
      ],
      "ports": [
        {
          "port": 1
        }
      ]
    }
  ]
}
```

GlusterFS 쿠버네티스 서비스 추가

엔드포인트를 지속적으로 만들기 위해 셀렉터를 동반하지 않는 쿠버네티스 서비스를 사용해 수동으로 엔드포인트를 관리해야 한다.

```
{
  "kind": "Service",
  "apiVersion": "v1",
  "metadata": {
    "name": "glusterfs-cluster"
  },
  "spec": {
    "ports": [
      {"port": 1}
    ]
  }
}
```

포드 생성

마지막으로 포드 spec의 volumes 항목에 다음 정보를 입력한다.

```
"volumes": [
        {
          "name": "glusterfsvol",
          "glusterfs": {
            "endpoints": "glusterfs-cluster",
            "path": "kube_vol",
            "readOnly": true
          }
        }
      ]
```

그리고 컨테이너는 glusterfsvol을 이름으로 마운트할 수 있다.

endpoints항목은 GlusterFS 볼륨 플러그인에게 GlusterFS 클러스터의 스토리지 노드를 찾는 방법을 알려준다.

Ceph 사용

Ceph의 객체 저장소는 다수의 인터페이스를 사용해 접근할 수 있다. 쿠버네티스는 RBD(블록)와 CEPHFS(파일시스템) 인터페이스를 지원한다. 다음은 오랜 기간 기본 객체 저장소인 RADOS에 접근하는 방법을 보여 주는 그림이다. GlusterFS와 다르게 Ceph는 많은 작업을 자동으로 수행한다. 자체적으로 배포, 복제, 자가 치유의 기능을 수행한다.

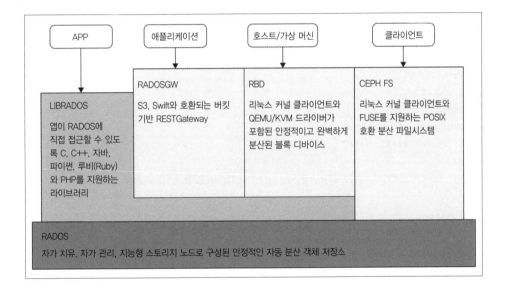

RBD를 사용해 Ceph에 연결

쿠버네티스는 RadosBlockDevice[RBD] 인터페이스를 통해 Ceph를 지원한다. 이를 위해 쿠버네티스 클러스터의 각 노드에 ceph-common을 설치해야 한다. Ceph 클러스터를 설치하고 시작하면, Ceph RBD 볼륨 플러그인에 필요한 몇 가지 정보를 포드 구성 파일에 제공해야 한다.

- monitors: Ceph 모니터

- pool: RADOS 풀의 이름. 미제공 시 기본값은 RBD 풀

- image: RBD가 생성한 이미지 이름

- user: RADOS 사용자 이름. 미제공 시 기본값은 관리자

- keyring: keyring 파일의 경로. 미제공 시 기본값은 /etc/ceph/keyring

- secretName: 인증 secrets의 이름. secretName을 입력 시 keyring 값을 덮어씀. secret를 만드는 방법은 다음 단락 참조

- fsType: 장치에서 포맷된 파일시스템 유형(ext4, xfs 등)

- readOnly: 파일시스템이 readOnly로 사용되는지 여부

Ceph 인증 secret를 사용하려면 secret 객체를 만들어야 한다.

```
apiVersion: v1
kind: Secret
metadata:
  name: ceph-secret
type: "kubernetes.io/rbd"
data:
  key: QVFCMTZWMVZvRjVtRXhBQTVrQ1FzN2JCajhWVUxSdzI2Qzg0SEE9PQ==
```

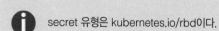 secret 유형은 kubernetes.io/rbd이다.

포드 spec의 volumes 항목은 다음과 같다.

```
"volumes": [
  {
    "name": "rbdpd",
    "rbd": {
      "monitors": [
```

```
          "10.16.154.78:6789",
          "10.16.154.82:6789",
          "10.16.154.83:6789"
      ],
        "pool": "kube",
        "image": "foo",
        "user": "admin",
        "secretRef": {
      "name": "ceph-secret"
      },
        "fsType": "ext4",
        "readOnly": true
    }
  }
]
```

Ceph RBD는 ReadWriteOnce와 ReadOnlyMany 접근 모드를 지원한다.

CephFS를 사용해 Ceph에 연결

Ceph 클러스터가 이미 CephFS로 구성된 경우 매우 쉽게 CephFS를 포드에게 할당할 수 있다. 또한 CephFS는 ReadWriteMany 접근 모드를 지원한다.

CephFS 구성은 풀, 이미지, 파일시스템 유형이 없는 것을 제외하고 Ceph RBD와 유사하다. secret은 쿠버네티스 secret 객체 또는 secret에 대한 참조일 수 있다.

```
apiVersion: v1
kind: Pod
metadata:
  name: cephfs
spec:
  containers:
  - name: cephfs-rw
    image: kubernetes/pause
    volumeMounts:
    - mountPath: "/mnt/cephfs"
```

```
      name: cephfs
 volumes:
 - name: cephfs
   cephfs:
     monitors:
     - 10.16.154.78:6789
     - 10.16.154.82:6789
     - 10.16.154.83:6789
     user: admin
     secretFile: "/etc/ceph/admin.secret"
     readOnly: true
```

또한 cephfs 시스템의 매개변수로 경로를 제공할 수 있으며, 기본값은 '/'이다.

트리 내 RBD 제공자는 외부 저장 쿠버네티스 인큐베이터 프로젝트에 트리 외부 복사본을 가지고 있다.

▌ 클러스터된 컨테이너 데이터 볼륨 관리자로써 Flocker

지금까지 영구 스토리지가 아닌 emptyDir와 HostPath는 제외하고 쿠버네티스 클러스터 외부에 데이터를 저장하는 스토리지 솔루션에 대해 설명했다. Flocker는 조금 다르다. Flocker는 도커를 인식한다. Flocker는 컨테이너가 노드 사이를 이동할 때 도커 데이터 볼륨을 컨테이너와 함께 이동할 수 있게 설계됐다. 도커 컴포즈 또는 메소스와 같은 오케스트레이션 플랫폼을 사용하는 도커 기반 시스템을 쿠버네티스로 전환하고, Flocker를 사용해 스토리지 오케스트레이션을 수행하는 경우, Flocker 볼륨 플러그인을 사용할 수 있다. 개인적으로 Flocker의 수행 작업과 쿠버네티스의 추상 스토리지 작업 수행 간에 많은 중복이 있다고 생각한다.

Flocker는 각 노드에 제어 서비스와 에이전트를 가지고 있다. Flocker의 아키텍처는 각 노드에서 실행되는 API 서버와 kubelet을 사용하는 쿠버네티스와 매우 유사하다. Flocker

제어 서비스는 REST API를 노출하고 클러스터 전체에 대하 구성 상태를 관리한다. 에이전트는 노드 상태가 현재 구성과 일치하는지 확인할 책임이 있다. 예를 들어 노드 X에 데이터 집합이 있어야 한다면, 노드 X의 Flocker 에이전트는 데이터 집합을 만들 것이다.

다음은 Flocker 아키텍처에 대한 그림이다.

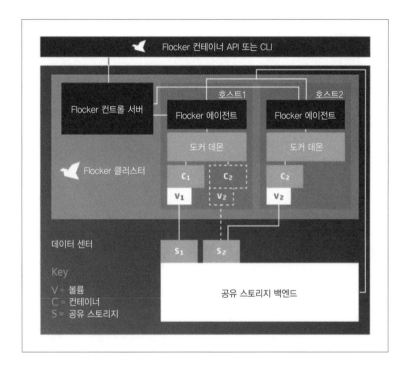

쿠버네티스에서 Flocker를 영구 볼륨으로 사용하려면 먼저 Flocker 클러스터를 올바르게 구성해야 한다. Flocker는 쿠버네티스 영구 볼륨과 매우 유사한 많은 백업 저장소와 함께 동작할 수 있다.

그런 다음 Flocker 데이터 집합을 만든다. 그러면 그 시점에서 영구 볼륨으로 연결할 준비 상태가 된다. 이런 작업을 한 후 Flocker 데이터 집합 이름을 지정하면 된다.

```
apiVersion: v1
kind: Pod
metadata:
  name: some-pod
spec:
  containers:
    - name: some-container
      image: kubernetes/pause
      volumeMounts:
        # name은 반드시 밑의 volume 이름과 같아야 한다.
        - name: flocker-volume
          mountPath: "/flocker"
  volumes:
    - name: flocker-volume
      flocker:
        datasetName: some-flocker-dataset
```

▌ 쿠버네티스에 기업용 스토리지 통합

iSCSI 인터페이스를 통해 기존 SAN^Storage Area Network이 노출된 경우 쿠버네티스는 볼륨 플러그인을 제공한다. 이런 모델은 이전에 보았던 다른 공유 영구 스토리지 플러그인과 동일한 모델이다. iSCSI 초기화 프로그램을 구성해야 하지만 초기화 프로그램의 정보를 제공할 필요는 없다. 다음은 정보 제공이 필요한 목록이다.

- iSCSI 대상의 IP와 포트 정보(기본 3260이 아닌 경우)
- 대상의 iqn(iSCSI 이름): 일반적으로 역방향 도메인 이름
- LUN^Logical Unit Number: 논리 장치 번호
- 파일시스템 유형
- ReadOnly 참/거짓 부울 플래그

iSCSI 플러그인은 ReadWriteOnce 및 ReadonlyMany 접근 모드를 지원한다. 지금 시점에는 장치를 분할할 수 없다. 다음은 iSCSI의 volume spec 예제다.

```
volumes:
  - name: iscsi-volume
    iscsi:
      targetPortal: 10.0.2.34:3260
      iqn: iqn.2001-04.com.example:storage.kube.sys1.xyz
      lun: 0
      fsType: ext4
      readOnly: true
```

▌ 볼륨 예상

여러 볼륨을 단일 디렉토리로 투영하여 단일 볼륨으로 표시할 수 있다. 지원되는 볼륨 유형은 secret, downwardAPI, configMap이다. 이 기능은 여러 구성 소스를 포드에 마운트하려는 경우 유용하다. 각 소스마다 별도의 볼륨을 생성하지 않고 모든 볼륨을 하나의 단일 예상 볼륨에 묶을 수 있다. 다음은 그 예제다.

```
apiVersion: v1
kind: Pod
metadata:
  name: the-pod
spec:
  containers:
  - name: the-container
    image: busybox
    volumeMounts:
    - name: all-in-one
      mountPath: "/projected-volume"
      readOnly: true
  volumes:
```

```
    - name: all-in-one
      projected:
        sources:
        - secret:
            name: the-secret
            items:
              - key: username
                path: the-group/the-user
        - downwardAPI:
            items:
              - path: "labels"
                fieldRef:
                  fieldPath: metadata.labels
              - path: "cpu_limit"
                resourceFieldRef:
                  containerName: the-container
                  resource: limits.cpu
  - configMap:
      name: the-configmap
      items:
        - key: config
          path: the-group/the-config
```

FlexVolume을 이용한 트리 외부 볼륨 플러그인 사용

FlexVolume은 쿠버네티스 1.8에서 일반적으로 사용할 수 있게 됐다. 이 도구를 사용하면 동일한 API를 통해 트리 외부 스토리지를 사용할 수 있다. 스토리지 공급자는 모든 노드에 설치하는 드라이버를 작성한다. FlexVolume 플러그인은 기존 드라이버를 동적으로 검색할 수 있다. 다음은 FlexVolume을 사용해 외부 NFS 볼륨에 바인드하는 예제다.

```
apiVersion: v1
kind: Pod
metadata:
```

```
  name: nginx-nfs
  namespace: default
spec:
  containers:
  - name: nginx-nfs
    image: nginx
    volumeMounts:
    - name: test
      mountPath: /data
    ports:
    - containerPort: 80
  volumes:
  - name: test
    flexVolume:
      driver: "k8s/nfs"
      fsType: "nfs"
      options:
        server: "172.16.0.25"
        share: "dws_nas_scratch"
```

▌ 컨테이너 스토리지 인터페이스

컨테이너 스토리지 인터페이스CSI, Container Storage Interface는 컨테이너 오케스트레이터와 스토리지 공급자 간의 상호작용을 표준화하기 위한 이니셔티브다. 쿠버네티스, 도커, 메소스, 클라우드 파운드리Cloud Foundry가 주도하고 있다. 스토리지 공급자는 단 하나의 플러그인만 구현하면 되고 컨테이너 오케스트레이터는 CSI만 지원하면 된다. 이는 스토리지에 대한 CNI와 동일하다. FlexVolume에는 몇 가지 장점이 있다.

- CSI는 업계 표준이다.
- FlexVolume 플러그인은 derivers를 배포하기 위해 노드와 마스터 루트 파일시스템에 접근해야 한다.

- FlexVolume 스토리지 드라이버는 종종 많은 외부 종속성을 필요로 한다.
- FlexVolume의 EXEC 스타일 인터페이스는 깔끔하다.

CSI 볼륨 플러그인은 쿠버네티스 1.9에서 알파 기능으로 추가됐고, 쿠버네티스 1.10에서 이미 베타 상태로 전환됐다. FlexVolume은 최소한 잠시 동안 이전 버전과의 호환성을 유지한다. 그러나 CSI가 모멘텀을 얻고 더 많은 스토리지 공급자가 CSI 볼륨 드라이버를 구현함에 따라, 쿠버네티스가 트리 내 CSI 볼륨 플러그인만 제공하고 CSI 드라이버를 통해 스토리지 공급자와 통신할 수 있다.

다음은 쿠버네티스에서 CSI가 작동하는 방식을 보여주는 다이어그램이다.

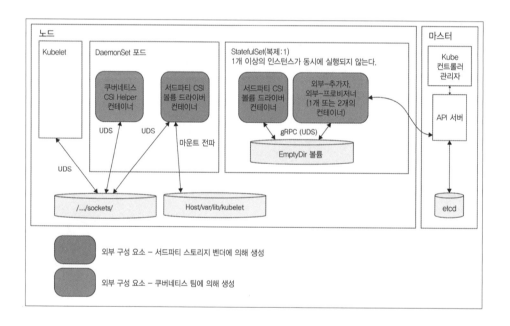

▌요약

이 장에서는 쿠버네티스의 스토리지를 자세히 살펴봤다. 볼륨, 요청, 저장소 클래스 기반의 일반적인 개념적 모델과 볼륨 플러그인 구현에 대해 살펴봤다. 쿠버네티스는 결국 모든 스토리지 시스템을 컨테이너 또는 원시 블록 스토리지의 마운트된 파일시스템에 매핑된다. 관리자는 간단한 모델을 사용해 로컬호스트 디렉토리부터 클라우드 기반의 공유 스토리지를 활용한 기업용 스토리지 시스템까지 모든 스토리지 시스템을 구성하고 연결할 수 있다. 트리 내에서 트리 외부로 스토리지 공급자 전환은 스토리지 에코시스템에 적합하다. 이제 쿠버네티스에서 스토리지를 모델링하고 구현하는 방법을 명확히 이해하고 쿠버네티스 클러스터에서 스토리지를 구현하는 방법을 지능적으로 선택할 수 있어야 한다.

8장에서는 쿠버네티스가 추상화 수준을 높이고 상위 스토리지를 기반으로 스테이트풀세트StatefulSets와 같은 개념을 사용해 상태저장 애플리케이션을 개발, 배포, 운영하는 방법을 살펴본다.

08

상태저장 쿠버네티스
애플리케이션 실행

이 장에서는 쿠버네티스에서 상태저장 애플리케이션을 실행하는 데 필요한 사항을 살펴본다. 쿠버네티스는 클러스터 노드에서 상황에 따른 포드 시작과 재시작을 자동으로 수행해 많은 수작업을 줄여준다. 이런 자동화는 네임스페이스, 제한, 할당량 같은 복잡한 요구 사항과 구성을 기반으로 한다. 그러나 포드가 데이터베이스와 대기열 같은 스토리지 인식 소프트웨어를 실행 중인 경우 포드를 재배치하면 시스템이 중단될 수 있다. 이번 장에서는 첫째, 상태저장 포드의 본질과 쿠버네티스에서 관리하기가 더 복잡한 이유를 살펴본다. 그리고 공유 환경 변수와 DNS 레코드와 같은 복잡성을 관리하는 몇 가지 방법을 살펴본다. 일부 상황에서는 중복 인메모리 상태, 데몬세트 또는 영구 저장소 요청이 효과가 있다. 쿠버네티스가 상태 인식 포드를 위해 권장하는 주요 솔루션은 이전에는 PetSet이라고 불렸던 스테이트풀세트^{StatefulSet} 리소스다. 이 리소스를 사용하면 안정적인 속성으로 포드의 색인된 수집을 관리할 수 있다. 마지막으로 쿠버네티스상에서 카산드라 클러스터를 실행하는 본격적인 예를 살펴본다.

■ 상태저장과 상태 비저장 쿠버네티스 애플리케이션[1]

상태 비저장 쿠버네티스 애플리케이션은 쿠버네티스 클러스터에서 상태를 관리하지 않는다. 모든 상태는 클러스터 외부에 저장되고 클러스터 컨테이너는 몇 가지 방식을 사용해 상태에 접근할 수 있다. 이 절에서는 분산 시스템 설계 시 상태 관리의 중요성과 쿠버네티스 클러스터 내에서 상태를 관리하는 경우의 이점을 알게 될 것이다.

분산 데이터 집약적인 앱의 본질 이해

분산 애플리케이션의 기본부터 살펴보겠다. 분산 애플리케이션은 다수의 컴퓨터에서 실행되는 프로세스의 모음으로, 입력 처리, 데이터 조작, API 노출expose, 그 밖의 작용 요소를 가지고 있다. 각 프로세스는 프로그램, 런타임 환경, 입출력의 조합이다. 학교에서 작성해본 프로그램은 명령줄 인수로 입력을 받거나, 파일을 읽거나, 데이터베이스에 접속하는 방식이었을 것이다. 그리고 화면에 결과를 보여주거나 파일 또는 데이터베이스에 결과를 기록했을 것이다. 일부 프로그램은 메모리에 상태를 유지하고 네트워크를 통해 요청을 처리할 수도 있다. 단일 컴퓨터에서 실행되는 간단한 프로그램은 모든 상태를 메모리에 저장하거나 파일을 통해 읽을 수 있다. 프로그램의 런타임 환경이 프로그램의 운영체제다. 운영체제에 문제가 발생하면 사용자는 운영체제를 직접 수동으로 재시작해야 한다. 프로그램들은 동작 중인 컴퓨터에 종속돼 있다. 분산 애플리케이션은 단일 운영체제와 다르다. 단일 시스템으로는 모든 데이터를 처리하거나 모든 요청을 원하는 만큼 빠르

---

1 Stateless(상태 비저장)는 이전의 상태를 기록하지 않는 접속으로 대표적으로 HTTP가 있다. 웹서버는 사용자의 작업을 기억할 필요가 없기 때문이다. stateful(상태저장)은 이전의 상태를 기록하고 있는 것으로 온라인 게임이 대표적이다. 게임의 경우 사용자가 진행한 내용을 기록했다가 다시 로그인하면 이전 기록부터 보여주어야 한다. – 옮긴이

게 처리할 수 없다. 또한 단일 시스템이 모든 데이터를 보유할 수는 없다. 처리해야 하는 데이터가 너무 많아 각각의 시스템에 다운로드하기에는 비효율적으로 비용을 많이 든다. 시스템은 고장 날 수도 있고, 교체가 필요할 수도 있다. 그리고 업그레이드는 모든 시스템에서 수행돼야 한다. 또한 해당 프로그램의 사용자는 전 세계 곳곳에 있을 지도 모른다.

이런 모든 문제를 종합했을 때, 전통적인 접근 방법은 효과가 없다는 것은 명확해진다. 분산 애플리케이션에 있어 제한 요소는 바로 데이터다. 사용자/클라이언트는 집약되거나 처리된 데이터만 필요로 한다. 데이터 전송은 매우 느리고 비용이 많이 들기 때문에 모든 대용량 데이터 처리는 데이터와 가까운 곳에서 수행돼야 한다. 대신 대량의 코드 처리는 데이터가 존재하는 동일한 데이터 센터 및 네트워크 환경에서 실행돼야 한다.

쿠버네티스 내부 상태 관리 목적

쿠버네티스가 스토리지 클러스터를 모니터링, 확장, 할당, 보안, 운영하는 데 필요한 많은 인프라가 이미 제공되고 있기 때문에, 분리된 클러스터와 달리 쿠버네티스 자체에서 상태를 관리한다. 병렬로 스토리지 클러스터를 운영하면 이중의 노력이 들어가게 된다.

쿠버네티스 외부 상태 관리 목적

다른 옵션과 함께 검토해보자. 어떤 경우에는 동일한 내부 네트워크를 공유하는 경우, 쿠버네티스가 아닌 별도의 클러스터에서 상태를 관리하는 것이 더 좋을 수도 있다(데이터 근접성이 모든 것보다 우선한다).

다음은 별도의 클러스터에서 상태 관리를 하는 이유다.

- 별도의 저장소 클러스터가 이미 존재하는데, 굳이 문제를 만들 필요가 없을 경우
- 스토리지 클러스터가 쿠버네티스가 아닌 다른 애플리케이션에서 사용되고 있는 경우

- 스토리지 클러스터에 대한 쿠버네티스 지원이 안정적이지 않거나 충분히 성숙하지 않은 경우

별도의 스토리지 클러스터로 시작했지만 추후에는 쿠버네티스와 더 긴밀하게 통합되도록 쿠버네티스의 상태저장형 앱에 점진적으로 다가가기를 원할 수도 있다.

█ 공유 환경 변수 VS DNS 레코드

쿠버네티스는 클러스터 간 전역 검색을 위해 다양한 메커니즘을 제공한다. 스토리지 클러스터가 쿠버네티스에 의해 관리되지 않더라도 쿠버네티스 포드에 스토리지 클러스터를 지정하고 접근 방법을 알려야 할 필요가 있다. 다음은 두 가지 주요 방법이다.

- DNS
- 환경 변수

어떤 경우에는 환경 변수로 DNS를 대체해 환경 변수만 사용하기 원할지도 모른다.

DNS를 통한 외부 데이터 저장소 접근

DNS 접근 방식은 간단하고 직접적이다. 외부 스토리지 클러스터가 로드밸런싱을 지원해 안정적인 엔드포인트를 제공할 수 있다고 가정하면 포드는 해당 엔드포인트에 직접 접촉해 외부 클러스터에 연결할 수 있다.

환경 변수를 통한 외부 데이터 저장소 접근

또 다른 간단한 접근은 환경 변수를 사용해 연결 정보를 외부 스토리지 클러스터에 전달하는 것이다. 쿠버네티스는 컨테이너 이미지와 별도로 구성을 유지하는 방법으로 ConfigMap 리소스를 제공한다. 이 구성은 키/값 쌍의 집합이다. 구성 정보는 볼륨뿐 아니라 컨테이

너 내부의 환성 번누도 표시될 수 있다. 민간한 연결 정부를 사용하려면 secret을 사용하는 것이 좋다.

ConfigMap 생성

다음 설정 파일은 주소 목록을 유지하도록 설정하는 설정 파일을 만든다.

```
apiVersion: v1
kind: ConfigMap
metadata:
  name: db-config
  namespace: default
data:
  db-ip-addresses: 1.2.3.4,5.6.7.8

> kubectl create -f .\configmap.yamlconfigmap
"db-config" created
```

data 항목은 모든 키/값의 쌍을 포함한다. 이 예제에서 db-ip-addresses 키 이름의 단일 쌍만 있다. 이것은 추후에 포드에서 configmap을 사용할 때 중요하다. 내용을 확인해 문제가 없는지 확인할 수 있다.

```
> kubectl get configmap db-config -o yaml
apiVersion: v1
data:
  db-ip-addresses: 1.2.3.4,5.6.7.8
kind: ConfigMap
metadata:
  creationTimestamp: 2017-01-09T03:14:07Z
  name: db-config
  namespace: default
  resourceVersion: "551258"
  selfLink: /api/v1/namespaces/default/configmaps/db-config
  uid: aebcc007-d619-11e6-91f1-3a7ae2a25c7d
```

ConfigMap을 만드는 또 다른 방법은 --from-value 또는 --from-file 명령줄 인수를 사용해 직접 만드는 것이다.

ConfigMap을 환경 변수로 사용

포드를 만들 때 ConfigMap을 지정해 다양한 방법으로 지정된 값을 사용할 수 있다. 다음은 구성 맵을 환경 변수로 사용하는 방법이다.

```
apiVersion: v1
kind: Pod
metadata:
  name: some-pod
spec:
  containers:
    - name: some-container
      image: busybox
      command: [ "/bin/sh", "-c", "env" ]
      env:
        - name: DB_IP_ADDRESSES
          valueFrom:
            configMapKeyRef:
              name: db-config
              key: db-ip-addresses
  restartPolicy: Never
```

이 포드는 busybox 최소 컨테이너를 실행하고 env bash 명령을 수행하며 즉시 결과가 나온다. db-config 맵의 db-ip-addresses 키는 환경 변수 DB_IP_ADDRESSES에 매핑되고 결과에 반영된다.

```
> kubectl logs some-pod
HUE_REMINDERS_SERVICE_PORT=80
HUE_REMINDERS_PORT=tcp://10.0.0.238:80
KUBERNETES_PORT=tcp://10.0.0.1:443
```

```
KUBERNETES_SERVICE_PORT=443
HOSTNAME=some-pod
SHLVL=1
HOME=/root
HUE_REMINDERS_PORT_80_TCP_ADDR=10.0.0.238
HUE_REMINDERS_PORT_80_TCP_PORT=80
HUE_REMINDERS_PORT_80_TCP_PROTO=tcp
DB_IP_ADDRESSES=1.2.3.4,5.6.7.8
HUE_REMINDERS_PORT_80_TCP=tcp://10.0.0.238:80
KUBERNETES_PORT_443_TCP_ADDR=10.0.0.1
PATH=/usr/local/sbin:/usr/local/bin:/usr/sbin:/usr/bin:/sbin:/bin
KUBERNETES_PORT_443_TCP_PORT=443
KUBERNETES_PORT_443_TCP_PROTO=tcp
KUBERNETES_SERVICE_PORT_HTTPS=443
KUBERNETES_PORT_443_TCP=tcp://10.0.0.1:443
HUE_REMINDERS_SERVICE_HOST=10.0.0.238
PWD=/
KUBERNETES_SERVICE_HOST=10.0.0.1
```

중복 메모리 상태 사용하기

경우에 따라 일시적 상태를 메모리에 유지하고 싶을 수도 있다. 이런 경우 분산형 캐싱이 일반적인 예제다. 시간에 민감한 정보도 있다. 이런 사용 사례의 경우 영구 스토리지가 필요하지 않으며 서비스를 통해 접근하는 여러 포드를 사용하는 것이 올바른 해결책일 수 있다. 라벨링과 같은 표준 쿠버네티스 기술을 사용해 동일한 상태의 중복된 복사본을 저장한 포드를 식별하고 서비스를 통해 노출할 수 있다. 하나의 포드가 죽으면 쿠버네티스가 새로운 포드를 만들고, 새로운 포드가 상태를 따라 잡을 때까지 다른 포드는 상태를 제공할 것이다. 포드의 반선호 알파anti-affinity Alpha 기능을 사용해 동일한 상태의 중복 복사본을 유지 관리하는 포드가 동일한 노드로 스케줄링되지 않도록 할 수 있다.

중복 영구 스토리지로 데몬세트 사용

분산 데이터베이스나 대기열과 같은 일부 상태저장 애플리케이션은 상태를 중복 관리하고 노드를 자동으로 동기화한다. 이런 분산 데이터베이스로 카산드라를 나중에 자세히 살펴보겠다. 이 경우 포드가 노드를 분리하도록 계획돼 있어야 한다. 또한 포드는 특정 하드웨어 구성으로 노드에 예약되거나 상태저장 애플리케이션 전용으로 지정돼야 한다. 데몬세트 기능은 이 사용 사례에 적합하다. 노드 집합에 라벨을 지정하고 상태저장 포드가 선택한 노드 그룹에 대해 각각 하나씩 예약되도록 할 수 있다.

영구적 볼륨 요청 적용

상태저장 애플리케이션이 공유된 영구 스토리지를 효율적으로 사용할 수 있다면 7장, '쿠버네티스 스토리지 관리하기'에서 설명한 것처럼 각 포드에서 영구 볼륨 요청을 사용하는 것이 좋다. 상태저장 애플리케이션은 로컬 시스템처럼 보이는 마운트된 볼륨으로 제공된다.

스테이트풀세트 활용

스테이트풀세트StatefulSet 컨트롤러는 쿠버네티스에 비교적 새로 추가된 기능이다. 쿠버네티스 1.3에서는 PetSets으로 소개됐고, 쿠버네티스 1.5에서는 스테이트풀세트로 이름이 변경됐다. 특히 구성원의 식별자가 중요한 분산 상태저장 애플리케이션을 지원하도록 설계됐으며, 포드가 재시작되면 식별자를 유지해야 한다. 스테이트풀세트는 정렬된 배포와 확장을 제공한다. 스테이트풀세트의 포드는 일반 포드와 달리 영구적인 스토리지와 연결된다.

스테이트풀세트를 사용하는 경우

스테이트풀세트는 다음 중 하나 이상이 필요한 애플리케이션에 적합하다.

- 안정적이고 고유한 이름을 가진 네트워크 식별자
- 안정적이고 영구적인 스토리지
- 정렬되고, 정상적인 배포 및 확장
- 정렬되고, 정상적인 삭제 및 종료

스테이트풀세트의 구성 요소

스테이트풀세트를 작동시키려면 몇 가지 요소들을 올바르게 설정해야 한다.

- 스테이트풀세트 포드의 네트워크 식별자를 관리할 헤드리스 서비스
- 다수의 복제본을 가지고 있는 스테이트풀세트 자체
- 동적인 방식 혹은 관리자에 의해 수행되는 영구 스토리지 프로비저닝

다음은 스테이트풀세트에 사용될 nginx 서비스 사례다.

```
apiVersion: v1
kind: Service
metadata:
  name: nginx
  labels:
    app: nginx
spec:
  ports:
  - port: 80
    name: web
  clusterIP: None
  selector:
    app: nginx
```

이제 스테이트풀세트 구성 파일이 nginx 서비스를 참조한다.

```
apiVersion: apps/v1
kind: StatefulSet
metadata:
  name: web
spec:
  serviceName: "nginx"
  replicas: 3
  template:
    metadata:
      labels:
        app: nginx
```

다음은 www라는 마운트 볼륨을 포함하는 포드 템플릿이다.

```
spec:
  terminationGracePeriodSeconds: 10
  containers:
  - name: nginx
    image: gcr.io/google_containers/nginx-slim:0.8
    ports:
    - containerPort: 80
      name: web
      volumeMounts:
    - name: www
      mountPath: /usr/share/nginx/html
```

마지막으로 volumeClaimTemplates는 마운트된 볼륨과 일치하는 www라는 요청을 사용한다. 요청은 ReadWriteOnce 접근 권한을 가진 저장소로 1Gib의 크기를 요청한다.

```
volumeClaimTemplates:
- metadata:
    name: www
```

```
spec:
  accessModes: [ "ReadWriteOnce" ]
  resources:
    requests:
      storage: 1Gib
```

▌쿠버네티스에서 카산드라 클러스터 운영

이 절에서는 쿠버네티스 클러스터에서 실행할 카산드라 클러스터를 구성하는 사례를 자세히 살펴본다. 전체 예제는 아래 사이트에서 확인할 수 있다.

https://github.com/kubernetes/kubernetes/tree/master/examples/storage/cassandra

먼저, 카산드라 자체의 개념과 특징에 대해 조금 살펴보고 이전 절에서 다뤘던 몇 가지 기술과 전략을 사용해 카산드라를 구동하는 절차를 단계별로 따라 실행할 것이다.

카산드라에 대한 간략한 소개

카산드라는 분산 컬럼 기반 데이터 저장소이며, 빅데이터 처리를 위해 설계됐다. 카산드라는 빠르고, 견고하며(단일 장애 지점이 없다), 가용성이 높고 선형으로 확장이 가능하다. 또한 여러 개의 데이터 센터를 지원한다. 카산드라는 한 가지만 집중함으로써 이 모든 기능을 가능하게 했다. 나는 이전 회사에서 약 100TB의 센서 데이터를 위한 데이터 저장소로 카산드라를 사용해 쿠버네티스 클러스터를 운영한 경험이 있다. 카산드라는 **분산 해시 테이블**^{DHT, distributed hash table} 알고리즘을 기반으로 하여 노드 집합(노드 링)에 데이터를 할당한다. 클러스터 노드는 가십 프로토콜을 통해 서로 대화하고 클러스터의 전체 상태(어떤 노드가 결합되어 있는지, 어떤 노드가 누락되었는지 또는 사용할 수 없는지 등)를 신속하게 파악한다. 카산드라는 지속적으로 데이터를 압축하고 클러스터의 균형을 맞춘다. 데이터는 일반적으로 중복성, 견고성 및 고가용성을 위해 여러 번 복제된다.

개발자의 관점, 카산드라는 시계열 데이터에 매우 유용하며, 각각의 쿼리에서 일관성 수준을 지정할 수 있는 유연한 모델을 제공한다. 또한 멱등원[2](분산 데이터베이스에서 매우 중요한 기능 중 하나)을 제공하기 때문에 반복적인 삽입 또는 업데이트를 허용한다.

아래 그림은 카산드라 클러스터의 구성 방법과 클라이언트의 임의 노드 접근 방법, 그리고 클라이언트의 요청이 요청된 데이터가 있는 노드에 자동으로 전달되는 방법을 보여준다.

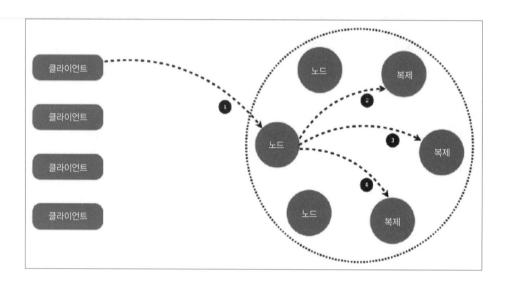

카산드라 도커 이미지

독립적으로 운영되는 카산드라 클러스터의 배포와 다르게 쿠버네티스에 카산드라를 배포하려면 특별한 도커 이미지가 필요하다. 이것은 중요한 단계로, 쿠버네티스를 사용해 카산드라 포드의 추적이 가능하다는 것을 의미한다. 이미지는 다음 사이트에서 확인할 수 있다.

---

2 멱등원(idempotent)은 '어떤 과정을 몇 번이고 반복 수행해도 결과가 동일하다'는 수학 용어다. - 옮긴이

https://github.com/kubernetes/examples/tree/master/cassandra/image

도커의 필수 부분은 다음과 같다. 이미지는 Ubuntu Slim을 기반으로 한다.

```
FROM gcr.io/google_containers/ubuntu-slim:0.9
```

필요한 파일(Cassandra.jar, 다양한 구성 파일, 실행 스크립트 및 읽기 프로브 스크립트)을 추가하고 복사한 다음, 카산드라가 SSTables를 저장하는 data 디렉터리를 생성하고, 마운트한다.

```
ADD files /

RUN set -e && echo 'debconf debconf/frontend select Noninteractive' |
debconf-set-selections \
  && apt-get update && apt-get -qq -y --force-yes install --no-installrecommends \
    openjdk-8-jre-headless \
    libjemalloc1 \
    localepurge \
    wget && \
  mirror_url=$( wget -q -O -
http://www.apache.org/dyn/closer.cgi/cassandra/ \
       | sed -n 's#.*href="\(http://.*/cassandra\/[^"]*\)".*#\1#p' \
       | head -n 1 \
) \
&& wget -q -O - ${mirror_url}/${CASSANDRA_VERSION}/apache-cassandra-${CASSANDRA_
VERSION}-bin.tar.gz \
       | tar -xzf - -C /usr/local \
    && wget -q -O -
https://github.com/Yelp/dumb-init/releases/download/v${DI_VERSION}/dumb-
init_${DI_VERSION}_amd64 > /sbin/dumb-init \
    && echo "$DI_SHA /sbin/dumb-init" | sha256sum -c - \
    && chmod +x /sbin/dumb-init \
    && chmod +x /ready-probe.sh \
    && mkdir -p /cassandra_data/data \
```

```
   && mkdir -p /etc/cassandra \
   && mv /logback.xml /cassandra.yaml /jvm.options /etc/cassandra/ \
   && mv /usr/local/apache-cassandra-${CASSANDRA_VERSION}/conf/cassandraenv.sh /
etc/cassandra/ \
    && adduser --disabled-password --no-create-home --gecos '' --disabled-login
cassandra \
   && chown cassandra: /ready-probe.sh \

VOLUME ["/$CASSANDRA_DATA"]
```

카산드라에 접속하고 카산드라 노드가 서로 통신을 할 수 있도록 중요한 포트를 공개한다.

```
# 7000: intra-node communication //노드 간 통신
# 7001: TLS intra-node communication  //TLS 내부 노드 간 통신
# 7199: JMX  //JMX
# 9042: CQL  //CQL
# 9160: thrift service  //thrift 서비스[3]

EXPOSE 7000 7001 7199 9042 9160
```

마지막으로 yelp의 간단한 컨테이너 초기화 시스템인 dumb-init을 사용하는 run.sh 스크립트를 실행한다.

```
CMD ["/sbin/dumb-init", "/bin/bash", "/run.sh"]
```

run.sh 스크립트 탐색

run.sh 스크립트를 사용하려면 셸 기술이 몇 가지 필요하지만 노력해 볼 가치가 있다. 도커는 하나의 명령만 실행할 수 있기 때문에, 일반적인 애플리케이션에서는 환경을 설정하고 실제 애플리케이션을 준비하는 실행 스크립트를 사용한다. 이 경우 이미지는 이후에

---

3 Thrift는 페이스북에서 개발한 다양한 언어를 지원하는 RPC 프레임워크다. – 옮긴이

설명할 스테이트풀세트, 복제 컨트롤러, 데몬세트 등 다양한 배포 옵션을 지원하며 실행 스크립트는 환경 변수를 통해 구성할 수 있도록 지원한다.

먼저, /etc/cassandra/cassandra.yaml에 카산드라 구성을 위한 몇 개의 지역 변수를 설정한다. CASSANDRA_CFG 변수는 스크립트의 나머지 부분에서 사용된다.

```
set -e
CASSANDRA_CONF_DIR=/etc/Cassandra
CASSANDRA_CFG=$CASSANDRA_CONF_DIR/cassandra.yaml
```

CASSANDRA_SEEDS가 지정되지 않았다면, 스테이트풀세트 솔루션에 사용되는 HOSTNAME을 설정한다.

```
# we are doing StatefulSet or just setting our seeds
if [ -z "$CASSANDRA_SEEDS" ]; then
  HOSTNAME=$(hostname -f)
Fi
```

그리고 기본값과 함께 많은 환경 변수 목록이 제공된다. ${VAR_NAME:-<default} 구문이 정의되어 있는 경우에는 환경 변수 VAR_NAME을 사용하고, 그렇지 않으면 기본값을 사용한다. 유사한 ${VAR_NAME:=<default}도 같은 역할을 하지만 정의되어 있지 않은 경우 환경 변수에 기본값을 할당한다. 이 두 가지 형태가 다음에서 사용되고 있다.

```
CASSANDRA_RPC_ADDRESS="${CASSANDRA_RPC_ADDRESS:-0.0.0.0}"
CASSANDRA_NUM_TOKENS="${CASSANDRA_NUM_TOKENS:-32}"
CASSANDRA_CLUSTER_NAME="${CASSANDRA_CLUSTER_NAME:='Test Cluster'}"
CASSANDRA_LISTEN_ADDRESS=${POD_IP:-$HOSTNAME}
CASSANDRA_BROADCAST_ADDRESS=${POD_IP:-$HOSTNAME}
CASSANDRA_BROADCAST_RPC_ADDRESS=${POD_IP:-$HOSTNAME}
CASSANDRA_DISK_OPTIMIZATION_STRATEGY="${CASSANDRA_DISK_OPTIMIZATION_STRATEGY:-ssd}"
```

```
CASSANDRA_MIGRATION_WAIT="${CASSANDRA_MIGRATION_WAIT:-1}"
CASSANDRA_ENDPOINT_SNITCH="${CASSANDRA_ENDPOINT_SNITCH:-SimpleSnitch}"
CASSANDRA_DC="${CASSANDRA_DC}"
CASSANDRA_RACK="${CASSANDRA_RACK}"
CASSANDRA_RING_DELAY="${CASSANDRA_RING_DELAY:-30000}"
CASSANDRA_AUTO_BOOTSTRAP="${CASSANDRA_AUTO_BOOTSTRAP:-true}"
CASSANDRA_SEEDS="${CASSANDRA_SEEDS:false}"
CASSANDRA_SEED_PROVIDER="${CASSANDRA_SEED_PROVIDER:-org.apache.cassandra.
locator.SimpleSeedProvider}"
CASSANDRA_AUTO_BOOTSTRAP="${CASSANDRA_AUTO_BOOTSTRAP:false}"

# Turn off JMX auth   //JMX 인증 끄기
CASSANDRA_OPEN_JMX="${CASSANDRA_OPEN_JMX:-false}"
# send GC to STDOUT   //GC를 표준 출력으로 보내기
CASSANDRA_GC_STDOUT="${CASSANDRA_GC_STDOUT:-false}"
```

모든 변수가 화면에 출력된다. 대부분 건너뛰어도 무방하다.

```
echo Starting Cassandra on ${CASSANDRA_LISTEN_ADDRESS}
echo CASSANDRA_CONF_DIR ${CASSANDRA_CONF_DIR}
...
```

다음 절은 매우 중요하다. 기본적으로 카산드라는 랙과 데이터 센터를 인식하지 않는 간단한 스니치 기능snitch[4]을 사용한다. 클러스터가 여러 데이터 센터와 랙에 걸쳐있을 때 카산드라는 최적의 상태가 아니다. 카산드라는 랙과 데이터 센터를 인식하고, 데이터 센터 간의 통신을 적절히 제한하면서 중복성과 고가용성을 최적화할 수 있다.

```
# DC와 RACK이 설정돼 있다면 GossipingPropertyFileSnitch를 사용
if [[ $CASSANDRA_DC && $CASSANDRA_RACK ]]; then
```

---

4 사전적 의미는 엿보기 이나 단순히 엿보기의 기능만 수행하는 것이 아니기 때문에 여기서는 원문 그대로 스니치로 표기한다. —
   옮긴이

```
echo "dc-$CASSANDRA_DC" > $CASSANDRA_CONF_DIR/cassandra-rackdc.
properties
  echo "rack=$CASSANDRA_RACK" >> $CASSANDRA_CONF_DIR/cassandra-rackdc.
properties
  CASSANDRA_ENDPOINT_SNITCH="GossipingPropertyFileSnitch"
fi
```

메모리 관리 역시 매우 중요하며 최대 힙 크기를 제어해 카산드라가 디스크 간의 스래싱과 스와핑이 발생하지 않도록 조절할 수 있다.

```
if [ -n "$CASSANDRA_MAX_HEAP" ]; then
  sed -ri "s/^(#)?-Xmx[0-9]+.*/-Xmx$CASSANDRA_MAX_HEAP/" "$CASSANDRA_
CONF_DIR/jvm.options"
  sed -ri "s/^(#)?-Xms[0-9]+.*/-Xms$CASSANDRA_MAX_HEAP/" "$CASSANDRA_
CONF_DIR/jvm.options"
fi

if [ -n "$CASSANDRA_REPLACE_NODE" ]; then
  echo "-Dcassandra.replace_address=$CASSANDRA_REPLACE_NODE/" >>
"$CASSANDRA_CONF_DIR/jvm.options"
fi
```

랙과 데이터 센터 정보는 자바 등록 정보 파일에 저장된다.

```
for rackdc in dc rack; do
  var="CASSANDRA_${rackdc^^}"
  val="${!var}"
  if [ "$val" ]; then
  sed -ri 's/^('"$rackdc"'=).*/\1 '"$val"'/'
"$CASSANDRA_CONF_DIR/cassandra-rackdc.properties"
  fi
done
```

다음 절에서는 앞에서 정의한 모든 변수를 반복적으로 확인하면서 Cassandra.yaml 구성에서 해당 키를 찾아 덮어쓸 것이다. 이렇게 하면 카산드라를 실행하기 바로 직전에 구성 파일을 사용자가 정의할 수 있다.

```
for yaml in \
  broadcast_address \
  broadcast_rpc_address \
  cluster_name \
  disk_optimization_strategy \
  endpoint_snitch \
  listen_address \
  num_tokens \
  rpc_address \
  start_rpc \
  key_cache_size_in_mb \
  concurrent_reads \
  concurrent_writes \
  memtable_cleanup_threshold \
  memtable_allocation_type \
  memtable_flush_writers \
  concurrent_compactors \
  compaction_throughput_mb_per_sec \
  counter_cache_size_in_mb \
  internode_compression \
  endpoint_snitch \
  gc_warn_threshold_in_ms \
  listen_interface \
  rpc_interface \
  ; do
  var="CASSANDRA_${yaml^^}"
  val="${!var}"
  if [ "$val" ]; then
    sed -ri 's/^(# )?('"$yaml"':).*/\2 '"$val"'/' "$CASSANDRA_CFG"
  fi
done

echo "auto_bootstrap: ${CASSANDRA_AUTO_BOOTSTRAP}" >> $CASSANDRA_CFG
```

다음 절에서는 배포 솔루션(스테이트풀세트이든 아니든)에 따라 시드 또는 시드 공급자를 설정하는 방법을 설명한다. 첫 번째 포드가 자체 시드로 부트스트랩을 수행할 수 있도록 하는 트릭이 있다.

```
# 시드를 자신에게 설정한다. 이것은 첫 번째 포드에만 해당한다. 그렇지 않으면
# 시드 공급자로부터 시드를 가져올 수 있다.

if [[ $CASSANDRA_SEEDS == 'false' ]]; then
  sed -ri 's/- seeds:.*/- seeds: "'"$POD_IP"'"/' $CASSANDRA_CFG
else # if we have seeds set them. Probably StatefulSet
  sed -ri 's/- seeds:.*/- seeds: "'"$CASSANDRA_SEEDS"'"/' $CASSANDRA_CFG
fi

sed -ri 's/- class_name: SEED_PROVIDER/- class_name: '"$CASSANDRA_SEED_
PROVIDER"'/' $CASSANDRA_CFG
```

다음 절에서는 원격 관리와 JMX 모니터링을 위한 다양한 옵션을 설정한다. 복잡한 분산 시스템에 적절한 관리 도구를 갖추는 것은 매우 중요하다. 카산드라는 유비쿼터스 **자바 관리 확장**JMX, Java Management Extensions표준을 지원한다.

```
# gc를 표준 출력으로 보낸다.
if [[ $CASSANDRA_GC_STDOUT == 'true' ]]; then
  sed -ri 's/ -Xloggc:\/var\/log\/cassandra\/gc\.log//' $CASSANDRA_CONF_
DIR/cassandra-env.sh
fi

# RMI와 JMX가 하나의 포트에서 작동하도록 한다.
echo "JVM_OPTS=\"\$JVM_OPTS -Djava.rmi.server.hostname=$POD_IP\"" >>
$CASSANDRA_CONF_DIR/cassandra-env.sh

# 마이그레이션 서비스를 사용해 WARNING 메시지를 가져온다.
echo "-Dcassandra.migration_task_wait_in_seconds=${CASSANDRA_MIGRATION_
WAIT}" >> $CASSANDRA_CONF_DIR/jvm.options
echo "-Dcassandra.ring_delay_ms=${CASSANDRA_RING_DELAY}" >> $CASSANDRA_
```

```
CONF_DIR/jvm.options

if [[ $CASSANDRA_OPEN_JMX == 'true' ]]; then
  export LOCAL_JMX=no
  sed -ri 's/ -Dcom\.sun\.management\.jmxremote\.authenticate=true/
-Dcom\.sun\.management\.jmxremote\.authenticate=false/' $CASSANDRA_CONF_
DIR/cassandra-env.sh
  sed -ri 's/ -Dcom\.sun\.management\.jmxremote\.password\.file=\/etc\/
cassandra\/jmxremote\.password//' $CASSANDRA_CONF_DIR/cassandra-env.sh
fi
```

마지막으로 CLASSPATH를 Cassandra JAR 파일에 설정하면 카산드라 계정을 이용해 카산
드라를 Daemon으로 실행되는 것이 아닌(백그라운드가 아닌) 포그라운드로 기동한다.

```
export CLASSPATH=/kubernetes-cassandra.jar
su cassandra -c "$CASSANDRA_HOME/bin/cassandra -f"
```

쿠버네티스와 카산드라의 연결

자체적으로 실행할 수 있도록 설계된 카산드라는 쿠버네티스와 연결하기 위해 약간의 수
고가 필요하다. 그렇지만 장애가 발생한 노드를 자동으로 재시작하고, 카산드라 포드를 할
당하거나 모니터링하고, 다른 포드와 나란히 하나의 통일된 관점을 제공하는 등의 기능을
적시에 쿠버네티스에 제공한다. 카산드라는 다소 복잡 구성을 가지고 있으며 제어를 위해
신경 써야 할 부분들이 많다. 카산드라를 구성하고 제어할 수 있게 Cassandra.yaml 구성
파일이 제공되며 모든 옵션을 환경 변수로 대체할 수 있다.

카산드라 구성 파일 살펴보기

특히 관련 있는 두가지 설정은 시드 공급자와 스니치^{snitch}다. 시드 공급자는 클러스터에 있는 노드의 IP 주소(시드) 목록을 게시한다. 기동되는 모든 노드는 시드(일반적으로 적어도 세 개가 있음)에 연결되며 시드 중 하나에 성공적으로 도달하면 즉시 클러스터의 모든 노드와 정보를 교환한다. 이 정보는 노드들이 서로 메타 정보를 주고받는[5] 동안에는 각각의 노드마다 지속적으로 업데이트된다.

Cassandra.yaml에 설정된 기본 시드 공급자는 IP 주소의 정적 목록이다. 이 경우에는 루프백 인터페이스만 가진다.

```
seed_provider:
  - class_name: SEED_PROVIDER
  parameters:
    # 시드는 쉼표( , ) 구분자를 사용해 나열한다.
    # 예) "<ip1>,<ip2>,<ip3>"
    - seeds: "127.0.0.1"
```

다른 중요한 설정은 스니치이며, 두 가지 역할을 한다.

- 카산드라로 하여금 요청을 효율적으로 라우팅할 수 있도록 네트워크 토폴로지를 충분히 학습시킨다.
- 카산드라로 하여금 관련 장애를 피하기 위해 클러스터 주변에 복제본을 퍼트릴 수 있도록 해준다. 이는 데이터 센터와 랙 단위로 시스템을 그룹화하여 수행한다. 카산드라는 동일한 랙(물리적인 위치가 아닐 수도 있음)에 하나 이상의 복제본이 없도록 상태를 유지시켜 준다.

---

5 앞에서 gossip protocol이 이 기능을 수행한다고 했다. 이런 행위를 gossip이라 한다. – 옮긴이

카산드라는 여러 개의 스니치 클래스가 미리 구동돼 있지만, 쿠버네티스가 상태를 인지하지는 못한다. 기본값은 SimpleSnitch이며 다른 값으로 대체될 수 있다.

```
# 사용자 정의 스니치를 스니치의 전체 클래스 이름으로 설정해,
# 이것이 classpath에 있는 것처럼 할 수 있다.
endpoint_snitch: SimpleSnitch
```

사용자 정의 시드 공급자

쿠버네티스에서 카산드라 노드를 포드로 실행하면 쿠버네티스는 시드를 포함해 포드를 이동시킬 수 있다. 이를 위해 카산드라 시드 공급자는 쿠버네티스 API 서버와 상호작용해야 한다. 다음은 카산드라의 SeedProvider API를 구현하는 사용자 정의 KubernetesSeedPRovider 자바 클래스의 일부분이다.

```java
public class KubernetesSeedProvider implements SeedProvider {
  ...
  /**
   * Call kubernetes API to collect a list of seed providers -- 시드 공급자의 목록을
수집하기 위해 쿠버네티스 API를 호출
   * @return list of seed providers  -- 시드 공급자의 목록을 반환
   */
  public List<InetAddress> getSeeds() {
    String host = getEnvOrDefault("KUBERNETES_PORT_443_TCP_ADDR",
                    "kubernetes.default.svc.cluster.local");
    String port = getEnvOrDefault("KUBERNETES_PORT_443_TCP_PORT","443");
    String serviceName = getEnvOrDefault("CASSANDRA_SERVICE","cassandra");
    String podNamespace = getEnvOrDefault("POD_NAMESPACE","default");
    String path = String.format("/api/v1/namespaces/%s/endpoints/",podNamespace);
    String seedSizeVar = getEnvOrDefault("CASSANDRA_SERVICE_NUM_SEEDS", "8");
    Integer seedSize = Integer.valueOf(seedSizeVar);
    String accountToken = getEnvOrDefault("K8S_ACCOUNT_TOKEN",
"/var/ run/secrets/kubernetes. io/serviceaccount/token");
    List<InetAddress> seeds = new ArrayList<InetAddress>();
      try {
```

```
        String token = getServiceAccountToken(accountToken);

        SSLContext ctx = SSLContext.getInstance("SSL");
        ctx.init(null, trustAll, new SecureRandom());

        String PROTO = "https://";
        URL url = new URL(PROTO + host + ":" + port + path + serviceName);
        logger.info("Getting endpoints from " + url);
        HttpsURLConnection conn = (HttpsURLConnection)url.openConnection();
        conn.setSSLSocketFactory(ctx.getSocketFactory());
        conn.addRequestProperty("Authorization", "Bearer " + token);
        ObjectMapper mapper = new ObjectMapper();
        Endpoints endpoints = mapper.readValue(conn.getInputStream(),Endpoints.
class);
      }
      ...
    }
    ...
  return Collections.unmodifiableList(seeds);
}
```

카산드라 헤드리스 서비스 생성

헤드리스headless 서비스의 역할은 쿠버네티스 클러스터의 클라이언트가 노드의 네트워크 식별자를 추적하거나 모든 노드 앞에 전용 로드밸런서를 두는 대신 표준 쿠버네티스 서비스를 통해 카산드라 클러스터에 연결할 수 있게 하는 것이다. 쿠버네티스는 서비스를 통해 이 모든 것을 제공한다.

다음은 카산드라 헤드리스 서비스 구성 파일이다.

```
apiVersion: v1
kind: Service
metadata:
  labels:
    app: Cassandra
  name: Cassandra
spec:
  clusterIP: None
  ports:
    - port: 9042
  selector:
    app: Cassandra
```

app : Cassandra 라벨은 모든 포드를 그룹화하여 서비스에 참여시킨다. 쿠버네티스는 엔드포인트 레코드를 만들고 DNS는 찾은 DNS 레코드를 반환한다. clusterIP는 None으로 설정돼 있는데, 이것은 서비스가 헤드리스이며 쿠버네티스가 어떠한 로드밸런싱 조정이나 프록시를 수행하지 않는다는 것을 의미한다. 이것은 카산드라 노드가 상호 간에 직접 통신하기 때문에 중요하다.

9042 포트는 카산드라가 쿼리, 삽입/업데이트(카산드라의 업서트) 또는 삭제 같은 CQL[6] 요청을 처리할 때 사용된다.

스테이트풀세트를 사용해 카산드라 클러스터 생성

스테이트풀세트를 선언하는 것은 단순한 일이 아니다. 틀림없이 가장 복잡한 쿠버네티스 리소스가 필요한 일이다. 여기에는 표준 메타데이터, 스테이트풀세트 spec, 포드 템플릿(이것은 가끔 매우 복잡하다) 및 볼륨 요청 템플릿 등 많은 부분이 있다.

---

6 CQL(Cassandra Query Language)은 아파치 카산드라 데이터베이스와 통신하는 언어다. – 옮긴이

스테이트풀세트 구성 상세보기

3개의 카산드라 클러스터 노드를 생성하는 스테이트풀세트의 구성 사례를 체계적으로 살펴본다. 다음은 기본 메타데이터다. apiVersion 문자열은 app/v1이다. 스테이트풀세트는 일반적으로 쿠버네티스 1.9에서 사용 가능하게 됐다.

```
apiVersion: "apps/v1"
kind: StatefulSet
metadata:
  name: cassandra
```

스테이트풀세트 spec은 헤드리스 서비스의 이름과 스테이트풀세트에 있는 포드의 수, 나중에 설명할 포드 템플릿을 정의한다. replicas 항목은 스테이트풀세트에 있는 포드의 수를 지정한다.

```
spec:
  serviceName: cassandra
  replicas: 3
  template: ...
```

포드는 서로의 복제본이 아니기 때문에 포드의 replicas 선택은 현명한 방법은 아니다. 포드들이 동일한 포드 템플릿을 공유하긴 하지만 그들은 고유한 식별자를 가진다. 또한 일반적으로 상태의 다른 하위 집합에 대한 책임이 있다. 이것은 카산드라의 경우 더 복잡해 똑같은 용어 replicas를 일부 상태의 하위 집합을 중복하여 복제하는 노드 그룹을 나타내는 데 사용한다(그러나 각 노드는 추가 상태도 관리할 수 있기 때문에 동일하지는 않다). 내 경우 쿠버네티스 프로젝트에서 깃허브 issue를 열어 replicas에서 members로 용어를 변경했다.

https://github.com/kubernetes/kubernetes.github.io/issues/2103

포드 템플릿에는 사용자 정의 카산드라 이미지를 기반으로 하는 단일 컨테이너가 포함되어 있다. 다음은 app: cassandra를 라벨로 하는 포드 템플릿이다.

```
template:
  metadata:
    labels:
      app: cassandra
  spec:
    containers: ...
```

컨테이너 사양에는 여러 가지 중요한 부분이 있다. 이것은 앞에서 본 name과 image로 시작한다.

```
containers:
  - name: cassandra
    image: gcr.io/google-samples/cassandra:v12
    imagePullPolicy: Always
```

그리고 카산드라 노드가 내부와 외부 통신에 필요한 여러 가지 컨테이너 포트를 정의한다.

```
ports:
- containerPort: 7000
  name: intra-node
- containerPort: 7001
  name: tls-intra-node
- containerPort: 7199
  name: jmx
- containerPort: 9042
  name: cql
```

resources 항목은 컨테이너에 필요한 CPU와 메모리를 지정한다. 스토리지 관리 계층이 CPU 또는 메모리로 인해 성능상의 병목 현상을 일으키는 요소가 되지 않도록 해야 하기 때문에 매우 중요한 요소다.

```
resources:
  limits:
```

```
    cpu: "500m"
    memory: 1Gi
  requests:
    cpu: "500m"
    memory: 1Gi
```

카산드라는 컨테이너가 securityContext의 capabilities을 통해 요청하는 IPC에 접근
할 수 있어야 한다.

```
securityContext:
capabilities:
  add:
    - IPC_LOCK
```

env 항목은 컨테이너 내부에서 사용할 수 있는 환경 변수를 지정한다. 뒤따라 오는 것은
필요한 변수 목록의 일부분이다. 카산드라 노드는 CASSANDRA_SEEDS 변수를 헤드리스 서
비스로 설정해 시작 시 시드와 통신하고 전체 클러스터를 검색할 수 있다. 이 구성에서는
별도의 쿠버네티스 시드 공급자를 사용하지 않는다. 환경 변수 중 POD_IP는 매우 흥미로
운 변수로, Downward API를 사용해 status.podIP에 대한 필드 참조를 통해 값을 채우
도록 지정한다.

```
env:
  - name: MAX_HEAP_SIZE
    value: 512M
  - name: CASSANDRA_SEEDS
    value: "cassandra-0.cassandra.default.svc.cluster.local"
  - name: POD_IP
    valueFrom:
      fieldRef:
        fieldPath: status.podIP
```

컨테이너에는 카산드라 노드가 완전히 온라인 상태가 되기 전에는 요청을 수신하지 못하도록 하는 준비 프로브가 있다.

```
readinessProbe:
  exec:
    command:
    - /bin/bash
    - -c
    - /ready-probe.sh
  initialDelaySeconds: 15
  timeoutSeconds: 5
```

카산드라도 데이터를 읽고 쓸 필요가 있다. Cassandra-data 볼륨 마운트는 다음 위치에 있다.

```
volumeMounts:
- name: cassandra-data
  mountPath: /cassandra_data
```

여기까지가 컨테이너 사양을 위한 것이다. 마지막 부분은 볼륨 요청 템플릿이다. 여기서는 동적 프로비저닝이 사용됐다. 카산드라 스토리지와 특히 저널에 SSD 드라이브를 사용하는 것을 강력히 추천한다. 다음 예제에서 요청된 저장소는 1 Gi[7]이다. 카산드라는 많은 데이터 셔플링[8]과 압축 및 재조정을 수행하는데, 실험을 통해 1-2TB가 단일 카산드라 노드에 이상적이라는 것을 발견했다. 노드가 클러스터에서 빠지거나 새로 추가되는 경우, 클러스터에서 빠지는 노드의 데이터가 올바르게 재 분배되거나 새 노드가 채워지기 전에 데이터가 올바르게 균형을 조정할 때까지 기다려야 한다. 카산드라는 이런 모든 셔플링 작업을 수행하기 위해 많은 디스크 공간이 필요하다. 이를 위해 디스크 여유 공간이 50%

---

7 GiB: gibibyte라고 하며, 1GiB는 약 1.074GB로 128GB SSD는 약 119.2GiB이다. – 옮긴이

8 Shuffle은 메모리에 저장되어 있는 데이터를 파티셔닝과 정렬을 수행한 후 디스크에 저장하는 과정이다. – 옮긴이

이상인 것이 좋다. 복제(일반적으로 3배속)가 필요하다고 생각하며 사용 중인 데이터 크기의 6배가 필요하다. 조금 무모한 환경에서 시도한다면 30%의 여유 공간을 확보하고 사용 사례에 따라 2배의 복제만 사용할 수도 있다. 그러나 단일 노드에서 사용 가능한 디스크 공간은 최소 10% 이상을 확보해야 한다. 이런 조치가 없다면 노드를 추가하고, 데이터를 압축하고 재조정하는 것이 얼마나 힘든 일이라는 것을 경험하게 될 것이다. 접근 모드는 물론 ReadWriteOnce이다.

```
volumeClaimTemplates:
- metadata:
  name: cassandra-data
  annotations:
    volume.beta.kubernetes.io/storage-class: fast
  spec:
    accessModes: [ "ReadWriteOnce" ]
    resources:
      requests:
        storage: 1Gi
```

스테이트풀세트를 배포할 때 쿠버네티스는 색인 번호별로 포드를 만든다. 규모를 확대하거나 축소할 때도 포드는 순서대로 수행한다. 카산드라의 경우에는 클러스터에 참여하거나 빠질 때 임의의 순서로 노드를 통제하기 때문에 중요하지 않다. 카산드라 포드가 파괴되더라도 영구 볼륨은 유지된다. 나중에 동일한 색인을 가지는 포드가 생성되면, 원래의 영구 볼륨이 해당 포드에 마운트된다. 특정 포드와 스토리지 간의 안정적인 연결은 카산드라가 상태를 올바르게 관리할 수 있도록 해 준다.

복제 컨트롤러를 사용해 카산드라 배포

앞에서 언급했듯이 스테이트풀세트는 훌륭하지만 카산드라는 이미 클러스터 주변의 데이터를 자동으로 배포 및 분산하고 재조정하고 복제하기 위한 많은 메커니즘을 가지고 있는 정교한 분산 데이터베이스다. 이런 메커니즘은 네트워크 영구 저장소 작업에 최적화되어 있지 않다. 카산드라는 노드에 직접 저장된 데이터를 이용해서 작업하도록 설계되어 있다. 노드가 종료되면 카산드라는 다른 노드에 저장된 중복 데이터를 이용해 복구를 수행한다. 쿠버네티스 클러스터에 카산드라를 배포하는 다른 방법을 살펴본다. 이 방법이 카산드라의 의미와 더 일치한다. 이 방법의 또 다른 장점은 이미 쿠버네티스 클러스터를 가지고 있더라도 스테이트풀세트를 사용하기 위해 이를 최신 버전으로 업그레이드할 필요가 없다는 것이다. 헤드리스 서비스를 계속 사용하지만 스테이트풀세트 대신 일반 복제 컨트롤러를 사용할 것이다. 이런 방식은 기존의 방식과 다른 몇 가지 중요한 차이점이 있다.

- 스테이트풀세트 대신 복제 컨트롤러
- 포드가 실행되도록 스케줄링된 노드의 스토리지
- 사용자 정의 쿠버네티스 시드 공급자 클래스 사용

복제 컨트롤러 구성 파일 해부하기

metadata는 이름만 가진 단순한 구조다(라벨은 필요하지 않다).

```
apiVersion: v1
kind: ReplicationController
metadata:
  name: Cassandra
  # 설정돼 있지 않다면 포드 템플릿의 라벨로부터 자동으로 라벨이 적용된다.
  # labels:
    # app: Cassandra
```

spec은 replicas의 개수를 지정한다.

```
spec:
  replicas: 3
  # 설정돼 있지 않다면 포드 템플싱의 라벨로부터 선택기가 자동으로 적용된다.
  # selector:
    # app: Cassandra
```

포드 템플릿 metadata는 app: Cassandra 라벨이 지정된 곳에 관한 정보다. 복제 컨트롤러는 추적을 유지하고 해당 라벨을 가진 포드가 정확히 3개인지 확인한다.

```
template:
  metadata:
    labels:
      app: Cassandra
```

포드 템플릿의 spec은 컨테이너 목록을 설명한다. 여기에는 하나의 컨테이너만 있다. 이 컨테이너는 cassandra라는 이름의 동일한 카산드라 도커 이미지를 사용하고 run.sh 스크립트를 실행한다.

```
spec:
  containers:
    - command:
      - /run.sh
      image: gcr.io/google-samples/cassandra:v11
      name: Cassandra
```

이 예제에서 resources 항목은 0.5 단위의 CPU만 필요하다.

```
resources:
  limits:
    cpu: 0.5
```

env 항목은 조금 다르다. CASSANDRA_SEED_PROVDIER는 앞서 살펴본 사용자 정의 쿠버네티스 시드 공급자 클래스를 지정한다. 여기서 새로 추가된 POD_NAMESPACE는 Downward API를 다시 사용해 metadata에서 값을 가져온다.

```
env:
  - name: MAX_HEAP_SIZE
    value: 512M
  - name: HEAP_NEWSIZE
    value: 100M
  - name: CASSANDRA_SEED_PROVIDER
    value: "io.k8s.cassandra.KubernetesSeedProvider"
  - name: POD_NAMESPACE
    valueFrom:
      fieldRef:
        fieldPath: metadata.namespace
  - name: POD_IP
    valueFrom:
      fieldRef:
        fieldPath: status.podIP
```

ports 항목은 노드 내부 통신에 사용되는 7000과 7001포트, Cassandra OpsCenter와 같은 외부 도구에서 카산드라 클러스터와 통신하는 데 사용되는 7199 JMX 포트, 그리고 당연하겠지만 클라이언트가 클러스터와 통신하기 위한 9042 CQL 포트를 정의한다.

```
ports:
  - containerPort: 7000
    name: intra-node
  - containerPort: 7001
    name: tls-intra-node
  - containerPort: 7199
    name: jmx
  - containerPort: 9042
    name: cql
```

다시 한번 더 언급하지만, 볼륨은 /cassandra_data에 마운트된다. 이것은 올바르게 구성된 동일한 카산드라 이미지의 특정 경로에는 data 디렉터리가 있을 것이라고 예상되기 때문에 중요하다. 클러스터 관리자라면 관심을 가져야 할테지만 카산드라는 백업 저장소에 신경 쓰지 않는다. 카산드라는 파일시스템 호출을 사용하므로 읽고 쓰는 것이 가능하다.

```
volumeMounts:
  - mountPath: /cassandra_data
    name: data
```

volumes 항목이 스테이트풀세트 솔루션과 가장 큰 차이점이 있다. 스테이트풀세트는 영구 저장소 요청을 사용해 특정 포드를 안정적인 식별자로 특정 영구 볼륨에 연결한다. 그러나 복제 컨트롤러 솔루션은 호스팅 노드에서 단지 emptyDir을 사용한다.

```
volumes:
  - name: data
    emptyDir: {}
```

이것은 많은 파급 효과가 있다. 각 노드에 충분한 스토리지를 프로비저닝해야 한다. 카산드라 포드가 죽으면 저장 공간은 사라진다. 포드가 동일한 물리(또는 가상) 머신에서 다시 시작되더라도 디스크상의 데이터는 사라진다. 이는 카산드라의 포드가 제거되면 emptyDir가 삭제되기 때문이다. 다행인 것은 emptyDir은 컨테이너 문제 발생에 견딜 수 있기 때문에 컨테이너를 다시 시작하는 것이 좋다. 포드가 죽으면 무슨 일이 발생할까? 복제 컨트롤러가 비어 있는 새 포드를 시작할 것이다. 카산드라는 새 노드가 클러스터에 추가됐음을 감지하고 데이터의 일부분을 할당한 후 다른 노드의 데이터를 이동해 자동으로 재조정을 시작한다. 이것이 카산드라의 뛰어난 기능 중 하나다. 이 작업은 클러스터 전체에 데이터가 균등하게 압축되고, 재조정되고 분배되도록 지속적으로 수행된다. 카산드라는 여러분을 대신해서 무엇을 해야 하는지 알고 있다.

노드에 포드 할당

복제 컨트롤러 방식의 문제점은 동일한 쿠버네티스 노드에서 여러 개의 포드가 스케줄링될 수 있다는 것이다. 복제 요소가 3개이고 키 공간의 일부 범위를 담당하는 3개의 포드가 모두 동일한 쿠버네티스 노드에 스케줄링돼 있다면 어떻게 해야 할까? 먼저 해당 키 범위에 대한 모든 읽기 또는 쓰기 요청이 동일한 노드로 몰리기 때문에 더 많은 부담이 발생하게 될 것이다. 더 나쁜 상황은 중복성을 잃어버릴 수도 있다는 것이다. **단일 장애 지점**SPOF, single point of failure을 가지게 되는 것이다. 만약 해당 노드가 죽으면 복제 컨트롤러는 다른 쿠버네티스 노드에서 3개의 새로운 포드를 아주 쉽게 시작시키지만, 노드에 저장된 데이터가 없기 때문에 클러스터 내 어떤 카산드라 노드도 데이터를 복사할 수가 없다.

이 문제는 반친밀도Anti-Affinity라고 하는 쿠버네티스의 스케줄링 개념을 사용해 해결할 수 있다. 포드를 노드에 할당할 때 스케줄러가 특정 라벨 세트가 있는 포드를 이미 가지고 있는 노드로 스케줄링하지 않도록 포드에 애노테이션을 달 수 있다. 최대 하나의 카산드라 포드를 하나의 노드에 할당하는 방법은 다음과 같다.

```
spec:
  affinity:
    podAntiAffinity:
      requiredDuringSchedulingIgnoredDuringExecution:
      - labelSelector:
          matchExpressions:
          - key: app
            operator: In
            values:
            - cassandra
        topologyKey: kubernetes.io/hostname
```

데몬세트를 사용해 카산드라 배포

카산드라 포드를 다른 노드에 지정하는 문제를 위한 더 나은 해결책은 데몬세트를 사용하는 것이다. 데몬세트는 복제 컨트롤러와 같은 포드 템플릿을 가지고 있다. 그러나 데몬세트에는 어떤 노드가 포드를 스케줄할지를 결정하는 노드 선택기가 있다. 이는 특정 수의 복제본이 없으며 노드 선택기와 일치하는 각 노드에 포드를 스케줄링한다. 가장 간단한 경우는 쿠버네티스 클러스터의 각 노드에서 포드를 스케줄링하는 것이다. 그러나 노드 선택기는 라벨에 일치 표현식을 사용해 노드의 특정 서브 세트에 배치할 수도 있다. 카산드라 클러스터를 쿠버네티스 클러스터에 배포하는 데몬세트를 만들어 본다.

```
apiVersion: apps/v1
kind: DaemonSet
metadata:
  name: cassandra-daemonset
```

데몬세트의 spec에는 일반 포드 템플릿이 포함돼 있다. nodeSelector 항목은 app 라벨을 가지고 있는 각 노드에 하나의, 정확히 하나의 포드만이 스케줄링되도록 한다.

```
spec:
  template:
    metadata:
      labels:
        app: cassandra
    spec:
      # "app: cassandra" 라벨을 가진 노드만 필터링
      nodeSelector:
        app: cassandra
      containers:
```

나머지는 복제 컨트롤러와 동일하다. 언제가 될지 명확하지는 않으나 nodeSelector는 버전 간의 호환을 위해 더 이상 사용되지 않을 것으로 예상된다.

▌ 요약

이 장에서는 상태저장 애플리케이션 관련 토픽과 이를 쿠버네티스와 통합하는 방법에 대해 살펴봤다. 상태저장 애플리케이션은 복잡하며 DNS와 환경 변수 등을 찾기 위해 몇 가지 메커니즘을 고려하는 것도 확인했다. 또한 인메모리 중복 스토리지와 영구 스토리지 같은 몇 가지 상태 관리 솔루션에 대해서도 설명했다. 이 장의 대부분은 스테이트풀세트, 복제 컨트롤러, 데몬세트 같은 여러 옵션을 사용해 쿠버네티스 클러스터 내에 카산드라 클러스터를 배포하는 것에 중점을 두었다. 여러 가지 옵션의 접근 방식에는 각각 장단점이 있다. 상태저장 애플리케이션을 이해하고 쿠버네티스 기반 시스템에 옵션을 적용하는 방법을 알아봤다. 다양한 사용 사례에 여러 가지 방법을 사용할 수 있게 됐고, 카산드라에 대해서도 조금 배웠다.

9장에서는 확장성과 관련된 중요 토픽, 특히 자동 확장성Auto-scalability과 관련한 토픽과 배포 방법, 그리고 클러스터가 동적으로 확장됨에 따라 실시간 업그레이드와 업데이트를 하는 방법에 대해 살펴본다. 이런 이슈는 매우 복잡하다. 특히 클러스터에 상태저장 애플리케이션이 실행되는 경우에는 더욱 복잡해진다.

09

롤링 업데이트,
확장성, 할당량

이 장에서는 쿠버네티스가 제공하는 포드의 자동 스케일링autoscaling 기능과 이 기능이 롤링 업데이트에 미치는 영향 그리고 할당량과 상호작용하는 방식을 살펴본다. 프로비저닝의 중요한 주제와 클러스터의 크기를 선택하고 관리하는 방법에 대해서도 알아볼 것이다. 마지막으로 쿠버네티스 팀이 5,000개의 노드 클러스터로 쿠버네티스의 한계를 테스트하는 방법을 살펴본다.

9장에서 다루는 주요 내용은 다음과 같다.

- 수평적 포드 자동 스케일링 기능
- 자동 스케일링 기능을 사용한 롤링 업데이트 수행
- 할당량, 제한으로 부족한 리소스 처리 방법
- 쿠버네티스 성능의 한계 극복

이 장을 마무리하는 시점에 대규모 클러스터를 계획하고, 경제적으로 프로비저닝하는 방법은 물론 성능, 비용, 가용성 간의 다양한 절충안에 대한 정보를 바탕으로 적절한 의사결정을 내릴 수 있을 것이다. 또한 수평적인 포드 자동 스케일링 기능을 설정하고 리소스 할당량을 지능적으로 사용해 쿠버네티스가 볼륨의 변동을 자동으로 처리할 수 있게 할 것이다.

▌ 수평적 포드 자동 스케일링

쿠버네티스는 CPU 사용률이나 다른 측정 항목이 임계값을 초과하는 경우 포드를 감시하고 포드의 크기를 조절할 수 있다. 자동 스케일링 리소스는 세부 사항(CPU의 사용률, 점검 빈도)을 지정하며, 필요한 경우 자동 스케일링 컨트롤러가 복제본의 수를 조절한다.

다음 그림은 다양한 플레이어와 그들 간의 관계를 보여준다.

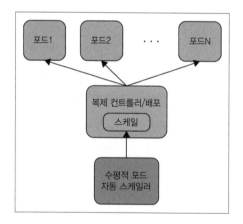

보는 것과 같이 수평적인 포드 자동 스케일러autoscaler는 포드를 직접 생성하거나 제거하지 않는다. 대신 복제 컨트롤러 또는 배포 리소스에 의존한다. 이는 자동 스케일링이 복제 컨트롤러와 충돌하거나, 복제 컨트롤러가 자동 스케일러의 작업을 인식하지 못하고 포드의 수를 조정하려는 상황을 처리할 필요가 없기 때문에 매우 현명한 방식이다.

자동 스케일러는 이전에 수행했던 모든 것들을 자동으로 수행한다. 자동 스케일러가 없는 상태에서 복제 컨트롤러의 복제본을 3으로 설정하고, 평균 CPU 사용률에 따라 실제로 필요한 값이 4라고 한다면, 복제 컨트롤러를 3에서 4로 갱신하고 모든 포드상에서 CPU 사용률을 수동으로 모니터링해야 할 것이다. 그러나 자동 스케일러는 우리를 대신해 이와 같은 일을 처리해 준다.

수평적 포드 자동 스케일러 선언

수평적인 포드 자동 스케일러를 선언하려면 복제 컨트롤러 또는 배포와 자동 스케일링 리소스가 필요하다. 다음은 세 개의 nginx 포드를 유지하도록 구성된 간단한 복제 컨트롤러다.

```
apiVersion: v1
kind: ReplicationController
metadata:
  name: nginx
spec:
  replicas: 3
  template:
    metadata:
      labels:
        run: nginx
    spec:
      containers:
      - name: nginx
        image: nginx
        ports:
        - containerPort: 80
```

자동 스케일링 리소스는 **scaleTargetRef**에서 Nginx 복제 컨트롤러를 참조한다.

```
apiVersion: autoscaling/v1
kind: HorizontalPodAutoscaler
metadata:
  name: nginx
  namespace: default
spec:
  maxReplicas: 4
  minReplicas: 2
  targetCPUUtilizationPercentage: 90
  scaleTargetRef:
    apiVersion: v1
    kind: ReplicationController
    name: nginx
```

minReplicas와 maxReplicas는 크기 조절의 범위를 지정한다. 이것은 몇 가지 문제로 인해 발생할 수 있는 상황을 피하기 위해 필요하다. 일부 버그로 인해 모든 포드가 실제 작업과 관계없이 갑자기 CPU 리소스를 100% 사용하는 상황을 한번 상상해보자. maxReplicas 제한이 없는 경우 쿠버네티스는 클러스터의 리소스가 모두 소모될 때까지 계속 포드를 생성할 것이다. 만약 VM의 자동 스케일링 기능을 사용하는 클라우드 환경이라면 엄청난 비용이 발생할 것이다. 문제가 될 수 있는 또 다른 경우는, minReplicas가 설정되지 있지 않고 활동이 거의 없는 상태에서 모든 포드가 종료될 수 있는 경우다. 이때 새로운 요청이 들어온다면 모든 포드를 다시 생성하고 다시 스케줄링해야 한다. 온/오프 활동 패턴이 있는 경우, 이 주기는 여러 번 반복될 수 있다. 복제본을 최소한으로 실행하면 이런 현상을 완화시킬 수 있다. 앞의 예제에서 minReplicas는 2로, maxReplicas는 4로 설정돼 있다. 이는 쿠버네티스가 항상 2개에서 4개의 Nginx 인스턴스가 실행되도록 보장해준다는 의미다.

'목표 CPU 이용률'은 그냥 넘겨서는 안 되는 중요한 용어다. 여기서는 TCUP^{Target CPU Utilization Percentage}로 줄여서 사용한다. TCUP에는 80%와 같은 단일 숫자를 지정한다. 평균 부하가 TCUP를 상회 또는 하회를 반복하는 경우 쿠버네티스는 복제본을 추가하거나 복제본을 제기히는 작업을 기주 번갈아 수행할 것이다. 이는 인정한 스래싱을 유발할 수 있다. 이것은 원하는 행동이 아니다. 이 문제를 해결하기 위해 스케일 업이나 스케일 다운을 위한 지연을 지정할 수 있다. `kube-controller-manager`에 이것을 지원하는 두 개의 플래그가 있다.

- `--horizontal-pod-autoscaler-downscale-delay`: 이 옵션의 값은 자동 스케일러가 현재의 작업이 완료된 후에 다른 작업을 수행하기까지 대기해야 하는 시간을 지정하는 지속 시간이다. 기본값은 5분(5m0s)이다.
- `--horizontal-pod-autoscaler-upscale-delay`: 이 옵션의 값은 자동 스케일러가 현재의 작업이 완료된 후에 또 다른 업 스케일 작업을 수행하기까지 기다려야 하는 시간을 지정하는 지속 시간이다. 기본값은 3분(3m0s)이다.

사용자 정의 측정 항목

CPU 이용률은 너무 많은 요청으로 인해 정신 없이 공격받는 포드의 크기를 늘려야 할지, 혹은 많은 포드들이 유휴 상태여서 크기를 줄여야 할 경우인지를 측정하는 중요한 측정 항목(metric)이다. 그렇다고 CPU만이 유일한 최고의 측정 항목은 아니다. 메모리 역시도 제한 요소이거나 더 특수화된 항목일 수 있다. 또한 포드의 내부 디스크 대기열의 깊이, 요청 평균 대기 시간, 평균 서비스 시간 초과 횟수와 같은 전문화된 측정 항목이 있다.

수평적 포드의 사용자 정의 측정 항목은 버전 1.2에 추가된 알파 확장이다. 버전 1.6에서는 베타 상태로 업그레이드됐다. 여러 가지 사용자 정의 측정 항목을 기반으로 포드를 스케일링할 수 있다. 자동 스케일러는 모든 측정 항목을 평가하고 필요한 최대 복제본 수를 기준으로 기준으로 자동 스케일링하기 때문에 모든 측정 항목의 요구 사항은 지켜진다.

사용자 정의 측정 항목 사용

사용자 정의 측정 항목을 이용해 수평적 포드 자동 스케일러를 사용하려면 클러스터를 시작할 때 설정해야 하는 내용이 몇 가지 있다. 먼저 API 집계 레이어를 활성화해야 한다. 그런 다음 리소스 측정 항목 API와 사용자 정의 측정 항목API를 등록한다. 힙스터는 사용자가 사용할 수 있는 리소스의 측정 항목API를 구현할 수 있도록 해준다. --api-server 플래그를 true로 설정한 후 힙스터를 시작하면 된다. 사용자 정의 측정 항목 API를 공개할 별도의 서버를 실행하는 것이 좋다.

아래 사이트를 참고해 시작한다.

https://github.com/kubernetes-incubator/custom-metrics-apiserver.

다음 단계는 다음 플래그를 이용해 kube-controller-manager를 시작한다.

```
--horizontal-pod-autoscaler-use-rest-clients=true
--kubeconfig <path-to-kubeconfig> OR --master <ip-address-of-apiserver>
```

--master 플래그는 양쪽 모두가 지정되면 --kubeconfig를 무시한다. 이 플래그는 컨트롤러 관리자가 API 서버와 통신할 수 있도록 API 집계 레이어의 위치를 지정한다.

쿠버네티스 1.7에서는 쿠버네티스가 제공하는 표준 집계 레이어가 kube-apiserver와 함께 진행 중이다. 대상 IP 주소는 다음과 같이 찾을 수 있다.

```
> kubectl get pods --selector k8s-app=kube-apiserver --namespace kube- system -o
jsonpath='{.items[0].status.podIP}'
```

Kubectl을 이용한 자동 스케일링

Kubectl는 표준 생성(create) 명령을 사용하고 설정 파일을 이용해 자동 스케일링 리소스를 만들 수 있다. 또한 Kubectl의 특수 명령인 autoscale을 사용해 특별한 설정 파일 없이 하나의 명령으로 자동 스케일러를 쉽게 설정할 수 있다.

1. 먼저 무한 bash 루프를 실행하는 간단한 포드의 복제본이 3개가 있는지 확인하는 복제 컨트롤러를 시작한다.

```
apiVersion: v1
kind: ReplicationController
metadata:
  name: bash-loop-rc
spec:
  replicas: 3
  template:
    metadata:
      labels:
        name: bash-loop-rc
    spec:
      containers:
        - name: bash-loop
          image: ubuntu
          command: ["/bin/bash", "-c", "while true; do sleep 10; done"]
```

2. 복제 컨트롤러를 생성한다.

```
> kubectl create -f bash-loop-rc.yaml
  replicationcontroller "bash-loop-rc" created
```

3. 복제 컨트롤러 생성 결과를 확인한다.

```
> kubectl get    rc
NAME                DESIRED      CURRENT      READY      AGE
bash-loop-rc          3            3            3        1m
```

4. 계획된 개수와 현재 개수가 둘 다 3개임을 확인한다. 이는 3개의 포드가 실행 중임을 의미한다. 다음 명령으로 확인해본다.

```
> kubectl get pods
NAME                  READY    STATUS     RESTARTS    AGE
bash-loop-rc-8h59t    1/1      Running    0           50s
bash-loop-rc-lsvtd    1/1      Running    0           50s
bash-loop-rc-z7wt5    1/1      Running    0           50s
```

5. 이제 자동 스케일러를 만든다. 재미있는 상황을 만들기 위해 최소 복제본의 수는 4로, 최대 복제본의 수는 6개로 설정한다.

```
> kubectl autoscale rc bash-loop-rc --min=4 --max=6 --cpu- percent=50
replicationcontroller "bash-loop-rc" autoscaled
```

6. 다음은 수평적인 포드 자동 스케일러의 결과다. hpa를 사용할 수 있다. 참조된 복제 컨트롤러, 대상, 현재 CPU 백분율, 최소/최대 포드 개수를 표시한다. 이름은 참조된 복제 컨트롤러와 일치한다.

```
> kubectl get hpa
NAME           REFERENCE        TARGETS   MINPODS   MAXPODS    REPLICAS   AGE
bash-loop-rc   bash-loop-rc     50%       4         6          4          16m
```

7. 원래 복제 컨트롤러가 3개의 복제본을 갖도록 설정됐으나 자동 스케일러는 최소 4개의 포드를 가지고 있다. 이런 상황은 복제 컨트롤러에 영향을 미친다. 원하는 복제본의 수는 4개다. 만약 평균 CPU 사용률이 50%를 초과하면 5 또는 심지어 6까지 올라갈 수 있다.

```
> kubectl get   rc
NAME           DESIRED    CURRENT    READY    AGE
bash-loop-rc   4          4          4        21m
```

8. 모든 것이 작동하는지 확인하기 위해 포드 상태를 다시 한 번 살펴보자, 자동 스케일링으로 만들어진 새 포드를 확인한다(17분).

```
> kubectl get pods
NAME                   READY   STATUS    RESTARTS   AGE
bash-loop-rc-8h59t     1/1     Running   0          21m
bash-loop-rc-gjv4k     1/1     Running   0          17m
bash-loop-rc-lsvtd     1/1     Running   0          21m
bash-loop-rc-z7wt5     1/1     Running   0          21m
```

9. 수평적 포드 자동 스케일러를 삭제하면 복제 컨트롤러는 마지막으로 원하는 복제본 수(이 경우 4개)를 유지한다. 복제 컨트롤러가 3개의 복제본으로 생성됐던 사실을 기억하지 못한다.

```
> kubectl  delete hpa bash-loop-rc
horizontalpodautoscaler "bash-loop-rc" deleted
```

10. 다음과 같이 자동 스케일러가 없어지더라도 복제 컨트롤러가 재설정되지 않고 4개의 포드를 계속 유지한다.

```
> kubectl get  rc
NAME            DESIRED   CURRENT   READY   AGE
bash-loop-rc    4         4         4       28m
```

이제 다른 것을 시도해보자. 범위가 2-6이고 CPU 타겟이 50%인 새로운 수평적 포드 자동 스케일러를 만들어 본다.

```
> kubectl autoscale rc bash-loop-rc --min=2 --max=6 --cpu-percent=50
replicationcontroller "bash-loop-rc" autoscaled
```

복제 컨트롤러는 여전히 범위 내의 수인 4개의 복제본을 유지 관리한다.

```
> kubectl get rc
NAME           DESIRED   CURRENT   READY   AGE
bash-loop-rc   4         4         4       29m
```

그러나 실제 CPU 사용률은 0이거나 0에 가깝다. 복제본 수는 두 개의 복제본으로 축소돼야 한다. 그러나 수평적 자동 스케일러가 아직 힙스터로부터 최신 정보(CPU사용률)를 받지 못했기 때문에 복제 컨트롤러에서 복제본의 수를 줄여야 한다는 것을 모른다.

▌ 자동 스케일링을 통한 롤링 업데이트

롤링 업데이트는 대규모 클러스터 관리의 기본이다. 쿠버네티스는 복제 컨트롤러 수준에서 배포를 사용해 롤링 업데이트를 지원한다. 복제 컨트롤러를 사용한 롤링 업데이트는 수평적 포드 자동 스케일러와 호환되지 않는다. 그 이유는 롤링 배포중에 새 복제 컨트롤러가 만들어지고 수평적 포드 자동 스케일러는 이전 복제 컨트롤러에 바인딩된 채로 남아 있기 때문이다. 불행히도 직관적인 kubectl rolling-update 명령은 복제 컨트롤러 롤링 업데이트를 발생시킨다.

이처럼 롤링 업데이트는 중요한 기능이므로 항상 수평적 포드 자동 스케일러를 복제 컨트롤러나 복제 세트 대신 배포 개체에 바인딩하는 것이 좋다. 수평적 포드 자동 스케일러가 배포에 바인딩되면 배포 규격에 복제본을 설정하고 배포를 통해 필요한 기본 롤링 업데이트 및 복제를 처리할 수 있다.

다음은 hue-reminder 서비스 배포를 위해 사용할 배포 설정 파일이다.

```
apiVersion: extensions/v1beta1
kind: Deployment
metadata:
```

```
      name: hue-reminders
spec:
  replicas: 2
  template:
    metadata:
      name: hue-reminders
      labels:
        app: hue-reminders
    spec:
      containers:
      - name: hue-reminders
        image: g1g1/hue-reminders:v2.2
       ports:
        - containerPort: 80
```

자동 스케일링 기능을 지원하고 항상 10~15개의 인스턴스가 실행되도록 하기 위해 자동 스케일러 설정 파일을 만들 수 있다.

```
apiVersion: autoscaling/v1
kind: HorizontalPodAutoscaler
metadata:
  name: hue-reminders
  namespace: default
spec:
  maxReplicas: 15
  minReplicas: 10
  targetCPUUtilizationPercentage: 90
  scaleTargetRef:
    apiVersion: v1
    kind: Deployment
    name: hue-reminders
```

scaleTargetRef 항목의 kind는 ReplicationController가 아닌 Deployment이다. 이름이 같은 복제 컨트롤러가 있을 수 있으므로 이 작업은 매우 중요하다. 모호하지 않게 수평적 포드 자동 스케일러가 올바른 개체에 바인딩돼 있는지 확인하려면 kind와 name이 일치해야 한다.

또는 kubectl autoscale 명령을 사용할 수 있다.

```
> kubectl autoscale deployment hue-reminders --min=10--max=15 --cpu-percent=90
```

▌제한과 할당량을 이용한 부족한 리소스 처리

수평적 포드 자동 스케일러를 사용해 포드를 생성하게 되면 리소스 관리에 대해 생각할 필요가 있다. 스케줄링은 쉽게 제어할 수 없기 때문에 리소스의 비효율적인 사용 문제가 큰 관심사로 떠오르게 된다. 이에 대해 미묘한 방식으로 서로 상호작용할 수 있는 몇 가지 요소가 있다.

- 전체 클러스터 용량
- 노드당 리소스 세분화
- 네임스페이스 단위의 작업량 분할
- 데몬세트
- 스테이트풀세트
- 친화력, 반친화력, 테인트^{taint}와 톨러레이션^{toleration}

먼저, 핵심 이슈에 대해 살펴보자. 쿠버네티스 스케줄러는 포드를 스케줄할 때 이런 모든 요소를 고려해야 한다. 충돌이나 요구 사항의 중복이 많은 경우 쿠버네티스는 새로운 포드를 스케줄링할 수 있는 공간이 부족할 수 있다. 예를 들어 매우 극단적인 상황이지만 간단한 시나리오는 데몬세트가 모든 노드에서 사용 가능한 메모리의 50%를 필요로 하는 포드에서 실행되는 것이다. 이 경우 쿠버네티스는 데몬세트 포드가 우선순위를 갖기 때문에, 50% 이상의 메모리를 필요로 하는 포드를 스케줄링할 수 없다. 새로운 노드를 프로비저닝하더라도 데몬세트는 즉시 메모리의 절반을 차지하게 된다.

스테이트풀세트는 확장할 새 노드가 필요하다는 점에서 데몬세트와 유사하다. 데이터 증가에 의해 스테이트풀세트에 새 노드가 추가되지만, 쿠버네티스가 다른 구성원을 스케줄링하기 위해 사용 가능한 풀에서 리소스를 가져오는 데 영향을 준다. 멀티테넌트 환경에서는 시끄러운 인접 문제[1]가 프로비저닝이나 리소스 할당 컨텍스트에서 발생할 수 있다. 서로 다른 포드와 해당 포드의 리소스 요구 사항 사이에 네임스페이스에서 정확한 비율로 세밀하게 계획할 수 있지만 내부를 확인할 수도 없는 다른 네임스페이스와 실제 노드를 공유해야 한다.

이런 문제의 대부분은 CPU, 메모리, 저장소와 같은 다양한 리소스 유형에 대해 클러스터 용량을 신중하게 관리하고 네임스페이스의 리소스 할당량을 사용함으로써 완화할 수 있다.

리소스 할당량 사용하기

대부분의 쿠버네티스 배포판은 기본적으로 리소스 할당량을 지원한다. API 서버의 --admission-control 플래그에는 인수 중 하나로 ResourceQuota가 있다. 적용하기 위해 ResourceQuota 객체를 생성해야 한다. 잠재적인 충돌을 막기 위해 네임스페이스당 최대 하나의 ResourceQuota 객체가 있을 수도 있다. 이것은 쿠버네티스에 의해 실행된다.

리소스 할당량 유형

컴퓨팅, 스토리지, 개체 등 다양한 유형의 할당량을 관리하고 제어할 수 있다.

---

1 시끄러운 인접문제(noisy neighbor problem)는 네트워크 대역폭, 디스크 I/O, CPU, 그 밖의 리소스로 인해 클라우드 사용자 간에 발생할 수 있는 부정적인 문제들을 의미한다. – 옮긴이

컴퓨팅 리소스 할당량

컴퓨팅 리소스는 CPU와 메모리다. 각각에 대해 한도를 지정하거나 특정한 값을 요청할 수 있다. 다음은 컴퓨팅과 관련된 항목이다. `requests.cpu`는 cpu만 지정할 수 있고 `requests.memory`는 메모리만 지정할 수 있다.

- `limits.cpu`: 비종료 상태의 모든 포드까지 포함해 초과할 수 없는 CPU 제한의 합
- `limits.memory`: 비종료 상태의 모든 포드까지 포함해 초과할 수 없는 메모리 제한의 합
- `requests.cpu`: 비종료 상태의 모든 포드까지 포함해 초과할 수 없는 CPU 요청의 합
- `requests.memory`: 비종료 상태의 모든 포드까지 포함해 초과할 수 없는 메모리 요청의 합

스토리지 리소스 할당량

스토리지 리소스 할당량의 유형은 조금 더 복잡하다. 네임스페이스당 제한할 수 있는 개체에는 스토리지의 크기와 영구적 볼륨 요청 개수 두 가지가 있다. 그러나 총 저장 용량이나 영구 볼륨 요청의 총 수를 전역적으로 설정하는 것 외에도 스토리지 클래스별로 이를 설정할 수 있다. 스토리지 클래스 리소스 할당량에 대한 표기법은 다소 길게 표현된다.

- `requests.storage`: 모든 영구 볼륨 요청을 포함해 초과할 수 없는 스토리지 요청의 합
- `persistentvolumeclaims`: 네임스페이스에 존재할 수 있는 영구 볼륨 요청의 총 수
- `<스토리지 클래스>.storageclass.storage.k8s.io/requests.storage`: 스토리지 클래스 이름과 관련된 모든 영구 볼륨 요청을 포함해 초과할 수 없는 스토리지 요청의 합
- `<스토리지 클래스>.storageclass.storage.k8s.io/persistentvolumeclaims`: 스토

리지 클래스 이름과 관련된 모든 영구 볼륨 요청에서 네임스페이스에 존재할 수 있는 영구 볼륨 요청의 총 개수

쿠버네티스 1.8에서는 임시 스토리지 할당량에 대한 알파 지원을 추가했다.

- `requests.ephemeral-storage`: 네임스페이스의 모든 포드에서 초과할 수 없는 로컬 임시 스토리지 요청의 합
- `limits.ephemeral-storage`: 네임스페이스의 모든 포드에서 초과할 수 없는 로컬 임시 스토리지 용량 제한의 합

개체 개수 할당량

쿠버네티스는 API 개체라는 또 다른 리소스 할당 범주를 가지고 있다. 추측하기로는 쿠버네티스 API 서버가 너무 많은 객체를 관리하지 않도록 하는 것이 목표가 아닐까 생각한다. 쿠버네티스가 많은 작업을 수행한다는 것을 잊지 않아야 한다. 종종 작업이 여러 정책을 위반하지 않도록 인증, 권한 부여를 위해 여러 개체를 조회해야 하는 경우도 있다. 간단한 예로 복제 컨트롤러에 기반한 포드 스케줄링이다. 10억 개의 복제 컨트롤러 개체가 있다고 가정해보자. 어쩌면 단지 3개의 포드가 있고, 대부분의 복제 컨트롤러에는 복제본을 가지고 있지 않을 것이다. 그럼에도 불구하고 쿠버네티스는 수십억 대의 복제 컨트롤러에 포드 템플릿의 복제본이 없고 모든 포드를 죽일 필요가 없다는 것을 확인하는 데 대부분의 시간을 할애할 것이다. 이것은 극단적인 예지만 너무 많은 API 객체는 쿠버네티스에게 많은 일을 시킨다.

복제 세트가 아닌 복제 컨트롤러의 수를 제한할 수도 있다. 복제 세트는 복제 컨트롤러의 개선된 버전으로 너무 많을 경우 모두에게 거의 동일한 손상을 일으킬 수 있다.

가장 눈에 띄는 생략은 네임스페이스다. 네임스페이스의 수에는 제한이 없다. 모든 제한은 네임스페이스 단위이므로, 네임스페이스를 너무 많이 생성하면 각각의 네임스페이스가 가지고 있는 API 객체 수가 적으므로 쿠버네티스를 쉽게 압도할 수 있다.

다음은 지원되는 객체다.

- ConfigMaps: 네임스페이스에 존재할 수 있는 구성 맵의 총 개수
- PersistentVolumeClaims: 네임스페이스에 존재할 수 있는 영구 볼륨 요청의 총 개수
- pods: 네임스페이스에 존재할 수 있는 비종료 상태의 포드의 총 개수. status. phase가 true이면 포드는 종료 상태
- ReplicationController: 네임스페이스에 존재할 수 있는 복제 컨트롤러의 총 개수
- ResourceQuotas: 네임스페이스에 존재할 수 있는 리소스 할당량의 총 개수
- services: 네임스페이스에 존재할 수 있는 총 서비스 개수
- Services.LoadBalancers: 네임스페이스에 존재할 수 있는 총 로드밸런서 서비스 개수
- Services.NodePorts: 네임스페이스에 존재할 수 있는 노드의 포트 서비스 총 개수
- secrets: 네임스페이스에 존재할 수 있는 총 secret의 개수

할당량 범위

포드와 같은 일부 리소스는 서로 다른 상태에 있을 수 있으며, 이런 여러 상태에 대해 서로 다른 할당량을 갖는 것은 유용하다. 예를 들어 종료 중인 포드가 많으면(이런 일은 롤링 업데이트하는 동안 많이 발생한다) 포드의 총 개수가 할당량을 초과하더라도 더 많은 포드를 만드는 것이 좋다. 이것은 종료되지 않은 포드에 객체의 개수 할당량을 적용하여 얻을 수 있다. 다음은 존재하는 범위이다.

- Terminating: spec.activeDeadlineSeconds> = 0인 포드와 일치
- NotTerminating: spec.activeDeadlineSeconds가 nil인 포드와 일치
- BestEffort: 최고의 서비스 품질을 가진 포드와 일치

- NotBestEffort: 최고의 서비스 품질을 가지고 있지 않는 포드와 일치

BestEffort는 포드에만 적용되지만 Terminating, NotTerminating 및 NotBestEffort 범위는 CPU와 메모리에도 적용된다. 리소스 할당량의 한도를 적용해 포드가 종료되지 못하게 하는 것은 기억할 만한 사실이다.

지원되는 객체는 다음과 같다.

- cpu
- limits.cpu
- limits.memory
- memory
- pods
- requests.cpu
- requests.memory

요청과 제한

리소스 할당량에 대한 요청과 제한의 의미는 컨테이너가 대상 속성을 명시적으로 지정하도록 요구하는 것이다. 이렇게 하면 쿠버네티스는 각 컨테이너에 할당되는 리소스의 범위를 정확히 알고 있기 때문에 총 할당량을 관리할 수 있게 된다.

할당량 작업

먼저 네임스페이스를 생성한다.

```
> kubectl create namespace ns
namespace "ns" created
```

명시적인 네임스페이스 컨텍스트 사용

기본값이 아닌 다른 네임스페이스로 작업할 때 컨텍스트 사용을 권장한다. 모든 명령에 대해 --namespace=ns를 계속 입력할 필요가 없다.

```
> kubectl config set-context ns --cluster=minikube --user=minikube --
namespace=ns
Context "ns" set.
> kubectl config use-context ns
Switched to context "ns".
```

할당량 생성

1. compute 할당량 객체를 생성한다.

```
apiVersion: v1
kind: ResourceQuota
metadata:
  name: compute-quota
spec:
  hard:
    pods: "2"
    requests.cpu: "1"
    requests.memory: 20Mi
    limits.cpu: "2"
    limits.memory: 2Gi
> kubectl create -f compute-quota.yaml
resourcequota "compute-quota" created
```

2. count 할당량 객체를 추가한다.

```
apiVersion: v1
kind: ResourceQuota
metadata:
```

```
    name: object-counts-quota
spec:
  hard:
    configmaps: "10"
    persistentvolumeclaims: "4"
    replicationcontrollers: "20"
    secrets: "10"
    services: "10"
    services.loadbalancers: "2"
> kubectl create -f object-count-quota.yaml
resourcequota "object-counts-quota" created
```

3. 모든 할당량 객체를 확인한다.

```
> kubectl get quota
NAME               AGE
compute-resources  17m
object-counts      15m
```

4. describe 옵션을 이용해 다음과 같이 모든 정보를 얻을 수 있다.

```
> kubectl describe quota compute-quota
Name:            compute-quota
Namespace:       ns
Resource         Used  Hard
--------         ----  ----
limits.cpu       0     2
limits.memory    0     2Gi
pods             0     2
requests.cpu     0     1
requests.memory  0     20Mi
> kubectl describe quota object-counts-quota
Name:            object-counts-quota
Namespace:       ns
Resource              Used  Hard
--------              ----  ----
```

```
configmaps                 0    10
persistentvolumeclaims     0    4
replicationcontrollers     0    20
secrets                    1    10
services                   0    10
services.loadbalancers     0    2
```

이 결과를 통해 각각의 객체들을 일일이 깊게 들여다보지 않고도 클러스터 전체에서 중요 리소스의 전역적 리소스 사용량을 즉각적으로 파악할 수 있다.

1. 네임스페이스에 Nginx 서버를 추가한다.

```
> kubectl run nginx --image=nginx --replicas=1
deployment "nginx" created
> kubectl get pods
No resources found.
```

2. "리소스를 찾을 수 없다."라는 메시지가 출력되었지만 배포가 만들어 질 때 오류가 발생하지 않았다. 배포를 확인한다.

```
> kubectl describe deployment nginx
Name:                   nginx
Namespace:              ns
CreationTimestamp:      Sun, 11 Feb 2018 16:04:42 -0800
Labels:                 run=nginx
Annotations:            deployment.kubernetes.io/revision=1
Selector:               run=nginx
Replicas:               1 desired | 0 updated | 0 total | 0 available | 1
unavailable
StrategyType:           RollingUpdate
MinReadySeconds:        0
RollingUpdateStrategy: 1 max unavailable, 1 max surge
Pod Template:
  Labels:     run=nginx
  Containers:
```

```
  nginx:
    Image:        nginx
    Port:         <none>
    Environment:  <none>
    Mounts:     <none>
  Volumes:      <none>
Conditions:
  Type           Status   Reason
  ----           ------   ------
  Available      True     MinimumReplicasAvailable
  ReplicaFailure True     FailedCreate
OldReplicaSets: <none>
NewReplicaSet: nginx-8586cf59 (0/1 replicas created)
Events:
  Type     Reason          Age    From             Message
  ----     ------          ----   ----             -------
  Normal   ScalingReplicaSet   16m     deployment-controller    Scaled up
  replica set nginx-8586cf59 to 1
```

FailedCreate로 인해 ReplicationFailure 상태는 True이다. 배포에서 nginx-8586cf59
라는 새로운 복제본 집합을 만들었지만 만들려고 했던 포드는 만들 수 없었음을 알 수 있
다. 아직 그 이유는 알 수 없다. 복제 집합을 확인한다.

```
> kubectl describe replicaset nginx-8586cf59
Name: nginx-8586cf59
Namespace:    ns
Selector:       pod-template-hash=41427915,run=nginx
Labels:         pod-template-hash=41427915
                run=nginx
Annotations: deployment.kubernetes.io/desired-replicas=1
                deployment.kubernetes.io/max-replicas=2
                deployment.kubernetes.io/revision=1
Controlled By: Deployment/nginx
Replicas: 0 current / 1 desired
Pods Status: 0 Running / 0 Waiting / 0 Succeeded / 0 Failed
Conditions:
```

```
  Type Status Reason
  ---- ------ ------
  ReplicaFailure True FailedCreate
Events:
  Type Reason Age From
Message
---- ------ ---- ---- ----
---
Warning FailedCreate 17m (x8 over 22m) replicaset-controller
(combined from similar events): Error creating: pods "nginx-8586cf59-sdwxj"
is forbidden: failed quota: compute-quota: must specify
limits.cpu,limits.memory,requests.cpu,requests.memory
```

출력되는 내용이 많아 여러 줄이 겹치지만 메시지는 매우 분명하다. 네임스페이스에 계산 할당량이 있으므로 모든 컨테이너는 CPU, 메모리 요청과 제한을 지정해야 한다. 할당량 컨트롤러는 총 네임스페이스 할당량이 지켜질 수 있도록 모든 컨테이너의 계산 리소스 사용량을 고려해야 한다.

이제 문제는 이해했을 것이고 해결 방법에 대해 고려해본다. 한 가지 방법은 사용하려는 각 포드 유형에 전용 deployment 객체를 만들고 CPU, 메모리 요청과 제한을 신중하게 설정하는 것이다. 하지만 확실하지 않다면 어떻게 해야 할까? 많은 포드 유형이 있고 deployment 설정 파일들을 관리하고 싶지 않은 경우에는 어떻게 해야 할까?

또 다른 해결책은 deployment를 실행할 때 명령줄에 제한을 지정하는 것이다.

```
> kubectl run nginx \
--image=nginx \
--replicas=1 \
--requests=cpu=100m,memory=4Mi \
--limits=cpu=200m,memory=8Mi \
--namespace=ns
```

이것은 잘 작동한다. 그렇지만 많은 논쟁거리를 일으키는 deployment 생성 방식은 클러스터를 관리하는 매우 취약한 방법이다.

```
> kubectl get pods
NAME                      READY  STATUS    RESTARTS  AGE
nginx-2199160687-zkc2h    1/1    Running   0         2m
```

계산 할당량 기본값을 위한 제한 범위 사용

1. 더 나은 방법은 계산 제한의 기본값을 지정하는 것이다. 제한 범위를 입력한다. 다음은 컨테이너의 기본값을 설정하는 설정 파일이다.

```
apiVersion: v1
kind: LimitRange
metadata:
  name: limits
spec:
  limits:
  - default:
      cpu: 200m
      memory: 6Mi
    defaultRequest:
      cpu: 100m
      memory: 5Mi
    type: Container
> kubectl create -f limits.yaml
limitrange "limits" created
```

2. 현재 제한 기본값은 다음과 같다.

```
> kubectl describe limits limits
Name:   limits Namespace:  ns
Type Resource Min Max Default Request Default Limit Max
Limit/Request Ratio
```

```
----          --------        ------  ---    ------------
------------   --------------------
Container cpu      -    -     100m      200m      -
Container memory      -      -     5Mi       6Mi        -
```

3. CPU나 메모리 요청과 제한을 지정하지 않고 Nginx를 다시 실행한다. 그전에 Nginx 배포를 삭제한다.

```
> kubectl delete deployment nginx deployment "nginx" deleted
> kubectl run nginx --image=nginx --replicas=1 deployment "nginx" created
```

4. 포드가 생성됐는지 확인한다.

```
> kubectl get pods
NAME                  READY  STATUS   RESTARTS  AGE
nginx-8586cf59-p4dp4  1/1    Running  0         16m
```

▌ 클러스터 용량 선택과 관리

쿠버네티스의 수평적 포드 자동 스케일링, 데몬세트, 스테이트풀세트 및 할당량을 통해 포드와 스토리지, 기타 객체를 스케일링하고 제어할 수 있다. 그러나 결국 쿠버네티스 클러스터에서 사용할 수 있는 물리적(가상) 리소스라는 제약 조건이 있다. 모든 노드의 용량이 100% 실행 중이면 클러스터에 노드를 추가하는 것 말고는 다른 방법이 없다. 그렇지 않으면 쿠버네티스는 스케일링에 실패할 것이다. 반면, 매우 동적인 작업부하가 있는 경우 쿠버네티스는 포드의 크기를 줄일 수 있지만, 노드를 그에 맞게 축소하지 않으면 초과 용량에 대한 추가 비용이 발생한다. 클라우드 환경에서는 인스턴스를 중지하고 시작할 수 있다.

노드 유형 선택

가장 간단한 해결책은 알려진 양의 CPU, 메모리, 로컬 저장소로 구성된 단일 노드 유형을 선택하는 것이다. 그러나 이것은 일반적으로 가장 효과적이고 비용적으로 효율적인 해결책이 아니다. 질문은 필요한 노드의 개수이기 때문에 용량 계획을 간단하게 만들 수 있다. 노드를 추가할 때마다 알려진 양의 CPU와 메모리를 클러스터에 추가한다. 하지만 쿠버네티스 클러스터와 클러스터 내부의 구성 요소는 다른 작업부하를 처리한다. 많은 포드가 일부 데이터를 수신하여 한 곳에서 처리하는 스트림 처리 파이프라인을 가지고 있을 수 있다. 이 작업은 CPU를 많이 필요로 하는 작업으로 메모리가 많이 필요할 수도 있고 그렇지 않을 수도 있다. 분산 메모리 캐시와 같은 다른 구성 요소에는 많은 메모리가 필요하지만 CPU는 거의 필요하지 않다. 카산드라 클러스터와 같은 다른 구성 요소에는 각 노드에 연결된 여러 개의 SSD 디스크가 필요하다.

각 노드 유형에 대해 적절한 라벨링을 고려하고, 쿠버네티스가 해당 노드 유형에서 실행하도록 설계된 포드를 스케줄링하도록 해야 한다.

스토리지 솔루션 선택

스토리지는 클러스터를 스케일링하는 데 있어 결정적 요소다. 스케일링 가능 스토리지 솔루션에는 세 가지 범주가 있다.

- 자신의 롤(Roll)
- 클라우드 플랫폼 스토리지 솔루션 사용
- 클러스터 외부 솔루션 사용

자신의 롤을 사용하는 경우 쿠버네티스 클러스터에 몇 가지 유형의 스토리지 솔루션을 설치한다. 유연성과 완벽한 제어가 이점이나 롤을 직접 관리하고 조정해야 한다.

클라우드 플랫폼 스토리지 솔루션을 사용하면 얻는 이점이 많지만 통제의 어려움과 일반적으로 더 많은 비용을 지불하며 서비스에 따라 해당 공급 업체에 종속될 수 있다.

클러스터 외부 솔루션을 사용하면 데이터 전송의 성능과 비용이 훨씬 더 커질 수 있다. 기존 시스템과 통합해야 하는 경우 일반적으로 이 옵션을 사용한다.

물론 대형 클러스터에는 모든 범주의 여러 데이터 저장소가 있을 수 있다. 이는 가장 중요한 결정 중 하나이며, 스토리지 요구 사항은 시간이 지남에 따라 변경과 진화를 겪게 될 것이다.

비용과 응답 시간의 상관 관계

비용 문제가 없다면 클러스터를 충분하게 공급할 수 있다. 모든 노드가 가능한 최상의 하드웨어 구성을 가질 수 있으며, 워크로드를 처리하는 데 필요한 것보다 더 많은 노드를 가질 수 있다. 그리고 많은 양의 사용 가능한 스토리지를 가질 수 있게 된다. 그렇지만 비용은 항상 문제다.

이제 막 서비스를 시작한 상황에서는 클러스터가 많은 트래픽을 처리하지 않을 때 과잉 프로비저닝을 할 수 있다. 비록 두 개의 노드만으로 충분하더라도 5개의 노드를 실행하게 될지 모른다. 모든 노드에 1,000을 곱하게 된다면 수천 개의 유휴 컴퓨터와 페타 바이트의 빈 저장 공간을 가지게 될 것이고, 누군가는 이것에 대해 의문을 가지게 될 수밖에 없을 것이다.

이런 이유로 신중하게 측정하고 최적화하면 모든 리소스의 사용률을 99.99999%가 되도록 할 수 있다. 이제 요청을 삭제하거나 응답을 지연시키지 않고 추가 부하나 단일 노드의 실패를 처리할 수 없는 시스템을 만들었다. 지금부터는 중간 지점을 찾아야 한다. 이를 위해 작업부하의 일반적인 변동을 이해하고 응답 시간이나 처리 능력의 감소 대비 초과 용량의 비용/이익 비율을 고려해야 한다.

때때로 가용성과 안정성에 대한 엄격한 요구 사항이 있는 경우 시스템을 중복으로 구축한 후 설계 시 과잉 프로비저닝할 수 있다. 예를 들어 중단 시간이나 눈에 띄는 영향 없이 고장난 구성 요소를 핫스왑할 수 있기를 원한다. 심지어 단일 거래조차도 손실이 발생하지 않기를 바랄 수 있다. 이 경우 모든 중요 구성 요소의 실시간 백업을 가질 것이며, 특별한 조치없이 일시적인 변동을 완화하기 위해 추가 용량을 사용할 수도 있다.

여러 노드 구성의 효과적 사용

시스템의 사용 패턴과 각 구성 요소가 처리할 수 있는 로드를 이해해야 효과적인 용량 계획을 세울 수 있다. 여기에는 시스템 내부에서 생성된 많은 데이터가 포함될 수 있다. 일반적인 작업부하를 확실하게 이해하고 있으면 작업 흐름을 보고 어떤 구성 요소가 부하의 어느 부분을 처리하는지 알 수 있다. 그 후 포드의 개수와 리소스 요구 사항을 계산할 수 있다. 내가 경험한 바로는 상대적으로 고정된 작업부하와 예상할 수 있는 작업부하(업무 시간 대 비업무 시간), 그리고 불규칙적으로 수행하는 예측 불가의 작업부하가 있다. 각각의 작업부하에 따라 계획을 세워야 하며, 특정 작업부하와 일치하는 포드를 스케줄링하는 데 사용될 수 있는 여러 개의 노드 집합을 설계할 수 있다.

탄력적인 클라우드 리소스 사용의 이점

대부분의 클라우드 공급자는 인스턴스 자동 스케일링 기능을 가지고 있는데, 이것은 쿠버네티스의 수평적 포드 자동 스케일링을 완벽하게 보완할 수 있다. 클라우드 스토리지를 사용한다면, 사용자의 작업 없이 저장소가 자동 증가한다. 그러나 여기에는 몇 가지 알아야 할 것들이 있다.

인스턴스 자동 스케일링

모든 클라우드 공급자는 인스턴스 자동 스케일링 기능을 가지고 있다. 몇 가지 차이점이 있지만 CPU 사용률을 기준으로 위아래로 늘릴 수 있으며 때로는 사용자 정의 측정 항목을 사용할 수 있다. 로드밸런싱이 제공되는 경우도 있다. 보는 것과 같이 몇 가지는 쿠버네티스와 중복되는 부분이 있다. 클라우드 공급자가 적절한 제어 기능을 가진 적당한 자동 스케일링 기능을 가지고 있지 않은 경우에는 자체 롤업을 수행하는 것은 비교적 쉽기 때문에, 클러스터 리소스 사용을 모니터링하고 인스턴스를 추가 또는 제거하기 위해 클라우드 API를 호출할 수 있다. 그리고 쿠버네티스로부터 측정 항목을 추출할 수 있다.

다음은 CPU 부하 모니터를 기반으로 두 개의 새로운 인스턴스가 추가되는 방법을 보여주는 그림이다.

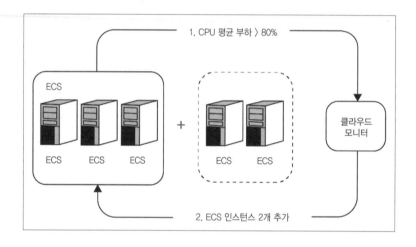

클라우드 할당량 고려

클라우드 공급자와 협력할 때 가장 어려운 일 중 하나가 할당량이다. 나는 4개의 다른 클라우드 공급자(AWS, GCP, 애저, 알리바바Alibaba 클라우드)와 협력해 왔으며 항상 어느 시점에서는 할당량 문제가 있었다. 할당량은 클라우드 공급자가 자체 용량 계획을 수행할 수 있도록 하기 위해 존재하지만,(예를 들어 실수로 100만 개의 인스턴스를 시작하지 못하도록 한다) 사용자의 관점에서 볼 때 문제를 일으킬 소지가 여전히 존재한다. 마법처럼 작동하는 아름다운 자동 스케일링 시스템을 설치했다고 가정한다. 100개의 노드를 사용했더니 갑자기 시스템의 크기가 조정되지 않게 된다. 다행히 당신이 100개의 노드로 제한되어 있다는 사실

374

을 빨리 발견하고 할당량을 늘리려는 요청을 한다. 그러나 사람이 할당량 요청을 승인해야 하며 이는 하루 또는 이틀이 걸릴 수 있다. 그 기간 동안 시스템은 작업을 처리할 수 없다.

신중한 지역 관리

클라우드 플랫폼은 지역과 가용한 영역에 구성된다. 몇몇 서비스와 시스템 구성은 일부 지역에서만 사용 가능한 것도 있다. 클라우드 할당량도 지역 수준에서 관리된다. 지역 내에서의 데이터 전송 성능과 비용은 지역 간 데이터 전송에 의한 것보다 훨씬 적다(종종 무료인 경우도 있다). 따라서 클러스터를 계획할 때는 지리적 분포 전략을 신중히 고려해야 한다. 여러 지역에서 클러스터를 실행해야 하는 경우 중복성, 가용성, 성능, 비용과 관련하여 결정하기 어려울 수 있다.

hyper.sh와 AWS Fargate 고려하기

Hyper.sh는 컨테이너 인식 호스팅 서비스다. 컨테이너를 시작하면 Hyper.sh 서비스가 하드웨어를 할당한다. 새로운 VM을 기다릴 필요 없이 컨테이너가 수초 내에 시작된다. 하이퍼네티스[2]는 Hyper.sh상의 쿠버네티스로, 고려해야 할 노드가 없기 때문에 노드를 스케일링할 필요가 없다. 오직 컨테이너 또는 포드만 있다.

다음 그림의 오른쪽 부분은 **하이퍼컨테이너**가 멀티테넌트 베어메탈 컨테이너 클라우드에서 직접 실행되는 방식을 보여주고 있다.

---

2 하이퍼네티스(hypernetes): 쿠버네이트의 장점 중 하나가 다중의 컨테이너를 지원하도록 설계되어 있다는 것이다. 즉, 사용자는 단일 벤더의 제품만 사용하지 않아도 된다는 것이다. 이런 하이퍼컨테이너(HyperContainer) 개념을 쿠버네티스에 통합한 것이다. – 옮긴이

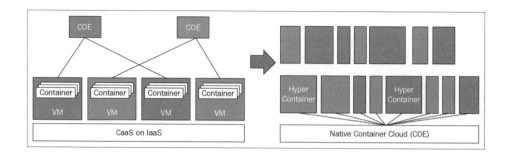

AWS는 최근 Fargate를 출시했다. Fargate는 서버나 클러스터 등 기본 인프라를 관리할 필요없이 컨테이너를 실행할 수 있게 해주는 아마존 ECS, EKS를 위한 기술이다. Fargate 는 기본 인스턴스를 추상화하여 클라우드의 컨테이너를 스케줄링할 수 있게 해준다. EKS 와 함께 쿠버네티스를 배포하는 가장 보편적인 방법이 될 수 있다.

▌ 쿠버네티스로 한계 극복

이 절에서는 쿠버네티스 팀이 쿠버네티스를 어떻게 한계 수준까지 끌어올려 사용하는지 살펴본다. 수치상으로도 알려져 있지만, Kubemark 같은 일부 도구와 기술을 이용해서 클러스터를 테스트해 볼 수 있다. 실제 3,000개의 노드를 가진 쿠버네티스 클러스터가 사용되고 있기도 하고, 최근에는 CERN에서 오픈스택 팀이 초당 200만 건의 요청을 처리하기도 했다.

http://superuser.openstack.org/articles/scaling-magnum-and-kubernetes-2-million-requests-per-second/

Mirantis는 스케일링 실험실에서 500개의 물리적 서버에 5,000개의 쿠버네티스 노드(VM 에)를 배치하여 성능 및 스케일링 테스트를 수행했다.

자세한 내용은 다음 http://bit.ly/2oijqQY를 참조한다.

OpenAI는 머신러닝 쿠버네티스 클러스터를 2,500개의 노드로 확장하고 로깅 에이전트의 쿼리 부하 관리와 별도의 etcd 클러스터에 이벤트 저장 등의 중요한 교훈을 얻었다.

https://blog.openai.com/scaling-kubernetes-to-2500-nodes/

이 절의 마지막 부분에서는 쿠버네티스를 대규모로 개선하기 위한 노력과 창의성에 대해서 알아보고, 단일 쿠버네티스 클러스터를 얼마 수준까지 사용할 수 있는지, 예상되는 성능은 어느 정도인지 알아볼 것이다. 그리고 쿠버네티스 클러스터의 성능 평가를 지원하는 몇몇 도구와 기술을 소개할 것이다.

쿠버네티스의 성능과 확장성 개선하기

쿠버네티스 팀은 쿠버네티스 1.6의 성능과 스케일링성에 많은 초점을 두었다. 쿠버네티스 1.2가 출시됐을 때, 쿠버네티스 1.2는 쿠버네티스 서비스 수준 목표 내에서 최대 1,000개의 노드로 구성된 클러스터를 지원했다. 쿠버네티스 1.3은 두 배인 2,000 노드로 늘렸고, 쿠버네티스 1.6은 클러스터당 5,000개의 노드를 사용했다. 쿠버네티스가 어떻게 이런 인상적인 개선을 이뤘는지 살펴보자.

API 서버에서 캐싱 읽기

쿠버네티스는 etcd에 시스템의 상태를 유지한다. 이것은 매우 안정적이다. 그러나 대규모 쿠버네티스 클러스터를 지원하기 위해 etcd에 엄청난 개선이 있었지만 매우 빠르게 동작하지는 않는다. 다양한 쿠버네티스 구성 요소는 해당 상태의 스냅샷에서 작동하며 실시간 업데이트에 의존하지 않는다. 이 사실은 처리량에 대한 약간의 지연을 허용한다는 의미가 된다. 모든 스냅샷은 etcd watch에 의해 업데이트된다. API 서버는 인메모리 읽기 캐시in-memory read cache를 가지고 있으며 이를 이용해 상태 스냅샷을 업데이트한다. 인메모리 읽기 캐시는 etcd watch에 의해 업데이트된다. 이런 기법은 etcd에 대한 부하를 엄청나게 감소시키고 API 서버의 전체 처리량을 증가시킨다.

포드 생명주기 이벤트 생성기

클러스터의 노드 수를 늘리는 것이 수평적 스케일링의 핵심이지만 포드의 밀도 역시 중요한 요소다. 포드의 밀도는 Kubelet이 한 노드에서 효율적으로 관리할 수 있는 포드의 수이다. 포드의 밀도가 낮으면 하나의 노드에서 너무 많은 포드를 실행할 수 없다. 즉, Kubelet이 많은 포드를 관리할 수 없기 때문에 더 강력한 노드(노드당 더 많은 CPU와 메모리)로부터 이점을 얻을 수 없음을 의미한다. 다른 대안은 개발자가 설계에 어긋나게 포드당 더 많은 작업을 수행하도록 하는 것이다. 이상적으로, 쿠버네티스는 포드 세분화에 관해서는 무엇을 하도록 강요할 수 없다. 쿠버네티스 팀은 이것을 잘 이해하고 있고, 포드의 밀도를 향상시키는 데 많은 노력을 기울이고 있다.

쿠버네티스 1.1에서는 공식적인 (테스트되고 광고된) 수는 노드당 30 포드였다. 실제로 쿠버네티스 1.1에서 노드당 40 포드를 실행해 봤는데, Kubelet의 과도한 오버헤드로 인해 비용을 지불해야 했다. 쿠버네티스 1.2에서는 이 수가 노드당 100 포드로 늘었다.

Kubelet은 자체 실행 루틴에서 각 포드에 대해 컨테이너 런타임을 지속적으로 폴링하는 데 사용됐다. 이로 인해 컨테이너 런타임에 많은 부담이 가중되어 성능이 최고조에 달했을 때 특히 CPU 사용률과 관련된 안정성 문제가 있었다. 이것에 대한 해결책이 **포드 생명주기 이벤트 생성기**PLEG, Pod Lifecycle Event Generator이다. PLEG가 작동하는 방식은 모든 포드와 컨테이너의 상태를 나열하고, 이전 상태와 비교하는 것이다. 이것은 모든 포드와 컨테이너에 대해 한 번 수행된다. 그런 다음 상태를 이전 상태와 비교해 어느 포드가 다시 동기화해야 하는지를 알고 해당 포드만 호출한다. 이런 변화로 인해 Kubelet과 컨테이너 런타임에 의한 CPU 사용량이 4배나 감소했다. 또한 폴링 기간도 단축되어 응답 속도가 향상됐다.

다음 그림은 쿠버네티스 1.1과 쿠버네티스 1.2의 120개 포드에 대한 CPU 사용률을 보여주고 있다. 요소들이 4배의 차이가 나는 것을 매우 명확하게 볼 수 있다.

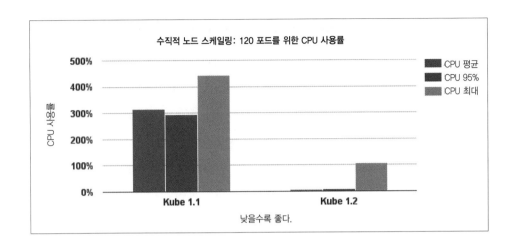

프로토콜 버퍼로 API 객체 직렬화하기

API 서버는 REST API를 가지고 있다. REST API는 일반적으로 직렬화 형식으로 JSON을 사용하며 쿠버네티스 API 서버도 다르지 않다. 그러나 JSON 직렬화는 JSON을 기본 데이터 구조로 마샬링과 언마샬링[3]하는 것을 의미하는데, 이것은 매우 고비용의 작업이다. 대규모 쿠버네티스 클러스터에서 많은 구성 요소가 API 서버를 자주 쿼리하거나 업데이트해야 한다. 이는 JSON 구문 분석과 구성의 모든 비용이 빠르게 추가된다는 것을 의미한다. 쿠버네티스 1.3에서는 효과적인 프로토콜 버퍼 직렬화 형식이 추가됐다. JSON 형식은 그대로 사용되지만 쿠버네티스 구성 요소 간의 모든 내부 통신에는 프로토콜 버퍼 직렬화 형식이 사용된다.

etcd3

etcd는 쿠버네티스 1.6에서 etcd2에서 etcd3으로 전환했다. 이것은 큰 변화로, 특히 watch 구현과 관련된 제한으로 인해 etcd2에서는 쿠버네티스를 5,000 노드로 확장하는 것이 불가능했다. CoreOS는 쿠버네티스를 측정기로 사용했기 때문에 쿠버네티스의 확장성 요구

---

3 마샬링(marshalling)은 표현 방식을 저장 또는 전송에 적합한 다른 데이터 형식으로 변환하는 과정으로 직렬화(Serialization)와 유사하며, 반대 개념이 언마샬링(unmarshaaling, 역 직렬화와 유사하다. - 옮긴이

는 etcd3에서 많은 개선을 가져왔다. 다음은 이런 큰 변화 중 일부다.

- REST—etcd2 대신 GRPC가 REST API를 가지고 있고, etcd3은 gRPC API와 gRPC 게이트웨이를 경유해 REST API를 가지고 있다. gRPC 기반의 http/2 프로토콜은 요청과 응답의 여러 스트림에 단일 TCP 연결을 사용할 수 있다.
- TTL— etcd2 대신 lease는 키를 만료하는 메커니즘으로, 키마다 TTL$^{Time To Live}$을 사용하고, etcd3은 여러 키가 동일한 키를 공유할 수 있는 TTL을 이용해 lease를 사용한다. 이렇게하면 keep alive[4] 트래픽을 크게 줄일 수 있다.
- etcd3의 watch 구현은 GRPC 양방향 스트림을 활용하고 여러 이벤트를 전송하기 위해 단일 TCP 연결을 유지하므로 메모리 풋 프린트를 적어도 한 단계 줄였다.
- 쿠버네티스는 etcd3을 사용해 모든 상태를 protobug로 저장해 많은 JSON 직렬화 오버헤드가 제거됐다.

기타 최적화

쿠버네티스 팀은 다른 많은 최적화 작업을 수행했다.

- 스케줄러 최적화(결과적으로 스케줄링 처리량이 5–10 배 향상)
- 모든 컨트롤러를 컨트롤러 관리자의 리소스 소비를 줄인 공유 정보를 사용해 새로운 권장 설계로 전환
  https://github.com/kubernetes/community/blob/master/contributors/devel/controllers.md 참고
- API 서버의 개별 작업 최적화(변환, 전체 복사본, 패치)
- API 서버의 메모리 할당 감소(API 호출 대기 시간에 큰 영향을 미침)

---

4 Keep-alive는 TCP 연결이 끊어지는 것을 방지하기 위해서 서로 주고받는 메시지를 말한다. – 옮긴이

쿠버네티스의 성능과 확장성 측정

성능과 확장성을 향상시키기 위해서는 개선하려는 대상과 개선 사항의 측정 방법을 깊이 검토해야 한다. 또한 성능과 확장성을 향상시키기 위해 기본 속성과 보증을 위반하지 않았는지 확인해야 한다. 성능을 향상시키게 되면 종종 확장성도 향상되는 이득을 얻을 수 있다. 예를 들어 포드가 작업을 위해 노드 CPU의 50%를 필요로 하는 상황에서 포드가 CPU의 33%를 사용해 동일한 작업을 수행할 수 있도록 성능을 향상시키면, 해당 노드에서 두 개가 아닌 세 개의 포드를 실행할 수 있다. 이는 클러스터의 확장성을 전체적으로 50% 향상시키거나 비용을 33% 절감하게 해준다.

쿠버네티스 서비스 수준 목표

쿠버네티스는 **서비스 수준 목표**SLO, Service Level Objectives를 가지고 있다. 성능과 확장성 향상을 위해 수립된 목표 수준을 지켜야 한다. 쿠버네티스는 API 호출에 대해 1초의 응답 시간을 갖는다. 1,000 밀리초를 의미한다. 대부분의 경우 실제로 응답 시간이 훨씬 빨라졌다.

API 응답 측정

API에는 여러 가지 엔드포인트endpoint가 있지만 간단한 API 응답 번호는 없다. 각각의 호출은 별도로 측정해야 한다. 뿐만 아니라 네트워킹 문제와 함께 시스템이 복잡하고 분산된 특성으로 인해 결과에 많은 변동성이 있을 수 있다. 확실한 방법론은 API 측정을 별도의 엔드포인트로 분리한 다음 오랜 시간 동안 많은 테스트를 실행하고 백분위 수를 확인하는 것이다(이것이 표준 방식이다).

많은 수의 객체를 관리하기에 충분한 사양의 하드웨어를 사용하는 것도 중요하다. 쿠버네티스 팀은 이 테스트에서 마스터 서버로 120GB 메모리에 32 코어의 VM을 사용했다.

다음 그림은 쿠버네티스 1.3의 다양한 API 호출 대기 시간 중 50번째, 90번째, 99번째 백분위 수를 보여준다. 90번째 백분위 수는 20밀리초 미만으로 매우 낮다. 99번째 백분위 수도 DELETE 포드 작업의 경우 125밀리초 미만이고, 그 외 다른 작업의 경우 100밀리초 미만이다.

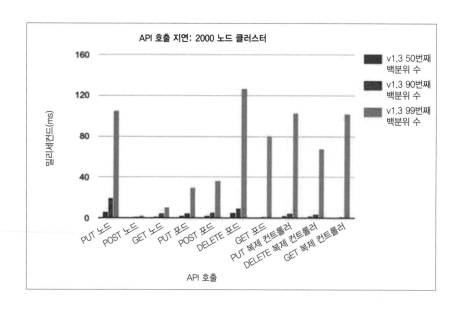

API 호출의 또 다른 범주는 LIST 운영이다. LIST 운영은 대규모 클러스터에서 많은 정보를 수집하고, 응답을 작성하고, 잠재적인 대량의 응답을 보내야 하기 때문에 더 광범위하다. 이런 경우 인메모리 읽기 캐시와 프로토콜 버퍼 직렬화와 같은 성능 향상이 빛을 발하게 된다. 응답 시간은 단일 API 호출보다 크지만 여전히 SLO 1초(1,000밀리초)보다 낮다.

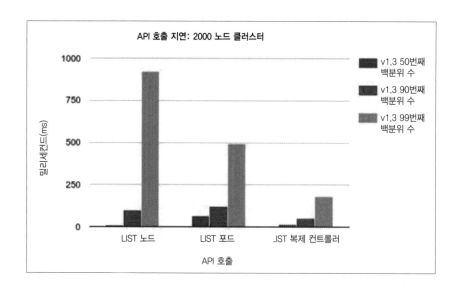

5,000 노드 클러스터에서 쿠버네티스 1.6을 사용해 API 호출 대기 시간을 확인한 결과다.

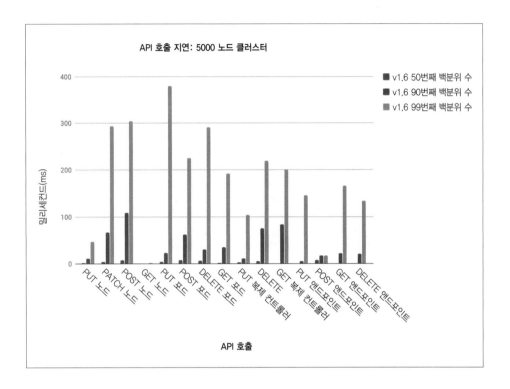

종단간 포드 시작 시간 측정

대규모 동적 클러스터의 가장 중요한 성능 특성 중 하나는 종단간^{end-to-end} 포드 시작 시간
이다. 쿠버네티스는 포드를 생성하고, 제거하고, 뒤섞는다. 쿠버네티스의 주요 기능은 포
드 스케줄링이다.

다음 그림에서 포드 시작 시간은 API 호출보다 변동성이 적음을 알 수 있다. 이는 클러스
터 크기에 의존하지 않는 런타임의 새 인스턴스를 시작하는 것과 같이 수행해야 할 많은
작업이 있기 때문이다. 1,000 노드 클러스터에서 쿠버네티스 1.2를 사용하면 포드를 실
행하는 데 필요한 99번째 백분위 수 종단간 시간은 3초 미만이었다. 쿠버네티스 1.3의 경
우 포드를 실행하는 99번째 백분위 수 종단간 시간은 2.5초를 약간 넘었다. 주목할 점은

2,000 노드 클러스터에서 쿠버네티스 1.3을 사용하면 1,000 노드 클러스터 대비 조금 더 향상되었다는 것이다.

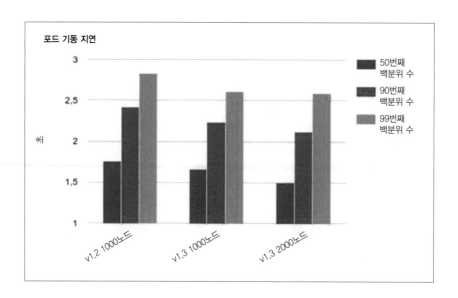

쿠버네티스 1.6은 더 향상돼 더 큰 클러스터에서도 뛰어나다.

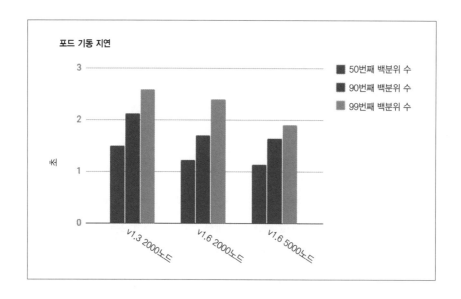

대규모 쿠버네티스 테스트

수천 개의 노드로 구성된 클러스터는 비용이 많이 든다. 구글 및 다른 대기업의 지원을 받는 쿠버네티스같은 프로젝트조차도 비용을 고려한 합리적인 테스트 방법을 사용해야 한다.

쿠버네티스 팀은 실제 세계의 성능과 확장성 데이터를 수집하기 위해 릴리스당 최소 한 번 실제 클러스터에서 개발 전체의 테스트를 실행한다. 그러나 잠재적인 개선 사항을 시험하고 회귀를 탐지하기 위한 가볍고 저렴한 방법도 필요하다. 이것이 Kubemark이다.

Kubemark 도구 소개

Kubemark는 모의 클러스터에서 실험을 실행할 수 있는 성능 테스트 도구다. 모의 클러스터는 실제 클러스터보다 훨씬 클 수 있기 때문에 주로 확장성 테스트에 사용된다. 대규모 클러스터에 대해 경량 벤치 마크를 실행하기 위해 사용되는 속이 빈 노드라는 모의 노드를 실행한다. Kubelet과 같이 실제 노드에서 사용할 수 있는 쿠버네티스 구성 요소 중 일부는 속이 빈 Kubelet으로 대체된다. 속이 빈 Kubelet은 실제 Kubelet의 많은 기능을 가짜로 만들어, 실제로 어떤 컨테이너도 시작하지 않으며 어떤 볼륨도 마운트하지 않는다. 그러나 쿠버네티스 클러스터 관점(etcd에 저장된 상태)에서는 모든 객체가 존재하며 API 서버를 쿼리할 수 있다. 속이 빈 Kubelet은 아무것도 하지 않는 주입된 도커 클라이언트가 있는 실제 Kubelet이다.

또 다른 중요한 속이 빈 구성 요소는 hollow-proxy로, Kubeproxy 구성 요소를 속이는 역할을 한다. 아무 동작도 하지 않고 iptables[5]를 조작하는 것을 피하는 모의 프록시 인터페이스로 실제 Kubeproxy 코드를 사용한다.

---

5 iptables는 리눅스 방화벽을 운영 위한 사용자 인터페이스다. – 옮긴이

Kubemark 클러스터 설정

Kubemark 클러스터는 쿠버네티스의 기능을 사용한다. Kubemark 클러스터를 설정하려면 다음 단계를 수행하면 된다.

1. N 개의 빈 노드를 실행할 수 있는 일반 쿠버네티스 클러스터를 만든다.
2. 전용 VM을 생성해 Kubemark 클러스터의 모든 마스터 구성 요소를 시작한다.
3. 기본 쿠버네티스 클러스터에 N 개의 빈 노드 포드를 스케줄링한다. 이런 빈 노드는 전용 VM에서 실행되는 Kubemark API 서버와 통신하도록 구성된다.
4. 기본 클러스터에서 추가 노드를 스케줄링하고 Kubemark API 서버와 통신하도록 구성해 추가 기능의 포드를 만든다.

GCP에 대한 전체 가이드는 http://bit.ly/2nPMkwc에서 볼 수 있다.

Kubemark 클러스터와 실제 클러스터 비교

Kubemark 클러스터의 성능은 실제 클러스터의 성능과 거의 비슷하다. 포드 시작 시 종단간 대기 시간의 차이는 무시할 수 있다. API 응답의 경우 차이는 조금 높기는 하지만 일반적으로 2배보다는 작다. 그러나 추구하는 바는 정확히 동일하다. 실제 클러스터의 개선/회귀는 Kubemark의 측정 항목과 비슷한 비율 감소/증가로 표시된다.

▌요약

이 장에서는 쿠버네티스 클러스터를 스케일링하는 것과 관련된 많은 주제를 다뤘다. 수평적 포드 자동 스케일러가 CPU 사용률 또는 기타 측정 항목에 기반하여 실행 중인 포드의 수를 자동으로 관리하는 방법, 자동 스케일링의 컨텍스트에서 롤링 업데이트를 정확하고 안전하게 수행하는 방법 및 리소스 할당량을 통해 부족한 리소스를 처리하는 방법에 대해 설명했다. 그리고 클러스터의 실제 또는 가상 리소스에 대한 전체 용량 계획과 관리에 대해서도 살펴봤다. 마지막으로, 단일 쿠버네티스 클러스터를 확장하여 5,000개의 노드를 처리하는 실제 사례를 살펴봤다.

쿠버네티스 클러스터가 동적이고 늘어나는 작업부하에 직면할 때 나타나는 모든 요소에 대해 충분히 이해했을 것이다. 자체 스케일링 전략을 계획하고 설계하기 위해 선택할 수 있는 여러 가지 도구에 대해서도 살펴봤다.

10장에서는 쿠버네티스의 더 진화된 네트워크 기술에 대해 알아볼 것이다. 쿠버네티스는 CNI^Common Networking Interface 기반의 네트워크 모델을 가지고 있으며 여러 공급자를 지원한다.

10

쿠버네티스 고급 네트워크

이 장에서는 네트워크과 관련한 중요 주제에 대해 살펴본다. 오케스트레이션 플랫폼인 쿠버네티스는 서로 다른 컴퓨터(물리 또는 가상)에서 실행되는 컨테이너와 포드를 관리하며, 명시적인 네트워크 모델이 필요하다.

10장에서 다루는 내용은 다음과 같다.

- 쿠버네티스 네트워크 모델
- EXEC, kubenet, CNI 등 쿠버네티스가 지원하는 표준 인터페이스
- 쿠버네티스 네트워크 요구 사항을 충족시키는 다양한 네트워크 솔루션
- 네트워크 정책과 로드밸런싱 옵션
- 사용자 정의 CNI 플러그인 작성

이 장을 마치면 네트워크에 대한 쿠버네티스 접근 방식을 이해할 수 있게 될 것이며 표준 인터페이스, 네트워크 구현, 로드밸런싱과 같은 솔루션 영역에 익숙해질 것이다. 원하면 CNI 플러그인을 직접 작성할 수 있게 될 것이다.

▌ 쿠버네티스 네트워크 모델 이해하기

쿠버네티스 네트워크 모델은 고정 주소 영역을 기반으로 한다. 클러스터의 모든 포드는 서로를 직접 연결할 수 있다. 각 포드에는 자체 IP 주소가 있기 때문에 NAT를 구성할 필요가 없다. 또한 동일한 포드에 있는 컨테이너는 포드의 IP 주소를 공유하며 localhost를 통해 통신할 수 있다. 이 모델은 한 번 설정으로 개발자와 관리자 모두에게 편의성을 제공한다. 이를 통해 전통적인 네트워크 애플리케이션을 쿠버네티스로 쉽게 전환할 수 있다. 포드는 일반적인 노드를 나타내며 각 컨테이너는 일반적인 프로세스를 나타낸다.

포드 내부 통신(컨테이너 대 컨테이너)

실행 중인 포드는 항상 하나의 (실제 또는 가상) 노드에서 스케줄된다. 즉, 모든 컨테이너는 동일한 노드에서 실행되고 로컬 파일시스템, IPC 메커니즘 또는 로컬호스트와 잘 알려진 포트를 사용해 다양한 방식으로 서로 통신할 수 있다. 서로 다른 포드 사이에는 포트 충돌이 발생할 위험이 없다. 그 이유는 각 포드마다 고유한 IP 주소를 가지고 있고 포드의 컨테이너가 localhost를 사용할 경우 해당 포드의 IP 주소에만 적용되기 때문이다. 따라서 포드 1의 컨테이너 1이 1234 포트로 서비스를 대기 중인 경우, 포드 1의 컨테이너 2가 1234 포트로 컨테이너 1의 1234 포트로 접속을 해도 문제가 발생하지 않는다. 실제 소켓 바인딩으로 설명하면, 컨테이너 1이 192.168.1.1:1234로 서버 소켓을 생성 및 접속 대기를 하며, 컨테이너 2는 192.168.1.2:1234의 클라이언트 소켓을 생성해 접속을 시도한다. 주의 사항은 호스트에 포트를 다시 노출시키는 경우 포드와 노드 간의 친밀감에 주의해야 한다.

이는 데몬세트와 포드 사이의 반신빌삼과 깊은 어러 메기니즘을 시용해 처리할 수 있다.

포드 간 통신(포드-포드)

쿠버네티스의 포드에는 네트워크 상에서 확인 가능한 IP 주소가 할당된다. 포드는 NAT (네트워크 주소 변환), 터널, 프록시 또는 기타 난독화 레이어를 사용하지 않고 직접 통신할 수 있다. 자유로운 구성이 가능한 통신 체계에서는 잘 알려진 포트 번호를 사용할 수 있다. 포드의 내부 IP 주소는 클러스터 네트워크 내에서 다른 포드가 바라보는 외부 IP 주소와 같다. 이 IP는 외부에 노출되지 않는다. 즉, DNS와 같은 표준 명명 및 검색 메커니즘이 기본적으로 작동한다.

포드와 서비스 간 통신

포드는 IP 주소와 잘 알려진 포트를 사용해 직접 통신할 수 있지만, 포드는 서로의 IP 주소를 알고 있어야 한다. 쿠버네티스 클러스터에서는 포드가 끊임없이 생성되고 제거될 수 있다. 요청에 응답하는 실제 포드 세트가 끊임없이 변화하더라도 서비스는 안정적이기 때문에 서비스는 매우 유용한 간접 참조 레이어를 제공한다. 또한 각 노드의 Kube-proxy가 올바른 포드로 트래픽을 리다이렉트redirect하기 때문에 고가용성 로드밸런싱이 자동으로 이뤄진다.

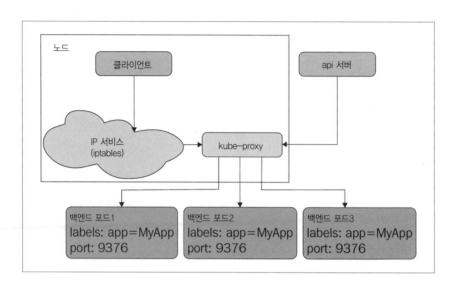

외부 액세스

결국 일부 컨테이너는 외부에서 액세스할 수 있어야 한다. 그러나 포드의 IP 주소는 외부에서 볼 수 없다. 서비스를 이용하는 것이 좋은 방법이지만, 일반적으로 외부 접근에는 두 번의 리다이렉션이 필요하다. 예를 들어 클라우드 공급자의 로드밸런서는 쿠버네티스 인식 방식이므로 요청을 처리할 수 있는 포드를 실행하는 노드의 특정 서비스로 트래픽을 직접 보낼 수 없다. 대신 공용 로드밸런서가 클러스터의 노드로 트래픽을 보내고 현재 노드가 필요한 포드를 실행하지 않으면 해당 노드의 Kube-proxy가 적절한 포드로 다시 리다이렉션된다.

다음 그림은 오른쪽에 있는 외부의 로드밸런서가 프록시에 도달하는 트래픽을 모든 노드로 보내고 필요한 경우 추가 라우팅을 처리하는 방법을 보여준다.

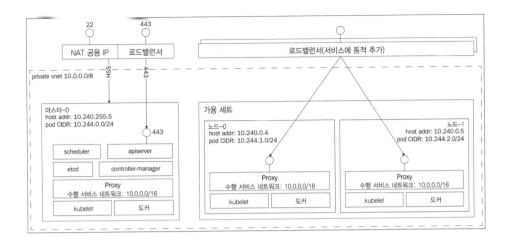

쿠버네티스 네트워크와 도커 네트워크

도커 네트워크는 시간이 지남에 따라 쿠버네티스 모델 형태로 변화되고 있지만 다른 모델을 따른다. 도커 네트워크에서 각 컨테이너는 자신의 노드로 제한된 172.xxx.xxx.xxx 대역의 자체 IP 주소를 가지고 있다. 자신의 172.xxx.xxx.xxx를 통해 다른 IP를 가진 동일한 노드의 다른 컨테이너와 통신할 수 있다. 도커는 다중 상호작용 컨테이너가 있는 포드의 개념이 없기 때문에 모든 컨테이너를 고유한 네트워크 식별값을 가진 경량 VM으로 모델링한다. 쿠버네티스에서는 동일한 노드에서 실행되는 여러 포드의 컨테이너가 localhost를 통해 연결할 수 없다(호스트 포트가 노출되는 것을 제외하고는 권장하지 않는다). 전체적인 개념은 일반적으로 쿠버네티스가 어디서나 포드를 제거하고 생성할 수 있기 때문에 다른 포드는 일반적으로 노드에서 사용 가능한 다른 포드에 의존하지 말아야 한다는 것이다. 데몬세트는 예외로 볼 수 있지만 쿠버네티스 네트워크 모델은 모든 사용 범례에서 작동하도록 설계됐으며 동일한 노드에 있는 다른 포드 간의 직접 통신을 위한 특별한 경우를 추가하지 않고 있다.

도커 컨테이너의 노드 간 통신 방법을 생각해보자. 도커는 컨테이너 간 통신을 위해 포트를 호스트에 게시해야 한다. 두 컨테이너가 동일한 호스트 포트를 사용하려고 하면 서로 충돌하므로 포트 조정이 필요하다. 그 다음 컨테이너(또는 다른 프로세스)가 호스트의 포트에 연결되는데, 해당 포트는 컨테이너와 채널로 연결된다. 큰 단점은 컨테이너가 호스트의 IP 주소가 무엇인지 모르기 때문에 컨테이너가 외부 서비스에 자체 등록할 수 없다는 것이다. 컨테이너를 실행할 때 호스트 IP 주소를 환경 변수로 전달하여 처리할 수 있지만 외부 조정이 필요하고 프로세스가 복잡한 문제가 있다.

다음 그림은 도커를 사용한 네트워크 설정을 보여준다. 각 컨테이너에는 자체 IP 주소가 있다. 도커는 모든 노드에 docker0 브리지를 만든다.

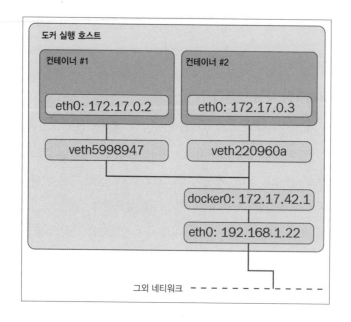

조회와 검색

포드와 컨테이너가 서로 통신하려면 서로를 찾을 수 있어야 한다. 컨테이너는 다른 컨테이너의 위치를 찾거나 자신의 위치를 알리는 몇 가지 방법을 가지고 있다. 컨테이너가 간접적으로 상호작용할 수 있도록 하는 몇 가지 아키텍처 패턴이 존재하는데 각각의 방식에는 장점과 단점이 있다.

자가 등록

자가 등록에 대해 여러 번 언급했지만 그것의 정확한 의미를 이해해보자. 컨테이너가 실행되면 포드의 IP 주소를 알게 된다. 클러스터의 다른 컨테이너에 접근할 경우 각 컨테이너는 일부 등록 서비스에 연결하여 IP 주소와 포트를 등록할 수 있다. 다른 컨테이너는 등록 서비스에 등록된 모든 컨테이너의 IP 주소와 포트를 쿼리하여 연결할 수 있다. 컨테이너가 정상적으로 제거되면 컨테이너 등록이 취소된다. 등록 서비스는 컨테이너가 비정상적으로 죽는 경우 이를 감지하기 위한 몇 가지 메커니즘을 수립해야 한다. 예를 들어 등록 서비스는 등록된 모든 컨테이너에게 주기적으로 ping 메시지를 보내거나, 컨테이너는 주기적으로 keep-alive 메시지를 등록 서비스에 전송해야 한다.

자가 등록의 장점은 일반 등록 서비스가 일단 갖추어지면 다른 목적으로 사용자 정의할 필요는 없기 때문에 컨테이너를 추적하는 것에 대해 걱정할 필요가 없다는 것이다. 또 다른 장점은 컨테이너가 정교한 정책을 적용하고, 내부 조건에 따라 사용할 수 없는 경우 일시적으로 등록 취소를 결정할 수 있다는 것이다. 예를 들어 컨테이너가 수행하는 일이 많아 더 이상 다른 요청을 받지 않으려고 하는 경우다. 이런 종류의 지능적이고 분산된 동적 로드밸런싱은 전 세계적으로 수행하기가 매우 어렵다. 단점은 등록 서비스가 컨테이너가 다른 컨테이너를 찾기 위해 알아야 할 또 다른 비 표준 컴포넌트라는 것이다.

서비스와 엔드포인트

쿠버네티스 서비스는 등록 서비스로 간주될 수 있다. 서비스에 속한 포드는 라벨에 따라 자동으로 등록된다. 다른 포드는 엔드포인트를 검색하여 모든 서비스 포드를 찾거나 서비스 자체를 활용하고, 백엔드 포드 중 하나로 라우팅되는 서비스에 메시지를 직접 보낼 수 있다. 대부분의 시간이지만, 포드는 서비스 자체에 메시지를 보낸다. 그러면 메시지가 해당 포드 중 하나로 전달된다.

대기열과 느슨하게 결합된 연결

컨테이너가 IP 주소와 포트, 서비스 IP 주소, 네트워크 이름을 모른 채 서로 통신할 수 있다면 어떨까? 대부분의 통신이 비동기로 동작하고 분리가 될 수 있다면 어떨까? 많은 경우 시스템은 느슨하게 결합된(약결합) 컴포넌트로 구성될 수 있다. 이 경우 다른 컴포넌트의 식별값을 인식하지 못할 뿐 아니라, 다른 컴포넌트가 존재한다는 것 자체를 알지 못한다. 대기열은 이런 약결합의 시스템을 이용가능하게 해준다. 컴포넌트(컨테이너)는 대기열로부터 메시지를 수신하고, 메시지에 응답하고, 작업을 수행하고, 대기열에 진행 상태, 완료 상태 및 오류 등의 메시지를 전달한다. 대기열을 사용하면 얻을 수 있는 많은 장점이 있다.

- 특별한 조작 없이 처리 용량을 쉽게 추가할 수 있다. 대기열을 수신하는 컨테이너를 추가하기만 하면 된다.
- 대기열 깊이에 따른 전반적인 부하 추적이 용이하다.
- 메시지의 버전이나 항목의 버전을 지정해 여러 버전의 컴포넌트를 손쉽게 병렬로 실행할 수 있다.
- 여러 소비자가 서로 다른 모드에서 요청을 처리하도록 하여 중복성뿐 아니라 로드밸런싱을 쉽게 구현할 수 있다.

대기열의 단점은 다음과 같다.

- 대기열이 적절한 내구성과 고가용성을 제공해 치명적인 단일 실패점(SPOF)이 되지 않도록 해야 한다.
- 컨테이너는 비동기 대기열 API와 함께 작동할 수 있어야 한다(추상화 될 수 있다).
- 요청 - 응답을 구현하려면 응답 대기열에서 다소 귀찮을 수 있는 응답 대기가 필요하다.

전반적으로 대기열은 대규모 시스템을 위한 훌륭한 메커니즘이며 대규모 쿠버네티스 클러스터에서 쉽게 조정하여 활용할 수 있다.

데이터 저장소와 느슨하게 결합된 연결

약결합의 또 다른 방법은 데이터 저장소(예: Redis)를 사용해 메시지를 저장한 후 다른 컨테이너가 메시지를 읽을 수 있게 하는 것이다. 이는 데이터 저장소의 본래 사용 목적이 아니며 결과가 종종 깨지기 쉽고 최상의 성능을 발휘하지 못할 수 있다. 데이터 저장소는 통신이 아닌 데이터 저장을 위해 최적화돼 있다. 즉, 데이터 저장소는 대기열과 함께 사용할 수 있으며, 컴포넌트는 데이터 저장소에 일부 데이터를 저장한 다음 데이터가 처리할 준비가 되었다는 메시지를 대기열에 보낼 수 있다. 다수의 컴포넌트가 메시지를 수신하고 병렬로 데이터를 처리하기 시작한다.

쿠버네티스 인그레스

쿠버네티스는 쿠버네티스 서비스를 외부에 노출시키도록 설계된 인그레스 리소스와 컨트롤러를 제공한다. 물론 직접 할 수도 있지만, 인그레스를 정의하는 데 관련된 많은 작업은 웹 애플리케이션, CDN 또는 DDoS 보호기와 같은 특정 유형의 인그레스에 대해 대부분의 애플리케이션에서 공통적이다. 또한 자신만의 인그레스 개체를 작성할 수도 있다.

인그레스 개체는 종종 현명한 로드밸런싱과 TLS 종료에 사용된다. 자체 Nginx 서버를 구성하고 배포하는 대신 기본 제공 인그레스를 사용해 이점을 얻을 수도 있다. 해당 내용에 대해 다시 확인이 필요한 경우 6장, '중요 쿠버네티스 리소스 사용하기'를 참고한다. 6장에서 예제를 사용해 인그레스 리소스에 대해 논의했다.

쿠버네티스 네트워크 플러그인

네트워크는 매우 다양하고 사람들마다 서로 다른 방식으로 구현하기를 원하기 때문에 쿠버네티스는 네트워크 플러그인 시스템을 가지고 있다. 쿠버네티스는 모든 시나리오를 지원할 만큼 유연하다. 기본 네트워크 플러그인은 CNI이다. 쿠버네티스는 또한 kubenet라는 간단한 네트워크 플러그인을 제공한다. 세부 사항을 살펴보기 전에 리눅스 네트워크의 기초(빙산의 일각에 불과한)에 대해 살펴본다.

기본적인 리눅스 네트워크

리눅스는 기본적으로 단일 공유 네트워크 공간을 가지고 있다. 물리적인 네트워크 인터페이스는 모두 이 네임스페이스에서 접근이 가능하다. 그러나 물리적인 네임스페이스는 여러 개의 논리적인 네임스페이스로 나눌 수 있으며, 이는 컨테이너 네트워크와 매우 관련이 있다.

IP 주소와 포트

네트워크 개체는 IP 주소로 식별된다. 서버는 여러 포트에서 들어오는 연결을 수신 대기할 수 있다. 클라이언트는 네트워크 안에 있는 서버에 연결(TCP)하거나 데이터를 보낼 수 (UDP) 있다.

네트워크 네임스페이스

네임스페이스는 동일한 네임스페이스의 다른 서버에 연결할 수 있도록 네트워크 장치를 그룹핑하지만 물리적으로 동일한 네트워크에 있더라도 다른 서버에는 연결할 수 없다. 네트워크 또는 네트워크 세그먼트 연결은 브리지, 스위치, 게이트웨이 및 라우팅을 통해 수행할 수 있다.

서브넷, 넷마스크, CIDR

네트워크 세그먼트를 세밀하게 분할하면 네트워크를 설계하고 유지 보수할 때 매우 유용하다. 일반적으로 공통 접두어를 이용해 더 작은 서브넷으로 네트워크를 나눈다. 이런 서브넷은 서브넷의 크기(포함할 수 있는 호스트 수)를 나타내는 비트 마스크로 정의할 수 있다. 예를 들어, 255.255.255.0의 넷마스크netmask는 라우팅에 처음 세 개의 옥텟이 사용되고 개별 호스트는 256개만(실제로는 254개) 사용 가능하다는 것을 의미한다. CIDRClassless Inter-Domain Routing 표기법은 더 간결하고 더 많은 정보를 포함하며 여러 레거시 클래스(A, B, C, D, E)와 호스트를 결합할 수 있기 때문에 종종 이런 용도로 사용된다. 예를 들어, 172.27.15.0/24는 라우팅을 위해 처음 24비트(3옥텟)를 사용한다

가상 이더넷 장치

가상 이더넷veth, Virtual Ethernet 장치는 물리적인 네트워크 장치를 나타낸다. 물리적 장치에 연결된 veth를 생성하면 물리적으로 동일한 로컬 네트워크에 있더라도 다른 네임스페이스의 장치가 직접 연결할 수 없는 네임스페이스에 해당 veth를 할당할 수 있다.

브릿지

브릿지Bridge는 다수의 네트워크 세그먼트를 집합 네트워크aggregate network에 연결하므로 모든 노드가 서로 통신할 수 있다. 브릿지는 OSI 네트워크 모델의 L1(물리적)과 L2(데이터 링크) 계층에서 수행된다.

라우팅

라우팅은 분리된 네트워크를 연결하며, 일반적으로 네트워크 장치에게 패킷을 대상에게 전달하는 방법을 지시하는 라우팅 테이블을 기반으로 한다. 라우팅은 일반적인 리눅스 서버를 포함해 라우터, 브리지, 게이트웨이, 스위치, 방화벽 같은 다양한 네트워크 장치를 통해 수행된다.

MTU

최대 전송 단위MTU, Maximum transmission unit는 얼마나 큰 패킷을 전송할 수 있는가를 결정한다. 예를 들어 이더넷 네트워크에서 MTU는 1,500바이트다. MTU가 클수록 페이로드와 헤더 사이의 비율이 높아지는 장점이 있다. 그러나 전체 패킷이 도착할 때까지 기다려야 하기 때문에 최소 대기 시간이 늘어나고, 또한 실패할 경우 큰 패킷 전체를 다시 전송해야 한다는 단점이 있다.

포드 네트워크

다음은 veth0을 통한 네트워크 레벨의 포드, 호스트 및 글로벌 인터넷 간의 관계를 설명하는 그림이다.

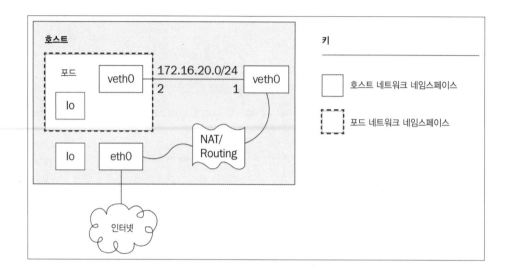

Kubenet

쿠버네티스로 돌아가본다. Kubenet은 네트워크 플러그인이다. 가장 기본적이며 각 포드에 대해 cbr0와 veth라는 리눅스 브리지를 만든다. 클라우드 공급자는 일반적으로 이를 사용해 노드 간 통신이나 단일 노드 환경에서의 라우팅 규칙을 설정한다. veth 쌍은 호스트의 IP 주소 범위에 있는 IP 주소를 사용해 각 노드를 호스트 노드에 연결한다.

요구 사항

Kubenet 플러그인은 다음과 같은 요구 사항이 있다.

- 노드는 해당 포드에 IP 주소를 할당하기 위하여 서브넷을 할당해야 한다.
- 표준 CNI 브리지, lo 및 호스트 로컬 플러그인은 버전 0.2.0 또는 그 이상이어야 한다.

- Kubelet은 `--network-plugin = kubernetes` 인수로 실행해야 한다.
- Kubelet은 `--non-masquerade-cidr = <clusterCidr>` 인수와 함께 실행해야 한다.

MTU 설정

MTU는 네트워크 성능에 중요한 요소다. Kubenet과 같은 쿠버네티스 네트워크 플러그인은 최적의 MTU를 유추하기 위해 최선을 다하지만, 때로는 도움이 필요할 수 있다. 예를 들어, 기존 네트워크 인터페이스(예: 도커 docker0 브리지)가 작은 MTU를 설정하면 Kubenet은 이를 재사용한다. 또 다른 예로 IPSEC 캡슐화 오버헤드로 인한 추가 오버헤드 때문에 MTU를 낮춰야 하는 IPSEC가 있지만, Kubenet 네트워크 플러그인은 이를 고려하지 않는다. 해결책은 MTU의 자동 계산에 의존하지 않고 모든 네트워크 플러그인에 제공되는 `--network-pluginmtu` 명령줄 스위치를 통해 네트워크 플러그인에 MTU를 사용해야 하는지 여부를 Kubelet에게 알려주는 것이다. 현재 Kubenet 네트워크 플러그인만이 명령줄 스위치를 사용할 수 있다.

컨테이너 네트워크 인터페이스

컨테이너 네트워크 인터페이스CNI, Container Networking Interface는 도커뿐만 아니라 리눅스 컨테이너에서 네트워크 인터페이스를 구성하기 위하여 네트워크 플러그인을 작성하기 위한 일련의 라이브러리 집합이면서 사양이다. 이 사양은 rkt 네트워크 제안서에서 발전했다. CNI는 많은 추진력을 가지고 있으며, 업계 표준이 되기 위한 빠른 길을 걷고 있다. CNI를 사용하는 커뮤니티 중 일부는 다음과 같다.

- 쿠버네티스Kubernetes
- 쿠르마Kurma
- 클라우드파운드리Cloud foundry
- 누아지Nuage

- 레드햇RedHat
- 메소스Mesos

CNI 팀은 몇 가지 핵심 플러그인을 관리하지만, 많은 서드파티 플러그인들이 CNI의 성공에 기여하고 있다.

- Project Calico: 3계층 가상 네트워크
- 위브Weave: 멀티 호스트 도커 네트워크
- Contiv 네트워크: 정책 기반 네트워크
- Cilium: 컨테이너의 BPF 및 XDP
- Multus: 멀티 플러그인
- CNI-Genie: 일반 CNI 네트워크 플러그인
- Flannel: 쿠버네티스를 위해 설계된 컨테이너용 네트워크 패브릭
- Infoblox: 컨테이너를 위한 엔터프라이즈 IP 주소 관리

컨테이너 런타임은 CNI에 맞추어 컨테이너에 설정할 네트워크 정보를 설정 파일에 정의한 후 CNI 플러그인을 실행해 컨테이너를 설정 파일에 정의한 네트워크에 연결하거나 분리하는 작업을 수행한다. 컨테이너 런타임은 CNI 플러그인을 교체하는 것만으로 다양한 형태의 컨테이너 네트워크를 쉽게 구축할 수 있다.

컨테이너 런타임

CNI는 네트워크 애플리케이션 컨테이너의 플러그인 규격을 정의하지만, 플러그인은 서비스를 제공하는 컨테이너 런타임에 플러그인돼야 한다. 쿠버네티스, rkt, 오픈시프트와 같은 많은 컨테이너 런타임들은 CNI를 이용해 네트워크를 정의하고 컨테이너를 해당 네트워크에 연결하거나 분리한다. CNI의 경우 애플리케이션 컨테이너는 자체 IP 주소를 가질 수 있는 네트워크 주소 지정이 가능한 개체다. 도커의 경우 각각의 컨테이너는 자신을 위한 자체 IP 주소가 있다. 쿠버네티스의 경우 각 포드는 자체 IP 주소를 가지며 포드는 포드 내의 컨테이너가 아닌 CNI 컨테이너다.

마찬가지로 rkt의 앱 컨테이너는 여러 개의 리눅스 컨테이너를 포함할 수 있다는 점에서 쿠버네티스 포드와 유사하다. 이 점이 의심스럽다면 CNI 컨테이너가 자체 IP 주소를 가지고 있어야 한다는 점을 기억하도록 한다. 런타임 작업은 네트워크를 구성한 다음 하나 이상의 CNI 플러그인을 실행하고, CNI 플러그인에게 네트워크 구성을 JSON 형식으로 전달한다.

다음 그림은 CNI 플러그인 인터페이스를 사용해 여러 CNI 플러그인과 통신하는 컨테이너 런타임을 보여준다.

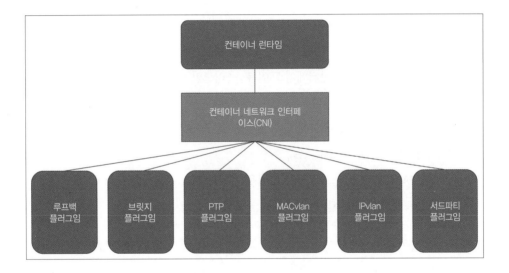

CNI 플러그인

CNI 플러그인의 역할은 컨테이너 네트워크 네임스페이스에 네트워크 인터페이스를 추가하고 컨테이너를 veth 쌍을 통해 호스트에 연결하는 것이다. 그런 다음 IPAM[IP Address Management](IP 주소 관리) 플러그인을 통해 IP 주소를 지정하고 경로를 설정해야 한다.

컨테이너 런타임인 rkt나 도커는 CNI 플러그인을 실행 파일로 호출한다. 플러그인은 다음 작업을 지원해야 한다.

- 네트워크에 컨테이너 추가

- 네트워크에서 컨테이너 제거

- 버전 보고

플러그인은 간단한 명령줄 인터페이스, 표준 입출력 및 환경 변수를 사용한다. JSON 형식의 네트워크 구성은 표준 입력을 통해 플러그인에 전달된다. 다른 인수는 다음과 같이 환경 변수로 정의된다.

- CNI_COMMAND: 원하는 작업을 표시. ADD, DEL , VERSION

- CNI_CONTAINERID: 컨테이너 ID

- CNI_NETNS: 네트워크 네임스페이스 파일 경로

- CNI_IFNAME: 설정할 인터페이스 이름. 플러그인은 이 인터페이스 이름을 따르거나 오류를 반환해야 한다.

- CNI_ARGS: 호출시 사용자에 의해 전달될 추가 인수. 세미콜론으로 구분된 영숫자 키/값 쌍(예: FOO=BAR;ABC=123)

- CNI_PATH: CNI 플러그인 실행 파일을 검색할 경로 목록. 경로는 OS 고유의 목록 구분자에 의해 구분된다(예 : 리눅스는 :, 윈도우는 ;).

명령이 성공하면 플러그인은 종료 코드로 0을 반환하고 ADD 명령을 통해 생성된 인터페이스는 JSON 형식의 표준 출력으로 스트리밍된다. 이런 저수준 기술 인터페이스는 특별한 프로그래밍 언어나 컴포넌트 기술 또는 바이너리 API를 필요로 하지 않는다는 점에서 우수하다. CNI 플러그인 작성자는 자신이 좋아하는 프로그래밍 언어를 사용할 수도 있다.

다음은 ADD 명령으로 CNI 플러그인을 호출한 결과다.

```
{
  "cniVersion": "0.3.0",
  "interfaces": [ (this key omitted by IPAM plugins)
    {
      "name": "<name>",
```

```
        "mac": "<MAC address>", (required if L2 addresses are meaningful)
        "sandbox": "<netns path or hypervisor identifier>" (required for
container/hypervisor interfaces, empty/omitted for host interfaces)
    }
  ],
  "ip": [
    {
      "version": "<4-or-6>",
      "address": "<ip-and-prefix-in-CIDR>",
      "gateway": "<ip-address-of-the-gateway>", (optional)
      "interface": <numeric index into 'interfaces' list>
    },
    ...
  ],
  "routes": [ (optional)
    {
      "dst": "<ip-and-prefix-in-cidr>",
      "gw": "<ip-of-next-hop>" (optional)
    },
    ...
  ]
  "dns": {
    "nameservers": <list-of-nameservers> (optional)
    "domain": <name-of-local-domain> (optional)
    "search": <list-of-additional-search-domains> (optional)
    "options": <list-of-options> (optional)
  }
}
```

입력 네트워크 구성은 cniVersion, name, type, args(선택 사항), ipMasq(선택 사항), ipam, dns와 같은 많은 정보를 포함하고 있다. ipam과 dns 매개변수는 고유한 지정된 키가 있는 사전이다. 다음은 네트워크 구성 예제다.

```
{
  "cniVersion": "0.3.0",
  "name": "dbnet",
```

```
  "type": "bridge",
  // type (plugin) specific
  "bridge": "cni0",
  "ipam": {
    "type": "host-local",
    // ipam specific
    "subnet": "10.1.0.0/16",
    "gateway": "10.1.0.1"
  },
  "dns": {
    "nameservers": [ "10.1.0.1" ]
  }
}
```

추가적인 플러그인 특정 요소를 추가할 수 있다. 이 경우 bridge : cni0은 특정 브리지 플러그인이 이해하는 사용자 정의 요소다.

CNI 사양은 여러 CNI 플러그인을 순서대로 호출할 수 있는 네트워크 구성 목록도 지원한다. 이후에 CNI 플러그인의 구현을 더 자세하게 확인할 것이다.

▋ 쿠버네티스 네트워크 솔루션

네트워크는 방대한 주제다. 네트워크를 설정하고 여러 가지 방법으로 장치, 포드, 컨테이너를 연결할 수 있지만 쿠버네티스의 방법에는 한계가 있다. 포드를 위한 주소 공간의 고급 네트워크 모델은 쿠버네티스가 제시할 수 있는 전부다. 이 주소 공간에는 다양한 환경에 맞는 다양한 기능과 정책을 갖춘 유용한 솔루션이 많다. 이 절에서는 사용 가능한 솔루션 중 일부를 검토하고 쿠버네티스 네트워크 모델에 매핑하는 방법을 확인한다.

베어메탈 클러스터에서 브리징

가장 기본적인 환경은 L2 물리적 네트워크만 있는 원시 베어메탈 클러스터다. 리눅스 브리지 장치를 사용해 컨테이너를 실제 네트워크에 연결할 수 있다. 이 절차는 상당히 복잡하므로 brctl, ip addr, ip route, ip link, nsenter 등과 같은 저수준 리눅스 네트워크 명령에 익숙해야 한다. 이 방법으로 구현하는 경우, 아래 가이드는 좋은 출발점이 될 수 있다(With Linux Bridge devices 파트 참조).

http://blog.oddbit.com/2014/08/11/four-ways-to-connect-a-docker/

Contiv

Contiv는 컨테이너 네트워크를 위한 범용 네트워크 플러그인이며, CNI 플러그인을 통해 도커, 메소스, 도커 스웜, 쿠버네티스와 함께 사용할 수 있다. Contiv는 쿠버네티스의 자체 네트워크 정책 객체와 다소 겹치는 네트워크 정책에 중점을 두고 있다. 다음은 Contiv Net 플러그인의 기능 중 일부다.

- libnetwork의 CNM과 CNI 사양 모두 지원
- 안전하고 예측 가능한 애플리케이션 배포를 제공하는 다양한 기능의 정책 모델
- 컨테이너 작업부하를 위한 동급 최강의 처리량
- 멀티테넌트, 격리, 중복 서브넷
- 통합된 IPAM과 서비스 검색
- 다양한 물리적 토폴로지
    - 2계층 (VLAN)
    - 3계층 (BGP)
    - 오버레이 (VXLAN)
    - Cisco SDN 솔루션 (ACI)

- IPv6 지원
- 확장 가능한 정책과 경로 배포
- 애플리케이션 청사진과 통합은 다음을 포함한다.
  - 도커 작성
  - 쿠버네티스 배치 관리자
  - 이스트-웨스트[1] 마이크로서비스 로드밸런싱에 내장된 서비스 로드밸런싱
  - 스토리지, 제어(예: etcd/consul), 네트워크, 관리 트래픽을 위한 트래픽 격리
- Contiv에는 다양한 기능이 있다. 이것이 넓은 영역과 다양한 플랫폼을 충족한다는 사실 때문에 쿠버네티스에게 최선의 선택이라고 말하긴 어렵다.

Open vSwitch

Open vSwitch는 많은 기업에 의해 보증된 소프트웨어 기반의 성숙한 가상 스위치 솔루션이다. OVN^{Open Virtualization Network} 솔루션을 사용하면 다양한 가상 네트워크 토폴로지를 구축할 수 있다. 전용 쿠버네티스 플러그인이 있지만 https://github.com/openvswitch/ovn-kubernetes 가이드를 따라 하더라도 설정은 쉽지 않다. Linen CNI 플러그인은 OVN의 모든 기능(https://github.com/John-Lin/linen-cni)을 지원하지는 않지만 설정하기는 더 쉽다. Linen CNI 플러그인은 Open vSwitch를 이용해 오버레이 네트워크를 위해 설계된 CNI 플러그인이다. 노드를 가로질러 포드 간에 네트워크를 쉽게 설정하도록 도와준다. Linen CNI 플러그인은 다음 그림과 같다.

---

1 노스 사우스(north-south) 서비스와 이스트-웨스트(east-west) 서비스. 노스-사우스 서비스는 클라이언트(Client)가 서비스를 사용하기 위해 특정 서버(Server)의 서비스를 이용하는 것을 의미한다. 그러나, 클러스터의 경우 클라이언트는 클라우드 어딘가에 이미 접속해 있고, 서비스 기능별로 다른 클러스터에 접속해 서비스를 이용하게 된다. 이런 동일 계층간 연결을 이스트 웨스트 서비스라고 한다. - 옮긴이

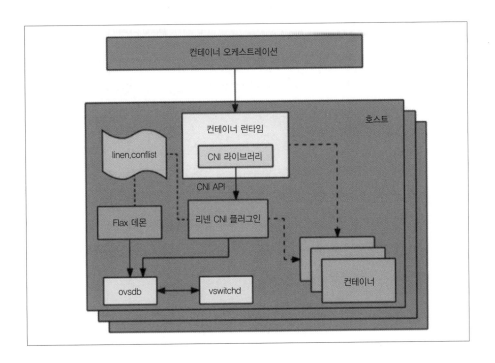

Open vSwitch는 동일한 논리 네트워크를 사용해 베어메탈 서버, VM 및 포드/컨테이너를 연결할 수 있다. 실제로 오버레이 모드와 언더레이 모드를 모두 지원한다.

다음은 주요 기능 중 일부다.

- 트렁크와 접근 포트가 있는 표준 802.1Q VLAN 모델
- 업스트림 스위치에서 LACP가 있거나 없는 NIC 결합
- 가시성 증가를 위한 NetFlow, sFlow (R) 및 미러링
- QoS (서비스 품질) 구성과 정책
- Geneve, GRE, VXLAN, STT, LISP 터널링
- 802.1ag 연결 장애 관리
- OpenFlow 1.0과 다양한 확장 기능
- C와 파이썬 바인딩을 사용하는 트랜잭션 구성 데이터베이스
- 리눅스 커널 모듈을 사용한 고성능 포워딩

누아지 네트워크의 VCS

누아지 네트워크Nuage networks사의 **가상화 클라우드 서비스**VCS, Virtualized Cloud Services 제품은 확장성이 뛰어난 정책 기반의 **소프트웨어 정의 네트워크**SDN 플랫폼을 제공한다. 개방형 표준 기반의 다양한 기능을 갖춘 SDN 컨트롤러와 함께 데이터 플레인을 위한 오픈소스 Open vSwitch를 기반으로 하는 기업용 제품이다.

누아지 플랫폼은 오버레이를 사용해 쿠버네티스 포드와 비쿠버네티스 환경(VM과 베어메탈 서버) 간에 완벽한 정책 기반 네트워크를 제공한다. Nuage의 정책 추상화 모델은 애플리케이션을 염두에 두고 설계됐으며 애플리케이션에 대한 세분화된 정책을 쉽게 선언할 수 있다. 이 플랫폼의 실시간 분석 엔진을 통해 쿠버네티스 애플리케이션을 위한 가시성과 보안 모니터링을 가능하게 한다.

또한 모든 VCS 컴포넌트를 컨테이너에 설치할 수 있으며 특별한 하드웨어 요구 사항은 없다.

Canal

Canal은 칼리코Calico와 플라넬Flannel 두 가지 오픈소스 프로젝트를 혼합한 것이다. Canal 이라는 이름은 프로젝트 이름의 합성어다. CoreOS의 플라넬은 컨테이너 네트워크에 중점을 두고 있으며, 칼리코는 네트워크 정책에 중점을 두고 있다. 초기에 두 프로젝트는 독립적으로 개발되었지만 사용자는 두 가지 모두를 함께 사용하려 했다. 오픈소스 Canal 프로젝트는 현재 두 프로젝트를 별도의 CNI 플러그인으로 설치하는 배포 패턴이다. 칼리코의 창립자가 설립한 새로운 회사 **티거**Tigera는 현재 두 프로젝트를 지원하고 있으며 보다 긴밀하게 통합하려는 계획을 가지고 있었지만, 쿠버네티스에 대한 보안 애플리케이션 연결 솔루션을 출시하면서 구성과 통합을 용이하게 하기 위해 초점이 플라넬과 칼리코로 다시 전환되는 것처럼 보였다.

다음 그림은 Canal이 현재 상태와 쿠버네티스 또는 메소스 같은 컨테이너 오케스트레이터와의 관계를 보여준다.

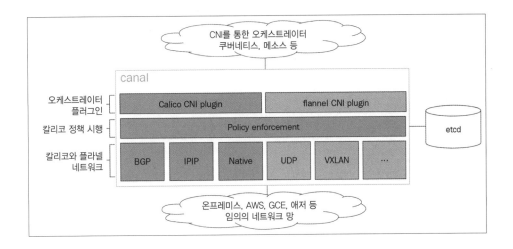

쿠버네티스와 통합할 때 Canal은 더 이상 etcd를 직접 사용하지 않는다. 대신 쿠버네티스 API 서버를 사용한다.

플라넬

플라넬은 컨테이너 런타임과 함께 사용하기 위해 각 호스트에 서브넷을 제공하는 가상 네트워크다. 각 호스트에서 `flaneld` 에이전트를 실행하며 이 에이전트는 etcd에 저장된 예약된 주소 공간에서 노드에 서브넷을 할당한다. 최종적으로 컨테이너와 호스트 간에 패킷을 전달하는 작업은 여러 백엔드 중 하나에 의해 수행된다. 가장 일반적인 백엔드는 기본적으로 포트 **8285**를 통해 터널링하는 TUN 장치에서 UDP를 사용한다(방화벽에서 해당 포트가 열려 있는지 확인해야 한다).

다음 그림은 플라넬의 다양한 컴포넌트와 이 컴포넌트가 생성한 가상 네트워크 장치 및 이 컴포넌트가 docker0 브릿지를 통해 호스트 및 포드와 상호작용하는 방법에 대해 자세히 설명한다. 또한 패킷의 UDP 캡슐화와 호스트 간에 패킷이 전송되는 방법을 보여준다.

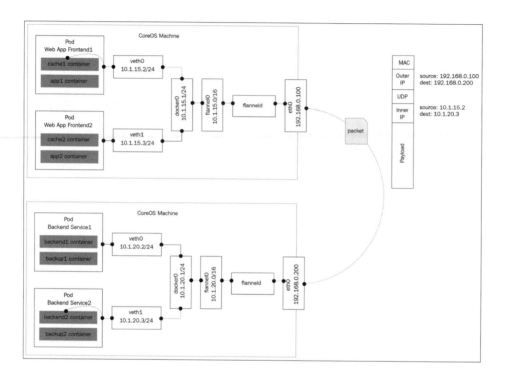

다른 백엔드는 다음과 같다.

- vxlan: 커널 내 VXLAN을 사용해 패킷을 캡슐화
- host-gw: 원격 컴퓨터 IP를 통해 서브넷에 대한 IP 경로 생성. 플라넬을 실행하는 호스트 간에 직접 2계층 연결이 필요
- aws-vpc: 아마존 VPC 경로 테이블에 IP 경로 생성
- gce: 구글 컴퓨트 엔진 네트워크에 IP 경로 생성
- alloc: 서브넷 할당만 수행(데이터 패킷을 전달하지 않음)
- ali-vpc: 알리클라우드 VPC 라우트 테이블에 IP 라우트 생성

칼리코 프로젝트

칼리코^{Calico}는 컨테이너를 위한 다양한 가상 네트워크와 네트워크 보안 솔루션이다. 칼리코는 모든 기본 컨테이너 오케스트레이션 프레임워크 및 런타임과 통합할 수 있다.

- 쿠버네티스(CNI 플러그인)
- 메소스(CNI 플러그인)
- 도커(libnework 플러그인)
- 오픈스택(Neutron 플러그인)

또한 칼리코는 온프레미스 또는 공용 클라우드의 전체 기능 세트와 함께 배포할 수도 있다. 칼리코의 네트워크 정책 적용은 각 작업부하에 커스터마이징될 수 있으며 트래픽이 정확하게 제어되고 패킷이 항상 출발지에서 목적지로 이동되었음을 보장해 준다. 칼리코는 오케스트레이션 플랫폼의 네트워크 정책 개념을 자체 네트워크 정책에 자동으로 매핑할 수 있다. 쿠버네티스의 네트워크 정책에 대한 참조 구현이 칼리코다.

로마나

로마나^{Romana}는 최신 클라우드 네이티브 컨테이너 네트워크 솔루션으로 표준 IP 주소 관리 기술을 이용해 3계층에서 작동한다. 로마나는 리눅스 호스트를 사용해 네트워크에 대한 게이트웨이와 라우트를 생성함으로써 전체 네트워크는 분리 단위가 될 수 있다. 3계층 수준에서 작동한다는 것은 캡슐화가 필요 없다는 것을 의미한다. 네트워크 정책은 모든 엔드포인트와 서비스에 걸쳐 분산 방화벽으로 적용된다.

가상 오버레이 네트워크를 구성할 필요가 없으므로 클라우드 플랫폼과 온프레미스 배포에서 하이브리드 배포가 더 쉬워진다.

로마나는 이런 접근 방식이 상당한 성능 향상을 가져온다고 주장한다. 아래 그림은 로마나가 VXLAN 캡슐화와 관련된 많은 오버헤드를 제거하는 방법을 보여준다.

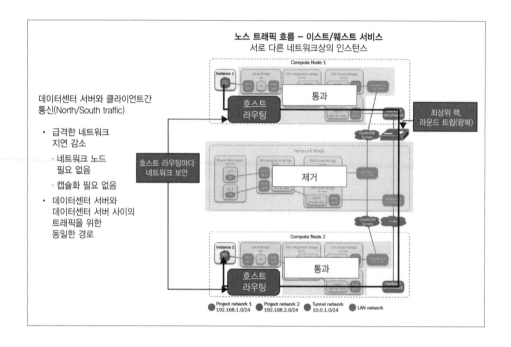

위브넷

위브넷Weave net은 강력한 클라우드 네이티브 네트워크 도구다. 도커 컨테이너를 여러 호스트에 연결하는 가상 네트워크를 생성하고 자동 검색을 사용하도록 설정한다. DNS, IPAM, 분산 가상 방화벽 등을 제공하는 하위 시스템 및 하위 프로젝트를 설정한다. 위브넷은 사용이 쉽고 설정이 거의 없다. 위브넷은 범위내에서는 VXLAN 캡슐화를 사용하고 각 노드에는 마이크로 DNS가 사용된다. 개발자는 높은 추상화 수준에서 작업한다. 컨테이너의 이름을 지정하고 위브넷을 사용해 컨테이너에 연결하고, 서비스를 위해 표준 포트를 사용할 수 있다. 이렇게 하면 기존 애플리케이션을 컨테이너 애플리케이션 및 마이크로 서비스로 이전할 수 있다. 위브넷에는 쿠버네티스(및 메소스)와의 인터페이스를 위한

414

CNI 플러그인이 있다. 쿠버네티스 1.4 이상에서는 데몬세트를 배포하는 단일 명령을 실행해 위브넷과 쿠버네티스를 통합할 수 있다.

```
kubectl apply -f https://git.io/weave-kube
```

모든 노드의 위브넷 포드는 사용자가 만든 모든 새로운 포드를 위브 네트워크에 연결하는 역할을 한다. 위브넷은 네트워크 정책 API를 지원할 뿐만 아니라 설정하기 쉽고 완벽하면서도 손쉬운 솔루션을 제공한다.

▌ 네트워크 정책의 효과적 사용

쿠버네티스 네트워크 정책은 선택한 포드와 네임스페이스의 네트워크 트래픽 관리에 관한 것이다. 쿠버네티스의 경우처럼 수많은 마이크로서비스가 배포되고 오케스트레이션되는 세계에서 포드 간의 네트워크와 연결을 관리하는 것은 필수적이다. 이것은 주로 보안 메커니즘이 아니라는 것을 이해하는 것이 중요하다. 공격자가 내부 네트워크에 도달할 수 있다면, 네트워크 정책을 준수하면서 다른 포드와 자유롭게 통신할 수 있는 자체 포드를 만들 수 있다. 이전 절은 다양한 쿠버네티스 네트워크 솔루션을 살펴보고 컨테이너 네트워크 인터페이스에 중점을 두었다. 네트워크 솔루션과 네트워크 정책의 구현 방법 간에는 강한 연결관계가 있지만, 이 절에서는 네트워크 정책에 중점을 둔다.

쿠버네티스 네트워크 정책의 설계 이해

네트워크 정책은 포드 선택이 서로 또는 다른 네트워크 종단점과 통신할 수 있는 방법에 대한 사양이다. NetworkPolicy 리소스는 레이블을 사용해 포드를 선택하고 주어진 포드의 트래픽을 허용하는 화이트 리스트 규칙을 정의한다. 그리고 주어진 네임스페이스의 격리 정책이 허용하는 것을 정의한다.

네트워크 정책과 CNI 플러그인

네트워크 정책과 CNI 플러그인 사이에는 복잡한 관계가 있다. 일부 CNI 플러그인은 네트워크 연결과 네트워크 정책을 모두 구현한다. 일부는 단 하나의 기능을 구현하지만, 칼리코와 플라넬처럼 다른 기능을 구현하는 다른 CNI 플러그인과 공동 작업을 수행할 수도 있다.

네트워크 정책 구성

네트워크 정책은 NetworkPolicy 리소스를 통해 구성된다. 다음은 네트워크 정책 예제다.

```
apiVersion: networking.k8s.io/v1
kind: NetworkPolicy
metadata:
  name: test-network-policy
  namespace: default
spec:
  podSelector:
    matchLabels:
      role: db
  ingress:
    - from:
      - namespaceSelector:
          matchLabels:
            project: awesome-project
      - podSelector:
          matchLabels:
            role: frontend
      ports:
      - protocol: tcp
        port: 6379
```

네트워크 정책 구현

네트워크 정책 API 자체는 일반적이며 쿠버네티스 API의 일부이지만, 구현은 네트워크 솔루션과 긴밀하게 결합된다. 즉, 각 노드에는 다음을 수행하는 특수 에이전트 또는 연결자가 있다는 의미다.

- 노드로 들어오는 모든 트래픽을 차단한다.
- 네트워크 정책을 준수하는지 확인한다.
- 각 요청을 전달하거나 거부한다.

쿠버네티스는 API를 통해 네트워크 정책을 정의하고 저장하는 기능을 제공한다. 네트워크 정책 수행은 특정 네트워크 솔루션과 긴밀하게 통합된 네트워크 솔루션이나 전용 네트워크 정책 솔루션으로 진행된다. 칼리코와 Canal은 이런 접근법의 좋은 예제다. 칼리코는 자체 네트워크 솔루션과 함께 작동하는 네트워크 정책 솔루션을 제공하지만 Canal의 일부인 플라넬 위에 네트워크 정책 집행을 제공할 수도 있다. 두 경우 모두 두 부분 간에 긴밀한 통합이 있다. 다음 그림은 쿠버네티스 정책 컨트롤러가 네트워크 정책을 관리하는 방법, 그리고 노드에서 에이전트가 이를 실행하는 방법을 보여준다

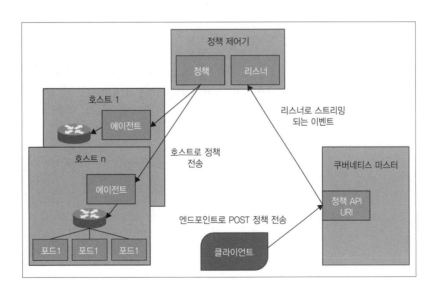

▌ 로드밸런싱 옵션

로드밸런싱은 쿠버네티스 클러스터와 같은 동적 시스템에서 중요한 기능이다. 노드, VM 및 포드는 나타났다가 사라질 수 있지만 클라이언트는 어떤 개별 개체가 요청을 처리할 수 있는지 추적할 수 없다. 가능한 경우라고 하더라도 빈번한 갱신, 접속 해제, 무응답 또는 느린 노드들을 처리하는 등 클러스터의 동적 맵을 관리하는 복잡한 작업이 필요하다. 로드밸런싱은 클러스터 외부의 클라이언트 또는 고객으로부터 내부 복잡함을 숨기는 간접적인 계층을 추가함으로써 검증되고 잘 이해된 메커니즘이다. 외부와 내부 로드밸런싱에 대한 옵션이 있다. 이 두 가지를 잘 결합시켜 사용할 수 있다. 하이브리드 접근 방식은 성능과 유연성과 같은 고유한 장단점이 있다.

외부 로드밸런서

외부 로드밸런서는 쿠버네티스 클러스터 외부에서 실행되는 로드밸런서이지만 쿠버네티스가 상태를 확인^{health check}하고, 방화벽 규칙을 사용해 외부 로드밸런서를 구성하고, 로드밸런서의 외부 IP 주소를 가져오기 위해 쿠버네티스가 상호작용할 수 있는 외부 로드밸런서 공급자가 있어야 한다.

다음 그림은 클라우드 내부의 로드밸런서, 쿠버네티스 API 서버 및 클러스터 노드 간의 연결을 보여준다. 외부 로드밸런서에는 어떤 노드에서 어떤 포드가 실행되는지에 대한 최신 그림이 있으며 오른쪽 포드로 외부 서비스 트래픽을 보낼 수 있다.

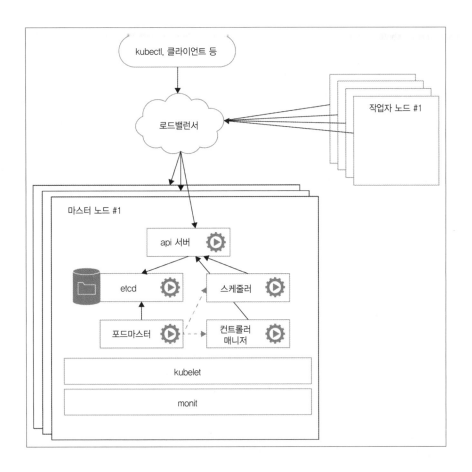

외부 로드밸런서 구성

외부 로드밸런서는 서비스 구성 파일을 통하거나 Kubectl을 통해 직접 구성된다. 쿠버네티스 노드를 로드밸런싱 장치로 직접 노출하는 ClusterIP의 서비스 유형을 사용하는 대신 LoadBalancer 서비스 유형을 사용한다. 이것은 외부 로드밸런서 공급자가 클러스터에 올바르게 설치되고 구성되어 있는지 여부에 따라 다르다.

구글의 GKE는 가장 잘 테스트된 공급자이지만, 다른 클라우드 플랫폼은 그들의 클라우드 로드밸런서 위에 그들의 통합 솔루션을 제공한다.

구성 파일을 통해

아래는 이런 목표를 달성하는 서비스 구성 파일의 예다.

```json
{
  "kind": "Service",
  "apiVersion": "v1",
  "metadata": {
    "name": "example-service"
  },
  "spec": {
    "ports": [{
      "port": 8765,
      "targetPort": 9376
    }],
    "selector": {
      "app": "example"
    },
    "type": "LoadBalancer"
  }
}
```

Kubectl을 통해

직접 kubectl 명령을 사용해 동일한 결과를 얻을 수도 있다.

```
> kubectl expose rc example --port=8765 --target-port=9376 \
--name=example-service --type=LoadBalancer
```

서비스 구성 파일 또는 kubectl 명령 사용 여부는 일반적으로 나머지 인프라를 설정하고 시스템을 배포하는 방식에 따라 결정된다. 구성 파일은 선언적이며, 인프라를 관리하기 위해 버전을 지정하고, 감사 및 반복 가능한 방법을 원하는 운영(프로덕션) 환경에 더 적절하다.

로드밸런서 IP 주소 찾기

로드밸런서에는 두 개의 IP 주소가 있다. 내부 IP 주소는 클러스터 내부에서 서비스에 접근하기 위해 사용한다. 외부 IP 주소는 클러스터 외부의 클라이언트가 사용하는 주소다. 외부 IP 주소는 DNS에 등록하는 것이 좋다. 두 주소를 모두 얻기 위해 kubectl describe 명령을 사용한다. IP는 내부 IP 주소를 나타낸다. LoadBalancer ingress는 변경되지 않는 외부 IP 주소를 나타낸다.

```
> kubectl describe services example-service
Name:      example-service
Selector:      app=example
Type:      LoadBalancer
IP:    10.67.252.103
LoadBalancer Ingress: 123.45.678.9
Port:      <unnamed> 80/TCP
NodePort:      <unnamed> 32445/TCP
Endpoints:      10.64.0.4:80,10.64.1.5:80,10.64.2.4:80
Session Affinity: None
No events.
```

클라이언트 IP 주소 보존

종종 서비스가 클라이언트의 소스 IP 주소에 관심을 갖는다. 쿠버네티스 1.5까지는 이 정보를 사용할 수 없었다. 쿠버네티스 1.5에는 소스 IP 주소를 얻기 위해 주석을 통해 GKE에서만 사용할 수 있는 베타 기능이 있다. 쿠버네티스 1.7에서는 원래의 클라이언트 IP를 유지하는 기능이 API에 추가됐다.

원래의 클라이언트 IP 주소 보존 지정

클라이언트의 IP 주소를 보존하기 위해서는 서비스 사양의 다음 두 필드를 구성해야 한다.

- service.spec.externalTrafficPolicy: 이 필드는 서비스가 외부 트래픽을 노드 로컬 엔드포인트로 라우팅해야 하는지 아니면 클러스터 전체의 엔드포인트 (기본값)로 라우팅해야 하는지를 결정한다. 클러스터 옵션에서는 클라이언트 소스 IP가 표시되지 않으며 다른 노드에 홉을 추가할 수 있지만 로드가 잘 분산된다. 로컬 옵션은 클라이언트 소스 IP를 유지하며 서비스 유형이 LoadBalancer 또는 NodePort인 경우 추가 홉을 추가하지 않는다. 그러나 부하의 균형이 잘 잡히지 않을 수도 있다는 단점이 있다.
- service.spec.healthCheckNodePort: 이 필드는 선택 사항이다. 이 옵션을 사용하면 서비스 상태 점검에서 이 포트 번호를 사용한다. 기본값은 할당 노드 포트다. externalTrafficPolicy가 Local로 설정된 LoadBalancer 유형의 서비스에 효과가 있다.

다음은 그 예제다.

```json
{
  "kind": "Service",
  "apiVersion": "v1",
  "metadata": {
    "name": "example-service"
  },
  "spec": {
    "ports": [{
    "port": 8765,
    "targetPort": 9376
    }],
    "selector": {
      "app": "example"
    },
    "type": "LoadBalancer"
```

```
    "externalTrafficPolicy: "Local"
  }
}
```

외부 로드밸런싱의 잠재력 이해

외부 로드밸런서는 노드 레벨에서 작동한다. 트래픽을 특정 포드로 보내지만 로드밸런싱
은 노드 레벨에서 수행된다. 즉 서비스에 4개의 포드가 있고 그 중 3개가 노드 A에 있고
나머지 한 개가 노드 B에 있으면 외부 로드밸런서가 노드 A와 노드 B간에 부하를 균등하
게 분배하는 것처럼 보인다. 노드 A의 세 포드는 작업부하의 절반를 나누어 각각 1/6씩 처
리하고 노드 B의 단일 포드는 작업부하의 나머지 절반(1/2)을 처리한다. 이 문제를 해결하
기 위해 미래에는 가중치가 추가될 수 있다.

서비스 로드밸런서

서비스 로드밸런싱은 외부 로드밸런싱이 아닌 쿠버네티스 클러스터 내에서 내부 트래픽
을 인그레스시키도록 설계됐다. 이는 clusterIP의 서비스 유형을 사용해 이루어진다.
NodePort의 서비스 유형을 사용해 사전에 할당된 포트를 통해 서비스 로드밸런서를 직
접 노출하고 이를 외부 로드밸런서로 사용할 수 있지만, 해당 사용 사례를 위해 설계되지
는 않았다. 예를 들어, SSL 종료 및 HTTP 캐싱과 같은 좋은 기능을 쉽게 사용할 수 없다.

다음 그림은 서비스 로드밸런서(가운데 구름)가 관리하는 백엔드 포드 중 하나로 트래픽을
라우팅하는 방법을 보여준다.

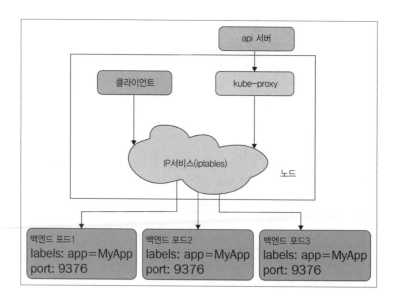

인그레스

쿠버네티스의 인그레스는 클러스터에 대한 외부 로드밸런싱과 네트워크 서비스를 지원한다. 내부로 들어오는 연결이 클러스터 서비스에 도달할 수 있게 해주는 핵심 규칙 집합이다. 또한 일부 인그레스 컨트롤러는 다음을 지원한다.

- 연결 알고리즘
- 요청 제한
- URL 재 작성과 리다이렉션
- TCP / UDP로드밸런싱
- SSL 종료
- 접근 제어 및 권한 부여

인그레스는 인그레스 리소스를 사용해 지정되고 인그레스 컨트롤러가 서비스한다. 인그레스는 여전히 베타 버전이며 아직 필요한 모든 기능을 제공하지는 않는다. 다음은 두 개의 서비스로 트래픽을 관리하는 인그레스 리소스의 예제다. 규치은 외부에서 볼 수 있는 http://foo.bar.com/foo를 s1 서비스에, http://foo.bar.com/bar를 s2 서비스에 매핑시킨다.

```
apiVersion: extensions/v1beta1
kind: Ingress
metadata:
  name: test
spec:
  rules:
  - host: foo.bar.com
    http:
      paths:
      - path: /foo
        backend:
          serviceName: s1
          servicePort: 80
      - path: /bar
        backend:
          serviceName: s2
          servicePort: 80
```

위 예제에서는 두 개의 인그레스 컨트롤러가 있다. 하나는 GCE 전용 L7 인그레스 컨트롤러이고 다른 하나는 ConfigMap을 통해 Nginx를 구성할 수 있게 해주는 범용 Nginx 인그레스 컨트롤러다. Nginx 인그레스 컨트롤러는 매우 정교하며 인그레스 리소스를 통해 직접 사용할 수 없는 많은 기능을 제공한다. 엔드포인트 API를 사용해 트래픽을 포드로 직접 전달한다. 자세한 내용은 https://github.com/kubernetes/ingress-nginx를 참조한다.

HAProxy

클라우드 공급자의 외부 로드밸런싱 사용은 LoadBalancer 서비스 유형을 사용하고, 클러스터 내부의 내부 서비스 로드밸런서 사용은 ClusterIP를 사용하는 방법에 대해 설명했다. 사용자 정의 외부 로드밸런서를 사용하려면 사용자 정의 외부 로드밸런서 공급자를 만들고 LoadBalancer를 사용하거나 세 번째 서비스 유형인 NodePort를 사용할 수 있다. 고가용성[HA] 프록시는 성숙하고 검증된 로드밸런싱 솔루션이다. 온프레미스 클러스터에서 외부 로드밸런싱을 구현할 때 가장 우선적으로 고려해볼 수 있다. 이 작업은 여러 가지 방법으로 수행할 수 있다.

- NodePort를 활용하고 신중하게 포트를 관리한다.
- 사용자 정의 로드밸런서 공급자 인터페이스를 구현한다.
- 클러스터 끝단에서 프론트엔드 서버의 유일한 대상으로 클러스터 내에서 HAProxy를 실행한다(로드밸런싱 여부).

HAProxy로 모든 접근법을 사용할 수 있다. 그렇더라도 인그레스 객체를 사용할 것을 권장한다. service-loadbalancer 프로젝트는 HAProxy 위에 로드밸런싱 솔루션을 구현한 커뮤니티 프로젝트다. 관련 정보를 https://github.com/kubernetes/contrib/tree/master/service−loadbalancer에서 찾을 수 있다.

NodePort 활용

각 서비스에는 사전에 정의된 범위 안에서 전용 포트가 할당된다. 일반적으로 알려진 포트를 사용하는 다른 애플리케이션과의 충돌 방지를 위해 주로 30,000 대역이나 그 이상의 범위를 사용한다. 이 경우 클러스터 외부에서 HAProxy가 실행되며 각 서비스에 맞게 올바른 포트로 구성된다. 그런 다음 내부 서비스를 통해 모든 노드와 쿠버네티스로 모든 트래픽을 전달할 수 있고, 로드밸런서는 이것을 적절한 포드로 라우팅한다 (이중 로드밸런싱). 물론 이것은 다른 홉이 추가되기 때문에 우선적으로 고려할 대상이 아니다. 이를 우회하는 방법은 엔드포인트 API를 쿼리하고 각 서비스의 백엔드 포드 목록을 동적으로 관리하여 트래픽을 포드로 직접 전달하는 것이다.

HAProxy를 사용하는 사용자 정의 로드밸런서 공급자

이 접근법은 좀 더 복잡하지만 쿠버네티스와 보다 잘 통합되어 있으며 클라우드에서 온프레미스로 또는 온프레미스에서 클라우드로 쉽게 전환할 수 있는 장점이 있다.

쿠버네티스 클러스터 내에서 HAProxy 실행

이 접근 방법은 클러스터 내부의 내부 HAProxy 로드밸런서를 사용한다. HAProxy를 실행하는 노드가 여러 개인 경우도 있으며 노드들은 동일한 설정을 공유하여 들어오는 요청을 매핑하고 백엔드 서버(아래 그림에서는 아파치 서버) 간 로드밸런싱을 수행한다.

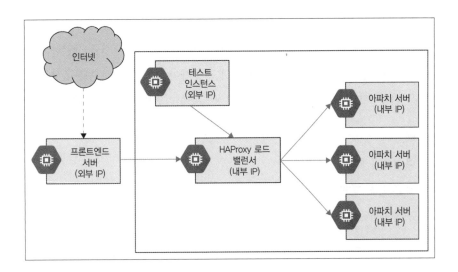

Keep-alived VIP

Keepalived VIP^{Virtual IP}는 자체적인 로드밸런싱 솔루션은 아니다. 이것은 Nginx 인그레스 컨트롤러 또는 HAProxy 기반의 서비스 LoadBalancer를 보완할 수 있다. 주된 동기는 로드밸런서를 포함해 포드가 쿠버네티스에서 이동한다는 것이다. 이것은 안정적인 엔드포인트를 필요로 하는 외부 네트워크의 클라이언트에 문제가 발생한다. DNS는 종종 성능 문제로 인해 적합하지 않다. Keep-alived는 Nginx 인그레스 컨트롤러 또는 HAProxy

로드밸런서의 주소 역할을 할 수 있는 고성능 가상 IP 주소를 제공한다. Keep-alived는 IPVS(IP 가상 서버)와 같은 리눅스의 핵심 네트워크 기능을 활용하고 VRRP^{Virtual Redundancy Router Protocol}를 통해 고가용성을 구현한다. 모든 것은 4계층(TCP/UDP)에서 실행된다. 이런 것을 구성하기 위해서는 노력과 주의가 필요하다. 다행히 이와 관련된 쿠버네티스 기부 프로젝트가 있다.

https://github.com/kubernetes/contrib/tree/master/keepalived-vip

▌ Træfic/Traefik

Træfic은 최신 HTTP 역방향 프록시 및 로드밸런서로 마이크로서비스를 지원하도록 설계됐다. 쿠버네티스를 포함한 많은 백엔드와 함께 작동하여 자동 및 동적으로 구성을 관리한다. 이것은 기존 로드밸런서와 비교할 때 획기적인 변화다. 인상적인 기능은 다음과 같다.

- 빠르다.
- 단일 Go 실행 파일
- 작은 공식 도커 이미지 Rest API
- 구성의 무중단 읽기: 프로세스 회로 차단기를 재시작 불필요, 재시도
- 라운드 로빈, 리밸런서 로드밸런싱 장치
- 측정 지표(Rest, Prometheus, Datadog, Statsd, InfluxDB) Clean AngularJS Web UI
- 웹 소켓, HTTP/2, GRPC 준비 접근 로그(ready Access Logs, JSON, CLF)
- 암호화(갱신시 자동 HTTPS) 클러스터 모드의 고가용성 지원

▌ 자신만이 CNI 플러그인 작성

이 절에서는 실제로 사용자 정의 CNI 플러그인을 작성하는 데 필요한 사항을 살펴본다. 먼저 가장 간단한 플러그인인 루프백 플러그인을 살펴보겠다. 그런 다음 CNI 플러그인 작성과 관련된 대부분의 상용구를 구현하는 플러그인 골격을 살펴본다. 마지막으로 브릿지 플러그인의 구현을 검토할 것이다. 시작하기 전에 CNI 플러그인이 무엇인지 간단히 살펴보자.

- CNI 플러그인은 실행 파일이다.
- 새로운 컨테이너를 네트워크에 연결하고 CNI 컨테이너에 고유한 IP 주소를 할당하며 라우팅을 담당한다.
- 컨테이너는 네트워크 네임스페이스다(쿠버네티스에서는 포드가 CNI 컨테이너다).
- 네트워크 정의는 JSON파일로 관리되지만 표준 입력을 통해 플러그인으로 스트리밍된다(플러그인에서 읽는 파일이 없다).
- 환경 변수를 통해 보조 정보를 제공할 수 있다.

루프백 플러그인 탐색

루프백 플러그인은 단순하게 루프백 인터페이스를 추가하기만 하면 된다. 이 작업은 매우 단순해서 네트워크 구성 정보가 필요하지 않다. 대부분의 CNI 플러그인은 Go 언로로 구현되며 루프백 CNI 플러그인도 예외는 아니다. 전체 소스 코드는 https://github.com/containernetworking/plugins/tree/master/plugins/main/loopback에서 찾을 수 있다.

먼저 Import 항목을 살펴보자. 깃허브의 컨테이너 네트워크 프로젝트에는 CNI 플러그인을 구현하는 데 필요한 많은 컴포넌트와 인터페이스 추가 및 제거, IP 주소 및 경로 설정을 위한 netlink 패키지를 제공하는 여러 패키지가 있다. 이후에 skel 패키지를 살펴본다.

```
package main
import (
  "github.com/containernetworking/cni/pkg/ns"
  "github.com/containernetworking/cni/pkg/skel"
  "github.com/containernetworking/cni/pkg/types/current"
  "github.com/containernetworking/cni/pkg/version"
  "github.com/vishvananda/netlink"
)
```

그런 다음 플러그인은 네트워크에 컨테이너를 추가하거나 제거할 때 호출하는 cmdAdd와
cmdDel이라는 두 개의 명령을 구현한다. 다음은 cmdAdd 명령이다.

```
func cmdAdd(args *skel.CmdArgs) error {
  args.IfName = "lo"
  err := ns.WithNetNSPath(args.Netns, func(_ ns.NetNS) error {
    link, err := netlink.LinkByName(args.IfName)
    if err != nil {
      return err // 테스트되지 않음.
    }

    err = netlink.LinkSetUp(link)
    if err != nil {
      return err // 테스트되지 않음.
    }

    return nil
  })
  if err != nil {
    return err // 테스트되지 않음.
  }

  result := current.Result{}
  return result.Print()
}
```

430

이 함수의 핵심은 인터페이스 이름을 루프백의 경우 lo로 설정하고 컨테이너의 네트워크 네임스페이스에 링크를 추가하는 것이다. del 명령은 반대의 작업을 수행한다.

```go
func cmdDel(args *skel.CmdArgs) error {
  args.IfName = "lo"
  err := ns.WithNetNSPath(args.Netns, func(ns.NetNS) error {
  link, err := netlink.LinkByName(args.IfName)
  if err != nil {
    return err // 테스트되지 않음.
  }

  err = netlink.LinkSetDown(link)
  if err != nil {
    return err // 테스트되지 않음.
  }

  return nil
  })
  if err != nil {
    return err // 테스트되지 않음.
  }

  result := current.Result{}
  return result.Print()
}
```

main 함수는 명령 함수를 전달해 단순히 skel 패키지를 호출한다. skel 패키지는 CNI 플러그인 실행 파일이 잘 실행되고 있는지 살펴보고, 필요한 순간에 addCmd와 delCmd 함수를 호출한다.

```go
func main() {
  skel.PluginMain(cmdAdd, cmdDel, version.All)
}
```

CNI 플러그인 골격 구축

skel 패키지에 대해 살펴보고 내부에 무엇이 있는지 살펴보겠다. 진입점인 PluginMain()
에서 시작해 PluginMainWithError()를 호출하고, 오류를 잡아내 표준 출력으로 출력하
고 종료한다.

```
func PluginMain(cmdAdd, cmdDel func(_ *CmdArgs) error, versionInfo version.
PluginInfo) {
  if e := PluginMainWithError(cmdAdd, cmdDel, versionInfo); e != nil {
    if err := e.Print(); err != nil {
      log.Print("Error writing error JSON to stdout: ", err)
    }
    os.Exit(1)
  }
}
```

PluginErrorWithMain()은 디스패처를 인스턴스화하고, 모든 I/O스트림과 환경을 설정
하고 PluginMain() 메소드를 호출한다.

```
func PluginMainWithError(cmdAdd, cmdDel func(_ *CmdArgs) error, versionInfo
version.PluginInfo) *types.Error {
  return ( dispatcher{
    Getenv: os.Getenv,
    Stdin: os.Stdin,
    Stdout: os.Stdout,
    Stderr: os.Stderr,
  }).pluginMain(cmdAdd, cmdDel, versionInfo)
}
```

마지막으로 이 부분이 전체 골격의 주요 로직이다. 표준 입력의 구성을 포함해 환경에서
cmd 인수를 가져오고, 어떤 cmd가 호출됐는지 감지하고, 적절한 플러그인 함수(cmdAdd 또
는 cmdDel)를 호출한다. 또한 버전 정보를 반환할 수도 있다.

```go
func (t *dispatcher) pluginMain(cmdAdd, cmdDel func( *CmdArgs) error,
versionInfo version.PluginInfo) *types.Error {
  cmd, cmdArgs, err := t.getCmdArgsFromEnv()
  if err != nil {
    return createTypedError(err.Error())
  }

  switch cmd {
  case "ADD":
    err = t.checkVersionAndCall(cmdArgs, versionInfo, cmdAdd)
  case "DEL":
    err = t.checkVersionAndCall(cmdArgs, versionInfo, cmdDel)
  case "VERSION":
    err = versionInfo.Encode(t.Stdout)
  default:
    return createTypedError("unknown CNI_COMMAND: %v", cmd)
  }

  if err != nil {
    if e, ok := err.(*types.Error); ok {
      // Error 안에 Erorr를 포함하지 말 것
      return e
    }
    return createTypedError(err.Error())
  }
  return nil
}
```

브릿지 플러그인 검토

브릿지 플러그인은 내용이 매우 풍부하다. 브릿지 플러그인 구현의 주요 부분을 살펴
보겠다. 전체 소스 코드는 https://github.com/containernetworking/plugins/tree/
master/plugins/main/bridge에서 볼 수 있다.

브릿지 플러그인은 다음과 같은 파일을 사용해 네트워크 구성 구조체를 정의한다.

```
type NetConf struct {
  types.NetConf
  BrName        string  `json:"bridge"`
  IsGW          bool    `json:"isGateway"`
  IsDefaultGW   bool    `json:"isDefaultGateway"`
  ForceAddress  bool    `json:"forceAddress"`
  IPMasq        bool    `json:"ipMasq"`
  MTU           int     `json:"mtu"`
  HairpinMode   bool    `json:"hairpinMode"`
  PromiscMode   bool    `json:"promiscMode"`
}
```

공간 제한으로 인해 각 매개변수의 역할과 다른 매개변수와 상호작용하는 방식에 대해서는 다루지 않는다. 흐름을 이해하고 자신만의 CNI 플러그인을 구현하기 위한 출발점을 가지는 것이 목적이다. 구성은 JSON에서 loadNetConf() 함수를 통해 적재된다. 이 함수는 cmdAdd()와 cmdDel() 함수의 시작 부분에서 호출된다.

```
n, cniVersion, err := loadNetConf(args.StdinData)
```

다음은 cmdAdd()의 핵심이다. 네트워크 구성 정보를 사용하고, veth를 설정하고, IPAM 플러그인과 상호작용하여 적절한 IP 주소를 추가하고, 결과를 반환한다.

```
hostInterface, containerInterface, err := setupVeth(netns, br, args.IfName, n.MTU,
n.HairpinMode)
  if err != nil {
    return err
  }

  // IPAM 플러그인을 실행하고 적용할 설정을 다시 가져온다.
  r, err := ipam.ExecAdd(n.IPAM.Type, args.StdinData)
  if err != nil {
```

```
    return err
}

// IPAM 결과를 현재 결과 유형으로 변환한다.
result, err := current.NewResultFromResult(r)
if err != nil {
  return err
}

if len(result.IPs) == 0 {
  return errors.New("IPAM returned missing IP config")
}

result.Interfaces = []*current.Interface{brInterface, hostInterface,
containerInterface}
```

이것은 전체 구현의 일부분일 뿐이다. 경로 설정과 하드웨어 IP 할당도 있다. 전체 그림을 얻기 위해 꽤 광범위하지만 포괄적인 소스코드를 살펴보기를 권한다.

▌ 요약

이 장에서는 많은 내용을 다뤘다. 네트워크는 매우 광범위한 주제이며 하드웨어, 소프트웨어, 운영 환경과 사용자 기술이 결합하여 강력하고 안전하며, 잘 수행되고 유지 보수하기 쉬운 포괄적인 네트워크 솔루션을 제공하므로 매우 복잡하다. 쿠버네티스 클러스터에서는 클라우드 공급자가 주로 이런 이슈를 해결한다. 온프레미스 클러스터를 실행하거나 맞춤형 솔루션이 필요한 경우 선택할 수 있는 옵션이 많이 있다. 쿠버네티스는 확장을 위해 설계된 매우 유연한 플랫폼이다. 특히 네트워크는 완전히 연결 가능하다. 우리가 논의한 주요 주제로 쿠버네티스 네트워크 모델(포드가 다른 사람들에게 도달할 수 있는 주소 공간과 포드 내부의 모든 컨테이너 사이에서 다른 로컬호스트와 공유할 수 있는 주소 공간), 검색 및 검색 작동 방식, 쿠버네티스 네트워크 플러그인, 추상화 수준의 다양한 네트워크 솔루션(흥미로운 많은 변형), 클러스터 내 트래픽을 효과적으로 제어할 수 있는 네트워크 정책, 로드밸런싱 솔루션의 스펙트럼, 그리고 마지막으로 실제 구현을 분석하여 CNI 플러그인을 작성하는 방법에 대해 살펴봤다.

이 시점에서 특히 이 주제에 대한 전문가가 아니라면 아마도 압도 당하는 느낌을 받게 될 것이다. 쿠버네티스 네트워크의 내부 구조를 잘 파악하고, 완벽한 통합 솔루션을 구현하는 데 필요한 모든 인터로킹 요소를 인식하고 시스템에 적합한 트레이드 오프를 기반으로 자신만의 솔루션을 만들 수 있어야 한다.

11장에서는 규모를 확대하여 여러 클러스터, 클라우드 공급자 및 클러스터 연합에서 쿠버네티스를 실행하는 모습을 살펴본다. 이것은 지역적으로 분산된 배포와 궁극적인 확장성 관점에서 쿠버네티스 이야기의 중요한 부분이라고 할 수 있다. 연합된 쿠버네티스 클러스터는 지역 제한을 초과할 수 있지만 많은 어려움을 가지고 있다.

11

클라우드와
클러스터 페더레이션에서
쿠버네티스 실행

이번 장에서는 다양한 클라우드와 클러스터 페더레이션federation 환경에서 쿠버네티스를 실행하는 방법을 확인하면서 한 단계 발전시켜 나갈 것이다. 쿠버네티스 클러스터는 모든 컴포넌트가 상대적으로 근접하여 실행되는 환경에서 밀집되어 있으며 각 부분은 고속의 네트워크(물리적으로 하나의 데이터 센터이거나 클라우드 사업자의 가용 영역)로 연결되어 있다. 때문에 대다수의 경우에 유용하지만 시스템이 단일 클러스터 규모를 넘어서 확장해야 하는 몇 가지 중요한 사용 사례도 있다. 쿠버네티스 페더레이션은 여러 쿠버네티스 클러스터를 결합하여 이들을 단일 요소로 상호작용하는 체계적인 방법이다. 11장에서 다루는 내용은 다음과 같다.

- 클러스터 페더레이션에 대한 좀 더 깊은 이해
- 클러스터 페더레이션의 준비와 설정, 관리 방법
- 여러 클러스터에서 페더레이션된 작업부하를 실행하는 방법

클러스터 페더레이션의 이해

클러스터 페더레이션은 개념적으로 간단하다. 여러 개의 쿠버네티스 클러스터를 모아 하나의 논리적인 클러스터로 다루는 것이다. 클라이언트에게 시스템에 대한 통합된 단일 뷰를 제공하는 페더레이션 컨트롤 플레인이 있다.

다음 그림은 쿠버네티스 클러스터 페더레이션의 전체적인 모습을 보여준다.

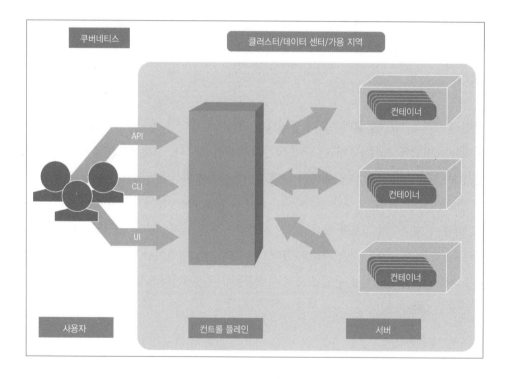

페더레이션 컨트롤 플레인은 페더레이션 API 서버와 공동 긴밀히는 페더레이션 컨트롤 매니저로 구성되어 있다. 페더레이션 API 서버는 페더레이션에 속한 모든 클러스터에 요청을 전달한다. 페더레이션 컨트롤 매니저는 페더레이션에 속한 모든 클러스터 각각의 컨트롤 매니저들에게 요청을 배분하는 방법으로 개개의 클러스터 구성 변경을 처리한다. 실제로 클러스터 페더레이션은 쉽지 않을 뿐만 아니라 완전히 추상화하기도 어렵다. 포드 사이의 통신과 데이터 전송은 갑작스러운 긴 지연 시간과 비용 초과를 초래할 수 있다. 먼저 클러스터 페더레이션의 사용 사례를 살펴보고 페더레이션된 컴포넌트와 리소스가 어떻게 동작하는지 작동 방식을 이해하자. 이후 위치 연관성, 클러스터 간 스케줄링, 페더레이션된 데이터 액세스 등의 더 어려운 부분을 살펴본다.

클러스터 페더레이션의 중요 사용 사례

클러스터 페더레이션의 장점에 대한 4가지 사용 사례를 살펴보자.

용량 초과

AWS, GCE, 애저와 같은 공개 클라우드 플랫폼은 대단히 좋은 기능을 가지고 있고 많은 장점을 제공하지만 저렴하지는 않다. 많은 대규모 조직들은 자체 데이터 센터에 많은 투자를 했다. 또한 다른 조직들은 OVS, 락스페이스^{Rackspace}, 디지털 오션^{Digital Ocean} 같은 사설 서비스 공급업체와 협력하고 있다. 여러분이 자체적인 인프라를 관리하고 운영할 역량을 가지고 있다면 클라우드 환경보다 자체 인프라에서 쿠버네티스 클러스터를 실행하는 것이 경제적 관점에서 더 효용적이다. 하지만 작업부하가 요동치고 상대적으로 짧은 시간에 많은 용량이 필요한 상황이라면 다를 수 있다. 예를 들어 주말 또는 공휴일에 이런 상황이 발생한다면 심히 난감할 것이다. 전통적인 접근법은 추가 용량을 배정하는 것이다. 하지만 많은 동적인 환경에서 쉽지 않다. 용량이 초과된 경우 대규모 작업을 자체 데이터 센터 또는 사설 서비스 공급업체에서 운영하는 쿠버네티스 클러스터 또는 대규모 플랫폼 공급업체에서 운영 중인 보조 클라우드 기반의 쿠버네티스 클러스터에서 실행할 수 있다.

대부분의 경우 클라우드 기반의 클러스터는 정지되어 있을 것이다. 그러나 필요가 발생하면 정지된 인스턴스를 시작해 시스템에 탄력적으로 용량을 추가할 수 있다.

쿠버네티스 클러스터 페더레이션은 이런 설정을 상대적으로 간단하게 만들 수 있다. 이는 아주 골치 아픈 대부분의 시간에는 사용하지도 않을 하드웨어에 대한 용량 계획과 비용 지불에 대한 두통을 제거해 준다.

이런 접근 방식을 때때로 **클라우드 버스팅**Cloud bursting이라고 부르기도 한다.

민감한 작업부하

이 주제는 용량 초과와 거의 정반대이다. 클라우드 네이티브 라이프 스타일을 도입하고 전체 시스템이 클라우드에서 실행되지만, 일부 데이터나 작업부하는 민감한 정보를 다룰 수 있다. 규정 준수 또는 조직의 보안 정책에 따라 이런 정보나 작업을 완전히 제어되는 환경에서 다루도록 규정하기도 한다. 민감한 정보나 작업은 외부 감사의 대상이 될 수도 있다. 사설 쿠버네티스 클러스터에서 클라우드 기반 쿠버네티스 클러스터로 정보가 누출되지 않도록 하는 것이 매우 중요하다. 하지만 공개 클러스터의 가시성과 사설 클러스터에서 클라우드 기반 클러스터로 민감하지 않은 작업을 시작할 수 있는 능력이 요구될 수 있다. 작업부하의 특성이 민감하지 않은 것에서 민감한 것으로 동적으로 변경될 수 있다면 적절한 정책과 구현을 제안하여 작업부하를 해결해야 한다. 예를 들어 작업부하의 특성이 변경되지 않도록 방지할 수 있다.

또 다른 방법으로는 갑자기 민감해진 작업부하를 마이그레이션하여 더 이상 클라우드 기반 클러스터에서 실행되지 않도록 하는 것이다. 또 다른 중요한 문제는 이런 정보가 법적으로 규정된 지리적 범위(일반적으로 국가) 내에서만 접근 가능해야 한다는 국가의 규제다. 이런 경우 클러스터는 반드시 그 국가 내에서 구축돼야 한다.

공급업체 종속성 피하기

대규모의 조직은 단일 공급업체에 의존되는 것을 지양하고 여러 옵션을 보유하는 것을 선호한다. 이런 의존성은 공급업체의 폐업이나 동일 수준의 서비스를 제공받지 못하게 될 수 있기 때문에 큰 위험이 될 수 있다. 여러 공급업체와 관계를 유지하는 것은 가격을 협상하는 데도 유리한 경우가 많다. 쿠버네티스는 공급업체에 상관없도록 설계됐다. 쿠버네티스는 서로 다른 클라우드 플랫폼, 사설 서비스 공급업체, 자체 데이터 센터 등에서 실행할 수 있다.

하지만 실제로 쉽지는 않다. 만약 신속하게 공급업체를 바꾸거나 특정 공급업체의 작업부하를 다른 공급업체로 마이그레이션할 수 있는지 확인하려면 여러 공급업체에서 이미 시스템을 실행하고 있어야 한다. 이런 일은 직접 실행할 수도 있고 여러 공급업체에서 쿠버네티스를 투명하게 실행하는 서비스를 제공하는 회사를 통해서 할 수도 있다. 여러 공급업체가 서로 다른 데이터 센터를 운영하기 때문에 중복성과 공급업체의 중단에 대한 보호 기능을 자동으로 얻게 된다.

지리적 분산의 고가용성

고가용성은 시스템의 일부 고장에도 불구하고 서비스를 계속 사용할 수 있음을 의미한다. 페더레이션된 쿠버네티스 클러스터에서 고장(실패)의 범위는 전체 클러스터다. 이런 고장은 일반적으로 클러스터를 호스팅하는 물리적 데이터 센터의 문제이거나 플랫폼 공급업체와 관련한 문제로 인해 발생한다. 고가용성의 핵심은 중복성이다. 지리적 분산 중복성이란 서로 다른 위치에서 실행되는 다중 클러스터를 의미한다. 이것은 동일한 클라우드 공급업체의 서로 다른 가용 영역이나 동일 클라우드 공급업체의 서로 다른 지역이거나 또는 서로 다른 클라우드 공급업체의 서로 다른 가용 영역이 될 수 있다(공급업체 종속성 피하기 부분을 읽어보라). 중복성이 있는 클러스터 페더레이션을 실행할 때는 많은 문제를 해결해야 한다. 나중에 이중 일부 문제에 대해 다룬다.

기술 및 조직 문제가 해결되었다고 가정하면 고가용성은 장애가 발생한 클러스터에서 다른 클러스터로 트래픽을 마이그레이션할 수 있게 해준다. 고가용성은 사용자에게 투명해야 한다(마이그레이션 중 지연되거나 일부 요청이나 작업이 사라지거나 실패할 수 있다). 시스템 관리자는 마이그레이션을 지원하고 근본적인 클러스터 장애를 해결하기 위해 몇 가지 추가 단계를 수행해야 할 수 있다.

페더레이션 컨트롤 플레인

페더레이션 컨트롤 플레인Federation Control Plane은 쿠버네티스 클러스터들의 페더레이션을 나타내는 부분과 단일 클러스터처럼 작동하게 하는 부분, 두개의 컴포넌트로 구성되어 있다.

페더레이션 API 서버

페더레이션 API 서버Federation API server는 페더레이션을 함께 구성하는 쿠버네티스 클러스터를 관리한다. 이것은 일반적인 쿠버네티스 클러스터와 동일한 etcd 데이터베이스에서 페더레이션 상태(즉, 어떤 클러스터가 페더레이션의 부분인지)를 관리한다. 하지만 이 상태는 클러스터가 페더레이션의 구성원인지 여부 정도만 나타낸다. 각 클러스터의 상태는 해당 클러스터의 etcd 데이터베이스에 저장된다. 페더레이션 API 서버의 주 목적은 페더레이션 컨트롤러 매니저와 상호작용하고 페더레이션 멤버 클러스터들 간에 요청을 라우팅하는 것이다. 페더레이션 구성원은 그들이 페더레이션의 일부라는 것을 알 필요가 없다. 단지 똑같이 일하면 된다.

아래 그림은 페더레이션 API 서버, 페더레이션 복제 컨트롤러, 페더레이션 내의 쿠버네티스 클러스터들 간의 관계를 보여준다.

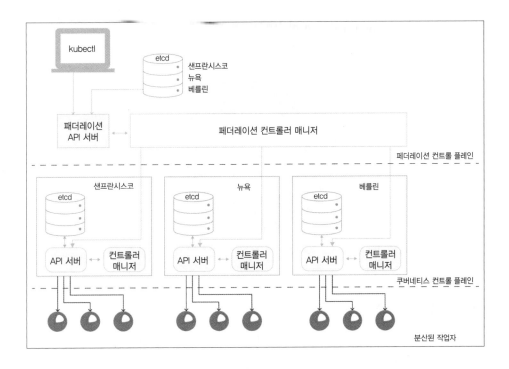

페더레이션 컨트롤러 매니저

페더레이션 컨트롤러 매니저Federation Controller manager는 페더레이션의 원하는 상태와 실제 상태가 일치하는지 확인한다. 또한 관련된 클러스터에게 필요한 변경 사항을 전달한다. 페더레이션된 컨트롤러 매니저 바이너리는 이 장의 뒷부분에서 다룰 다양한 페더레이션 리소스에 대한 컨트롤러가 여러 개 포함되어 있다. 그러나 제어 논리는 비슷하다. 편차가 생길 때 변화를 관찰하고 클러스터 상태가 벗어날 때 클러스터를 적절한 상태로 만든다. 이 작업은 페더레이션의 모든 구성원 각각에게 적용된다.

아래 그림은 이 영구 제어 루프를 보여준다.

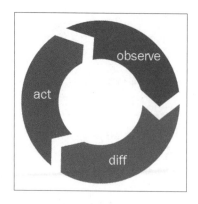

페더레이션된 리소스

쿠버네티스 페더레이션은 여전히 발전 중이다. 쿠버네티스 1.10 현재 표준 리소스 중 일부만 페더레이션할 수 있다. 이것들을 여기서 다룬다. 페더레이션된 리소스를 생성하려면 Kubectl에 명령줄 인자로 --context=federation-cluster를 사용한다. --context=federation-cluster를 사용하면 이 명령은 모든 멤버 클러스터에 전달하는 페더레이션 API 서버로 이동한다.

페더레이션된 ConfigMap

페더레이션된 ConfigMap^{Federated ConfigMap}은 여러 클러스터에 분산되어 있는 애플리케이션의 설정을 중앙화할 수 있도록 도와 주기 때문에 매우 유용하다.

페더레이션된 ConfigMap 생성

다음은 페더레이션 ConfigMap을 생성하는 예제다.

```
> kubectl --context=federation-cluster create -f configmap.yaml
```

부는 것과 같이 단일 쿠버네티스 클러스터에 ConfigMap을 생성하는 것과의 유일한 차이점은 컨텍스트뿐이다. 페더레이션된 ConfigMap이 생성되면 컨트롤 플레인의 etcd 데이터베이스에 저장된다. 하지만 복사본은 각각의 멤버 클러스터에도 저장된다. 이 방식 덕분에 각각의 클러스터는 독립적으로 동작할 수 있으며 컨트롤 플레인에 액세스할 필요가 없다.

페더레이션된 ConfigMap 보기

컨트롤 플레인에 액세스하거나 멤버 클러스터에 액세스해서 ConfigMap을 볼 수 있다. 멤버 클러스터의 ConfigMap에 액세스하려면 컨텍스트에 페더레이션 클러스터 구성원의 이름을 지정한다.

```
> kubectl --context=cluster-1 get configmap configmap.yaml
```

페더레이션된 ConfigMap 업데이트

컨트롤 플레인을 통해 생성될 때 ConfigMap은 모든 멤버 클러스터에서 동일하다는 것은 매우 중요하다. 그러나 컨트롤 플레인 클러스터 이외에 각 클러스터에 별도로 저장되기 때문에 true의 단일 소스는 없다. 권장하지는 않지만 나중에 각 멤버 클러스터의 ConfigMap을 개별적으로 수정해야 할 수 있다. 이렇게 하면 페더레이션 전반에 똑같지 않은 설정이 생긴다. 페더레이션된 클러스터 간에 서로 다른 설정을 사용하는 사용 사례가 있지만 이런 경우에는 각 클러스터를 직접 설정하는 것이 좋다. 페더레이션된 ConfigMap을 생성할 때 모든 클러스터가 이 설정을 공유해야 한다는 내용의 문장을 만들어야 한다. 그러나 일반적으로 --context=federation-cluster를 지정해서 모든 페더레이션 클러스터에서 ConfigMap을 수정하려 한다.

페더레이션된 ConfigMap 삭제

여러분이 생각한 게 맞다. 컨텍스트만 지정하고 늘 하던 대로 삭제하면 된다.

```
> kubectl --context=federation-cluster delete configmap
```

아주 약간 다른 점이 있는데 쿠버네티스 1.10에서 페더레이션된 ConfigMap을 삭제하면 각 클러스터에 자동으로 생성된 개별 ConfigMap은 그냥 남아 있는다. 각각의 클러스터에서 개별적으로 삭제해야만 한다. 다시 말해 페더레이션에 cluster-1, cluster-2, cluster-3이라는 3개의 클러스터가 있는 경우 페더레이션에서 ConfigMap을 삭제하려면 아래와 같이 3개의 명령을 실행해야 한다.

```
> kubectl --context=cluster-1 delete configmap
> kubectl --context=cluster-2 delete configmap
> kubectl --context=cluster-3 delete configmap
```

이것은 이후에 수정될 것이다.

페더레이션된 데몬세트

페더레이션된 데몬세트Federated DaemonSet는 일반 쿠버네티스 데몬세트와 거의 동일하다. 페더레이션된 데몬세트를 만들고 context-federation-cluster를 지정해 컨트롤 플레인을 통해 페더레이션된 데몬 세트와 상호작용하고, 컨트롤 플레인은 페더레이션된 데몬세트를 전체 멤버 클러스터에 전파한다. 최종적으로 페더레이션 클러스터의 모든 노드에서 Daemon이 실행되고 있다는 것을 확신할 수 있게 된다.

페더레이션 배포

페더레이션 배포Federated deployment는 조금 더 스마트하다. X복제본을 사용해 페더레이션 배포를 만들고 N개의 클러스터를 사용하는 경우, 기본적으로 복제본은 클러스터 간에 균등하게 배포된다. 만약 3개의 클러스터가 있고 페더레이션 배포에 15개의 포드가 있다면 각각의 클러스터는 5개의 복제본을 실행하게 된다. 다른 페더레이션 리소스와 마찬가지로 컨트롤 플레인은 15개의 복제본이 있는 페더레이션 배포를 저장하고 각각 5개의 복제본이 있는 3개의 배포(각 클러스터에 1개)를 생성한다. 애노테이션을 추가해서 클러스터당 복제본의 수를 제어할 수 있다(federation.kubernetes.io/deployment-preferences). 페더레이션 배포는 쿠버네티스 1.10에서 여전히 알파 상태이다. 향후 이 애노테이션이 페더레이션 배포 설정의 적절한 필드가 될 것이다.

페더레이션 이벤트

페더레이션 이벤트Federated Events는 다른 페더레이션 리소스들과 다르다. 이것은 컨트롤 플레인에만 저장되며 기본 쿠버네티스 멤버 클러스터에 전파되지 않는다.

--context=federation-cluster를 사용하면 다른 경우와 같이 페더레이션 이벤트를 질의할 수 있다.

```
> kubectl --context=federation-cluster get events
```

페더레이션된 수평적 포드 스케일링

최근에 쿠버네티스 1.9의 Alpha 기능으로 페더레이션된 **수평적 포드 스케일링**HPA, Horizontal Pod Scaling이 추가됐다. 이를 사용하려면 API 서버를 시작할 때 다음 플래그를 제공해야 한다.

```
--runtime-config=api/all=true
```

클러스터 페더레이션의 주요 동기 중 하나가 수동 개입없이 여러 클러스터 간에 작업부하를 유연하게 이동하는 것이기 때문에 이 기능은 중요하다. 페더레이션 HPA는 클러스터 내 HPA 컨트롤러를 사용한다. 페더레이션 HPA는 요청된 최대 및 최소 복제본을 기반으로 멤버 클러스터 간에 부하를 균등하게 분산시킨다. 앞으로, 사용자는 고급 HPA 정책을 지정할 수 있을 것이다.

예를 들어, 클러스터가 4개인 페더레이션을 고려해보자. 최소 6개의 포드와 최대 16개의 포드가 항상 작동하도록 하고 싶다. 다음 메니페스트를 따라하면 된다.

```
apiVersion: autoscaling/v1
kind: HorizontalPodAutoscaler
metadata:
  name: cool-app
  namespace: default
spec:
  scaleTargetRef:
    apiVersion: apps/v1beta1
    kind: Deployment
    name: cool-app
  minReplicas: 6
  maxReplicas: 16
  targetCPUUtilizationPercentage: 80
```

다음 명령을 사용해 페더레이션 HPA를 시작한다.

```
> kubectl --context=federation-cluster create federated-hpa.yaml
```

지금 무슨 일이 일어나고 있는 것일까? 페더레이션 컨트롤 플레인은 최대 4개의 복제본과 최소 2개의 복제본을 가진 4개의 클러스터 각각에 표준 HPA를 생성한다. 이는 가장 경제적으로 페더레이션 요구 사항을 충족시키는 설정이기 때문이다. 왜냐하면, 각 클러스터에 최대 4개의 복제본이 있는 경우, 최대 4x4=16개의 복제본이 필요하며 이는 요구 사항을 충족시킨다. 최소 2개의 복제본을 보장한다는 것은 적어도 4x2=8개의 복제본이 있다는 것을 의미한다. 이는 적어도 6개의 복제본을 보유해야 한다는 요구 사항을 충족시킨

448

다. 시스템에 부하가 없더라노 6개의 복제본을 지정했지만 최수 8개의 복제본을 갖게 된
다. 클러스터 간에 균등한 분배의 제약 조건 하에서는 이 문제를 해결할 방법이 없다. 클
러스터 HPA의 `minReplicas=1`인 경우 클러스터의 총 복제본 수는 4x1=4일 수 있으며, 이
는 필요한 페더레이션 최소값 6개보다 적다. 미래에는 사용자가 더욱 정교한 배포 계획을
지정할 수 있을 것이다.

쿠버네티스 1.7에서 도입된 클러스터 선택기를 사용해 페더레이션 개체를 멤버의 하위 집
합으로 제한할 수 있다. 따라서 최소 6개에서 최대 15개까지 필요하면 4개가 아닌 3개 클
러스터에 균등하게 배포할 수 있으며, 각 클러스터에는 최소 2개에서 최대 5개까지 배포
할 수 있다.

페더레이션 인그레스

페더레이션 인그레스^{federated ingress}는 각각의 클러스터에서 일치하는 인그레스 객체를 만
드는 이상의 기능을 수행한다. 페더레이션 인그레스의 주요 기능 중 하나는 전체 클러스
터가 다운됐을 때 트래픽을 다른 클러스터로 보내는 것이다. 쿠버네티스 1.4부터 GKE와
GCE 모두 구글 클라우드 플랫폼에서 페더레이션 인그레스를 지원한다. 향후 페더레이션
인그레스에 대한 하이브리드 클라우드 지원이 추가될 것이다.

다음은 페더레이션 인그레스의 역할 목록이다.

- 페더레이션된 각 클러스터 멤버에 쿠버네티스 인그레스 객체를 생성한다.
- 전체 클러스터의 인그레스 객체에 대해 단일 IP 주소를 가진 원스톱 논리 L7 로
  드밸런서를 제공한다.
- 각 클러스터의 인그레스 객체 뒤에 서비스 백엔드 포드의 상태와 사용량을 모니
  터링한다.
- 페더레이션에 정상적인 클러스터가 하나라도 있는 한 포드, 클러스터, 가용 영역
  또는 전체 영역의 장애와 같은 다양한 오류가 발생해도 클라이언트의 연결을 정
  상적인 서비스 끝점으로 라우팅한다.

페더레이션 인그레스 생성

페더레이션 컨트롤 플레인의 주소를 지정해 페더레이션 인그레스를 생성한다.

```
> kubectl --context=federation-cluster create -f ingress.yaml
```

페더레이션 컨트롤 플레인은 각각의 클러스터에 해당 인그레스를 생성한다. 모든 클러스터는 인그레스 객체의 네임스페이스와 이름을 공유한다.

```
> kubectl --context=cluster-1 get ingress myingress
NAME        HOSTS      ADDRESS           PORTS      AGE
ingress     *          157.231.15.33     80, 443    1m
```

페더레이션 인그레스에 요청 라우팅

페더레이션 인그레스 컨트롤러는 요청을 가장 가까운 클러스터로 전달한다. 인그레스 객체는 하나 또는 여러 개의 IP 주소를 노출(Status.Loadbalancer.Ingress 필드를 통해)하는데 이 주소는 인그레스 객체의 생명주기 동안 정적으로 유지된다. 내부 또는 외부 클라이언트가 클러스터 특정 인그레스 객체의 IP 주소에 연결하면 이 접속은 해당 클러스터의 포드 중 하나에 라우팅된다. 그러나 클라이언트가 페더레이션 인그레스 객체의 IP 주소에 연결하면 가장 짧은 네트워크 경로를 통해 요청이 출발한 곳에서 가장 가까운 클러스터의 정상 포드로 자동 라우팅된다. 예를 들면 유럽에 있는 인터넷 사용자의 HTTP(S) 요청은 가용 용량을 가진 유럽의 가장 가까운 클러스터로 직접 라우팅된다. 만약 이런 클러스터가 유럽에 없다면 이 요청은 그 다음 가장 가까운(주로 미국) 클러스터로 라우팅된다.

페더레이션 인그레스에서 실패 처리

광의적 관점에서 실패에는 크게 두 가지 범주가 있다.

- 포드 실패
- 클러스터 실패

포드는 여러 가지 이유로 실패할 수 있다. 적절하게 설정된 쿠버네티스 클러스터(페더레이션된 구성원이건 아니건 상관없이)에서 포드는 포드의 실패를 자동으로 처리할 수 있는 서비스와 복제 세트ReplicaSet에 의해 관리된다. 이런 관리는 페더레이션 인그레스에서 수행되는 클러스터 간 라우팅과 로드밸런싱에 영향이 없어야 한다. 글로벌 연결 문제나 데이터센터의 문제로 전체 클러스터가 실패할 수 있다. 이런 경우 페더레이션 서비스와 페더레이션 복제 세트는 페더레이션 내의 다른 클러스터들에서 작업부하를 처리할 수 있는 충분한 포드를 실행하고 있는 지 보장할 수 있어야 한다. 또한 페더레이션 인그레스는 실패한 클러스터에서 클라이언트 요청을 라우팅하는 것을 처리한다. 이런 자동 복구 기능을 이용하려면 클라이언트는 항상 개별 클러스터의 멤버가 아니라 페더레이션 인그레스 객체에 연결해야 한다.

페더레이션 작업

페더레이션 작업Federated Job은 클러스터 내 작업과 유사하게 작동한다. 페더레이션 컨트롤 플레인은 기본 클러스터에 작업을 생성하고 작업의 병렬처리와 완료 상태 추적과 관련하여 부하를 균등하게 나눈다. 예를 들어 페더레이션에 4개의 클러스터가 있고 parallelism=8이고 completions=24인 페더레이션 작업 사양을 생성하면 각 클러스터에 parallelism=2와 completions=6인 작업이 만들어진다.

페더레이션 네임스페이스

쿠버네티스 네임스페이스는 클러스터 내에서 독립적인 영역을 격리하고 멀티테넌트 배포를 지원하는 데 사용된다. 페더레이션 네임스페이스Federated Namespace는 클러스터 페더레

이션에서 동일한 기능을 제공한다. API는 동일하다. 클라이언트가 페더레이션 컨트롤 플
레인에 액세스하면 요청한 네임스페이스에만 액세스할 수 있으며 페더레이션 내의 모든
클러스터들에 대한 액세스 권한이 부여된다.

동일한 명령을 사용하며 --context=federation-cluster만 추가하면 된다.

```
> kubectl --context=federation-cluster create -f namespace.yaml
> kubectl --context=cluster-1 get namespaces namespace
> kubectl --context=federation-cluster create -f namespace.yaml
```

페더레이션 복제 세트

클러스터 또는 페더레이션의 복제본을 관리하려면 배포와 페더레이션 배포를 사용하는 것
이 가장 좋은 방법이다. 그러나 만약 몇몇 이유로 복제 세트를 사용해 직접 작업하는 것을
선호한다면 쿠버네티스는 페더레이션 복제 세트^{Federated ReplicaSet}를 지원한다. 복제 세트가
복제 컨트롤러보다 우선하므로 페더레이션 복제 컨트롤러는 없다.

페더레이션 복제 세트를 생성할 때 컨트롤 플레인의 역할은 클러스터 간의 복제본 수가 페
더레이션 복제 세트의 설정과 일치하는지 확인하는 것이다. 컨트롤 플레인은 각 페더레이
션 구성원에 정규 리플리카 세트를 생성한다. 기본적으로 각 클러스터는 동일한(또는 가능
한 가까운) 수의 복제본을 가져와서 지정된 수의 복제본까지 합계한다.

다음 애노테이션을 사용해 클러스터당 복제본의 수를 제어할 수 있다.

federation.kubernetes.io/replica-set-preferences.

다음은 해당 데이터 구조다.

```
type FederatedReplicaSetPreferences struct {
  Rebalance bool
```

```
    Clusters map[string]ClusterReplicaSetPreferences
}
```

Rebalance 값이 true이면 필요한 경우 클러스터 간에 복제본을 이동할 수 있다. 클러스터 맵map은 클러스터당 복제 세트의 기본 설정을 결정한다. 만약 *이 키로 지정되면 지정되지 않은 모든 클러스터는 기본 설정을 사용한다. * 항목이 없으면 복제본은 맵에 표시된 클러스터에서만 실행된다. 페더레이션에 소속되었지만 항목이 없는 클러스터는 해당 포드 템플릿에 대해 포드를 스케줄하지 않는다.

클러스터당 개별 복제 세트의 기본 설정은 다음 데이터 구조를 사용해 지정된다.

```
type ClusterReplicaSetPreferences struct {
  MinReplicas int64
  MaxReplicas *int64
  Weight int64
}
```

MinReplicas의 기본값은 0이다. MaxReplicas의 기본값은 무제한이다. Weight는 이 복제 세트에 추가 복제본을 추가할 지에 대한 설정을 나타내며 기본값은 0이다.

페더레이션 시크릿

페더레이션 시크릿Federated Secrets은 단순하다. 컨트롤 플레인을 통해 평소와 같이 페더레이션 시크릿을 생성하면 전체 클러스터에 전파된다. 간단히 이 작업으로 모든 작업은 끝나게 된다.

고난이도 항목

페더레이션은 지금까지는 직관적인 것처럼 보인다. 한 무리의 클러스터를 그룹화하고, 이것을 컨트롤 플레인을 통해 접근한다. 그리고 모든 것이 모든 클러스터에 복제된다. 하지만 이런 단순화된 관점을 복잡하게 하는 어렵고 힘든 요소와 기본 개념이 있다. 쿠버네티스의 강력한 힘은 보이지 않는 이면에서 많은 일을 수행하는 것이다. 쿠버네티스는 모든 컴포넌트가 빠른 네트워크로 연결된 단일 물리적 데이터 센터나 가용 영역에 완전히 배치된 단일 클러스터 내에서 자체적으로 매우 효과적이다. 하지만 쿠버네티스 클러스터 페더레이션 내에서라면 상황이 달라진다.

지연, 데이터 전송 비용, 클러스터 간 포드 이동 등 모든 것은 양면 관계에 있다. 사용 사례를 보면 페더레이션 작업을 수행하는 경우 시스템 설계자와 운영자의 조의, 계획, 유지 관리가 좀 더 요구된다. 게다가 페더레이션 리소스들은 기존 구축된 로컬의 동일 리소스의 성숙성에 미치지 못하며 그 때문에 불확실성이 증가된다.

페더레이션의 작업 단위

쿠버네티스 클러스터의 작업 단위는 포드다. 쿠버네티스에서 포드를 배제할 수 없다. 전체 포드는 항상 함께 배치되며 동일한 생명주기 관리의 대상이 된다. 클러스터 페더레이션에서도 포드는 작업 단위여야 할까? 어쩌면 전체 복제 세트, 배포 또는 서비스와 같은 더 큰 단위를 특정 클러스터와 연결할 수 있다는 것이 더 합리적일 수 있다. 클러스터에 장애가 발생하면 전체 복제 세트, 배포 또는 서비스는 다른 클러스터로 스케줄된다. 아주 밀접하게 결합된 복제 세트 컬렉션은 어떻게 될까? 이런 질문들에 대답은 항상 쉽지 않으며 심지어 시스템의 진화에 따라 동적으로 바뀔 수도 있다.

위치 친밀성

위치 친밀성은 주요 관심사다. 포드는 언제 클러스터를 통해 배포될 수 있는가? 이런 포드들 간의 연관성은 무엇인가? 포드 간의, 또는 포드와 스토리지와 같은 다른 리소스 간의 친밀성에 대한 요구 사항은 있는가? 몇 가지 주요 분류가 있다.

- 강한 결합strictly-coupled
- 느슨한 결합loosely-coupled

- 우선적 결합preferentially-coupled
- 엄격한 분리strictly-decoupled
- 균등 확산uniformly-spread

시스템을 설계할 때 페더레이션 전반에 걸쳐 서비스와 포드를 할당하는 방법, 스케줄하는 방법은 위치 친밀성에 대한 요구 사항이 항상 고려되는지를 확인하는 것이 중요하다.

강한 결합

강한 결합 요구 사항은 포드가 반드시 동일한 클러스터에 있어야 하는 애플리케이션에 적용된다. 포드를 분리하면 클러스터 간의 네트워크에서는 충족시킬 수 없는 실시간 요구 사항으로 인해 애플리케이션이 실패하거나, 포드가 너무 많은 로컬 데이터를 사용해 높은 비용이 발생할 수 있다. 이렇게 강하게 결합한 애플리케이션을 다른 클러스터로 옮기는 유일한 방법은 다른 클러스터에 데이터를 포함해 전체를 복사하고 현재의 클러스터에서 애플리케이션을 종료하는 것이다. 만약 데이터가 너무 많으면 애플리케이션은 현실적으로 옮길 수 없으며 치명적인 오류에 민감해질 수 있다. 이런 경우가 가장 다루기 힘든 경우로, 가능하면 강한 결합의 요구 사항을 피하도록 시스템을 설계해야 한다.

느슨한 결합

느슨한 결합의 애플리케이션은 작업부하가 당황스럽게도 병렬적이고 각 포드가 다른 포드에 대해 알 필요가 없거나 많은 양의 데이터에 액세스할 필요가 없을 때 가장 좋다. 이런 상황에서 포드는 단순히 페더레이션 전체의 용량과 리소스 사용률을 기준으로 클러스터에 스케줄할 수 있다. 필요하다면 하나의 클러스터에서 다른 클러스터로 포드는 문제 없이 옮길 수 있다. 예를 들어 어떤 계산을 수행하고 요청 자체에서 모든 입력 값을 가져와 모든 페더레이션 차원 데이터를 질의하거나 쓰지 않는 상태 비저장 유효성 검사 서비스 같은 것이 있다. 입력 값의 유효성을 검사하고 요청자에게 유효/무효 판정을 반환한다.

우선적 결합

우선적으로 결합된 애플리케이션은 모든 포드가 동일한 클러스터에 있거나 포드와 데이터가 같은 위치에 있을 때 더 잘 수행된다. 이것은 어려운 요구 사항은 아니다. 예를 들어 일부 애플리케이션이 모든 클러스터에서 주기적으로 애플리케이션 상태를 동기화하는 경우, 최종 일관성 정도만 필요한 애플리케이션에서 작동할 수 있다. 이런 경우 할당은 명시적으로 하나의 클러스터에 대해 수행된다.

엄격 분리

일부 서비스는 장애 격리 또는 고가용성 요구 사항이 있어서 클러스터들 간에 강제로 분할할 수 있다. 모든 복제본이 동일한 클러스터에 스케줄되도록 하는 경우 중요한 서비스의 세 가지 복제본을 실행하는 지점이 없다. 그 이유는 해당 클러스터가 일시적으로 **단일 장애 지점**SPOF, Single Point Of Failure이 되기 때문이다.

균등 확산

균등 확산은 서비스의 인스턴스, 즉 복제 세트 또는 포드가 반드시 각각의 클러스터에서 실행돼야 하는 경우다. 이런 경우 데몬세트와 비슷하지만 각 노드에 하나의 인스턴스 대신 클러스터에 하나의 인스턴스가 있음을 보장한다. 좋은 예로 일부 외부 영구 저장소에 백업되는 Redis 캐시다. 각 클러스터 내의 포드들은 느려지거나 병목이 될 수 있는 중앙 저장소에 액세스하는 것을 방지하기 위해 자체적으로 고유한 클러스터 로컬 Redis 캐시를 가져야 한다. 반면에 클러스터당 2개 이상의 Redis 서비스는 필요하지 않다(동일 클러스터 내의 여러 포드에 분산될 수 있다).

클러스터 간 스케줄링

클러스터 간 스케줄링은 위치 친밀성과 함께 사용된다. 언제 새로운 포드가 생성될까? 혹은 기존 포드가 실패하고 교체가 스케줄링될 필요가 있을 시점은 언제일까? 또 어디서 수행될까? 현재 클러스터 페더레이션은 앞에서 언급한 위치 친밀성에 대한 모든 시나리오와 옵션을 처리하지 않는다. 현 시점에서 클러스터 페더레이션은 느슨한 결합(가중치 분포 포함)과 강한 결합(복제본의 수와 클러스터의 수가 일치하는지 확인해) 범주를 잘 처리한다. 다른 것들은 클러스터 페더레이션을 사용할 필요가 없다. 좀 더 전문적인 관심사를 다루게 되거나 복잡한 스케줄링 사용 사례를 수용할 수 있을 때 사용자 정의 페더레이션 계층을 추가해야 한다.

페더레이션 데이터 액세스

이것은 어려운 문제다. 대량의 데이터를 가지고 있고 포드들이 다중 클러스터에서 실행되고 있다면(어쩌면 서로 다른 대륙에서) 게다가 이 데이터에 빠르게 액세스해야 한다면 다음과 같은 몇 가지 불쾌한 옵션이 있다.

* 데이터를 각 클러스터에 복제한다. 복제 속도가 느리고, 전송 비용이 높으며, 저장 비용이 높고, 동기화나 오류 처리가 복잡하다.
* 원격에서 데이터에 액세스한다. 액세스 속도가 느리고, 액세스당 비용이 비싸며, 단일 오류 지점SPOF이 될 수 있다.
* 복잡하거나 오래된 자주 사용하는 데이터를 클러스터마다 캐싱하는 정교한 하이브리드 솔루션을 만든다. 여전히 대량 데이터 전송 필요하다.

페더레이션 자동 스케일링

현재는 페더레이션 자동 스케일링은 지원되지 않는다. 2개의 차원에서 각각 또는 조합해서 사용할 수 있는 스케일링 방법이 있다.

* 클러스터 단위 확장
* 페더레이션에 클러스터를 추가하거나 빼는 방법
* 하이브리드 접근법

각 클러스터에 5개의 포드가 있는 3개의 클러스터에서 실행되는 느슨한 결합의 애플리케이션이라는 상대적으로 간단한 시나리오를 생각해보자. 어떤 관점에서 15개의 포드는 더이상 부하를 처리할 수 없다. 용량을 추가해야 한다. 클러스터당 포드 수를 늘릴 수도 있다. 하지만 페더레이션 수준에서 이렇게 실행하면 각각의 클러스터는 6개의 포드를 실행하게 된다. 1개의 포드만 더 필요한데 페더레이션 용량을 3개의 포드만큼 증가시켰다. 당연히 클러스터가 더 많다면 문제는 더 나빠진다. 또 다른 방법은 클러스터를 선택해 이것의 용량을 변경하는 것이다. 이것은 애노테이션을 사용해 가능하지만 이제는 페더레이션 전체의 용량을 명시적으로 관리해야 한다. 이렇게 되면 수백 개의 서비스를 실행하는 다수의 클러스터를 가진 경우 동적으로 변하는 요구 사항으로 매우 급격히 복잡해질 수 있다.

완전히 새로운 클러스터를 추가하는 것은 더 복잡하다. 새 클러스터를 어디에 추가할 것인가? 결정을 내릴 수있는 추가적인 가용성 요청은 없다. 추가 용량에 관한 것이다. 추가 클러스터를 생성하는 것은 처음부터 복잡한 설정이 필요하며, 공개 클라우드 플랫폼에서 승인하는데 여러 날이 걸릴 수도 있다. 하이브리드 접근법은 페더레이션 내에 기존 클러스터의 용량을 임계값에 도달할 때까지 늘린 후 새 클러스터를 추가하기 시작하는 것이다. 이런 접근법의 장점은 클러스터당 용량 한계에 가까워지면 필요할 때 바로 사용할 수 있도록 새로운 클러스터를 준비할 수 있다는 것이다. 이 장점 이외에 많은 노력이 필요하고 유연성과 확장성을 위해 늘어난 복잡성을 고려해야 한다.

▌ 쿠버네티스 클러스터 페더레이션 관리

쿠버네티스 클러스터 페더레이션을 관리하려면 단일 클러스터를 관리하는 것 이상의 많은 활동이 필요하다. 페더레이션을 설정하는 방법에는 두 가지가 있다. 그런 다음 단계적 리소스 제거, 클러스터 전체의 로드밸런싱, 클러스터 전체의 장애 대응, 페더레이션 서비스 검색과 페더레이션 검색 등을 고려할 필요가 있다. 각각에 대해 자세히 살펴보자.

클러스터 페더레이션 설정

참고: 이 접근법은 Kubefed 사용을 위해 더 이상 사용되지 않는다. 이전 버전의 쿠버네티스를 사용하는 독자를 위해 여기에서 설명한다.

쿠버네티스 클러스터 페더레이션을 설정하려면 아래와 같이 컨트롤 플레인의 컴포넌트를 실행시킨다.

```
etcd
federation-apiserver
federation-controller-manager
```

이를 수행하는 가장 쉬운 방법 중 하나는 all-in-one hyperkube 이미지를 사용하는 것이다.

https://github.com/kubernetes/kubernetes/tree/master/cluster/images/hyperkube

페더레이션 API 서버와 페더레이션 컨트롤러 매니저는 기존 쿠버네티스 클러스터에서 포드로 실행할 수 있다. 그러나 앞에서 설명했던 것처럼 내결함성과 고가용성 측면에서 본다면 그들 자체 클러스터에서 실행하는 것이 좋다.

초기 설정

우선 도커를 실행하고 이 가이드에서 사용할 스크립트를 포함한 쿠버네티스 배포판을 얻어야 한다. 현재 릴리스 버전은 1.5.3이다. 가장 최근에 릴리스된 최신 버전을 다운로드해도 된다.

```
> curl -L
https://github.com/kubernetes/kubernetes/releases/download/v1.5.3/kubernetes.
tar.gz | tar xvzf -
> cd kubernetes
```

페더레이션 설정 파일을 저장할 디렉터리를 만들고 FEDERATION_OUTPUT_ROOT 환경 변수에 해당 디렉터리를 설정한다. 손쉬운 정리를 위해 새 디렉터리를 만드는 것이 좋다.

```
> export FEDERATION_OUTPUT_ROOT="${PWD}/output/federation"
> mkdir -p "${FEDERATION_OUTPUT_ROOT}"
```

이제 페더레이션을 초기화할 수 있다.

```
> federation/deploy/deploy.sh init
```

공식 배포된 Hyperkube 이미지 이용

모든 쿠버네티스 출시의 일부로 공식 배포판 이미지가 gcr.io/google_containers에 등록된다. 이 저장소의 이미지를 사용하려면 ${FEDERATION_OUTPUT_ROOT}에 있는 설정 파일의 컨테이너 이미지 부분을 gcr.io/google_containers/hyperkube 이미지를 가리키도록 설정하면 된다. 이 이미지는 federation-api-server와 federation-controller-manager 실행 파일을 포함한다.

페더레이션 컨트롤 플레인 실행

다음 명령을 실행해 페더레이션 컨트롤 플레인을 배포할 준비를 한다.

```
> federation/deploy/deploy.sh deploy_federation
```

이 명령은 컨트롤 플레인의 컴포넌트를 포드로 실행하고 페더레이션 API 서버용 Load Balancer 유형의 서비스를 생성하며 etcd에 대한 동적 영구 볼륨으로 백업된 영구 볼륨을 요청한다.

페더레이션 네임스페이스에 모든 항목이 올바르게 생성되었는지 확인하려면 다음을 입력한다.

```
> kubectl get deployments --namespace=federation
```

다음과 같은 출력을 볼 수 있다.

```
NAME                            DESIRED   CURRENT   UP-TO-DATE
federation-controller-manager   1         1         1
federation-apiserver            1         1         1
```

또한 Kubectl의 설정 보기를 통해 kubeconfig 파일에 새로 입력된 항목을 확인할 수도 있다. 동적 프로비저닝은 현재 AWS와 GCE에서만 작동한다.

쿠버네티스 클러스터를 페더레이션에 등록

페더레이션에 클러스터를 등록하려면 클러스터에 전달할 시크릿이 필요하다. 호스트 쿠버네티스 클러스터에 시크릿을 생성한다. 대상 클러스터의 kubeconfig가 |cluster-1|kubeconfig에 있다고 가정한다. 다음 명령을 실행해 시크릿을 생성할 수 있다.

```
> kubectl create secret generic cluster-1 --namespace=federation
--from-file=/cluster-1/kubeconfig
```

클러스터의 설정은 다음과 같다.

```
apiVersion: federation/v1beta1
kind: Cluster
metadata:
  name: cluster1
spec:
```

```
serverAddressByClientCIDRs:
- clientCIDR: <client-cidr>
  serverAddress: <apiserver-address>
  secretRef:
    name: <secret-name>
```

<client-cidr>, <apiserver-address>, <secret-name> 등을 설정해야 한다. <secret-name> 부분이 여기에서 방금 만든 시크릿의 이름이다. serverAddressByClientCIDRs에는 클라이언트가 CIDR에 따라 사용할 수 있는 다양한 서버 주소가 들어 있다. 서버의 공용 IP 주소는 모든 클라이언트에 일치하도록 CIDR 0.0.0.0/0로 설정할 수 있다. 또한 만약 내부 클라이언트가 서버의 clusterIP를 사용하도록 하려면 serverAddress로 설정할 수 있다. 이 경우 클라이언트 CIDR은 해당 클러스터에서 실행 중인 포드의 IP하고만 일치하는 CIDR이다.

클러스터를 등록한다.

```
> kubectl create -f /cluster-1/cluster.yaml --context=federation-cluster
```

클러스터가 올바르게 등록됐는지 살펴본다.

```
> kubectl get clusters --context=federation-cluster
NAME        STATUS   VERSION   AGE
cluster-1   Ready              1m
```

KubeDNS 업데이트

클러스터가 페더레이션에 등록됐다. 이제 클러스터가 페더레이션 서비스 요청을 라우팅할 수 있도록 kube-dns를 갱신해야 한다. 쿠버네티스 1.5 이상에서는 --federations 플래그를 kube-dns ConfigMap을 통해 kube-dns에 전달해 갱신을 실행할 수 있다.

462

```
--federations=${FEDERATION_NAME}=${DNS DOMAIN NAME}
```

다음은 ConfigMap의 내용이다.

```
apiVersion: v1
kind: ConfigMap
metadata:
  name: kube-dns
  namespace: kube-system
data:
  federations: <federation-name>=<federation-domain-name>
```

federation-name과 federation-domain-name 항목을 알맞은 값으로 변경한다.

페더레이션 종료

페더레이션을 종료하려면 다음 명령을 실행한다.

```
federation/deploy/deploy.sh destroy_federation
```


Kubefed를 사용해 클러스터 페더레이션 설정

쿠버네티스 1.5는 여전히 알파 버전이긴 하지만 Kubefed라는 페더레이션 클러스터 관리를 돕는 새로운 명령줄(커맨드라인) 도구가 있다. Kubefed의 임무는 새로운 쿠버네티스 클러스터 페더레이션 컨트롤 플레인을 쉽게 배포하고 기존 페더레이션 컨트롤 플레인에서 클러스터를 추가하거나 제거하는 것이다. 쿠버네티스 1.6 이후 베타 버전으로 출시됐다.

Kubefed 가져오기

쿠버네티스 1.9까지 Kubefed는 쿠버네티스 클라이언트 실행 파일의 일부였다. 리눅스에서 다운로드하고 설치하는 방법은 다음과 같다. 최신 버전의 Kubectl과 Kubefed를 구할 수 있을 것이다.

```
curl -LO
https://storage.googleapis.com/kubernetes-release/release/${RELEASE-VERSION}/
kubernetes-client-linux-amd64.tar.gztar -xzvf kubernetes-client-linux- amd64.tar.
gz
sudo cp kubernetes/client/bin/kubefed /usr/local/bin
sudo chmod +x /usr/local/bin/kubefed
sudo cp kubernetes/client/bin/kubectl /usr/local/bin
sudo chmod +x /usr/local/bin/kubectl
```

다른 OS를 사용하거나 다른 버전의 설치를 원한다면 적절한 조정이 필요하다. 쿠버네티스 1.9 kubefed는 전용 페더레이션 저장소에서 사용할 수 있다.

```
curl -LO
https://storage.cloud.google.com/kubernetes-federation-release/release/${RE
LEASE-VERSION}/federation-client-linux-amd64.tar.gz
tar -xzvf federation- client-linux-amd64.tar.gz
sudo cp federation/client/bin/kubefed /usr/local/bin
sudo chmod +x /usr/local/bin/kubefed
```

다음 지침에 따라 kubectl을 개별적으로 설치할 수 있다.

```
https://kubernetes.io/docs/tasks/tools/install-kubectl/
```

호스트 클러스터 선택

페더레이션 컨트롤 플레인은 자체 전용 클러스터나 기존 클러스터와 함께 호스팅될 수 있다. 이 결정을 내려야 한다. 호스트 클러스터는 페더레이션 컨트롤 플레인을 구성하는 컴포넌트들을 호스팅한다. 호스트 클러스터에 해당하는 로컬 kubeconfig에 kubeconfig 항목이 있는지 확인한다. 필요한 kubeconfig 항목이 있는지 확인하려면 아래 명령을 입력한다.

```
> kubectl config get-contexts
```

아래 내용과 비슷한 결과를 보게 될 것이다.

```
CURRENT    NAME       CLUSTER    AUTHINFO    NAMESPACE
cluster-1  cluster-1  cluster-1
```

컨텍스트의 이름 cluster-1은 페더레이션 컨트롤 플레인을 배포할 때 제공된다.

페더레이션 컨트롤 플레인 배포

이제 Kubefed를 사용해 볼 시간이다. kubefed init 명령에는 3개의 인자가 필요하다.

- 페더레이션 이름
- 호스트 클러스터 컨텍스트
- 페더레이션 서비스의 도메인 이름 접미사suffix

다음 예제 명령은 이름이 federation, 호스트 클러스터 컨텍스트가 cluster-1, 도메인 접미사가 kubernates-ftw.com인 페더레이션 컨트롤 플레인을 배포한다.

```
> kubefed init federation --host-cluster-context=cluster-1  --dns-provider
coredns --dns-zone-name="kubernetes-ftw.com"
```

당연히 DNS 접미사^{suffix}는 관리 중인 DNS 도메인의 접미사여야 한다.

kubefed init은 호스트 클러스터에 페더레이션 컨트롤 플레인을 설정하고 로컬 kube config에 페더레이션 API 서버 항목을 추가한다. 쿠버네티스는 버그로 인해 기본 네임스 페이스를 만들지 않을 수 있다. 이 경우 직접 해줘야 한다. 다음 명령을 입력한다.

```
> kubectl create namespace default --context=federation
```

Kubectl이 페더레이션 컨트롤 플레인을 목표로 하기 위해 현재 컨텍스트를 페더레이션에 설정하는 것을 잊으면 안 된다.

```
> kubectl config use-context federation
```

페더레이션에 클러스터 추가

일단 컨트롤 플레인이 성공적으로 배포되면 쿠버네티스 클러스터를 페더레이션에 추가해야 한다. Kubefed는 정확히 이런 목적으로 join 명령을 제공한다. kubefed join 명령은 다음 인자가 필요하다.

- 추가하려는 클러스터의 이름
- 호스트 클러스터 컨텍스트

예를 들어 cluster-2라는 새로운 클러스터를 페더레이션에 추가한다면 다음을 입력한다.

```
kubefed join cluster-2 --host-cluster-context=cluster-1
```

명명 규칙과 사용자 정의

kubefed join 명령에 넣을 클러스터 이름은 반드시 유효한 RFC 1035 라벨이어야 한다. RFC 1035는 오직 영문자, 숫자, 하이픈만 허용하며 라벨은 반드시 영문자로 시작돼야 한다.

또한 페더레이션 컨트롤 플레인은 조인된 클러스터들의 자격증명이 필요하다. 이 자격증명은 로컬 kubeconfig에서 가져온다. kubefed join 명령은 인자로 지정된 클러스터의 이름을 사용해 로컬 kubeconfig에서 클러스터의 컨텍스트를 찾는다. 만약 일치하는 컨텍스트를 찾지 못하면 에러와 함께 종료된다.

페더레이션 내의 각 클러스터에 대한 컨텍스트 이름이 RFC 1035 라벨 명명 규칙을 지키지 않는 경우 문제가 발생할 수 있다. 이런 경우 RFC 1035 라벨 명명 규칙을 준수하는 클러스터 이름을 지정하고 --cluster-context 플래그를 사용해 클러스터 컨텍스트를 지정할 수 있다. 예를 들어 새로 참여할 클러스터의 컨텍스트가 cluster-3(밑줄은 허용되지 않는다)이라면 아래와 같이 실행해서 참여시킬 수 있다.

```
kubefed join cluster-3 --host-cluster-context=cluster-1 --cluster-context=cluster-3
```

시크릿 이름

이전 절에서 설명한 것처럼 페더레이션 컨트롤 플레인에서 필요한 클러스터 자격증명은 호스트 클러스터에 시크릿으로 저장된다. 또한 시크릿의 이름은 클러스터 이름에서도 파생된다.

그러나 쿠버네티스의 시크릿 객체 이름은 RFC 1123에 기술된 DNS 하위 도메인 이름 사양을 따라야 한다. 만약 그렇지 않은 경우 -secret-name 플래그를 사용해 시크릿 이름을 kubefed join에 전달할 수 있다. 예를 들어 클러스터 이름이 cluster-4이고 시크릿 이름이 4secret(문자로 시작되는 것은 허용되지 않는다)인 경우 클러스터에 참여하려면 다음과 같이 할 수 있다.

```
kubefed join cluster-4 --host-cluster-context=cluster-1 --secret-name=4secret
```

kubefed join 명령은 자동으로 시크릿을 생성한다.

페더레이션에서 클러스터 제거

페더레이션에서 클러스터를 제거하려면 kubefed unjoin 명령에 클러스터 이름과 페더레이션의 호스트 클러스터 컨텍스트를 사용해서 실행한다.

```
kubefed unjoin cluster-2 --host-cluster-context=cluster-1
```

페더레이션 제거

페더레이션 컨트롤 플레인의 올바른 정리 과정은 kubefed의 베타 버전에서 완전히 구현되지 않았다. 그러나 페더레이션 시스템 네임스페이스를 삭제하면 페더레이션 컨트롤 플레인의 etcd에 동적으로 제공된 영구 저장소 볼륨을 제외한 모든 리소스가 제거돼야 한다. 다음 명령을 이용해 페더레이션 네임스페이스를 삭제할 수 있다.

```
> kubectl delete ns federation-system
```

단계별 리소스 삭제

쿠버네티스 클러스터 페더레이션은 종종 쿠버네티스 클러스터 각 멤버의 객체뿐 아니라 컨트롤 플레인 내의 페더레이션 객체를 관리한다. 페더레이션 객체의 단계적 삭제는 쿠버네티스 클러스터 멤버 내의 해당 객체도 삭제된다는 것을 의미한다.

이것은 자동으로 일어나지 않는다. 기본적으로 페더레이션 컨트롤 플레인 객체만 삭제된다. 단계별 삭제를 활성화하려면 아래 선택 사항을 살펴봐야 한다.

```
DeleteOptions.orphanDependents=false
```

쿠버네티스 1.5에서는 다음 페더레이션 객체만 단계별 삭제를 지원했다.

- 배포Deployment
- 데몬 세트DaemonSets
- 인그레스Ingress
- 네임스페이스Namespaces
- 복제 세트ReplicaSets
- 시크릿Secrets

다른 객체의 경우 각 클러스터에 가서 명시적으로 삭제해야 한다. 다행히도 쿠버네티스 1.6부터는 모든 페더레이션 객체가 단계별 삭제를 지원한다.

여러 클러스터 간의 로드밸런싱

클러스터들 간의 동적 로드밸런싱은 쉬운 문제가 아니다. 가장 간단한 해결 방법은 이것이 쿠버네티스의 책임이 아니라고 말하는 것이다. 로드밸런싱은 쿠버네티스 클러스터 페더레이션 외부에서 수행된다. 하지만 쿠버네티스의 동적 특성을 감안할 때 외부 로드밸런서조차도 각 클러스터에서 실행되고 있는 서비스와 백엔드 포드에 대한 많은 정보를 수집해야 한다. 다른 해결 방법은 페더레이션 컨트롤 플레인이 전체 페더레이션에 대한 트래픽 디렉터 역할을 하는 L7 로드밸런서를 구현하는 것이다. 간단한 사용 사례 중 하나는 각 서비스는 전용 클러스터에서 실행되고 로드밸런서는 단순히 모든 트래픽을 해당 클러스터로 라우팅한다. 클러스터에 장애가 발생할 경우 서비스는 다른 클러스터로 옮겨지고 로드밸런서는 모든 트래픽을 새로운 클러스터로 라우팅한다. 이는 큰 틀에서 클러스터 수준의 내고장성과 고가용성 솔루션을 제공한다.

최적의 솔루션은 페더레이션 서비스를 지원하고 다음과 같은 추가 요인들을 고려할 수 있다.

- 클라이언트의 지리적 위치
- 각 클러스터의 리소스 활용도
- 리소스 할당량과 자동 스케일링

다음 그림은 GCE의 L7 로드밸런서가 클라이언트의 요청을 가장 가까운 클러스터에 배포하는 방법을 보여준다.

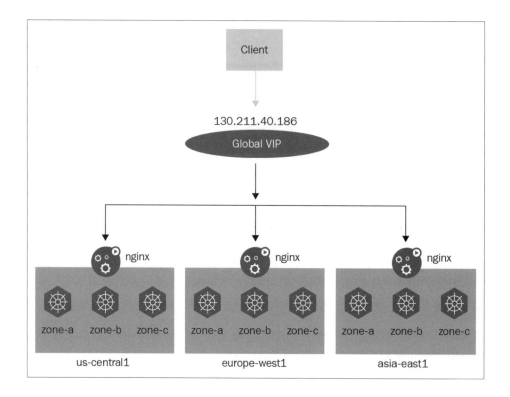

여러 클러스터 간의 장애 극복 기능

페더레이션 장애 극복 기능failover은 까다로운 작업이다. 페더레이션 내의 클러스터에 장애가 발생했다고 가정해보자. 하나의 옵션은 그냥 다른 클러스터가 수행하게 하는 것이다. 이것의 문제점은 어떻게 부하를 다른 클러스터로 배포하느냐 하는 것이다.

- 균등 처리
- 신규 클러스터 설치
- 최근접 클러스터 활용(같은 지역에 있을 수도 있음)

각각의 해결 방법은 페더레이션 로드밸런싱, 지리적으로 분산된 고가용성, 여러 클러스터 간의 비용 관리와 보안 측면에서 미묘하게 상호작용을 한다.

이제 장애가 발생했던 클러스터가 다시 온라인으로 돌아온다면 원래 이 클러스터의 업무 부하를 다시 가져가야 할까? 만약 줄어든 처리 용량과 엉망이 된 네트워크를 사용하면 다시 돌아올 수 있을까? 복구가 복잡해지는 것은 장애의 조합이 다양하기 때문이다.

페더레이션 서비스 탐색

페더레이션 서비스 탐색은 페더레이션 로드밸런싱과 밀접하게 결합되어 있다. 실용적인 설정에는 페더레이션 클러스터 내의 페더레이션 인그레스 객체에 요청을 분배하는 전역 L7 로드밸런서가 포함된다.

이런 접근법이 갖는 장점은 쿠버네티스 페더레이션에서 시간이 지남에 따라 더 다양한 형태의 클러스터 유형(아직은 AWS와 GCE 뿐이지만)을 처리하고 클러스터의 활용 및 기타 다른 제약 조건을 이해할 수 있다는 것이다.

전용 검색 서비스를 사용하거나 클라이언트가 개별 클러스터의 서비스로 직접 연결될 수 있게 하는 대안은 이런 장점들을 모두 잃어버리게 된다.

페더레이션 마이그레이션

페더레이션 마이그레이션^{federated migration}은 위치 친밀성, 페더레이션 스케줄링, 고가용성 등 논의해온 몇 가지 주제와 관련되어 있다. 핵심적인 페더레이션 마이그레이션은 전체 애플리케이션이나 그 일부를 한 클러스터에서 다른 클러스터로 옮기는 것을 의미한다(좀 더 일반적 개념으로는 M 클러스터에서 N 클러스터로 이동). 페더레이션 마이그레이션은 다음과 같은 다양한 이벤트에 대한 응답으로 발생할 수 있다.

- 클러스터 내의 용량 부족 이벤트(또는 클러스터 실패)
- 스케줄링 정책의 변경(더 이상 클라우드 공급자 X를 사용하지 않음)
- 리소스 가격 정책의 변화(클라우드 공급자 Y가 가격을 낮췄다 – Y쪽으로 마이그레이션 하자)
- 새로운 클러스터가 페더레이션에 추가되거나 삭제된 경우(애플리케이션 포드들의 균형을 다시 맞추자)

강한 결합 애플리케이션은 부분적으로 또는 전체를, 한 번에 한 포드씩, 하나 또는 여러 클러스터로 쉽게 옮길 수 있다(PrivateCloudOnly 같은 적용 가능한 정책 제약 조건 내에서).

우선적 결합 애플리케이션의 경우 페더레이션 시스템은 먼저 전체 애플리케이션을 수용할 수 있는 충분한 용량을 가진 단일 클러스터를 찾은 다음 해당 용량을 스케줄링하고 점증적으로 애플리케이션을 한 번에 하나(또는 여러 개의)의 리소스를 제한된 기간 내에 점차적으로 새로운 클러스터로 마이그레이션해야 한다(기존에 정의된 유지 보수 기간 내에).

엄격한 결합 애플리케이션(완전히 움직이기가 불가능한 경우는 제외)은 페더레이션 시스템이 다음 항목의 실행을 요구한다.

- 대상 클러스터 내에서 전체 복제 애플리케이션 시작
- 영구 데이터를 새로운 애플리케이션 인스턴스로 복사(가능하면 포드가 시작되기 전에)
- 사용자 트래픽 전환
- 원본 애플리케이션 인스턴스 분해

▌페더레이션 직업부하 실행

페더레이션 작업부하federated workload는 여러 쿠버네티스 클러스터에서 동시에 처리되는 작업부하다. 이것은 느슨한 결합되거나 처치 곤란하게 분산된 애플리케이션의 경우 비교적 쉽게 수행할 수 있다. 그러나 대부분의 처리를 병렬로 처리할 수 있다면 보통 끝에 연결점이 있거나 아니면 적어도 쿼리나 업데이트가 필요한 중앙 영구 저장소가 있어야 한다. 만약 동일한 서비스의 여러 포드가 클러스터간에 협력해야 하거나 서비스 모음(각 서비스가 페더레이션될 수 있는)이 함께 작동하고 어떤 것을 달성하기 위해 동기화돼야 한다면 더 복잡한 일이 된다.

쿠버네티스 페더레이션은 이런 페더레이션 작업부하에 대한 중대한 토대를 제공하는 페더레이션 서비스를 지원한다.

페더레이션 서비스의 중요 사항은 서비스 검색, 클러스터 간 로드밸런싱, 가용성 영역 고장내성fault tolerance이다.

페더레이션 서비스 생성

페더레이션 서비스는 페더레이션 멤버 클러스터에 해당 서비스를 생성한다.

예를 들어 페더레이션 Nginx 서비스를 생성하려면 다음을 입력한다. nginx.yaml에 서비스 설정이 있다고 가정한다.

```
> kubectl --context=federation-cluster create -f nginx.yaml
```

각 클러스터에 생성된 서비스를 확인할 수 있다(예를 들어 cluster-2 내에서).

```
> kubectl --context=cluster-2 get services nginx
NAME      CLUSTER-IP      EXTERNAL-IP     PORT(S)    AGE
nginx     10.63.250.98    104.199.136.89  80/TCP     9m
```

모든 클러스터 내에 생성된 모든 서비스는 동일한 네임스페이스와 서비스 이름을 공유한다. 이런 서비스는 단일 논리적 서비스이기 때문에 의미가 있다.

페더레이션 서비스의 상태는 쿠버네티스 서비스의 실시간 상태를 자동으로 반영한다.

```
> kubectl --context=federation-cluster describe services nginx
Name:                    nginx
Namespace:               default
Labels:                  run=nginx
Selector:                run=nginx
Type:                    LoadBalancer
IP:
LoadBalancer Ingress:    105.127.286.190, 122.251.157.43, 114.196.14.218,
114.199.176.99, ...
Port:                    http      80/TCP
Endpoints:               <none>
Session Affinity:        None
No events.
```

백엔드 포드 추가

쿠버네티스 1.10에서는 백엔드 포드를 각 페더레이션 구성 클러스터에 추가해야 한다. 이 작업은 kubectl run 명령으로 수행할 수 있다. 이후 배포판에서는 쿠버네티스 페더레이션 API 서버가 이 작업을 자동으로 수행할 것이다. 이렇게 되면 한 단계가 더 줄어든다. kubectl run 명령을 사용하면 쿠버네티스는 자동으로 이미지 이름을 기반으로 실행 라벨을 포드에 추가한다. 5개의 쿠버네티스 클러스터에서 Nginx 백엔드 포드를 실행하는 다음 예제에서 이미지 이름은 nginx이다(버전은 무시한다)이므로 다음 라벨이 추가된다.

```
run=nginx
```

이는 서비스가 해당 라벨을 사용해 해당 포드를 식별하기 때문에 필요하다. 만약 다른 라벨을 사용한다면 라벨을 명시적으로 추가해야 한다.

```
for C in cluster-1
          cluster-2
          cluster-3
          cluster-4
          cluster-5
    do
      kubectl --context=$C run nginx --image=nginx:1.11.1-alpine --port=80
    done
```

공개 DNS 레코드 확인

위의 포드가 성공적으로 시작되고 연결을 대기하면 쿠버네티스는 해당 클러스터에서 서비스의 정상 끝점으로 자동 건강 상태 검사를 통해 보고한다. 쿠버네티스 클러스터 페더레이션은 이런 서비스 조각을 정상으로 간주해 해당 공개 DNS 레코드를 자동으로 구성해 서비스 상태로 만든다. 구성된 DNS 공급자의 기본 인터페이스를 통해 이것을 확인할 수 있다. 예를 들어 페더레이션이 구글 클라우드 DNS를 사용하도록 구성돼서 관리되는 DNS 도메인은 example.com이라면 아래와 같이 입력한다.

```
> gcloud dns managed-zones describe example-dot-com
creationTime: '2017-03-08T18:18:39.229Z'
description: Example domain for Kubernetes Cluster Federation
dnsName: example.com.
id: '7228832181334259121'
kind: dns#managedZone
name: example-dot-com
nameServers:
- ns-cloud-a1.googledomains.com.
- ns-cloud-a2.googledomains.com.
```

```
- ns-cloud-a3.googledomains.com.
- ns-cloud-a4.googledomains.com.
```

실제 DNS 레코드를 보려면 다음 명령을 사용한다.

```
> gcloud dns record-sets list --zone example-dot-com
```

페더레이션이 aws route53 DNS 서비스를 사용하도록 구성된 경우 다음 명령을 사용한다.

```
> aws route53 list-hosted-zones
```

그리고 다음 명령을 사용한다.

```
> aws route53 list-resource-record-sets --hosted-zone-id K9PBY0X1QTOVBX
```

물론 nslookup 또는 dig 같은 표준 DNS 도구를 사용해 DNS 레코드가 제대로 갱신됐는지 확인할 수 있다. 변경 사항이 적용되려면 조금 기다려야 할 수도 있다. 또는 DNS 공급자를 직접 지정할 수도 있다.

```
> dig @ns-cloud-e1.googledomains.com ...
```

나는 현장에서 항상 제대로 적용된 후 DNS 변경 사항을 관찰하는 것을 선호하며 그래야만 사용자에게 모든 것이 준비되었다고 알릴 수 있다.

페더레이션 서비스 탐색

쿠버네티스는 KubeDNS를 내장 핵심 컴포넌트로 제공한다. KubeDNS는 클러스터-로컬 DNS 서버와 명명 규칙을 사용해 잘 정의된(네임스페이스별) DNS 명명 규칙을 사용한다.

예를 들어 the service는 기본 네임스페이스에서 the service로 해석되지만 the service.the-namespace는 the-namespace 네임스페이스에서 the-service라는 서비스로 해석된다. 포드는 KubeDNS를 통해 내부 서비스를 쉽게 찾고 액세스할 수 있다. 쿠버네티스 클러스터 페더레이션은 이 메커니즘을 여러 클러스터로 확장한다. 기본 개념은 동일하지만 다른 수준의 페더레이션이 추가된다. <service name>.<namespace name>.<federation name>으로 서비스의 DNS 이름이 조합된다. 이런 방식으로 <service name>.<namespace name> 명명 규칙을 이용해서 내부 서비스에 액세스하도록 계속 사용할 수 있다. 그러나 페더레이션 서비스에 액세스하려는 클라이언트는 페더레이션 이름을 사용한다. 페더레이션 이름은 결국 페더레이션 멤버 클러스터 중 하나로 전달되어 요청을 처리한다.

이런 페더레이션 인증 명명 규칙은 실수로 내부 클러스터 트래픽이 다른 클러스터에 전달되는 것을 방지하는 데 도움이 된다.

앞의 Nginx 예제 서비스와 조금 전에 설명한 페더레이션 서비스 DNS 이름 형식을 사용해 예제를 살펴보자. cluster-1 가용 영역의 클러스터에 있는 포드가 Nginx 서비스에 액세스하려고 한다. 서비스의 기존 클러스터-로컬 DNS 이름(nginx.the-namespace, 자동으로 nginx.the-namespace.svc.cluster.local으로 확장)을 사용하는 대신 서비스의 페더레이션 DNS 이름인 nginx.the-namespace.the-federation을 사용할 수 있다. 이것은 자동으로 확장되어 세계 어느 곳에서든 가장 가까우며 정상 상태인 Nginx 서비스로 연결된다. 정상 클러스터가 로컬 클러스터에 있다면 클러스터-로컬 KubeDNS에 의해 해당 서비스의 클러스터-로컬 IP 주소가 반환된다. 일반적으로 10.x.y.z이다. 이것은 페더레이션되지 않은 서비스의 해석과 거의 동일하다고 볼 수 있다. KubeDNS가 CNAME과 로컬 페더레이션 서비스의 A 레코드를 모두 반환하기 때문에 애플리케이션은 이런 미묘한 기술적 차이를 거의 인지하지 못한다.

그러나 만약 서비스가 로컬 클러스터에 없거나 정상 상태인 백엔드 포드가 없는 경우에는 DNS 질의가 자동으로 확장된다.

DNS 확장

서비스가 로컬 클러스터 내에 존재하지 않거나 존재하지만 정상 상태인 백엔드 포드가 없다면 DNS 질의는 자동으로 확장돼 요청자의 가용 영역에서 가장 가까운 외부 IP 주소를 찾는다. KubeDNS는 이 작업을 자동으로 수행하며 해당하는 CNAME을 반환한다. 그러면 서비스의 백킹 포드 중 하나의 IP 주소로 추가 해석된다.

반드시 자동 DNS 확장에 의존할 필요는 없다. 특정 클러스터에서 직접 또는 특정 지역의 서비스 CNAME을 제공할 수도 있다. 예를 들어 GCE/GKE에서 nginx.the-namespace. svc.europe-west1.example.com을 지정할 수 있다. 이렇게 하면 유럽에 있는 클러스터 중 하나에서 서비스에 있는 백킹 포드로 해석된다(정상 상태의 백킹 포드와 클러스터가 있다는 가정 하에).

외부 클라이언트는 DNS 확장을 사용할 수 없다. 그러나 만약 특정 지역과 같은 일부 제한된 하위 집합을 대상으로 지정하려고 한다면 예제와 같이 서비스의 완전히 인증된 CNAME을 제공할 수 있다. 이런 이름들은 길고 다루기 힘든 경향이 있기 때문에 정적이며 편리한 CNAME 레코드를 추가하는 것이 좋은 방법이다.

```
eu.nginx.example.com    CNAME nginx.the-namespace.the- federation.svc.europe-
west1.example.com.
us.nginx.example.com    CNAME nginx.the-namespace.the- federation.svc.us-central1.
example.com.
nginx.example.com       CNAME nginx.the-namespace.the- federation.svc.example.com.
```

다음 그림은 페더레이션 탐색이 여러 클러스터에서 작동하는 방식을 보여준다.

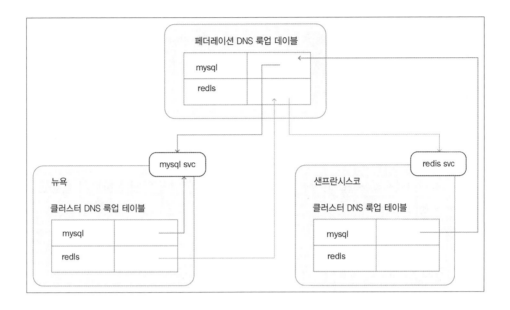

백엔드 포드와 클러스터 전체의 실패 처리

쿠버네티스는 몇 초 안에 응답이 없는 포드를 서비스에서 제외시킨다. 페더레이션 컨트롤
플레인은 여러 클러스터에서 통합 서비스의 모든 공유 뒤에 있는 클러스터와 끝점의 상태
를 모니터링한다. 예를 들어 서비스, 전체 클러스터, 또는 전체 가용 영역에 있는 모든 끝
점이 중단되는 경우 필요에 따라 서비스를 시작하거나 종료한다. DNS 캐싱의 고유한 지
연 시간(기본적으로 페더레이션 서비스 DNS 레코드의 경우 3분)은 치명적인 오류가 발생할 경
우 대체 클러스터로 페일 오버를 보낼 수 있다. 그러나 각 지역별 서비스 끝점에 대해 반
환될 수 있는 개별 IP 주소의 수를 고려해 볼 때(예를 들어 us-central1은 3가지 대안이 있다)
짧은 시간 내에 대체 IP 중 하나로 자동으로 장애가 복구되게 대부분의 클라이언트를 적
절히 구성할 수 있다.

문제 해결

무엇인가가 의도한 대로 동작하지 않게 되면 무엇이 잘못됐는지 원인과 문제의 해결 방법을 알아야 한다. 다음은 몇 가지 일반적인 문제와 이를 진단하고 해결하는 방법이다.

페더레이션 API 서버에 접속 불가 상황

다음 해결책을 참고한다.

- 페더레이션 API 서버가 작동 중인지 확인한다.
- 클라이언트(Kubectl)가 적절한 API 끝점과 자격증명에 맞게 올바르게 설정됐는지 확인한다.

페더레이션 서비스는 성공적으로 생성됐으나 하부 클러스터에는 서비스가 생성되지 않은 경우

- 클러스터가 페더레이션에 등록됐는지 확인한다.
- 페더레이션 API 서버가 모든 클러스터에 접속 가능하며 인증할 수 있는지 확인한다.
- 할당량은 충분한지 확인한다.
- 다른 문제는 없는지 로그를 확인한다.

```
Kubectl logs federation-controller-manager --namespace federation
```

요약

이 장에서는 쿠버네티스 클러스터 페더레이션의 중요한 주제에 대해 살펴봤다. 클러스터 페더레이션은 여전히 베타 버전이며 초보 단계에 있지만 사용할 만한 가치가 충분하다. 많은 배포도 없고 공식적으로 지원되는 대상 플랫폼은 현재 AWS와 GCE/GKE 뿐이다. 그러나 클라우드 페더레이션의 이면에는 탄력성이 많이 있다. 이것이 쿠버네티스에서 대규모의 확장 가능한 시스템을 구축하는 데 매우 중요한 요소라 할 수 있다. 쿠버네티스 클러스터 페더레이션, 페더레이션 컨트롤 플레인 컴포넌트 및 페더레이션 쿠버네티스 객체의 동기와 사용 사례에 대해 살펴봤다. 또한 사용자 정의 스케줄링, 페더레이션 데이터 액세스, 자동 스케일링과 같이 페더레이션의 관점에서 지원되지 않는 것들도 살펴봤다. 여러 쿠버네티스 클러스터를 실행하는 방법도 살펴봤다. 여기에는 쿠버네티스 클러스터 페더레이션 설정과 페더레이션에 클러스터 추가, 삭제, 로드밸런싱, 문제 발생 시 페더레이션 장애 복구, 서비스 검색 및 마이그레이션 등이 포함된다. 페더레이션 서비스가 있는 여러 클러스터에서 실행되는 페더레이션 작업부하와 이 시나리오와 관련된 다양한 문제들도 자세히 알아봤다.

이제 쿠버네티스가 제공하는 기존 기능을 활용하는 데 필요한 사항과 불완전하거나 미숙한 기능을 보완하기 위해 구현해야 하는 부분을 명확히 이해해야 한다. 사용 사례에 따라 다르지만 여전히 너무 빠르고 성급하게 판단을 내리거나 바로 사용해보기를 원할 수 있다. 쿠버네티스 페더레이션에서 일하는 개발자는 빠르게 움직이고 있으므로 의사 결정을 내릴 때까지 더 성숙하고 현장의 테스트를 거치게 될 가능성이 크다.

12장, '쿠버네티스 커스터마이징: API와 플러그인'에서는 쿠버네티스의 내부를 파헤치고 커스터마이징하는 방법에 대해 살펴본다. 쿠버네티스의 가장 좋은 아키텍처 원칙 중 하나는 REST API를 통해 액세스할 수 있다는 것이다. Kubectl 명령줄 도구는 쿠버네티스 API 위에 만들어졌으며 쿠버네티스 전체와 상호작용 능력을 제공한다. 그러나 프로그래밍 방식의 API 접근은 쿠버네티스를 확장하고 향상시킬 수 있는 많은 유연성을 제공할 수 있다. 다양한 언어의 클라이언트 라이브러리를 통해 외부의 쿠버네티스를 활용해 기존 시스템에 통합할 수 있다.

REST API외에도 쿠버네티스는 설계 특성 상 매우 모듈화된 플랫폼이다. 핵심 운영의 여러 측면을 사용자 정의하거나 확장할 수 있다. 특히 사용자 정의 리소스를 추가하고 그것들을 쿠버네티스 객체 모델과 통합할 수 있으며 쿠버네티스의 관리 서비스, etcd의 저장 공간, API를 통한 노출, 기본 제공 객체와 사용자 정의 객체의 일관된 액세스 등의 이점을 얻을 수 있다.

CNI 플러그인과 사용자 정의 스토리지 클래스 등을 통한 액세스 제어와 네트워크같이 뛰어난 확장성을 다양한 관점에서 이미 보았다. 그러나 쿠버네티스는 더 나아가 노드에 대한 포드 할당 제어와 같은 스케줄러 자체를 사용자 정의할 수 있다.

12

쿠버네티스 커스터마이징: API와 플러그인

이번 장에서 쿠버네티스의 상세 지원 기능을 알아본다. 쿠버네티스 API를 시작으로 API, 파이썬 클라이언트에 직접 접근하여 프로그래밍 방식으로 쿠버네티스와 작업하는 방법을 학습하고 Kubectl을 자동화하는 것을 살펴본다. 그리고 커스텀 리소스를 사용해 쿠버네티스 API를 확장할 것이다. 마지막 부분은 쿠버네티스가 지원하는 다양한 플러그인에 대한 것이다. 쿠버네티스 운영의 여러 측면은 모듈화되어 있으며 확장에 맞게 설계되어 있다. 커스텀 스케줄러, 인증, 승인 제어, 커스텀 측정 항목, 볼륨 등과 같은 몇 가지 형태의 플러그인을 시험할 것이다. 마지막으로 kubectl을 확장하고 자신만의 명령을 추가하는 방법을 살펴본다.

12장에서 다루는 내용은 다음과 같다.

- 쿠버네티스 API 작업
- 쿠버네티스 API 확장
- 쿠버네티스 및 kubectl 플러그인 작성
- 웹훅Webhook 작성

▌ 쿠버네티스 API 작업

쿠버네티스 API는 포괄적이며 쿠버네티스의 전체 기능을 포함한다. 기대했던 것 이상으로 거대한 범위일 수 있다. 그러나 모범 사례를 사용해 매우 잘 설계되어 있으며 일관성 있는 구성을 제공한다. 기본 원칙을 이해한다면 필요한 모든 것을 발견할 수 있다.

OpenAPI 이해하기

OpenAPI를 통해 API 제공자는 운영과 모델을 정의할 수 있고 개발자는 도구 자동화와 가장 선호하는 언어를 이용해 API 서버와 통신할 수 있는 클라이언트를 만들 수 있다. 쿠버네티스는 한 동안 Swagger 1.2(OpenAPI 규격의 이전 버전)를 지원했으나 사양이 불완전하고 적합하지 않아 이를 기반으로 도구와 클라이언트를 만들기가 어려웠다.

쿠버네티스 1.4에서는 OpenAPI 사양(OpenAPI Initiative에 기부되기 전까지 Swagger 2.0으로 알려졌던)에 대한 알파 지원이 추가됐으며, 현재의 모델과 작업이 업데이트됐다. 쿠버네티스 1.5에서 OpenAPI 사양에 대한 지원은 쿠버네티스 소스에서 직접 사양을 자동 생성해 완료됐다. 사양과 설명서는 향후 작업과 모델의 변경에도 완전히 동기화를 유지하게 될 것이다.

새로운 사양은 더 좋은 API 문서화와 이후 살펴볼 자동 생성된 파이썬 클라이언트를 가능하게 한다.

이 사양은 모듈식이며 그룹 버전으로 분리되어 있다. 이것은 이후 시점에도 서로 다른 버전을 지원하는 여러 API 서버를 실행할 수 있음을 의미하며, 애플리케이션은 새로운 버전으로 점진적 전환이 가능하다.

사양의 구조는 OpenAPI 규격 정의에 상세하게 설명되어 있다. 쿠버네티스 팀은 작업의 태그를 사용해 각 그룹 버전을 분리하고 경로와 작업, 모델에 대한 가능한 많은 정보를 제공하고 있다. 특정 작업을 위해 모든 인자, 호출 방법, 응답 등이 문서화되어 있다. 그리고 그 결과는 인상적이다.

프록시 설정

접근을 단순화하기 위해 Kubectl을 사용해 프록시를 설정할 수 있다.

```
> kubectl proxy --port 8080
```

이제 http://localhost:8080에서 API 서버에 접근할 수 있으며 Kubectl이 설정된 것과 동일한 쿠버네티스 API 서버에 도달할 수 있다.

쿠버네티스 API 직접 탐색

쿠버네티스 API는 매우 찾기 쉽다. 그냥 API 서버의 http://localhost:8080에서 API 서버의 URL을 탐색하고 경로 키 아래에서 사용 가능한 모든 작업을 설명한 깔끔한 JSON 문서를 받으면 된다.

다음은 공간 문제로 일부 목록만 표시한 내용이다.

```
{
  "paths": [
    "/api",
```

```
    "/api/v1",
    "/apis",
    "/apis/apps",
    "/apis/storage.k8s.io/v1",
    .
    .
    .
    "/healthz",
    "/healthz/ping",
    "/logs",
    "/metrics",
    "/swaggerapi/",
    "/ui/",
    "/version"
  ]
}
```

경로 중 하나의 항목을 선택하여 내용을 확인할 수 있다. 예를 들어 다음은 /api/v1/
namespaces/default 엔드포인트의 응답이다.

```
{
  "apiVersion": "v1",
  "kind": "Namespace",
  "metadata": {
      "creationTimestamp": "2017-12-25T10:04:26Z",
      "name": "default",
      "resourceVersion": "4",
      "selfLink": "/api/v1/namespaces/default",
      "uid": "fd497868-e95a-11e7-adce-080027c94384"
  },
  "spec": {
      "finalizers": [
          "kubernetes"
      ]
  },
  "status": {
      "phase": "Active"
```

```
    }
}
```

이 엔드포인트는 먼저 /api로 가서 /api/v1을 찾는다. /api/v1에는 /api/v1/namespaces
가 있으며, 이것은 /api/v1/namespaces/default를 가리킨다.

Postman을 사용해 쿠버네티스 API 탐색

Postman(https://www.getpostman.com)은 RESTful API를 사용하는 매우 세련된 애플리
케이션이다. GUI 사용에 익숙하다면 이 프로그램은 매우 유용할 것이다.

다음 화면은 batch V1 API 그룹에서 사용 가능한 엔드포인트를 보여주고 있다.

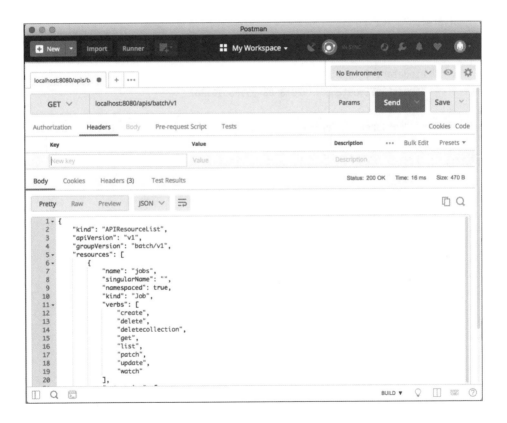

Postman은 매우 많은 옵션을 지원하며 매주 편한 방법으로 원하는 정보를 구성한다. Posman의 사용 경험은 여러분에게 도움을 줄 것이다.

httpie와 jq를 이용해 출력 필터링

때때로 API의 출력이 너무 길어질 수 있다. 간혹 방대한 양의 JSON 응답 중에서 단지 하나의 값만 관심있는 경우가 있다. 예를 들어 실행 중인 모든 서비스의 이름을 알고 싶다면 /api/v1/services 엔드포인트를 사용할 수 있다. 그러나 응답에는 많은 부적절한 추가 정보를 포함한다. 다음은 해당 출력의 일부다.

```
$ http http://localhost:8080/api/v1/services
{
  "apiVersion": "v1",
  "items": [
      {
        "metadata": {
          "creationTimestamp": "2018-03-03T05:18:30Z",
          "labels": {
             "component": "apiserver",
             "provider": "kubernetes"
          },
          "name": "kubernetes",
                ...
        },
        "spec": {
           ...
        },
        "status": {
          "loadBalancer": {}
        }
      },
    ...
   ],
  "kind": "ServiceList",
  "metadata": {
```

```
      "resourceVersion": "1076",
      "selfLink": "/api/v1/services"
   }
}
```

전체 출력은 121 줄이나 된다! 이제 httpie와 jq를 사용해 완전하게 출력을 제어하여 오직 서비스의 이름만을 가져오는 방법에 대해 살펴본다. 나는 명령줄에서 REST API와 상호작용하기 위해 cURL[1] 대신 httpie(https://httpie.org)를 선호한다. jq(https://stedolan.github.io/jq) 같은 명령줄 JSON 처리기는 JSON 데이터를 편집하는 최적의 도구다.

전체 출력을 살펴보면 서비스 이름이 각 items 배열의 각 항목에 있는 메타데이터에 있다는 것을 알 수 있다. 다음은 name 만을 선택하는 jq 표현식이다.

```
.items[].metadata.name
```

전체 명령과 출력은 다음과 같다.

```
$ http http://localhost:8080/api/v1/services | jq.items[].metadata.name
"kubernetes"
"kube-dns"
"kubernetes-dashboard"
```

쿠버네티스 API를 통해 포드 생성하기

nginx-pod.json에 아래 포드 매니페스트가 있으면 API를 사용해 자원을 생성, 업데이트, 삭제할 수 있다.

---

1 cURL은 다양한 통신 프로토콜을 이용해 서로 다른 서버들과 프로토콜로부터 통신할 수 있도록 해주는 라이브러리로, 리눅스 배포판에 대부분 기본으로 포함되어 있다. - 옮긴이

```
{
  "kind": "Pod",
  "apiVersion": "v1",
  "metadata":{
    "name": "nginx",
    "namespace": "default",
    "labels": {
      "name": "nginx"
    }
  },
  "spec": {
    "containers": [{
      "name": "nginx",
      "image": "nginx",
      "ports": [{"containerPort": 80}]
    }]
  }
}
```

다음 명령은 API를 통해 포드를 생성한다.

```
> http POST http://localhost:8080/api/v1/namespaces/default/pods @nginx- pod.json
```

정상적인 동작 확인을 위해 현재 포드들의 상태와 이름을 추출한다. 다음은 해당 엔드포인트다.

```
/api/v1/namespaces/default/pods
```

jq 표현식은 다음과 같다.

```
items[].metadata.name,.items[].status.phase
```

전체 명령과 출력은 다음과 같다.

```
> FILTER='.items[].metadata.name,.items[].status.phase'
> http http://localhost:8080/api/v1/namespaces/default/pods | jq $FILTER "nginx"
"Running"
```

파이썬 클라이언트를 통해 쿠버네티스 API 접근

httpie와 jq를 사용해 대화식으로 API를 탐색하는 것이 좋은 방법이다. 하지만 API는 다른 소프트웨어와 함께 사용 및 통합할 때 그 진가를 훨씬 발휘한다. 쿠버네티스 육성 프로젝트는 본격적으로 잘 문서화된 파이썬 클라이언트 라이브러리를 제공한다. https://github.com/kubernetes-incubator/client-python에서 다운로드할 수 있다.

우선 파이썬을 설치했는지 확인한다(2.7 또는 3.5 이상). 그리고 쿠버네티스 패키지를 설치한다.

```
> pip install kubernetes
```

쿠버네티스 클러스터와 통신을 위해 클러스터에 연결해야 한다. 대화형 파이썬 세션을 시작한다.

```
> python
Python 3.6.4 (default, Mar     1 2018, 18:36:42)
[GCC 4.2.1 Compatible Apple LLVM 9.0.0 (clang-900.0.39.2)] on darwin Type "help",
"copyright", "credits" or "license" for more information.
>>>
```

파이썬 클라이언트는 Kubectl 설정을 읽을 수 있다.

```
>>> from kubernetes import client, config
>>> config.load_kube_config()
>>> v1 = client.CoreV1Api()
```

또는 이미 실행 중인 프록시에 직접 연결할 수 있다.

```
>>> from kubernetes import client, config
>>> client.Configuration().host = 'http://localhost:8080'
>>> v1 = client.CoreV1Api()
```

클라이언트 모듈은 CoreV1API와 같이 서로 다른 그룹 버전에 접근하는 방법을 제공한다.

CoreV1API 그룹 상세 이해

CoreV1API 그룹에 대해 알아보자. 파이썬 객체에는 481개의 public attributes가 있다.

```
>>> attributes = [x for x in dir(v1) if not x.startswith('    ')]
>>> len(attributes)
481
```

이 중 두 개의 밑줄로 시작하는 attributes는 쿠베네티스와는 관련이 없는 특별한 class 와 instance이므로 무시해도 된다.

random 메소드로 10개의 attributes를 무작위로 가져오고 어떻게 보이는지 형태를 관찰 한다.

```
>>> import random
>>> from pprint import pprint as pp
>>> pp(random.sample(attributes, 10))
['patch_namespaced_pod',
```

```
'connect_options_node_proxy_with_path_with_http_info',
'proxy_delete_namespaced_pod_with_path',
'delete_namespace',
'proxy_post_namespaced_pod_with_path_with_http_info',
'proxy_post_namespaced_service',
'list_namespaced_pod_with_http_info',
'list_persistent_volume_claim_for_all_namespaces',
 'read_namespaced_pod_log_with_http_info',
'create_node']
```

매우 흥미롭게도 attributes는 list, patch, read와 같은 동사로 시작한다. 그들 중 대부분이 namespace표기를 가지며, 많은 것들은 with_http_info 접미사를 가지고 있다. 보다잘 이해하기 위해 동사의 수를 확인하고, 몇 개의 attributes가 각 동사를 사용하는지를 확인한다(동사는 밑줄 앞에 나오는 첫 번째 토큰을 말한다).

```
>>> from collections import Counter
>>> verbs = [x.split('_')[0] for x in attributes]
>>> pp(dict(Counter(verbs)))
{'api': 1,
 'connect': 96,
 'create': 36,
 'delete': 56,
 'get': 2,
 'list': 56,
 'patch': 48,
 'proxy': 84,
 'read': 52,
 'replace': 50}
```

대화식 도움말로 개별 attributes에 대해 더 상세하게 확인할 수 있다.

```
>>> help(v1.create_node)
Help on method create_node in module kuber-netes.client.apis.core_v1_api:
create_node(body, **kwargs) method of kuber- netes.client.apis.core_v1_api.
```

```
CoreV1Api instance
  create a Node
This method makes a synchronous HTTP request by default. To make an
asynchronous HTTP request, please pass async=True
  >>> thread = api.create_node(body, async=True)
  >>> result = thread.get()

  :param async bool
  :param V1Node body: (required)
  :param str pretty: If 'true', then the output is pretty printed.
  :return: V1Node
        If the method is called asynchronously,
        returns the request thread.
```

API에 대해 더 자세히 알아볼 수 있다. 객체 목록을 조회하고, 생성하고, 감시하고, 삭제하기와 같은 일반적인 작업을 살펴보자.

객체 목록 조회

여러 가지 종류의 객체의 목록을 조회할 수 있다. 메소드 이름은 list_로 시작한다. 다음은 모든 네임스페이스를 나열한 예제다.

```
>>> for ns in v1.list_namespace().items:
...     print(ns.metadata.name)
...
default
kube-public
kube-system
```

객체 생성

객체를 만들려면 create 메소드에 body 매개변수를 전달해야 한다. body는 반드시 Kubectl에서 사용할 YAML 설정 파일과 동일한 파이썬 사전dictionary 집합이어야 한다. 가장 쉬운 방법은 실제로 YAML을 사용하고 파이썬 YAML 모듈(표준 라이브러리가 아니며 별도로 설치해야 한다)을 사용해 YAML 파일을 읽고 이를 사전에 적재하는 것이다. 예를 들어 3개의 복제본을 사용해 nginx-deployment를 생성하려면 다음과 같은 YAML 설정 파일을 사용할 수 있다.

```
apiVersion: apps/v1
kind: Deployment
metadata:
  name: nginx-deployment
spec:
  replicas: 3
  template:
    metadata:
      labels:
        app: nginx
    spec:
      containers:
      - name: nginx
        image: nginx:1.7.9
        ports:
        - containerPort: 80
```

파이썬 Yaml 모듈을 설치하려면 다음 명령을 입력한다.

```
> pip install yaml
```

그러면 파이썬 프로그램은 배포를 생성할 것이다.

```
from os import path
import yaml
from kubernetes import client, config

def main():
```

```
# Configs는 Configuration 클래스에서 직접 또는 helper 유틸리티를 사용해 설정할 수 있다.
# 인수가 제공되지 않으면 config가 기본 위치로부터 로드된다.

config.load_kube_config()

with open(path.join(path.dirname(__file__),
                    'nginx-deployment.yaml')) as f:
    dep = yaml.load(f)
    k8s = client.AppsV1Api()
    status = k8s_beta.create_namespaced_deployment(
        body=dep, namespace="default").status
    print("Deployment created. status='{}'".format(status))

if_____name____ == '____main____':
    main()
```

객체 감시하기

객체를 감시하는 것은 고급 기능이다. 이것은 별도의 감시 모듈을 사용해 구현된다. 다음
은 10개의 네임스페이스 이벤트를 감시하고 화면에 출력하는 예제다.

```
from kubernetes import client, config, watch

# Configs can be set in Configuration class directly or using helper utility
config.load_kube_config()
v1 = client.CoreV1Api()
count = 10
w = watch.Watch()
for event in w.stream(v1.list_namespace, _request_timeout=60):
  print(f"Event: {event['type']} {event['object'].metadata.name}")
  count -= 1
  if count == 0:
    w.stop()

print('Done.')
```

프로그래밍 방식으로 Kubectl 호출하기

파이썬 프로그래머가 아니며 REST API를 직접 처리하지 않으려면 다른 옵션이 필요하다. Kubectl은 대부분의 경우 대화형 명령줄 도구로 사용된다. 하지만 이것을 스크립트와 프로그램을 통해 자동으로 호출하는 것을 막을 수는 없다. Kubectl을 쿠버네티스 API 클라이언트로 사용하면 다음과 같은 몇 가지 장점이 있다.

- 사용법에 대한 예제를 쉽게 찾을 수 있다.
- 명령줄에서 실험하여 명령과 인자의 올바른 조합을 찾기 쉽다.
- Kubectl은 빠른 파싱을 위해 JSON이나 YAML 형태의 출력을 지원한다.
- 인증은 Kubectl 설정을 통해 내장되어 있다.

파이썬 subprocess로 Kubectl 실행

다시 파이썬으로 돌아가서, 공식 파이썬 클라이언트를 사용하는 것과 직접 롤링하는 것을 비교할 수 있다. 파이썬에는 Kubectl와 같은 외부 프로세스를 실행하고 해당 출력을 캡쳐할 수 있는 subprocess라는 모듈이 있다. 다음은 Kubectl을 독자적으로 실행하고 사용법을 출력하는 파이썬 3 예제다.

```
>>> import subprocess
>>> out = subprocess.check_output('kubectl').decode('utf-8')
>>> print(out[:276])
```

Kubectl은 쿠버네티스 클러스터 매니저를 제어한다. 더 많은 정보는 https://github.com/kubernetes/kubernetes에서 찾을 수 있다.

초보자를 위한 기본 명령어는 다음과 같다.

- create: 파일명이나 stdin(표준 입력)을 사용해 자원을 만든다.
- expose: 리플리케이션 컨트롤러, 서비스, 배포, 포드를 가져온다.

check_checkout( ) 함수는 출력을 올바르게 표시하기 위해 utf-8로 디코드해야 하는 대상을 바이트 배열로 출력을 캡쳐한다. 이것을 조금 일반화해서 Kubectl에 제공되는 매개변수를 받아 출력을 디코딩하고 이를 반환하는 편리한 함수 k를 만들 수 있다.

```
from subprocess import check_output
def k(*args):
    out = check_output(['kubectl'] + list(args))
    return out.decode('utf-8')
Let's use it to list all the running pods in the default namespace:
>>> print(k('get', 'po'))
NAME                                  Ready   Status    Restarts    Age
nginx-deployment-6c54bd5869-9mp2g     1/1     Running   0           18m
nginx-deployment-6c54bd5869-lgs84     1/1     Running   0           18m
nginx-deployment-6c54bd5869-n7468     1/1     Running   0           18m
```

매우 보기 좋은 출력인데, Kubectl은 이미 그렇게 하고 있다. 확실한 장점은 -o 플래그의 사용으로 구조화된 출력 옵션을 사용할 때 발생한다. 그리고 결과를 자동으로 파이썬 객체로 변환할 수 있다. 다음은 부울 use_json 키워드 인자(기본값은 False)를 하용하는 k( ) 함수의 수정된 버전이다. True일 경우 -o json을 추가하고 JSON 출력을 파이썬 객체(딕셔너리)로 변환한다.

```
from subprocess import check_output
import json

def k(use_json=False, *args):
    cmd = ['kubectl']
    cmd += list(args)
    if use_json:
        cmd += ['-o', 'json']
    out = heck_output(cmd)
    if use_json:
        out = json.loads(out)
    else:
```

```
    out = out.decode('utf-8')
  return out
```

이것은 REST API를 직접 접근하거나 공식적인 파이썬 클라이언트를 사용할 때처럼 깊이 있는 탐색을 할 수 있는 완전한 API 객체 전체를 반환한다.

```
result = k('get', 'po', use_json=True)
for r in result['items']:
    print(r['metadata']['name'])
nginx-deployment-6c54bd5869-9mp2g
nginx-deployment-6c54bd5869-lgs84
nginx-deployment-6c54bd5869-n7468
```

배포를 삭제하고 모든 포드가 제거될 때까지 기다리는 방법을 살펴보자. Kubectl의 delete 명령은 -o name 옵션이 있음에도 불구하고 -o json 옵션을 허용하지 않는다. 따라서 use_json은 생략한다.

```
k('delete', 'deployment', 'nginx-deployment')
while len(k('get', 'po', use_json=True)['items']) > 0:
    print('.')
print('Done.')
Done.
```

▌ 쿠버네티스 API 확장

쿠버네티스는 매우 유연한 플랫폼이다. 이를 통해 커스텀 리소스라는 새로운 유형의 자원을 이용해 자체 API를 확장할 수 있다. 이것으로도 충분하지 않다면 API 집계라는 메커니즘으로 쿠버네티스 API 서버와 통합되는 API 서버를 제공할 수도 있다. 커스텀 리소스로 무엇을 할 수 있을까? 이를 사용해 포드가 통신하는 쿠버네티스 클러스터 외부에 있는 쿠버네티스 API 자원을 관리할 수 있다.

외부 자원을 커스텀 리소스로 추가하면 시스템 전체를 파악할 수 있으며 다음과 같은 쿠버네티스 API의 많은 기능을 활용할 수 있다.

- 커스텀 CRUD REST 엔드포인트
- 버전 관리
- 감시하기watch
- 일반 쿠버네티스 도구들과의 자동 통합

커스텀 리소스의 사용 사례는 커스텀 컨트롤러와 자동화 프로그램의 메타데이터다.

쿠버네티스 1.7에 도입된 커스텀 리소스는 현재 사용되지 않는 서드 파티 자원보다 크게 개선됐다. 커스텀 리소스가 무엇인지 살펴보겠다.

커스텀 리소스의 구조 이해

쿠버네티스 API 서버와 잘 작동하려면 서드 파티 자원은 몇 가지 기본적인 요구 사항을 반드시 준수해야 한다. 기본 제공 API 객체와 마찬가지로 다음과 같은 항목이 있어야 한다.

- `apiVersion: apiextensions.k8s.io/v1beta1`
- `metadata`: 표준 쿠버네티스 객체 메타데이터
- `kind: CustomResourceDefinition`
- `spec`: API와 도구에 자원이 나타나는 방식 설명
- `status`: CRD의 현재 상태 표시

사양에는 그룹, 이름, 범위, 유효성 검증, 버전과 같은 필드가 포함된 내부 구조가 있다. 상태에는 `acceptedNames`와 `Conditions` 필드가 포함된다. 다음 절에서는 이런 필드의 의미를 명확히 하는 예제를 보여줄 것이다.

커스텀 리소스 정의 개발

네임스페이스에 결합되지 않은 정의된 서드 파티 자원과 네임스페이스에 결합되어 생성한 실제 객체를 구분하는 것은 중요하다. 현재 쿠버네티스는 서드 파티 자원에 기반한 네임스페이스가 없는 커스텀 객체를 지원하지 않는다. 다음은 서드 파티 자원의 예제다.

CRD^{Customer Resource Definition}로 알려진 커스텀 리소스 정의를 사용해 커스텀 리소스를 개발할 수 있다. CRD가 쿠버네티스, API, 도구와 원활하게 통합되기 때문에 많은 정보를 제공해야 한다. 다음은 Candy라는 커스텀 리소스의 예제다.

```
apiVersion: apiextensions.k8s.io/v1beta1
kind: CustomResourceDefinition
metadata:
  # name은 아래의 spec 필드와 일치해야 하며 다음과 같은 형식이어야 한다.
  name: candies.awesome.corp.com
spec:
  # REST API에 사용할 그룹 이름 : /apis/<group>/<version>
  group: awesome.corp.com
  # REST API에 사용할 버전 이름 : /apis/<group>/<version>
  version: v1
  # 네임스페이스 또는 클러스터
  scope: Namespaced
  names:
    # URL에 사용할 복수 이름 : /apis/<group>/<version>/<plural>
    plural: candies
    # CLI에서 별칭으로 사용하고 단수를 표시하기 위한 단일 이름
    singular: candy
    # 종류는 일반적으로 CamelCased 단수형이다. 자원 매니페스트가이를 사용한다.
    kind: Candy
    # shortNames를 사용하면 짧은 문자열을 CLI에서 자원와 일치시킬 수 있다.
    shortNames:
    - cn
```

자원을 생성한다.

```
> kubectl create -f crd.yaml
customresourcedefinition "candies.awesome.corp.com" created
```

복수 표기법이 있는 메타데이터 이름이 리턴된다. 이제 이것에 접근할 수 있는지 확인하자.

```
> kubectl get crd
NAME                                AGE
candies.awesome.corp.com            17m
```

새로운 자원을 관리하기 위한 새로운 API 엔드포인트가 있다.

```
/apis/awesome.corp.com/v1/namespaces/<namespace>/candies/
```

파이썬 코드를 사용해 접근한다.

```
>>> config.load_kube_config()
>>> print(k('get', 'thirdpartyresources'))
NAME                                AGE
candies.awesome.corp.com            24m
```

커스텀 리소스 통합

CustomResourceDefinition 객체가 만들어지면 해당 자원 종류의 커스텀 리소스(이 경우 Candy)를 생성할 수 있다. Candy는 카멜 표기법에 따라 대소문자를 지켜야 한다. Candy 객체는 임의의 JSON에 있는 임의의 필드를 포함할 수 있다. 다음 예제에서 flavor 커스텀 필드가 Candy 객체에 설정돼 있다. apiVersion 필드는 CRD 사양의 그룹과 버전 필드에서 파생된다.

```
apiVersion: "awesome.corp.com/v1"
kind: Candy
metadata:
  name: chocolatem
spec:
  flavor: "sweeeeeeet"
```

임의의 필드를 커스텀 리소스에 추가할 수 있다. 값은 임의의 JSON 값이 될 수 있다. 이 필드는 CRD에 정의되어 있지 않다. 다른 오브젝트는 다른 필드를 가질 수 있다. 생성해 보자.

```
> kubectl create -f candy.yaml
candy "chocolate" created
```

이 시점에서 kubectl은 내장 객체에서 작동하는 것처럼 Candy 객체에서 작동할 수 있다. kubectl을 사용할 때 자원 이름은 대소문자를 구별하지 않는다.

```
$ kubectl get candies
NAME          AGE
chocolate     2m
```

표준 -o json 플래그를 사용해 원시 JSON 데이터를 볼 수도 있다. 여기에서는 짧은 이름 인 cn을 사용할 것이다.

```
> kubectl get cn -o json
{
    "apiVersion": "v1",
    "items": [
      {
        "apiVersion": "awesome.corp.com/v1",
        "kind": "Candy",
        "metadata": {
```

```
            "clusterName": "",
            "creationTimestamp": "2018-03-07T18:18:42Z",
            "name": "chocolate",
            "namespace": "default",
            "resourceVersion": "4791773",
            "selfLink":
"/apis/awesome.corp.com/v1/namespaces/default/candies/chocolate",
            "uid": "f7a6fd80-2233-11e8-b432-080027c94384"
        },
        "spec": {
            "flavor": "sweeeeeeet"
        }
    }
  ],
  "kind": "List",
  "metadata": {
    "resourceVersion": "",
     "selfLink": ""
  }
    }
```

커스텀 리소스 종료

커스텀 리소스는 표준 API 객체와 마찬가지로 파이널라이저finalizer[2]를 지원한다. 파이널라이저는 객체를 즉시 삭제하지 않고 백그라운드에서 실행되는 특수 컨트롤러를 기다려 삭제 요청을 감시하는 메커니즘이다. 컨트롤러는 필요한 정리 옵션을 수행한 후 대상 객체에서 해당 파이널라이저를 제거할 수 있다. 객체에 파이널라이저가 여러 개 있을 수도 있다. 쿠버네티스는 모든 파이널라이저가 제거될 때까지 기다렸다가 객체를 삭제한다. 메타데이터의 파이널라이저는 해당 컨트롤러가 식별할 수 있는 임의의 문자열이다. 다음은 eaty-me와 drink-me의 두 개의 파이널라이저를 가진 Candy 객체의 예제다.

---

2 파이널라이저(finalizer)는 객체가 더 이상 사용되지 않을 때 자원 해제를 정확히 하기 위해 사용한다. – 옮긴이

504

```
apiVersion: "awesome.corp.com/v1"
kind: Candy
metadata:
  name: chocolate
  finalizers:
  - eat-me
  - drink-me
spec:
  flavor: "sweeeeeet"
```

커스텀 리소스 유효성 검사

CRD에 원하는 필드를 추가할 수 있다. 이로 인해 유효하지 않은 정의가 생성될 수 있다. 쿠버네티스 1.9는 OpenAPIV3 스키마를 기반으로 CRD에 대한 유효성 검사 메커니즘을 도입했다. 아직 베타 버전이므로 API 서버를 시작할 때 feature-gates를 사용해 비활성화 할 수 있다.

--feature-gates=CustomResourceValidation=false

CRD에서 유효성 검사 섹션을 사양에 추가한다.

```
validation:
  openAPIV3Schema:
    properties:
      spec:
        properties:
          cronSpec:
            type: string
            pattern: '^(\d+|\*)(/\d+)?(\s+(\d+|\*)(/\d+)?){4}$'
          replicas:
            type: integer
            minimum: 1
            maximum: 10
```

사양의 유효성 검증을 위반하는 오브젝트를 작성하려고 하면 오류 메시지가 표시된다. OpenAPI 스키마에 대한 자세한 내용은 http://bit.ly/2FsBfWA를 참조한다.

API 서버 집계 이해

CRD는 사용자의 유형에 따라 몇 가지 CRUD 작업만 수행하면 된다. 쿠버네티스 API 서버에서 객체를 저장하고 API 지원 및 Kubectl과 같은 도구와의 통합 기능을 제공할 수 있다. 객체를 감시하고 작성, 갱신 또는 삭제될 때 일부 작업을 수행하는 컨트롤러를 실행할 수 있다. 그러나 CRD에는 한계가 있다. 고급 기능과 커스터마이징이 필요한 경우 API 서버 집계를 사용해 쿠버네티스 API 서버가 위임할 자체 API 서버를 작성할 수 있다.

API 서버는 쿠버네티스 API 서버와 동일한 API 기계를 사용한다. 고급 기능 중 일부는 다음과 같다.

- 객체의 스토리지 관리
- 다중 버전 관리
- CRUD를 넘어서는 맞춤형 작업 (예: exec 또는 scale)
- 프로토콜 버퍼 페이로드 사용

확장 API 서버를 작성하는 것은 일반적이지 않다. 이런 모든 기능이 필요하다고 판단되면 API 빌더 프로젝트를 사용하는 것이 좋다.

https://github.com/kubernetes-incubator/apiserver-builder

이것은 젊은 프로젝트이지만 많은 필요한 상용구 코드[3]를 다룬다. API 빌더는 다음 기능을 제공한다.

---

3 상용구 코드(boilerplate code)는 수정하지 않거나 최소한의 수정만으로 여러 곳에 활용 가능한 코드 또는 각종 문서에서 반복적으로 인용되는 문서의 한 부분이다. – 옮긴이

- 부트 스트랩 전체 유형의 정의, 컨트롤러와 테스트, 설명서
- 확장 컨트롤 플레인을 로컬, Minikube 내부 또는 실제 원격 클러스터에서 실행할 수 있다.
- 생성된 컨트롤러는 API 객체를 보고 업데이트할 수 있다. 자원 추가(하위 자원 포함)
- 필요한 경우 재정의할 수 있는 기본값

서비스 카탈로그 활용

쿠버네티스 서비스 카탈로그 프로젝트를 사용하면 Open Service Broker API 사양을 지원하는 모든 외부 서비스를 원활하고 제약없이 통합할 수 있다.

https://github.com/openservicebrokerapi/servicebroker

개방형 서비스 브로커 API의 목적은 지원 문서 및 포괄적인 테스트 제품 군과 함께 표준 사양을 통해 모든 클라우드 환경에 외부 서비스를 제공하는 것이다. 이를 통해 공급자는 단일 사양을 구현하고 여러 클라우드 환경을 지원할 수 있다. 현재 환경에는 쿠버네티스와 클라우드파운드리가 포함되어 있다. 이 프로젝트는 광범위한 산업 채택을 목표로 진행되고 있다.

서비스 카탈로그는 클라우드 플랫폼 공급자의 서비스를 통합하는 데 특히 유용하다. 다음은 그러한 서비스의 몇 가지 예제다.

- 마이크로소프트 애저 클라우드 대기열
- 아마존 심플 큐 서비스Simple Queue Service
- 구글 클라우드 Pub/Sub

이 기능은 클라우드에 전념하는 조직에게 큰 도움이 된다. 쿠버네티스를 기반으로 시스템을 구축할 수는 있지만 클러스터의 모든 서비스를 직접 배치, 관리 및 유지 관리할 필요는 없다. 이를 클라우드 공급자에게 오프로드하고, 긴밀한 통합을 수행하고, 애플리케이션에 집중할 수 있다.

서비스 카탈로그는 서비스 브로커(중개자)를 통해 클라우드 자원을 프로비저닝할 수 있으므로 쿠버네티스 클러스터를 완전히 자율적으로 구성할 수 있다. 아직 거기까지는 아니지만, 전망은 아주 밝다.

이것으로 외부에서 쿠버네티스에 액세스하고 확장하는 것에 대한 논의를 마친다. 다음 절에서는 시선을 내부로 돌리고 플러그인을 통해 쿠버네티스 자체의 내부 동작을 커스터마이징하는 방법을 살펴본다.

쿠버네티스 플러그인 작성

이번 절에서 쿠버네티스의 내부로 들어가 쿠버네티스의 유명한 유연성과 확장성을 활용하는 방법에 대해 알아볼 것이다. 플러그인을 통해 커스터마이징할 수 있는 다양한 관점에 대해 배우고 플러그인을 구현하며 이것들을 쿠버네티스와 통합하는 방법에 대해 살펴본다.

커스텀 스케줄러 플러그인 작성

쿠버네티스는 자체 컨테이너 스케줄링과 관리 시스템으로 정의하고 있다. 그러므로 스케줄러는 쿠버네티스에서 가장 중요한 구성 요소다. 쿠버네티스는 기본 스케줄러를 제공하지만 추가 스케줄러를 작성할 수 있다. 커스텀 스케줄러를 작성하려면 스케줄러의 기능, 스케줄러의 패키징 방법, 커스텀 스케줄러의 배치 방법, 그리고 스케줄러를 통합하는 방법에 대해 이해해야 한다. 스케줄러의 소스코드는 다음에서 구할 수 있다.

https://github.com/kubernetes/kubernetes/blob/master/plugin/pkg/scheduler

이 절의 나머지 부분에서 소스에 대해 깊이 살펴보고, 데이터 형식, 알고리즘 및 코드를 테스트할 것이다.

쿠버네티스 스케줄러의 설계 이해

스케줄러가 하는 일은 새로 생성되거나 재시작된 포드의 노드를 찾아서 API 서버와 연결을 생성하고 실행하는 것이다. 스케줄러가 포드에 적합한 노드를 찾지 못하면 보류 상태로 남겨둔다.

스케줄러

스케줄러의 대부분의 작업은 매우 일반적이다. 어떤 포드가 스케줄을 필요로 하는지 확인하고 포드의 상태를 갱신하며 선택된 노드에서 포드를 실행한다. 커스텀 부분은 포드를 노드에 매핑하는 방법이다. 쿠버네티스 팀은 커스텀 스케줄링의 필요성을 인식했고 기본 스케줄러는 다른 스케줄링 알고리즘으로 설정될 수 있다.

스케줄러의 주요 데이터 유형은 다수의 속성을 가진 Config 구조체를 가진 스케줄러 구조체다(이것은 곧 configurator 인터페이스로 대체될 것이다).

```
type Scheduler struct {
  config *Config
}
```

다음은 Config 구조체다.

```
type Config struct {
    SchedulerCache schedulercache.Cache
    Ecache *core.EquivalenceCache
    NodeLister algorithm.NodeLister
    Algorithm algorithm.ScheduleAlgorithm
```

```
    GetBinder func(pod *v1.Pod) Binder
    PodConditionUpdater PodConditionUpdater
    PodPreemptor PodPreemptor
    NextPod func() *v1.Pod
    WaitForCacheSync func() bool
    Error func(*v1.Pod, error)
    Recorder record.EventRecorder
    StopEverything chan struct{}
    VolumeBinder *volumebinder.VolumeBinder
}
```

대부분이 인터페이스이므로 커스텀 기능으로 스케줄러를 구성할 수 있다. 특히 포드 스케줄링을 커스터마이징하는 경우, 스케줄링 알고리즘이 적절하다.

알고리즘 공급자 등록

스케줄러에는 알고리즘 공급자와 알고리즘이라는 개념이 있다. 코어 스케줄링 알고리즘을 대체하기 위해 기본 스케줄러의 상당한 기능을 함께 사용할 수 있다.

알고리즘 공급자는 새로운 알고리즘 공급자를 팩토리에 등록할 수 있다. 이미 Cluster AutoScalerProvider라는 커스텀 공급자가 등록되어 있다. 나중에 스케줄러가 어떤 알고리즘 공급자를 사용할지 어떻게 알 수 있는지 살펴보겠다. 키 파일은 다음과 같다.

https://github.com/kubernetes/kubernetes/blob/master/pkg/scheduler/algorithmprovider/defaults/defaults.go

init() 함수는 registerAlgorithmProvider()를 호출한다. 이 알고리즘은 기본 설정과 자동 스케일링 공급자 외에도 알고리즘 공급자를 포함하도록 확장해야 한다.

```
func registerAlgorithmProvider(predSet, priSet sets.String) {
    // 알고리즘 공급자를 등록한다. 여기서는 기본으로 'DefaultProvider'
    // 플래그를 지정해 사용할 공급자를 지정할 수 있다.
    factory.RegisterAlgorithmProvider(factory.DefaultProvider, predSet,
priSet)
```

510

```
  // 클러스터 자동 스케일러 스케줄링 알고리즘.
  factory.RegisterAlgorithmProvider(ClusterAutoscalerProvider, predSet,
      copyAndReplace(priSet, "LeastRequestedPriority",
"MostRequestedPriority"))
}
```

공급자를 등록하는 것뿐 아니라 실제로 스케줄링을 수행하는데 사용되는 적합한 속성
과 우선순위 함수를 등록해야 한다. 팩토리의 RegisterFitPredicate()와 Register
PriorityFunction2() 함수를 사용할 수 있다.

스케줄러 설정

스케줄러 알고리즘은 구성의 일부로 제공된다. 커스텀 스케줄러는 ScheduleAlgorithm 인
터페이스를 구현할 수 있다.

```
type ScheduleAlgorithm interface {
    Schedule(*v1.Pod, NodeLister) (selectedMachine string, err error)
    Preempt(*v1.Pod, NodeLister, error) (selectedNode *v1.Node,
                                        preemptedPods []*v1.Pod,
                                        cleanupNominatedPods []*v1.Pod,
                                        err error)
    Predicates() map[string]FitPredicate
    Prioritizers() []PriorityConfig
}
```

스케줄러를 실행할 때 커스텀 스케줄러 또는 커스텀 알고리즘 공급자 이름을 명령줄 인자
로 제공할 수 있다. 아무것도 지정되지 않으면 기본 알고리즘 공급자가 사용될 것이다. 스
케줄러를 위한 명령줄 인자는 --algorithm-provider와 --scheduler-name이다.

스케줄러 패키징

커스텀 스케줄러는 동일한 쿠버네티스 클러스터 내부에서 감독하는 포드처럼 실행한다. 이것은 컨테이너 이미지로 패키지화해야 한다. 데모 목적으로 표준 쿠버네티스 스케줄러의 사본을 사용하자. 스케줄러 이미지를 얻기 위해 소스에서 쿠버네티스를 빌드할 수 있다.

```
git clone https://github.com/kubernetes/kubernetes.git
cd kubernetes
make
```

그리고 도커 파일을 만든다.

```
FROM busybox
ADD ./_output/bin/kube-scheduler /usr/local/bin/kube-scheduler
```

이것을 이용해 도커 이미지 유형을 작성한다.

```
docker build -t custom-kube-scheduler:1.0 .
```

마지막으로 이미지를 컨테이너 레지스트리에 푸시한다. 여기서는 DockerHub를 사용할 것이다. DockerHub는 계정이 필요하다. 계정이 생성돼 있으면 로그인 후 이미지를 푸시한다.

```
> docker login
> docker push g1g1/custom-kube-scheduler
```

스케줄러를 로컬에 구축했고 Dockerfile에서는 스케줄러를 호스트에서 이미지로 복사하기만 하면 된다. 이 기능은 사용자가 빌드하는 OS와 동일한 OS에 배포할 때 사용할 수 있

512

나. 그렇지 않은 경우 빌드 명령을 Dockerfile에 삽입하는 것이 좋다. 모든 쿠버네티스를 이미지로 가져와야 한다.

커스텀 스케줄러 배포

이제 스케줄러 이미지가 빌드됐고 레지스트리에서 사용할 수 있게 됐으므로 이를 위해 쿠버네티스 배포를 만들어야 한다. 스케줄러는 물론 중요하기 때문에 쿠버네티스 자체를 이용해 항상 실행되도록 할 수 있다. 아래의 YAML 파일은 단일 복제본과 활성 및 준비 검사와 같은 몇 가지 경고를 가진 배포를 정의한다.

```
apiVersion: apps/v1
kind: Deployment
metadata:
  labels:
    component: scheduler
    tier: control-plane
  name: custom-scheduler
  namespace: kube-system
spec:
  replicas: 1
  template:
    metadata:
      labels:
        component: scheduler
        tier: control-plane
        version: second
    spec:
      containers:
      - command:
        - /usr/local/bin/kube-scheduler
        - --address=0.0.0.0
        - --leader-elect=false
        - --scheduler-name=custom-scheduler
        image: g1g1/custom-kube-scheduler:1.0
        livenessProbe:
```

```
      httpGet:
        path: /healthz
        port: 10251
      initialDelaySeconds: 15
    name: kube-second-scheduler
    readinessProbe:
      httpGet:
        path: /healthz
        port: 10251
    resources:
      requests:
        cpu: '0.1'
```

스케줄러의 이름(여기서는 custom-scheduler)은 중요하며 고유해야 한다. 나중에 포드를 스케줄러와 연결시켜 사용한다. 커스텀 스케줄러는 kube-system 네임스페이스에 속한다.

클러스터에 또 다른 커스텀 스케줄러 실행

다른 커스텀 스케줄러를 실행하는 것은 배포를 작성하는 것만큼 단순하다. 이것이 캡슐화된 접근 방식의 장점이다. 쿠버네티스가 두 번째 스케줄러를 실행하려고 하는 것은 큰 작업이다. 하지만 쿠버네티스는 무슨 일이 일어나고 있는지 인지하지 못한다. 이 포드가 커스텀 스케줄러가 되는 것 말고는 그냥 다른 포드처럼 배포하는 것과 같다.

```
$ kubectl create -f custom-scheduler.yaml
```

스케줄러 포드가 실행 중인지 확인한다.

```
$ kubectl get pods --namespace=kube-system
NAME                              READY  STATUS   RESTARTS  AGE
....
custom-scheduler-7cfc49d749-lwzxj  1/1    Running  0         2m
...
```

커스텀 스케줄러가 실행 중인 것을 확인할 수 있다.

커스텀 스케줄러에 포드 할당

커스텀 스케줄러가 기본 스케줄러와 함께 실행 중이다. 그러나 쿠버네티스는 포드가 스케줄링이 필요할 때 사용할 스케줄러를 어떻게 선택할까? 대답은 쿠버네티스가 아니라 포드가 결정한다. 포드 spec에는 스케줄러 이름 항목 선택 사항이 있다. 이 항목이 없다면 기본 스케줄러가 사용되고, 있다면 지정된 스케줄러가 사용된다. 이런 이유로 커스텀 스케줄러의 이름이 반드시 고유해야 한다. 포드 spec에 명시적으로 지정하기를 원할 때 기본 스케줄러의 이름은 default-scheduler이다. 다음은 기본 스케줄러를 사용해 스케줄링할 포드의 정의다.

```
apiVersion: v1
kind: Pod
metadata:
  name: some-pod
  labels:
    name: some-pod
spec:
  containers:
  - name: some-container
    image: gcr.io/google_containers/pause:2.0
```

custom-scheduler가 이 포드를 스케줄링하게 하려면 포드 spec을 아래와 같이 변경한다.

```
apiVersion: v1
kind: Pod
metadata:
  name: some-pod
  labels:
    name: some-pod
spec:
```

```
schedulerName: custom-scheduler
containers:
- name: some-container
  image: gcr.io/google_containers/pause:2.0
```

커스텀 스케줄러를 사용해 스케줄된 포드 확인

포드가 올바른 스케줄러에 의해 스케줄되었는지 확인하는 두 가지 방법이 있다. 첫째, 커스텀 스케줄러로 스케줄돼야 하는 포드를 생성할 수 있다. 이 포드는 보류 상태로 유지된다. 그런 다음 커스텀 스케줄러를 배포하면 보류중인 포드는 스케줄되고 실행이 시작된다.

다른 방법은 다음 명령을 사용해 이벤트 로그를 확인하고 스케줄된 이벤트를 찾아보는 것이다.

```
$ kubectl get events
```

▌액세스 제어 웹훅[4] 사용

쿠버네티스는 항상 액세스 제어를 사용자 정의할 수 있는 방법을 제공했다. 쿠버네티스에서 액세스 제어는 인증, 권한 부여 및 승인 제어와 같이 트리플 A(Authentication, Authorization, Admission control)로 표시할 수 있다. 초기 버전에서는 Go 프로그래밍, 클러스터에 설치, 등록 및 기타 침입 절차가 필요한 플러그인을 통해 설치됐다. 이제 쿠버네티스를 사용해 인증, 권한 부여 및 승인 제어 웹훅webhook을 사용자 정의할 수 있다.

---

4 웹훅(Webhook)은 서버에 어떤 이벤트(예를 들어 게시판에 글쓰기)가 발생했을 때 해당 이벤트를 외부에 알려주는 방법으로 일반적으로 HTTP POST 방식으로 알려준다. - 옮긴이

인증 웹훅 사용

쿠버네티스를 사용하면 베어러 토큰bearer token(또는 전달 토큰)[5]을 위한 웹훅을 삽입하여 인증Authentication 프로세스를 확장할 수 있다. 이를 위해 원격 인증 서비스에 액세스하는 방법과 인증 결정 기간(기본값은 2분) 두 가지 정보가 필요하다.

이 정보를 제공하고 인증 웹훅을 활성화하려면 다음 명령줄 인수를 사용해 API 서버를 시작한다.

- --runtime-config=authentication.k8s.io/v1beta1=true
- --authentication-token-webhook-config-file
- --authentication-token-webhook-cache-ttl

구성 파일은 kubeconfig 파일 형식을 사용한다. 다음은 그 예제다.

```
clusters:
- name: remote-authentication-service
  cluster:
      certificate-authority: /path/to/ca.pem
      server: https://example.com/authenticate

users:
- name: k8s-api-server
  user:
    client-certificate: /path/to/cert.pem
    client-key: /path/to/key.pem

current-context: webhook
contexts:
- context:
    cluster: remote-authentication-service
```

---

5 베어러 토큰(bearer tokens)은 로그인 요청에 대한 응답으로 서버에서 생성한 암호 문자열로 되어 있는 액세스 토큰이다. 사용자는 이 토큰을 인증헤더에 추가하여 보호된 자원을 요청할 수 있다. – 옮긴이

```
    user: k8s-api-sever
  name: webhook
```

원격 인증 서비스와의 상호 인증을 위해 쿠버네티스에 클라이언트 인증서와 키를 제공해야 한다.

사용자가 쿠버네티스에 계속해서 요청하는 경우가 자주 발생할 때는 캐시 TTL이 유용하다. 캐시된 인증 결정을 받으면 원격 인증 서비스를 여러 번 요청하지 않아도 된다.

API HTTP 요청이 들어오면 쿠버네티스는 헤더에서 베어러 토큰을 추출하고 웹훅을 통해 TokenReview JSON 요청을 원격 인증 서비스에 게시한다.

```
{
  "apiVersion": "authentication.k8s.io/v1beta1",
  "kind": "TokenReview",
  "spec": {
    "token": "<bearer token from original request headers>"
  }
}
```

원격 인증 서비스는 응답하고 결정이 내려진다. 상태 인증은 true 또는 false 중 하나다. 다음은 성공적인 인증의 예제다.

```
{
  "apiVersion": "authentication.k8s.io/v1beta1",
  "kind": "TokenReview",
  "status": {
    "authenticated": true,
    "user": {
      "username": "gigi@gg.com",
      "uid": "42",
      "groups": [
        "developers",
      ],
```

```
    "extra": {
      "extrafield1": [
        "extravalue1",
        "extravalue2"
      ]
    }
  }
}
```

거부된 응답은 훨씬 간결하다.

```
{
  "apiVersion": "authentication.k8s.io/v1beta1",
  "kind": "TokenReview",
  "status": {
    "authenticated": false
  }
}
```

인가 웹훅 사용하기

인가^{Authorization}(또는 권한 부여) 웹훅은 인증 웹훅과 매우 유사하다. 인증 웹훅 구성 파일과 동일한 형식의 구성 파일만 있으면 된다. 인증과 달리 동일한 사용자가 다른 매개변수와 권한 결정이 다른 API 엔드포인트에 많은 요청을 할 수 있기 때문에 캐싱은 실행 가능한 옵션이 아니다.

다음 명령줄 인수를 API 서버에 전달하여 웹훅을 구성한다.

- --runtime-config=authorization.k8s.io/v1beta1=true
- --authorization-webhook-config-file=<configuration filename>

요청이 인증을 통과하면 쿠버네티스는 SubjectAccessReview JSON 객체를 원격 인가 서비스로 보낸다. 요청한 사용자와 자원, 기타 요청 속성이 포함된다.

```json
{
  "apiVersion": "authorization.k8s.io/v1beta1",
  "kind": "SubjectAccessReview",
  "spec": {
    "resourceAttributes": {
      "namespace": "awesome-namespace",
      "verb": "get",
      "group": "awesome.example.org",
      "resource": "pods"
    },
    "user": "gigi@gg.com",
    "group": [
      "group1",
      "group2"
    ]
  }
}
```

요청이 허용된다.

```json
{
  "apiVersion": "authorization.k8s.io/v1beta1",
  "kind": "SubjectAccessReview",
  "status": {
    "allowed": true
  }
}
```

아니면 어떤 이유에 의해 허용되지 않을 것이다.

```json
{
```

```
"apiVersion": "authorization.k8s.io/v1beta1",
 "kind": "SubjectAccessReview",
 "status": {
   "allowed": false,
   "reason": "user does not have read access to the namespace"  // 사용자는 네임스페
이스를 읽을 권한이 없다.
 }
}
```

사용자는 자원에 접근할 수 있지만 /api, /apis, /metrics, /resetMetrics, /logs, /debug, /healthz, /swagger-ui/, /swaggerapi/, /ui, and /version 등의 자원이 아닌 속성은 접근할 수 없다. 다음은 로그에 대한 액세스를 요청하는 방법이다.

```
{
  "apiVersion": "authorization.k8s.io/v1beta1",
  "kind": "SubjectAccessReview",
"spec": {
  "nonResourceAttributes": {
      "path": "/logs",
      "verb": "get"
    },
    "user": "gigi@gg.com",
    "group": [
      "group1",
      "group2"
    ]
  }
}
```

승인 제어 웹훅 사용

동적 승인 제어는 웹훅도 지원하지만 아직 알파 상태다. API 서버에 다음 명령줄 인수를 전달하여 일반 승인 웹훅을 활성화해야 한다.

- --admission-control=GenericAdmissionWebhook
- --runtime-config=admissionregistration.k8s.io / v1alpha1

즉시 웹훅 승인 컨트롤러 구성

API 서버를 시작할 때 인증과 인가(권한 부여) 웹훅을 구성해야 한다. 승인 제어 웹훅은 externaladmissionhook 구성 객체를 생성해 동적으로 구성할 수 있다.

```
apiVersion: admissionregistration.k8s.io/v1alpha1
kind: ExternalAdmissionHookConfiguration
metadata:
  name: example-config
externalAdmissionHooks:
- name: pod-image.k8s.io
  rules:
  - apiGroups:
    - ""
    apiVersions:
    - v1
    operations:
    - CREATE
    resources:
    - pods
  failurePolicy: Ignore
  clientConfig:
    caBundle: <pem encoded ca cert that signs the server cert used by the
webhook>
    service:
      name: <name of the front-end service>
      namespace: <namespace of the front-end service>
```

수평적 포드 자동 스케일링을 위한 사용자 지성 측정 항목 제공

쿠버네티스 1.6 이전에는 사용자 지정 측정 항목이 힙스터 모델로 구현됐다. 쿠버네티스 1.6에서는 새로운 사용자 지정 측정 항목 API가 자리잡았고 점차 성숙했다. 쿠버네티스 1.9부터는 기본적으로 활성화되어 있다. 사용자 지정 측정 항목은 API 집계에 의존한다. 권장 경로는 다음 위치에서 사용 가능한 사용자 지정 측정 항목 API 서버의 상용구로 시작하는 것이다.

https://github.com/kubernetes-incubator/custom-metrics-apiserver

그런 다음 CustomMetricsProvider 인터페이스를 구현한다.

```
type CustomMetricsProvider interface {
    GetRootScopedMetricByName(groupResource schema.GroupResource,
                              name string,
                              metricName string)
(*custom_metrics.MetricValue, error)
    GetRootScopedMetricBySelector(groupResource schema.GroupResource,
                              selector labels.Selector,
                              metricName string)
(*custom_metrics.MetricValueList,
                                                    error)
    GetNamespacedMetricByName(groupResource schema.GroupResource,
                              namespace string,
                              name string,
                              metricName string)
(*custom_metrics.MetricValue, error)
    GetNamespacedMetricBySelector(groupResource schema.GroupResource,
                              Namespace string,
                              Selector labels.Selector,
                              metricName string) (*MetricValueList, error)
                              ListAllMetrics() []MetricInfo
}
```

커스텀 스토리지로 쿠버네티스 확장

볼륨 플러그인은 또 다른 유형의 플러그인이다. 쿠버네티스 1.8 이전에는 구현, 쿠버네티스 등록 및 Kubelet과 연결이 필요한 Kublet 플러그인을 작성해야 했다. 쿠버네티스 1.8은 훨씬 더 융통성 있는 FlexVolume을 도입했다. 이것은 훨씬 더 다재다능하다.

쿠버네티스 1.9는 CSI^{Container Storage Interface}를 사용해 한 단계 발전했다.

FlexVolume 활용

쿠버네티스 볼륨 플러그인은 특정 유형의 스토리지 또는 스토리지 공급자를 지원하도록 설계됐다. 7장, '쿠버네티스 스토리지 관리하기'에서 다뤘던 수많은 볼륨 플러그인이 있다. 기존 볼륨 플러그인은 대부분의 사용자에게 충분하지만, 지원되지 않는 스토리지 솔루션과 통합해야 하는 경우 자체 볼륨 플러그인을 구현해야 한다. 이는 간단하지 않다. 공식 쿠버네티스 플러그인으로 승인받기를 원하면 엄격한 승인 절차를 거쳐야 한다. 그러나 FlexVolume은 다른 경로를 제공한다. 이 플러그인은 쿠버네티스 자체와의 긴밀한 통합없이 지원되지 않는 스토리지 백엔드를 연결할 수 있는 일반적인 플러그인이다.

FlexVolume을 사용하면 사양에 임의의 특성을 추가할 수 있으며 다음 작업을 포함하는 콜아웃^{callout} 인터페이스를 통해 백엔드와 통신한다.

- Attach : 쿠버네티스 Kubelet 노드에 볼륨을 연결한다.
- Detach : 쿠버네티스 Kubelet 노드에서 볼륨을 분리한다.
- Mount: 연결된 볼륨을 마운트한다.
- Unmount: 연결된 볼륨의 마운트를 해제한다.

각 작업은 백엔드 드라이버에 의해 적절한 시점에 FlexVolume이 호출하는 바이너리로 구현된다. 드라이버는 /usr/libexec/kubernetes/kubelet-plugins/volume/exec/⟨vendor⟩~⟨driver⟩/⟨driver⟩에 설치되어 있어야 한다.

CSI 혜택

FlexVolume은 트리 외부의 플러그인 기능을 제공하지만 여전히 FlexVolume 플러그인 자체와 다소 번거로운 설치 및 호출 모델이 필요하다. CSI는 공급자(벤더)가 직접 구현함으로써 이를 크게 개선할 것이다. 가장 좋은 점은 개발자로서 플러그인을 만들고 유지 관리할 필요가 없다는 것이다. CSI를 구현하고 유지 관리하는 것은 스토리지 솔루션 공급업체의 책임이며, 사람들이 다른 CSI 플랫폼과 통합되는 다른 스토리지 솔루션을 선택하지 않도록 가능한 한 강력하게 만드는 것이 중요하다.

▌ 요약

이번 장에서 쿠버네티스 API 작업, 쿠버네티스 API 확장, 쿠버네티스 플러그인 작성 세 가지 주요 주제를 다뤘다. 쿠버네티스 API는 OpenAPI 사양을 지원하며 현재의 모든 모범 사례들이 따르는 REST API 설계의 훌륭한 예제다. 이것은 매우 일관성 있고, 체계적이며, 문서화가 잘 되어 있지만 방대한 API이며 이해하기 쉽지 않다. 공식 파이썬 클라이언트를 포함한 클라이언트 라이브러리를 사용하거나, Kubectl을 호출하여 HTTP를 통해 REST로 API에 직접 접근할 수 있다.

쿠버네티스 API를 확장하는 것은 커스텀 리소스를 정의하고, API 집계를 통해 API 서버 자체를 선택적으로 확장하는 것이다. 커스텀 리소스는 외부에서 질의하고 업데이트할 때 추가 사용자 지정 플러그인이나 컨트롤러와 결합할 때 가장 효과적이다.

플러그인과 웹훅은 쿠버네티스 설계의 기본이다. 쿠버네티스는 언제나 사용자의 편의를 수용하기 위해 확장됐다. 여러분이 작성할 수 있는 다양한 플러그인과 웹훅을 살펴보고 이를 쿠버네티스에 등록하고 통합하는 방법을 살펴봤다.

또한 커스텀 메트릭과 커스텀 스토리지 옵션을 통해 쿠버네티스를 확장하는 방법도 살펴봤다.

이 시점에서 API 액세스, 커스텀 리소스 및 커스텀 플러그인을 통해 쿠버네티스를 확장, 커스텀 및 제어하는 모든 주요 메커니즘을 알고 있어야 한다. 쿠버네티스의 기존 기능을 보완하고 요구 사항과 시스템에 맞도록 조정하고 활용할 수 있다.

13장에서는 Helm이라는 쿠버네티스 패키지 매니저와 차트를 살펴본다. 이미 알고 있겠지만 쿠버네티스에서 복잡한 시스템을 배치하고 구성하는 것은 결코 쉽지 않다. Helm은 여러 개의 매니페스트를 하나의 차트로 그룹화할 수 있으며 차트는 단일 단위로 설치할 수 있다.

13

쿠버네티스 패키지 매니저 관리

이번 장에서 쿠버네티스의 패키지 매니저^{Package Manager}인 Helm(헬름으로 읽는다)에 대해 살펴본다. 성공적이며 중요한 모든 플랫폼은 좋은 패키징 시스템이 있어야 한다. Helm은 Deis에 의해 개발됐으며(Deis는 2017년 4월 마이크로소프트에 인수됐다) 나중에 쿠버네티스 프로젝트에 직접 기여했다. Helm의 동기, 아키텍처, 구성 요소를 이해하는 것으로 시작할 것이다. 그다음 실제로 다뤄보고, 쿠버네티스에서 Helm과 차트를 사용하는 방법에 대해 살펴본다. 여기에는 차트 검색, 설치, 커스터마이징, 삭제 및 관리가 포함된다. 마지막으로 차트를 만들고, 버전을 관리하고, 종속성 및 템플릿을 다루는 방법에 대해 살펴본다.

13장에서 다루는 내용은 다음과 같다.

- Helm 이해
- Helm 사용
- 자신만의 차트 만들기

▌ Helm 이해

쿠버네티스는 런타임 시 컨테이너를 구성하고 조정할 수 있는 다양한 방법을 제공한다. 하지만 여기에는 이미지 세트를 그룹화하는 고수준의 조직이 결여되어 있다. 이것이 Helm이 생긴 이유다. 이 절에서 Helm의 동기와 아키텍처, 구성 요소를 살펴본다. 그리고 Helm classic에서 Helm으로 전환되는 과정에서 어떤 부분이 달라졌는지 알아볼 것이다.

Helm의 동기

Helm은 몇 가지 중요한 사용 사례를 지원한다.

- 복잡도 관리
- 쉬운 업그레이드
- 간단한 공유
- 안전한 롤백

HLEM은 차트Chart라는 파일 형식으로 패키징하며, 차트를 통해 애플리케이션 설치, 업그레이드, 롤백을 간편하게 해준다. 쿠베네티스 커뮤니티에서 여러 가지 차트를 구할 수 있다. 차트는 가장 복잡한 애플리케이션을 설명하고, 반복 가능한 애플리케이션 설치를 제공하며, 단일 승인 지점으로 사용할 수 있다. 전체 업그레이드와 사용자 정의 처리를 사용해 쉬운 업데이트를 가능하게 한다. 공용 또는 개인 서버에서 버전을 관리하고 호스팅할 수 있는 차트를 공유하는 것은 간단하다. 최근 수행한 업그레이드를 롤백하는 경우 Helm 은 인프라에 대한 변경 사항의 집합을 롤백하는 단일 명령을 제공한다.

Helm 아키텍처

Helm은 다음 작업을 수행하도록 설계돼 있다.

- 새로운 차트 만들기
- 차트를 차트 아카이브 파일(tgz)로 패키지화하기
- 차트가 저장되는 차트 저장소와 상호작용하기
- 기존 쿠버네티스 클러스터에 차트 설치와 제거하기
- Helm에 의해 설치된 차트의 릴리스 주기 관리하기

Helm은 목표를 달성하기 위해 클라이언트-서버 아키텍처를 사용한다.

Helm의 구성 요소

Helm에는 쿠버네티스 클러스터에서 실행되는 서버 구성 요소인 Tiller(틸러)와 로컬 시스템에서 실행되는 클라이언트 구성 요소인 helm이 있다.

Tiller 서버

Tiller는 쿠버네티스 API와 통신하여 Hem 패키지를 관리하는 서비스다. Tiller 서버는 배포판 관리를 담당한다. Helm 클라이언트 그리고 쿠버네티스 API 서버와 상호작용한다. 다음은 Tiller 서버의 주요 기능이다.

- Helm 클라이언트에서 들어오는 요청 대기
- 차트와 설정을 결합하여 배포판 빌드
- 쿠버네티스에 차트 설치

- 후속 배포판 추적
- 쿠버네티스와 상호작용해 차트 업그레이드 및 삭제

Helm 클라이언트

시스템에 helm 클라이언트를 설치한다. 다음은 Helm 클라이언트의 역할이다.

- 로컬 차트 개발
- 저장소repository 관리
- Tiller 서버와 상호작용
- 설치할 차트 전송
- 배포판에 대한 정보 요청
- 기존 배포판의 설치 해제 또는 업그레이드 요청

▌Helm 사용

Helm은 클러스터에 설치된 애플리케이션을 관리하는데 필요한 모든 단계를 수행할 수 있는 풍부한 패키지 관리 시스템이다. 지금부터 해당 내용에 대해 깊이 있게 확인한다.

Helm 설치

Helm 설치는 클라이언트와 서버 설치가 포함돼 있다. Helm은 Go로 구현돼 있으며 동일한 바이너리 실행 파일은 클라이언트와 서버 역할을 수행할 수 있다.

Helm 클라이언트 설치

Helm 클라이언트는 Kubectl 설정을 사용해 Helm 서버(Tiller)와 통신하기 때문에 쿠버네티스 클러스터와 제대로 통신하려면 Kubectl을 올바르게 구성해야 한다.

Helm은 모든 플랫폼을 위한 바이너리 배포판을 제공한다.

https://github.com/kubernetes/helm/releases/latest

윈도우의 경우 chocolatey 패키지 관리자를 사용할 수도 있지만 공식 버전보다 조금 뒤떨어져 있을 수 있다.

https://chocolatey.org/packages/kubernetes-helm/ 〈version〉

맥OS와 리눅스의 경우 스크립트를 이용해 클라이언트를 설치할 수 있다.

```
$ curl https://raw.githubusercontent.com/kubernetes/helm/master/scripts/get
> get_helm.sh
$ chmod 700 get_helm.sh
$ ./get_helm.sh
```

맥OS X에서는 Homebrew를 사용할 수 있다.

```
brew install kubernetes-helm
```

Tiller 서버 설치

Tiller는 일반적으로 클러스터에서 실행된다. 개발을 위해 Tiller를 로컬에서 실행하는 것이 더 쉬운 경우도 있다.

클러스터 내에 Tiller 설치

Tiller를 설치하는 가장 쉬운 방법은 Helm 클라이언트가 설치된 컴퓨터에서 수행하는 것이다. 다음 명령을 실행한다.

```
helm init
```

이 명령은 원격 쿠버네티스 클러스터에서 클라이언트와 Tiller 서버가 모두 초기화된다. 설치가 완료되면 클러스터의 kube-system 네임스페이스에 Tiller 포드가 실행된다.

```
$ kubectl get po --namespace=kube-system -l name=tiller
NAME                          READY  STATUS   RESTARTS  AGE
tiller-deploy-3210613906-2j5sh 1/1   Running  0         1m
```

또한 helm version을 실행해서 클라이언트와 서버의 버전을 확인할 수 있다.

```
> helm version
Client: &version.Version{SemVer:"v2.2.3", GitCommit:"1402a4d6ec9fb349e17b912e32fe
259ca21181e3", GitTreeState:"clean"} Server: &version.Version{SemVer:"v2.2.3", Gi
tCommit:"1402a4d6ec9fb349e17b912e32fe259ca21181e3", GitTreeState:"clean"}
```

Tiller를 로컬에 설치

Tiller를 로컬에서 실행하려면 먼저 Tiller를 빌드해야 한다. 이 작업은 리눅스와 맥OS에서 지원된다.

```
> cd $GOPATH
> mkdir -p src/k8s.io
> cd src/k8s.io
> git clone https://github.com/kubernetes/helm.git
> cd helm
> make bootstrap build
```

부트스트랩^{bootstrap} 대상은 종속성을 설치하고 vendor/ 경로를 재구성하며 설정의 유효성을 검사한다.

빌드 대상은 Helm을 컴파일하고 결과를 bin/helm에 저장한다. Tiller 역시 컴파일 되며 bin/tiller에 저장된다.

이제 bin/tiller를 실행할 수 있다. Tiller는 Kubectl 설정을 통해 쿠버네티스 클러스터에 연결한다.

Helm 클라이언트에게 로컬 Tiller 서버에 연결하도록 요청해야 한다. 환경 변수를 설정해 이 작업을 수행할 수 있다.

```
> export HELM_HOST=localhost:44134
```

또는 명령줄 인수 --host localhost : 44134로 전달할 수 있다.

대체 스토리지 백엔드 사용

Helm 2.7.0은 배포판 정보를 secret으로 저장하는 옵션을 추가했다. 이전 버전에서는 항상 ConfigMaps에 배포판 정보를 저장했다. 시크릿 백엔드는 차트의 보안을 강화한다. 나머지 쿠버네티스 암호화에 대한 보완책이다. 시크릿 백엔드를 사용하려면 다음 명령을 사용해 Helm을 실행해야 한다.

```
> helm init --override
 'spec.template.spec.containers[0].command'='{/tiller,--storage=secret}'
```

차트 찾기

Helm과 함께 유용한 애플리케이션들과 소프트웨어를 설치하려면 먼저 차트를 찾아야 한다. helm search 명령을 입력한다. Helm은 기본적으로 stable이라고 불리는 공식 쿠버네티스 차트 저장소(chart repository)를 찾는다.

```
> helm search
NAME                              VERSION   DESCRIPTION
stable/acs-engine-autoscaler      2.1.1     Scales worker nodes within agent pools
stable/aerospike                  0.1.5     A Helm chart for Aerospike in Kubernetes
stable/artifactory                6.2.4     Universal Repository Manager supporting
all maj...
stable/aws-cluster-autoscaler     0.3.2     Scales worker nodes within autoscaling
groups.
stable/buildkite                  0.2.0     Agent for Buildkite
stable/centrifuge                 2.0.0     Centrifugo is a real-time messaging
server.
stable/chaoskube                  0.6.1     Chaoskube periodically kills random pods
in you...
stable/chronograf                 0.4.0     Open-source web application written in Go
and R..
stable/cluster-autoscaler         0.3.1     Scales worker nodes within autoscaling
groups.
```

공식 저장소는 모든 오픈소스 데이터베이스, 모니터링 시스템, 쿠버네티스 관련 도우미, 마인크래프트 서버와 같은 다른 많은 서비스를 대표하는 풍부한 차트 라이브러리를 갖고 있다. 특정 차트를 검색할 수 있다. 예를 들어 이름이나 설명에 kube가 포함된 차트를 검색할 수 있다.

```
> helm search kube
NAME                   VERSION   DESCRIPTION
stable/chaoskube       0.6.1     Chaoskube periodically kills random pods in you...
stable/kube-lego       0.3.0     Automatically requests certificates from Let's ...
stable/kube-ops-view   0.4.1     Kubernetes Operational View - read-only system ...
```

```
stable/kube-state-metrics 0.5.1 Install kube-state-metrics to generate and
expo...
stable/kube2iam        0.6.1    Provide IAM credentials to pods based on annota...
stable/kubed           0.1.0    Kubed by AppsCode - Kubernetes daemon
stable/kubernetes-dashboard 0.4.3  General-purpose web UI forChapter 13
Kubernetes clusters
stable/sumokube        0.1.1    Sumologic Log Collector
stable/aerospike       0.1.5    A Helm chart for Aerospike in Kubernetes
stable/coredns         0.8.0    CoreDNS is a DNS server that chains plugins and...
stable/etcd-operator 0.6.2      CoreOS etcd-operator Helm chart for Kubernetes
stable/external-dns 0.4.4       Configure external DNS servers (AWS Route53...
stable/keel            0.2.0    Open source, tool for automating Kubernetes dep...
stable/msoms           0.1.1    A chart for deploying omsagent as a daemonset...
stable/nginx-lego      0.3.0    Chart for nginx-ingresscontroller and kube-lego
stable/openvpn         2.0.2    A Helm chart to install an openvpn server insid...
stable/risk-advisor 2.0.0       Risk Advisor add-on module for Kubernetes
stable/searchlight     0.1.0    Searchlight by AppsCode - Alerts for Kubernetes
stable/spartakus       1.1.3    Collect information about Kubernetes clusters t...
stable/stash           0.2.0    Stash by AppsCode - Backup your Kubernetes Volumes
stable/traefik         1.15.2   A Traefik based Kubernetes ingress controller w...
stable/voyager         2.0.0    Voyager by AppsCode - Secure Ingress Controller...
stable/weave-cloud     0.1.2    Weave Cloud is a add-on to Kubernetes which pro...
stable/zetcd           0.1.4    CoreOS zetcd Helm chart for Kubernetes
stable/buildkite       0.2.0    Agent for Buildkite
```

또 다른 검색을 시도해보자

```
> helm search mysql
NAME            VERSION      DESCRIPTION
stable/mysql   0.3.4         Fast, reliable, scalable, and easy to use open-...
stable/percona 0.3.0         free, fully compatible, enhanced, open source d...
stable/gcloud-sqlproxy 0.2.2  Google Cloud SQL Proxy
stable/mariadb 2.1.3         Fast, reliable, scalable, and easy to use op
```

무슨 일이 일어난 것일까? 왜 mariadb가 결과에 나타나는가? 비록 중간에 잘린 출력 결과로 모두 확인할 수 없지만, 이유는 MySQL에서 갈라져 나온 mariadb를 MySQL 설명의 내용에서 언급했기 때문이다. 전체 설명을 보려면 helm inspect 명령을 사용한다.

```
> helm inspect stable/mariadb
appVersion: 10.1.30
description: Fast, reliable, scalable, and easy to use open-source relational
database system. MariaDB Server is intended for mission-critical, heavy-load
production systems as well as for embedding into mass-deployed software.
engine: gotpl
home: https://mariadb.org
icon:
https://bitnami.com/assets/stacks/mariadb/img/mariadb-stack-220x234.png
keywords:
- mariadb
- mysql
- database
- sql
- prometheus
maintainers:
- email: containers@bitnami.com
  name: bitnami-bot
name: mariadb
sources:
- https://github.com/bitnami/bitnami-docker-mariadb
- https://github.com/prometheus/mysqld_exporter
version: 2.1.3
```

패키지 설치

원하던 패키지를 찾았다. 이제 쿠버네티스 클러스터에 설치하려고 한다. 패키지를 설치하면 Helm은 설치 진행 상황을 추적하는 데 사용할 수 있는 배포판를 생성한다. helm install 명령을 사용해 MariaDB를 설치한다. 출력 결과를 자세히 살펴보면, 출력 결과의 첫 번째 부분은 배포판의 이름, 네임스페이스, 배포 상태 등을 보여준다(--name 플래그로 특정 배포판을 선택할 수 있다).

```
> helm install stable/mariadb
NAME:    cranky-whippet
LAST DEPLOYED: Sat Mar 17 10:21:21 2018
NAMESPACE: default
STATUS: DEPLOYED
```

출력 결과의 두 번째 부분은 이 차트에 의해 생성된 모든 자원을 나열한다. 자원의 이름은 모두 배포판의 이름에서 파생된다는 것을 기억하자.

```
RESOURCES:
==> v1/Service
NAME                    TYPE        CLUSTER-IP      EXTERNAL-IP PORT(S) AGE
cranky-whippet-mariadb ClusterIP   10.106.206.108  <none>      3306/TCP 1s
==> v1beta1/Deployment
NAME                    DESIRED  CURRENT  UP-TO-DATE  AVAILABLE  AGE
cranky-whippet-mariadb 1        1        1           0          1s
==> v1/Pod(related)
NAME                                        READY  STATUS    RESTARTS  AGE
cranky-whippet-mariadb-6c85fb4796-mttf7 0/1    Init:0/1  0         1s
==> v1/Secret
NAME                    TYPE     DATA  AGE
cranky-whippet-mariadb Opaque   2     1s
==> v1/ConfigMap
NAME                         DATA  AGE
cranky-whippet-mariadb        1    1s
cranky-whippet-mariadb-tests 1    1s
==> v1/PersistentVolumeClaim
NAME                    STATUS   VOLUME
CAPACITY    ACCESS MODES STORAGECLASS  AGE
cranky-whippet-mariadb  Bound            pvc-9cb7e176-2a07-11e8-9bd6-080027c94384
8Gi        RWO          standard          1s
```

마지막 부분은 쿠버네티스 클러스터의 컨텍스트에서 MariaDB를 사용하는 방법에 대한 이해하기 쉬운 설명을 제공하는 메모이다.

```
NOTES:
MariaDB can be accessed via port 3306 on the following DNS name from within your
cluster:
cranky-whippet-mariadb.default.svc.cluster.local
To get the root password run:
MARIADB_ROOT_PASSWORD=$(kubectl get secret --namespace default cranky- whippet-
mariadb -o jsonpath="{.data.mariadb-root-password}" | base64 -- decode)
To connect to your database:
Run a pod that you can use as a client:
kubectl run cranky-whippet-mariadb-client --rm --tty -i --env MARIADB_ROOT_
PASSWORD=$MARIADB_ROOT_PASSWORD --image bitnami/mariadb -- command -- bash
Connect using the mysql cli, then provide your password: mysql -h cranky-whippet-
mariadb -p$MARIADB_ROOT_PASSWORD
```

설치 상태 확인

Helm은 설치 완료까지 시간이 좀 걸릴 수 있기 때문에 기다리지 않는다. helm status 명령은 초기 helm install 명령의 출력과 동일한 형식으로 배포판에 대한 최신 정보를 표시한다. install 명령의 출력에서 PersistentVolumeClaim(영구 볼륨 요청)이 PENDING(보류) 상태임을 알 수 있다. 지금부터 확인하도록 한다.

```
> helm status cranky-whippet | grep Persist -A 3
==> v1/PersistentVolumeClaim
NAME STATUS VOLUME CAPACITY ACCESS MODES STORAGECLASS     AGE
cranky-whippet-mariadbBoundpvc-9cb7e176-2a07-11e8-9bd6-080027c943848Gi
RWO                            standard                   5m
```

접속됐고 8GB의 저장 공간을 가진 볼륨이 마운트됐다.

연결해 mariadb에 실제로 액세스할 수 있는지 확인해본다. 연결을 위해 참소 파일에 제시된 명령을 약간 수정한다. bash를 실행하고 mysql을 실행하는 대신 컨테이너에 mysql 명령을 직접 실행할 수 있다.

```
> kubectl run cranky-whippet-mariadb-client --rm --tty -i --image bitnami/mariadb
--command -- mysql -h cranky-whippet-mariadb
```

명령 프롬프트가 표시되지 않을 경우 엔터[Enter]를 누른다.

```
MariaDB [(none)]> show databases;
+--------------------+
| Database           |
+--------------------+
| information_schema |
| mysql              |
| performance_schema |
+--------------------+
rows in set (0.00 sec)
```

차트 커스터마이징

유저로서, 매우 자주 설치한 차트를 커스터마이징하거나 설정하길 원할 수 있다. Helm은 설정 파일을 통한 커스터마이징을 완벽하게 지원한다. 가능한 커스터마이징의 범위를 익히기 위해 helm inspect 명령을 다시 사용할 수 있다. 그러나 이번에는 값에 초점을 맞춘다. 다음은 출력의 일부다.

```
> helm inspect values stable/mariadb
## Bitnami MariaDB image version
## ref: https://hub.docker.com/r/bitnami/mariadb/tags/
##
## Default: none
image: bitnami/mariadb:10.1.30-r1
```

```
## Specify an imagePullPolicy (Required)
## It's recommended to change this to 'Always' if the image tag is 'latest'
## ref: http://kubernetes.io/docs/user-guide/images/#updating-images
imagePullPolicy: IfNotPresent
## Use password authentication
usePassword: true
## Specify password for root user
## Defaults to a random 10-character alphanumeric string if not set and
usePassword is true
## ref:
https://github.com/bitnami/bitnami-docker-mariadb/blob/master/README.md#setting-
the-root-password-on-first-run
##
# mariadbRootPassword:
## Create a database user
## Password defaults to a random 10-character alphanumeric string if not set and
usePassword is true
## ref:
https://github.com/bitnami/bitnami-docker-mariadb/blob/master/README.
md#creating-a-database-user-on-first-run
##
# mariadbUser:
# mariadbPassword:
## Create a database
## ref:
https://github.com/bitnami/bitnami-docker-mariadb/blob/master/README.
md#creating-a-database-on-first-run
##
# mariadbDatabase:
```

예를 들어 mariadb를 설치하면서 root 패스워드를 설정하고 데이터베이스를 생성하려면
아래와 같은 YAML 파일을 만들고 mariadb-config.yaml로 저장할 수 있다.

```
mariadbRootPassword: supersecret
mariadbDatabase: awesome_stuff
```

그리고 helm을 실행하고 yaml 파일을 전달한다.

```
> helm install -f config.yaml stable/mariadb
```

또한 --set을 이용해 명령줄에서 개별 값을 설정할 수도 있다. --f와 --set 모두 동일한 값으로 설정을 시도하면 --set 값이 우선한다. 예를 들어 이 경우에 root 패스워드는 evenbettersecret이 된다.

```
helm install -f config.yaml --set mariadbRootPassword=evenbettersecret stable/
mariadb
```

쉼표로 값을 구분한 리스트를 사용해서 여러 값을 지정할 수 있다. --set a=1,b=2

추가 설치 선택 사항

helm install 명령은 여러 소스에서 설치할 수 있다.

- 차트 저장소(이미 확인)
- 로컬 차트 아카이브(helm install foo-0.1.1.tgz)
- 압축 해제된 차트 디렉토리(helm install path/to/foo)
- 전체 URL(helm install https://example.com/charts/foo-1.2.3.tgz)

배포판 업그레이드와 롤백

이전에 설치한 패키지를 최신 버전으로 업그레이드하길 원할 수 있다. Helm은 upgrade 명령을 제공한다. 이 명령은 지능적으로 작동하며 변경된 것들만 업데이트한다. 예를 들어 설치된 mariadb의 현재 값을 확인하면 다음과 같다.

```
> helm get values cranky-whippet
mariadbDatabase: awesome_stuff
mariadbRootPassword: evenbettersecret
```

이제 데이터베이스의 이름을 실행, 업그레이드, 변경한다.

```
> helm upgrade cranky-whippet --set mariadbDatabase=awesome_sauce
stable/mariadb
$ helm get values cranky-whippet
mariadbDatabase: awesome_sauce
```

root 패스워드를 잃어버렸다. 업그레이드할 때 기존의 모든 값은 대체된다. 다음은 롤백 기능이다. helm history 명령은 롤백 가능한 모든 버전을 보여준다.

```
> helm history  cranky-whippet
REVISION        STATUS          CHART           DESCRIPTION
1               SUPERSEDED      mariadb-2.1.3   Install complete
2               SUPERSEDED      mariadb-2.1.3   Upgrade complete
3               SUPERSEDED      mariadb-2.1.3   Upgrade complete
4               DEPLOYED        mariadb-2.1.3   Upgrade complete
```

revision 3으로 되돌리도록 한다.

```
> helm rollback cranky-whippet 3 Rollback was a success! Happy Helming!
> helm history cranky-whippet
REVISION        STATUS          CHART           DESCRIPTION
1               SUPERSEDED      mariadb-2.1.3   Install complete
2               SUPERSEDED      mariadb-2.1.3   Upgrade complete
3               SUPERSEDED      mariadb-2.1.3   Upgrade complete
4               SUPERSEDED      mariadb-2.1.3   Upgrade complete
5               DEPLOYED        mariadb-2.1.3   Rollback to 3
```

변경 사항이 롤배됐는지 확인한다.

```
> helm get values cranky-whippet
mariadbDatabase: awesome_stuff
mariadbRootPassword: evenbettersecret
```

배포판 삭제

당연히 helm delete 명령어를 사용해 배포판을 삭제할 수 있다. 먼저, 배포판 목록을 확인한다. cranky-whippet만 있다.

```
> helm list
NAME REVISION STATUS CHART NAMESPACE
cranky-whippet 5 DEPLOYED mariadb-2.1.3 default
```

이제 이것을 삭제하도록 한다.

```
> helm delete cranky-whippet
release "cranky-whippet" deleted
```

더 이상 배포판은 없다.

```
> helm list
```

하지만 Helm은 삭제된 배포판도 추적할 수 있다. --all 플래그를 사용해 확인할 수 있다.

```
> helm list --all
NAME            REVISION   STATUS    CHART          NAMESPACE
cranky-whippet  5          DELETED   mariadb-2.1.3  default
```

배포판을 완전히 삭제하려면 --purge 플래그를 추가한다.

```
> helm delete --purge cranky-whippet
```

저장소 작업

Helm은 간단한 HTTP 서버인 저장소^{repository}에 차트를 저장한다. 모든 표준 HTTP 서버는 Helm 저장소를 호스팅할 수 있다. Helm 팀은 AWS S3와 구글 클라우드 스토리지가 웹 허용 모드일 때 클라우드에서 Helm 저장소로 사용할 수 있음을 확인했다. Helm은 또한 개발자 테스트를 위해 로컬 패키지 서버를 함께 번들로 제공한다. 이 서버는 로컬 클라이언트 기기에서 실행되므로 공유하는 것은 적절하지 않다. 소규모 팀에서는 모든 팀원들이 접근 가능한 로컬 네트워크의 컴퓨터에서 Helm 패키지 서버를 실행하는 것도 가능하다.

로컬 패키지 서버를 사용하려면 helm serve를 입력한다. 포그라운드로 실행돼 추가 입력은 받을 수 없기 때문에 입력은 별도의 터미널 창에서 수행한다. Helm은 차트 서비스를 기본적으로 ~/.helm/repository/local에서 제공한다. 차트를 이 위치에 넣고 helm index 명령으로 인덱스 파일을 생성할 수 있다.

생성된 index.yaml 파일은 모든 차트의 목록을 가지고 있다.

Helm은 원격 저장소에 차트를 업로드하기 위한 도구를 제공하지 않는다는 것에 유의해야 한다. 이것을 위해 원격 서버가 Helm을 이해하고 차트의 위치를 알고 있어야 하며 index.yaml 파일을 업데이트하는 방법이 필요하다.

클라이언트 쪽에서는 helm repo 명령으로 목록을 확인할 수 있으며 add, remove, index, update 등의 명령도 사용할 수 있다.

```
> helm repo
```

이 명령은 차트 저장소와 상호작용하는 여러 하위 명령으로 구성된다. 차트 저장소를 추가, 삭제 및 목록을 나열하거나 인덱스를 생성하는데 사용할 수 있다.

- 사용 예:

```
$ helm repo add [NAME] [REPO_URL]
```

- 사용법:

```
helm repo [command]
```

- 사용 가능한 명령어

```
add       add a chart repository //차트 저장소 추가
index     generate an index file for a given a directory
//주어진 디렉토리 목록에 대한 색인 파일 생성
list      list chart repositories //차트 저장소 나열
remove    remove a chart repository //차트 저장소 삭제
update    update information on available charts  //사용 가능한 차트에 대한 업
데이트 정보
```

Helm으로 차트 관리

Helm은 차트 관리를 위한 몇 가지 명령을 제공한다. 명령을 통해 새로운 차트를 만들 수 있다.

```
> helm create cool-chart
Creating cool-chart
```

Helm은 cool-chart 디렉터리 아래 다음과 같은 파일과 디렉터리를 생성한다.

```
-rw-r--r-- 1 gigi.sayfan gigi.sayfan 333B Mar 17 13:36 .helmignore
-rw-r--r-- 1 gigi.sayfan gigi.sayfan 88B Mar 17 13:36 Chart.yaml
drwxr-xr-x 2 gigi.sayfan gigi.sayfan 68B Mar 17 13:36 charts
drwxr-xr-x 7 gigi.sayfan gigi.sayfan 238B Mar 17 13:36 templates
-rw-r--r-- 1 gigi.sayfan gigi.sayfan 1.1K Mar 17 13:36 values.yaml
```

차트를 수정한 후 tar gzip 아카이브로 패키징 할 수 있다.

```
> helm package cool-chart
```

Helm은 cool-chart-0.1.0.tgz라는 아카이브를 만들고 로컬 디렉터리와 로컬 저장소 양쪽에 저장한다.

또한 helm lint를 이용해 차트의 서식이나 정보와 관련한 문제를 찾을 수 있다.

```
> helm lint cool-chart
==> Linting cool-chart
[INFO] Chart.yaml: icon is recommended
1 chart(s) linted, no failures
```

스타터 팩 활용

helm create 명령은 옵션으로 --starter 플래그를 사용해 스타터 차트를 지정할 수 있다.

스타터는 $HELM_HOME/starters에 위치한 일반 차트이다. 스타터는 개발자가 차트 개발의 시작으로 사용할 수 있도록 설계됐다. 이런 차트를 설계할 때 다음 사항을 고려해야 한다.

- 생성기는 Chart.yaml 파일을 덮어쓴다.
- 사용자는 이런 차트의 내용을 수정할 것으로 예상하므로 설명서에 사용자가 어떻게 수정할 수 있는지 나와 있어야 한다.

현재로써는 $HELM_HOME/starters에 차트를 설치할 수 없기 때문에 수동으로 복사해야 한다. 스타터 차트를 개발하는 경우 차트 설명서를 참조한다.

나만의 차트 만들기

차트는 쿠버네티스 자원과 관련된 집합을 설명하는 파일의 모음이다. 하나의 차트를 사용해 memcached 포드 같은 단순한 항목이나, HTTP 서버, 데이터베이스, 캐시 등이 포함된 전체 웹 앱 스택과 같은 복잡한 항목을 배포할 때 사용할 수 있다.

차트는 특정 디렉터리에 파일로 생성된다. 그런 다음 버전이 지정된 아카이브에 패키징해 배포할 수 있다. 주요 파일은 Chart.yaml이다.

Chart.yaml 파일

Chart.yaml 파일은 차트의 주요 파일이다. 이 파일은 이름과 버전 항목이 필요하다.

- Name: 차트 이름(디렉터리 이름과 동일)
- Version: SemVer 2 버전

다양한 옵션 항목이 포함될 수 있다.

- kubeVersion: 호환 가능한 쿠버네티스 버전의 SemVer 범위
- description: 이 프로젝트에 대한 단일 문장 설명
- keywords: 이 프로젝트에 대한 키워드 목록

- `home`: 이 프로젝트 홈 페이지의 URL
- `sources`: 이 프로젝트의 소스 코드에 대한 URL 목록
- `maintainers`: 관리자
  - `name`: 관리자 이름 (각 관리자에게 필요)
  - `email`: 관리자의 전자 메일 (선택 사항)
  - `url`: 관리자의 URL (선택 사항)
- `engine`: 템플릿 엔진의 이름 (기본값은 gotpl)
- `icon` : 아이콘으로 사용할 SVG 또는 PNG 이미지의 URL
- `appVersion`: 이 차트를 포함한 앱의 버전
- `deprecated`: 이 차트는 더 이상 사용되지 않습니까? (부울)
- `tillerVersion` : 이 차트에 필요한 Tiller 버전
- `description`: 이 프로젝트의 키워드에 대한 문장의 설명

차트 버전 관리

`Chart.yaml` 파일 내의 version 항목은 CLI와 Tiller 서버를 포함한 다양한 Helm 도구에서 사용된다. `helm package` 명령은 패키지를 생성할 때 `Chart.yaml`에서 찾은 버전을 사용한다. 차트 패키지 이름의 버전과 `Chart.yaml` 내의 버전 번호는 일치해야 한다. 불일치하면 에러가 발생한다.

appVersion 항목

`appVersion` 항목은 version 항목과 관련이 없다. 이 정보는 Helm이 사용하지는 않고, 배포 중인 것이 무엇인지 알고 싶어하는 사용자를 위한 메타데이터 또는 문서 정보로 사용된다. Helm은 정확성을 강제하지는 않는다.

조만간 사라질[1] 차트 항목

종종 차트를 사용 중지^{deprecate}해야 할 경우도 있다. Chart.yaml에서 deprecated(더 이상 사용되지 않는) 항목을 true로 설정해 차트를 더 이상 사용하지 않는 것으로 표시할 수 있다. 어떤 차트의 최신 버전을 deprecated로 표시하면 그 차트 전체는 더 이상 사용하지 않는 것으로 간주된다. 나중에 차트 이름을 다시 사용하고 사용할 새 버전을 게시할 수 있다. kubernetes/charts 프로젝트에서 사용하는 작업 절차는 다음과 같다.

- 차트의 Chart.yaml을 업데이트해서 차트가 더 이상 사용되지 않는 것으로 표시하고 버전을 붙인다.
- 차트의 새로운 버전을 릴리스한다.
- 소스 저장소에서 차트를 제거한다.

차트의 메타데이터 파일

차트는 설치, 설정, 사용법, 차트 라이선스 등을 설명하는 README.md, LICENSE, NOTES.txt와 같은 다양한 메타데이터 파일을 포함하고 있다. 차트의 README.md 파일은 마크다운^{makrdown} 형식이어야 하며 일반적으로 아래의 정보를 제공해야 한다.

- 차트가 제공하는 서비스나 애플리케이션에 대한 설명
- 차트를 실행하기 위한 요구 사항이나 전제 조건
- value.yaml의 기본값과 선택 사항들에 대한 설명
- 차트의 설치와 설정과 관련된 모든 정보

---

1 deprecated는 어떤 기능이 아직까지는 사용되고 있으나 쓸모가 없어지거나, 새로운 기능으로 대체돼 조만간 사라지게 될 수 있는 상태를 말한다. – 옮긴이

templates/NOTES.txt 파일은 설치 후 또는 배포 상태를 볼 때 표시된다. NOTES를 간결하게 유지하고 자세한 설명은 README.md를 참조한다. 데이터베이스에 연결하거나 웹 UI에 액세스하는 정보와 같은 사용법 노트와 다음 단계를 입력하는 것이 일반적이다.

차트 종속성 관리

Helm에서 차트는 다른 차트에 종속될 수 있다. 이런 종속성은 requirements.yaml 파일에 나열하거나 설치 중에 종속성 차트를 chart/ 하위 디렉터리에 복사해 명시적으로 표현된다.

종속성은 차트 아카이브(foo-1.2.3.tgz) 또는 압축이 풀린 차트 디렉터리일 수 있다. 그러나 이름은 _ 또는 ..으로 시작할 수 없다. 이런 파일은 차트 로더에 의해 무시된다.

requirements.yaml을 사용해 종속성 관리

차트를 chart/ 하위 디렉터리에 수동으로 넣는 것보다는 차트 내부의 requirements.yaml 파일을 사용해 종속성을 선언하는 것이 좋다.

requirements.yaml 파일은 차트 종속성과 관련한 대상 목록을 나열하는 단순한 파일이다.

```
dependencies:
- name: foo
  version: 1.2.3
  repository: http://example.com/charts
- name: bar
  version: 4.5.6
  repository: http://another.example.com/charts
```

name 항목은 원하는 차트의 이름이다.

version 항목은 원하는 차트의 버전이다.

repository 항목은 차트 저장소의 전체 URL이다. repository를 로컬에 추가하려면 helm repo add 명령을 사용해야 한다.

종속성 파일이 있으면 helm dep up(종속성 업데이트)을 실행할 수 있으며 이 작업은 종속성 파일을 사용해 지정된 모든 차트를 차트의 하위 디렉터리에 다운로드한다.

```
$ helm dep up foo-chart
Hang tight while we grab the latest from your chart repositories...
...Successfully got an update from the "local" chart repository
...Successfully got an update from the "stable" chart repository
...Successfully got an update from the "example" chart repository
...Successfully got an update from the "another" chart
repository Update Complete. Happy Helming!
Saving 2 charts
Downloading Foo from repo http://example.com/charts
Downloading Bar from repo http://another.example.com/charts
```

Helm 종속성 업데이트동안 종속성 차트를 charts/ 디렉터리에 차트 아카이브 파일로 저장한다. 앞의 예에서는 이런 파일이 charts 디렉터리에 있다.

```
charts/
  foo-1.2.3.tgz
  bar-4.5.6.tgz
```

requirements.yaml을 사용해 차트와 차트의 종속성을 관리하는 것은 종속성을 명시적으로 문서화하고 팀 간에 공유하며 자동화된 파이프라인을 지원하는 모범 사례다.

requirements.yaml의 특수 항목 사용

requirements.yaml 파일의 각 항목에는 선택 항목인 태그tag와 조건condition도 포함될 수 있다.

이 항목은 차트 로드를 동적으로 제어하는 데 사용될 수 있다(기본적으로 모든 차트가 로드된다). 태그 또는 조건 항목이 있다면 Helm은 이를 평가하고 대상 차트를 로드할 지 결정한다.

- 조건(Condition): condition 항목은 쉼표로 구분된 하나 이상의 YAML 경로를 가지고 있다. 이 경로가 최상위 값에 존재하고 부울 값으로 해석되면 차트는 이 부울값에 따라 활성화 또는 비활성화할 수 있다. 목록에 있는 첫 번째 유효한 경로만 평가되며, 경로가 존재하지 않으면 조건은 적용되지 않는다.
- 태그(Tag): tags 항목은 이 차트와 연결할 YAML 레이블 목록이다. 최상위 값에서 태그가 있는 모든 차트는 태그와 부울 값을 지정해 활성화 또는 비활성화 할 수 있다.
- 종속성 설치를 활성화하거나 비활성화하기 위해 조건과 태그를 잘 이용한 requirements.yaml과 values.yaml의 좋은 예제가 있다. requirements.yaml 파일은 global enabled 항목과 특정 sub-charts enabled 항목의 값에 따라 종속성을 설치하기 위한 두가지 조건을 정의하고 있다.

```
# parentchart/requirements.yaml
dependencies:
    - name: subchart1
    repository: http://localhost:10191
    version: 0.1.0
    condition: subchart1.enabled, global.subchart1.enabled
    tags:
      - front-end
      - subchart1
  - name: subchart2
    repository: http://localhost:10191
    version: 0.1.0
    condition: subchart2.enabled,global.subchart2.enabled
    tags:
      - back-end
      - subchart2
```

values.yaml 파일은 일부 조건 변수에 값을 지정한다. subchart2 태그는 값을 갖지 않으므로 enable로 간주된다.

```
# parentchart/values.yaml
  subchart1:
    enabled: true
  tags:
    front-end: false
    back-end: true
```

차트를 설치할 때 명령줄에서 태그와 조건 값을 설정할 수 있다. 그러면 이 값들은 values. yaml 파일보다 우선한다.

```
helm install --set subchart2.enabled=false
```

태그와 조건의 해결 방법은 다음과 같다.

- 값이 설정되었을 때 조건은 언제나 태그보다 우선한다. 첫 번째 조건 경로가 존재하면 그 차트의 후속 조건 경로는 무시된다.
- 차트 태그 중 하나라도 true이면 차트를 활성화 한다.
- 태그와 조건 값은 반드시 최상위 값으로 설정돼야 한다.
- 태그: 입력된 값은 반드시 최상위 키여야 한다. 전역 변수 또는 중첩 태그는 아직 지원되지 않는다.

템플릿과 값 사용

중요한 애플리케이션의 경우 특정한 사용 사례에 맞게 구성하고 적용해야 한다. Helm 차트는 Go 템플릿 언어를 사용해 자리 표시자를 채우는 템플릿이다. Helm은 Sprig 라이브러리의 추가 기능과 몇몇 다른 특별한 기능을 지원한다. 템플릿 파일은 차트의 templates/

하위 디렉터리에 저장된다. Helm은 템플릿 엔진을 이용해 이 디렉터리의 모든 파일을 해석하고 제공된 값 파일을 적용한다.

템플릿 파일 작성

템플릿 파일은 Go 템플릿 언어 규칙을 따르는 텍스트 파일이다. 이 파일은 쿠버네티스 구성 파일을 생성할 수 있다. 다음은 artifactory 차트의 서비스 템플릿 파일이다.

```
kind: Service
apiVersion: v1
kind: Service
metadata:
  name: {{ template "artifactory.fullname" . }}
  labels:
    app: {{ template "artifactory.name" . }}
    chart: {{ .Chart.Name }}-{{ .Chart.Version }}
    component: "{{ .Values.artifactory.name }}"
    heritage: {{ .Release.Service }}
    release: {{ .Release.Name }}
{{- if .Values.artifactory.service.annotations }}
  annotations:
{{ toYaml .Values.artifactory.service.annotations | indent 4 }}
{{- end }}
spec:
  type: {{ .Values.artifactory.service.type }}
  ports:
  - port: {{ .Values.artifactory.externalPort }}
    targetPort: {{ .Values.artifactory.internalPort }}
    protocol: TCP
    name: {{ .Release.Name }}
  selector:
    app: {{ template "artifactory.name" . }}
    component: "{{ .Values.artifactory.name }}"
    release: {{ .Release.Name }}
```

파이프라인과 함수 사용

Helm은 내장 Go 템플릿 함수, sprig 함수, 파이프라인을 통해 템플릿 파일에서 풍부하고 정교한 구분을 허용한다. 다음은 이런 장점을 활용한 예제 템플릿이다. 이 파일은 food와 drink 키에 대해 repeat, quote 및 제공되는 상위 함수를 사용하며 파이프라인을 사용해 여러 기능을 서로 연결한다.

```
apiVersion: v1
kind: ConfigMap
metadata:
  name: {{ .Release.Name }}-configmap
data:
  greeting: "Hello World"
  drink: {{ .Values.favorite.drink | repeat 3 | quote }}
  food: {{ .Values.favorite.food | upper | quote }}
```

값 파일에 다음 절이 있는지 확인한다.

```
favorite:
  drink: coffee
  food: pizza
```

결과 차트는 다음과 같다.

```
apiVersion: v1
kind: ConfigMap
metadata:
  name: cool-app-configmap
data:
  greeting: "Hello World"
  drink: "coffeecoffeecoffee"
  food: "PIZZA"
```

사전 정의된 값 포함

Helm은 템플릿에서 사용할 수 있는 사전 정의된 값을 제공한다. 이전 artifactory 차트 템플릿에서 `Release.Name`, `Release.Service`, `Chart.Name`, `Chart.Version`은 Helm이 사전 정의한 값의 예제다. 다른 사전 정의 값들은 다음과 같다.

- `Release.Time`
- `Release.Namespace`
- `Release.IsUpgrade`
- `Release.IsInstall`
- `Release.Revision`
- `Chart`
- `Files`
- `Capabilities`

차트는 Chart.yaml의 내용이다. 이 파일과 사전 정의 값들은 다양한 함수를 통해 접근을 허용하는 맵과 유사한 객체이다. Chart.yaml의 알 수 없는 항목은 템플릿 엔진에 의해 무시되며 임의의 구조화된 데이터를 템플릿에 전달하는 데 사용할 수 없다.

파일에서 값(value) 보내기

아래는 artifactory 기본값 파일의 일부다. 파일의 값들은 여러 개의 템플릿을 설정하는 데 사용된다. 예를 들어 artifactory name과 internalPort 값은 앞의 서비스 템플릿에서 사용된다.

```
artifactory:
  name: artifactory
  replicaCount: 1
  image:
  # repository: "docker.bintray.io/jfrog/artifactory-oss"
```

```
repository: "docker.bintray.io/jfrog/artifactory-pro"
version: 5.9.1
pullPolicy: IfNotPresent
 service:
 name: artifactory
  type: ClusterIP
  annotations: {}
  externalPort: 8081
  internalPort: 8081
 persistence:
 mountPath: "/var/opt/jfrog/artifactory"
 enabled: true
 accessMode: ReadWriteOnce
 size: 20Gi
```

설치 명령 중에 자신의 YAML 값 파일을 제공해 기본값을 대체할 수 있다.

```
> helm install --values=custom-values.yaml gitlab-ce
```

범위, 종속성, 값

값 파일은 최상위 차트 뿐만 아니라 해당 차트의 chart/ 디렉터리에 포함된 차트의 값들을 선언할 수 있다. 예를 들어 artifactory-ce values.yaml 파일은 이 차트의 종속성 차트인 postgresql에 대한 몇 가지 기본값이 있다.

```
## Configuration values for the postgresql dependency
## postgresql 의존성을 위한 설정 값
## ref:
https://github.com/kubernetes/charts/blob/master/stable/postgressql/README.md
##
postgresql:
postgresUser: "artifactory"
postgresPassword: "artifactory"
postgresDatabase: "artifactory"
```

```
persistence:
  enabled: true
```

최상위 차트는 종속 차트의 값에 접근할 수 있다. 그러나 반대는 안 된다. 또한 모든 차트들이 접근할 수 있는 전역 값이 있다. 예를 들어 다음과 같이 추가할 수 있다.

```
global:
  app: cool-app
```

전역 값이 존재하면 다음과 같이 각 종속 차트의 값으로 복제될 것이다.

```
global:
  app: cool-app
postgresql:
  global:
    app: cool-app
  ...
```

▌ 요약

이 장에서는 Helm이라는 쿠버네티스의 패키지 매니저를 살펴봤다. Helm은 쿠버네티스에게 많은 쿠버네티스 자원으로 구성된 복잡한 소프트웨어를 상호종속성으로 관리할 수 있는 능력을 부여했다. 이것은 운영체제의 패키지 매니저와 동일한 목적으로 사용된다. Helm은 패키지를 조직적으로 구성하고, 차트를 검색하고, 차트를 설치하고 업그레이드하며, 공동 작업자와 차트를 공유할 수 있다. 그리고 차트를 개발하고 그것을 저장소에 저장할 수 있다.

지금 시점에서 Helm이 쿠버네티스 생태계와 커뮤니티에서 제공하는 중요한 역할을 이해해야 한다. 또한 생산적으로 사용하고 자신만의 차트를 개발하고 공유할 수 있어야 한다.[2]

14장에서는 쿠버네티스의 미래에 대해 살펴보고 로드맵과 위시리스트에 있는 개인적인 몇 가지 희망 사항들을 살펴본다.

---

2 Helm 명령어에 대한 자세한 정보는 https://docs.helm.sh/helm/#helm에서 볼 수 있다. – 옮긴이

14

쿠버네티스의 미래

14장에서는 다양한 관점에서 쿠버네티스의 미래를 살펴본다. 쿠버네티스의 설계 과정을 포함해 쿠버네티스의 로드맵과 앞으로 출시될 제품의 기능을 알아본다. 그리고 커뮤니티, 생태계, 공유 정신mindshare 차원을 포함한 개념 단계부터 현재까지 쿠버네티스의 탄력성에 대해 다룬다. 쿠버네티스의 미래는 경쟁에 대한 대응력에 따라 결정될 것이다. 그리고 컨테이너 오케스트레이션은 새롭고 빠르게 움직일 것이며, 아직까지 충분히 이해된 영역이 아니기 때문에 쿠버네티스의 교육 또한 중요한 역할을 할 것이다. 마지막으로 최상위 위시리스트 기능인 동적 플러그인에 대해 살펴본다.

14장에서 다루는 내용은 다음과 같다.

- 앞으로 나아갈 길
- 경쟁

- 쿠버네티스의 탄력성
- 교육과 훈련
- 모듈화와 트리 외부의 플러그인
- 서비스 메시와 서버리스 프레임워크

▌ 앞으로 나아갈 길

쿠버네티스는 대규모 오픈소스 프로젝트다. 계획된 기능과 향후 출시될 기능, 특정 영역에 초점을 맞춘 다양한 특별 관심사에 대해 살펴보겠다.

쿠버네티스 출시와 주요 일정

쿠버네티스는 상당히 규칙적으로 출시된다. 2018년 4월 현재 릴리스 버전은 1.10이다. 다음 릴리스인 1.11은 현재 33% 정도 완료됐다. 다음은 1.11 릴리스에서 해결된 몇 가지 흥미로운 주제다.

- 1.10.1로 변경 및 기본 etcd 서버를 3.2로 업데이트
- 트리 외부 인증 공급자 지원
- kublet 플래그를 kublet.config.k8s.io로 이전
- 애저 표준 로드밸런서와 공용 IP 지원
- kubectl api-resources 명령 추가
- 부버전$^{minor\ version}$는 3개월마다 릴리스되며, 패치 릴리스는 다음 부버전의 릴리스가 나올 때까지 문제점과 이슈를 포함한다. 다음은 최근 출시된 세 개의 출시 날짜이다.
  - 9.6 릴리스: 2018년 3월 21일, 10.0 릴리스: 2018년 3월 26일

- 1.8.5 릴리스: 2017년 12월 7일, 9.0 릴리스: 2017년 12월 15일
- 8.0과 1.7.7 릴리스: 2017년 9월 28일(내 생일!)

향후 배포될 기능에 대해 살펴보는 다른 좋은 방법은 알파와 베타 릴리스에서 수행중인 작업을 살펴보는 것이다. 변경 사항changelog은 다음 사이트에서 확인할 수 있다.

https://github.com/kubernetes/kubernetes/blob/master/CHANGELOG.md

1.10 릴리스의 주요 테마는 다음과 같다.

- 노드Node
- 네트워크Network
- 스토리지Storage
- 윈도우Windows
- 오픈스택OpenStack
- API 기기류API machinery
- 인증Auth
- 애저Azure
- CLI

쿠버네티스의 특별 관심사와 작업 그룹

대규모 오픈소스 커뮤니티 프로젝트로서 쿠버네티스의 개발 작업은 대부분 여러 작업 그룹working group에서 진행된다. 전체 목록은 다음과 같다.

https://github.com/kubernetes/community/blob/master/sig-list.md

쿠버네티스의 규모가 너무 커서 모든 것을 중앙에서 처리할 수 없다. 따라서 향후 릴리스 계획의 대부분은 SIGSpecial Interest Groups 및 작업그룹에서 수행된다. SIG는 정기적인 회의와 토론을 진행한다.

▌ 경쟁

『쿠버네티스 마스터』의 1판은 2017년 5월에 출판됐다. 쿠버네티스의 경쟁 구도는 매우 다르다. 아래는 1판에 썼던 내용이다.

> "쿠버네티스는 컨테이너 오케스트레이션에서 가장 관심받는 기술 영역 중 하나다.
> 쿠버네티스의 미래는 컨테이너 오케스트레이션 시장 전체의 일부로 간주돼야 한다.
> 일부 경쟁 가능한 업체는 자신들의 제품 홍보뿐 아니라 쿠버네티스도 홍보함으로
> 써 파트너가 될 수도 있다(또는 적어도 그들의 플랫폼에서 쿠버네티스를 실행할 수 있다)."

1년도 채 되지 않았는데 상황이 급격히 변했다. 간단히 말해, 쿠버네티스가 이겼다. 모든 클라우드 공급자는 관리되는 쿠버네티스 서비스를 제공한다. IBM은 베어 메탈 클러스터의 쿠버네티스를 지원한다. 컨테이너 오케스트레이션을 위한 소프트웨어와 추가 기능을 개발하는 회사는 여러 오케스트레이션 솔루션을 지원하는 제품을 만드는 것과는 대조적으로 쿠버네티스에 중점을 둔다.

번들링의 가치

쿠버네티스를 포함한 컨테이너 오케스트레이션 플랫폼은 크고 작은 범위에서 직간접적으로 경쟁한다. 예를 들어, 쿠버네티스는 AWS와 같은 특정 클라우드 플랫폼에서 사용할 수 있지만, 기본 또는 go-to[1] 솔루션이 아닐 수 있다. 반면 쿠버네티스는 구글 클라우드 플랫폼에서 GKE의 핵심이다. 클라우드 플랫폼이나 PaaS와 같은 높은 수준의 추상화를 선택하는 개발자는 기본 솔루션을 사용하지 않는 경우가 많다. 그러나 일부 개발자와 조직은 공급업체에 종속되는 것을 걱정하거나 여러 클라우드 플랫폼 또는 공개/비공개 하이브리드 클라우드에서 실행할 필요가 있다. 쿠버네티스는 여기에 강한 장점을 가진다. 번들링은 쿠버네티스의 채택에 심각한 잠재적 위협이었지만, 그 추진력은 너무 컸고, 이제 모든 주요 참가자들은 그들의 플랫폼이나 솔루션에 쿠버네티스를 직접 제공한다.

---

1 Go-to 솔루션 : 특별한 이슈나 문제를 해결하기 위한 최고의 파트너를 지칭한다. – 옮긴이

도커 스웜

도커는 현재 사실상 컨테이너의 표준이고 사람들은 컨테이너를 의미할 때 종종 도커라고 말한다(CoreOS rkt가 열심히 표준화를 위한 작업을 하고 있다). 도커는 오케스트레이션의 부분이 되길 원해서, 도커 스웜Docker Swarm을 제품을 출시했다. 도커 스웜의 주요 장점은 도커 설치의 일부로 제공되며, 표준 도커 API를 사용한다는 것이다. 따라서 훨씬 쉽게 학습하고 시작할 수 있다. 그러나 도커 스웜은 기능과 성숙도 측면에서 쿠버네티스의 뒤를 쫓고 있다. 또한 도커의 명성은 고품질의 엔지니어링 및 보안 분야 관점에서는 그리 좋은 평가를 받지 못하고 있다.

시스템의 안정성에 관심이 있는 조직과 개발자는 도커 스웜 사용을 꺼릴 수 있다. 도커는 이 문제를 인식하고 있으며 문제 해결을 위해 조치를 취하고 있다. 또한 기업용 제품을 출시했으며 Moby 프로젝트를 통해 도커의 내부를 독립적인 구성 요소 세트로 재작업했다. 그러나 도커는 최근 쿠버네티스가 컨테이너 오케스트레이션 플랫폼이라는 것을 인정했다. 도커는 이제 도커 스웜과 함께 직접 쿠버네티스를 지원한다. 도커 스웜은 사라질 것이고, 작은 프로토타입을 만드는데만 사용될 것이다.

메소스/메소스피어

메소스피어Mesosphere는 오픈소스 아파치 메소스Apache Mesos의 뒤를 잇는 회사이며, DC/OS 제품은 클라우드에서 컨테이너와 빅데이터를 구동하기 위한 플랫폼이다. 이 기술은 이미 많이 성숙과 진화를 거듭했지만 쿠버네티스와 같은 자원과 추진력을 갖고 있지 않다. 컨테이너 오케스트레이션 솔루션은 매우 큰 시장으로, 메소스피어도 선전할 것이라 기대하지만 최고의 컨테이너 오케스트레이션 솔루션으로써 쿠버네티스를 위협하지는 않는다. 메소스피어 역시 쿠버네티스를 이길 수 없다는 것을 알고 있으며 가입을 선택했다. DC/OS 1.11에서는 KaaSKubernetes-as-a-Service를 사용한다. DC/OS 제품은 구글, AWS 및 애저에서 테스트된 쿠버네티스의 기본 배포를 통해 가용성이 높고 설정이 쉬우며 안전하다.

클라우드 플랫폼

대규모 조직과 개발자는 인프라의 저수준 관리로 받는 고통을 피하기 위해 공개 클라우드 플랫폼으로 전환하고 있다. 이들 회사의 주요 동기는 빠른 변화 대응과 핵심 역량의 집중이다. 따라서 이들 회사는 통합을 위해 가장 원활하고 효과적인 클라우드 공급자가 제공하는 기본 배포 솔루션을 사용하는 경우가 많다.

AWS

쿠버네티스는 쿠버네티스 Kops 공식 프로젝트를 통해 AWS에서 매우 잘 작동한다.

https://github.com/kubernetes/kops

다음은 kops기능 중 일부다.

- AWS에서 쿠버네티스 클러스터의 프로비저닝 자동화
- 고가용성 쿠버네티스 마스터 배포
- Terraform 구성을 생성하는 기능

그러나 Kops는 공식적인 AWS 솔루션이 아니다. AWS 콘솔과 API를 통해 인프라를 관리하는 경우, 쿠버네티스를 기반으로 하지 않는 내장형 컨테이너 오케스트레이션 솔루션인 AWS **일래스틱 컨테이너 서비스**ECS, Elastic Container Service를 사용하는 것이 가장 바람직하다.

현재 AWS는 쿠버네티스에 전념하고 있으며 완벽하게 관리되고가용성이 높은 업 스트림 쿠버네티스 클러스터인 **FKS**Flexible Kubernetes Service를 출시하는 과정에 있다. 수정은 필요없고 AWS 서비스에 애드온과 플러그인을 통한 긴밀한 통합이 이루어지고 있다.

AWS가 ECS를 지지할 것이라고 추측했지만, 틀렸다. 강력한 AWS조차도 쿠버네티스에 밀리고 있다. 많은 조직들은 ECS에 투자했고 쿠버네티스로의 이전을 원하지 않기 때문에 자신들의 선택을 계속 고수할 것이다. 그러나, 시간이 지남에 따라 ECS는 레거시 서비스 상태로 전환될 것이며, 쿠버네티스로 이동할 동기가 충분하지 않은 조직들을 지원하기 위해 유시될 것이다.

애저

애저Azure는 애저 컨테이너 서비스를 제공하며, 쿠버네티스, 도커 스웜 또는 DC/OS를 사용할지 선택할 수 있다. 흥미로운 점은 처음에 애저가 메소스피어 DC/OS를 기반으로 했으며, 나중에 쿠버네티스와 도커 스웜을 오케스트레이션 옵션으로 추가했다는 것이다. 쿠버네티스가 역량, 성숙도, 공유 정신을 주도함에 따라 애저 또한 최고의 오케스트레이션 옵션이 될 수 있다.

애저는 2017년 하반기에 공식적으로 **애저 쿠버네티스 서비스**AKS, AzureKubernetesService를 출시했으며, 마이크로소프트는 컨테이너 오케스트레이션 솔루션으로써 쿠버네티스를 완전히 지지했다. 쿠버네티스 커뮤니티에서 매우 활발하게 사용되고 있으며, Helm 개발자인 데이스Deis를 영입해 많은 도구, 코드 수정 및 통합에 기여하고 있다. 쿠버네티스에 대한 윈도우 지원은 애저와 통합과 함께 지속적으로 향상되고 있다.

알리바바 클라우드

알리바바 클라우드Alibaba Cloud는 여러 가지 측면에서 중국판 AWS이다. 알리바바 클라우드의 API는 의도적으로 AWS API와 매우 비슷하게 만들었으며 도커 스웜에 기반한 컨테이너 관리 서비스를 제공한다. 알리바바 클라우드에 일부 애플리케이션을 소규모로 배포함으로써 현장의 변화를 빠르게 따라잡고 큰 플레이어를 신속하게 따라갈 수 있도록 한다. 지난 해에는 알리바바 클라우드의 알리연Aliyun이 쿠버네티스의 지지자 대열에 합류했다. 알리바바 클라우드에 쿠버네티스 클러스터를 구축하고 관리하기 위한 몇 가지 자원이 있다. 여기에는 클라우드 공급자 인터페이스의 깃허브에 대한 구현이 포함된다.

쿠버네티스의 성장동력

쿠버네티스는 그 배경에 엄청난 추진력을 가지고 있다. 커뮤니티는 강력하고, 사용자들은 쿠버네티스의 공유 정신이 증가함에 따라 쿠버네티스를 지원한다. 기술 관련 언론사는 쿠버네티스를 최고의 리더십으로 인정하고 있으며, 쿠버네티스 생태계eco-system는 지글지글거리고 구글을 포함한 많은 대기업과 회사들이 적극적으로 지원하고 많은 사람들이 평가하고 실행하고 있다.

커뮤니티

쿠버네티스 커뮤니티는 쿠버네티스의 가장 큰 자산 중 하나다. 쿠버네티스는 최근에 CNCF^Cloud Native Computing Foundation를 졸업한 최초의 프로젝트가 됐다.

깃허브

쿠버네티스는 깃허브GitHub 상에서 개발됐으며 깃허브의 주요 프로젝트 중 하나다. 최상위 중에서도 0.01 퍼센트이며 활동면에서는 1위이다. 지난 해 쿠버네티스는 더 모듈화되어 퍼즐의 많은 부분이 개별적으로 개발됐다.

다른 전문가들도 쿠버네티스를 다른 비슷한 제품보다 링크드인LinkedIn 프로필에 더 많이 나열한다. 1년 전, 쿠버네티스는 약 1,100명의 기고가와 약 34,000개의 커밋을 가졌다. 이제 이 숫자는 1,600명 이상의 기여자와 63,000명 이상의 커밋으로 폭발적으로 증가했다.

회의와 만남

쿠버네티스의 또 다른 추진력은 회의, 모임 및 참석자 수다. KubeCon은 빠르게 성장하고 있고, 새로운 쿠버네티스 모임이 매일 개설된다.

공유 정신

쿠버네티스는 많은 관심과 배포를 수행하고 있다. 컨테이너/데브옵스^{DevOps}/마이크로서비스 분야에 진출한 대기업과 중소기업이 쿠버네티스를 채택하고 있으며 그 추세는 분명히 괄목할 만하다. 흥미로운 통계 중 하나는 시간이 지남에 따라 쌓이는 질문의 수이다. 커뮤니티는 질문에 대답하고 협업을 촉진하기 위해 차근히 단계를 밟고 있다. 성장률이 경쟁사를 압도하고 있으며 그 추세가 매우 분명하다고 볼 수 있다.

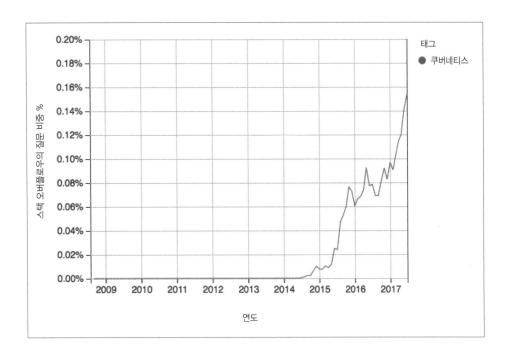

쿠버네티스 생태계

쿠버네티스 생태계는 클라우드 공급자부터 PaaS 플랫폼과 유선형 환경을 제공하는 신생 기업에 이르기까지 매우 인상적이다.

공개 클라우드 공급자

모든 주요 클라우드 공급자는 쿠버네티스를 직접 지원한다. 구글은 구글 클라우드 플랫폼의 기본 컨테이너 엔진인 GKE를 사용해 지원하고 있다. 앞에서 언급한 Kops 프로젝트는 AWS에서 잘 지원되고 유지 관리되며 문서화된 솔루션이며 EKS가 바로 근처에 있다. 애저는 애저 컨테이너 서비스^{AKS}를 제공한다. IBM 컨테이너 클라우드 서비스는 쿠버네티스에 의해 강력해지고 있다. 오라클은 쿠버네티스를 바짝 추적하고 업스트림 쿠버네티스와 Kubeadm을 기반으로 쿠버네티스를 위한 오라클 컨테이너 서비스를 제공한다.

오픈시프트

오픈시프트^{Openshift}는 쿠버네티스 기반의 오픈소스 오픈시프트 위에 구축된 레드헷의 컨테이너 애플리케이션 제품이다. 오픈시프트는 쿠버네티스 위에 애플리케이션 생명주기 관리와 데브옵스 도구를 추가하고 있으며, 쿠버네티스에 많은 기여를 한다(대표적인 예가 자동 확장 기능). 이런 유형의 상호작용은 매우 고무적이고 유익하다. 레드헷은 최근 CoreOS를 인수했으며 CoreOS Tectonic과 오픈시프트를 병합하면 훌륭한 시너지 효과를 얻을 수 있다.

오픈스택

오픈스택^{OpenStack}은 오픈소스 사설 클라우드 플랫폼이다. 최근 쿠버네티스를 기본 오케스트레이션 플랫폼으로 표준화하기로 결정했다. 공개 클라우드와 사설 클라우드를 혼합한 배포를 시도하는 대기업은 한쪽은 쿠버네티스 클라우드 연합을, 다른 한쪽은 쿠버네티스를 사용하는 사설 클라우드 플랫폼으로 오픈스택을 사용한다. 이런 방식은 통합을 더 극

대화시키는 장점을 가진다. 2017년 오픈스택 설문 조사에 따르면 쿠버네티스는 컨테이너 오케스트레이션에 가상 널리 사용되는 솔루션이다.

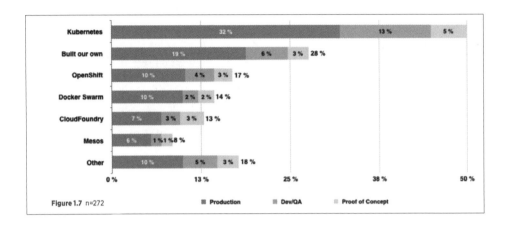

Figure 1.7 n=272   ■ Production   ■ Dev/QA   ■ Proof of Concept

다른 플레이어

Rancher와 Apprenda 같은 쿠버네티스를 기반으로 하는 많은 회사가 있다. 다수의 신생 업체가 쿠버네티스 클러스터에서 실행되는 추가 기능과 서비스를 개발하고 있다. 따라서 쿠버네티스의 미래는 밝다.

교육과 훈련

교육은 매우 중요하다. 쿠버네티스의 초기 사용자로써 대중에게 먼저 접근하기 위해, 조직과 개발자가 쿠버네티스를 선택하고 신속하게 생산성을 발휘할 수 있는 적절한 자원을 확보하는 것이 매우 중요하다. 이미 꽤 좋은 자원이 있으며 앞으로 그 수와 품질이 증가할 것이라고 예측할 수 있다. 물론 지금 읽고 있는 책은 이런 성장을 이끄는 동인 중 하나다.

공식 쿠버네티스 문서는 점점 좋아지고 있으며 온라인 자습서는 쿠버네티스를 처음 접하는 사용자에게 매우 유용하다.

- CNCF는 https://www.cncf.io/certification/training/에서 무료 쿠버네티스 입문 과정을 제공한다(고급 유료 과정도 있다).
- 구글은 쿠버네티스에 대한 몇 가지 Udacity[2] 과정을 만들었다. 다음 인터넷 페이지에서 확인할 수 있다.
  https://www.udacity.com/course/scalable-microservices-with kubernetes--ud615
- 또 다른 훌륭한 자료는 KataCoda이다. KataCoda는 고급 주제에 대한 여러 실습 자습서와 더불어 수초 내에 개인 클러스터를 얻을 수 있는 완전히 무료인 쿠버네티스 학습장을 제공한다.
  https://www.katacoda.com/courses/kubernetes.

쿠버네티스에 대한 유료 교육 옵션도 많이 있다. 쿠버네티스의 인기가 더욱 높아지면서 점점 더 많은 옵션이 제공될 것이다.

▌ 모듈화 및 트리 외부 플러그인

쿠버네티스는 모듈화에 큰 진보를 이루었다. 쿠버네티스는 항상 유연성과 확장성의 모범이었다. 그러나 코드를 빌드하고 쿠버네티스 API 서버 또는 Kublet에 연결해야 했다(CNI 플러그인은 제외). 또한 다른 개발자가 사용할 수 있도록 코드를 검사하고 주요 쿠버네티스 코드베이스와 통합해야 했다. 나는 Go 1.8 다이나믹 플러그인에 대해 매우 흥분을 감추지 못했고 쿠버네티스를 훨씬 더 민첩하게 확장하는 데 어떻게 사용될 수 있는지에 대해 매우 흥분했다. 쿠버네티스 개발자와 커뮤니티는 다른 길을 택해 쿠버네티스를 다른 인터페이스를 통해 외부에서 사용자 정의하거나 확장할 수 있는 범용적이고 다양한 기능을 갖춘 엔진으로 만들었다. 12장, '쿠버네티스 커스터마이징: API와 플러그인'에서 많은 예

---

2 유다시티(Udacity)는 주로 컴퓨터 관련 강좌를 무료로 제공하는 무크(MOOK) 사이트다. – 옮긴이

제를 보았다. Out-of-Tree 방식은 플러그인이나 확장을 깃허브의 쿠버네티스 코드 트리 외부에 있는 쿠버네티스와 통합한다는 것을 의미한다. 다음과 같은 사용되는 몇 가지 메커니즘이 있다.

- CNI 플러그인은 별도의 실행 파일을 통해 표준 입력과 출력을 사용한다.
- CSI 플러그인은 포드 gRPC를 사용한다.
- Kubectl 플러그인은 YAML 설명자와 바이너리 명령을 사용한다.
- API 수집기는 사용자 정의 API 서버를 사용한다.
- 웹훅^{Webhook}은 원격 HTTP 인터페이스를 사용한다.
- 다양한 다른 플러그인을 포드로 배포할 수 있다.
- 외부 자격증명 공급자

▍ 서비스 메시와 서버리스 프레임워크

쿠버네티스는 효율적인 스케줄링으로 인해 컨테이너 오케스트레이션 및 비용 절감과 관련해 많은 힘든 작업을 지원한다. 그러나 클라우드 네이티브 세계에서는 추진력을 얻는 두 가지 추세가 있다. 서비스 메시는 장갑처럼 쿠버네티스에 적합하며, 서버리스 프레임워크를 운영하는 것은 쿠버네티스의 강점을 발휘하게 해준다.

서비스 메시

서비스 메시는 컨테이너 오케스트레이션보다 높은 수준에서 작동한다. 서비스 메시가 서비스를 관리한다. 서비스 메시는 다음과 같은 수백, 수천 가지의 다양한 서비스를 갖춘 시스템을 실행할 때 필요한 다양한 기능을 제공한다.

- 동적 경로 지정(라우팅)
- 지연 시간을 인식하는 이스트-웨스트 로드밸런싱 (클러스터 내부)

- 멱등원idempotent 요청 자동 재시도
- 운영 지표

과거에는 애플리케이션이 핵심 기능을 기반으로 이런 책임을 다해야 했다. 이제는 서비스 메시가 부하를 줄이고 애플리케이션이 주요 목표에 집중할 수 있도록 인프라 계층을 제공한다.

가장 잘 알려진 서비스 메시는 Buoyant의 Linkerd이다. Linkerd 클라우드 네이티브 애플리케이션에 신뢰성과 보안, 가시성을 제공하는 서비스 메시로 쿠버네티스와 다른 조정자를 지원한다.

Buoyant는 Rust에서 Conduit라는 새로운 쿠버네티스 전용 서비스 메시를 개발하기로 결정했다. 이것은 모든 혁신이 일어나는 쿠버네티스의 견인력에 대한 또 다른 증거이다. 다른 쿠버네티스 서비스 메시는 Istio이다. Istio는 구글, IBM, 리프트Lyft에 의해 설립됐다. 이것은 리프트의 Envoy를 기반으로 만들어졌으며 빠르게 움직이고 있다.

서버리스 프레임워크

서버리스 컴퓨팅은 클라우드 네이티브 환경에서 흥미롭고 새로운 트렌드이다. AWS 람다Lambda 함수가 가장 많이 사용되지만 현재 모든 클라우드 플랫폼이 이를 제공하고 있다. 따라서 하드웨어, 인스턴스 및 스토리지를 프로비저닝할 필요가 없다. 대신 종종 컨테이너에 코드를 작성하고 패키징한 다음 원할 때 언제든지 호출할 수 있다. 클라우드 플랫폼은 호출 시 코드를 실행하기 위해 자원을 할당하고 코드 실행이 완료되면 자원을 할당 해제한다. 이를 통해 많은 비용을 절약할 수 있으며 (사용하는 리소스에 대해서만 비용을 지불함) 인프라를 프로비저닝하고 관리할 필요가 없다. 그러나 클라우드 공급자가 제공하는 서버리스 기능은 문자열이 첨부되거나(런타임 및 메모리 제한) 코드가 실행되는 하드웨어를 제어할 수 없는 유연성이 부족한 경우가 많다. 쿠버네티스는 클러스터가 프로비저닝되면 서버리스 기능을 제공할 수 있다. 다음과 같이 다양한 성숙도 수준의 프레임워크가 있다.

- 고속 네트워크Fast-netes
- Nuclio.io
- Apache OpenWhisk
- 플랫폼 9 분열Platform9 Fission
- Kubless.io

이는 베어 메탈에서 쿠버네티스를 실행하거나 클라우드 플랫폼이 제공하는 것보다 더 많은 유연성을 필요로 하는 사람들에게 좋은 소식이다.

▌ 요약

14장에서는 쿠버네티스의 미래를 살펴봤다. 기술적 토대, 커뮤니티, 폭넓은 지지와 발전 속도는 모두 매우 인상적이다. 쿠버네티스는 아직 초기 단계지만 혁신과 안정화 속도는 매우 고무적이다. 쿠버네티스의 모듈화와 확장성 원칙은 현대 클라우드 기본 애플리케이션의 보편적인 토대가 됐다.

이 시점에서 쿠버네티스가 현재 어디에 있으며 여기서 어디로 갈 것인지 명확히 알고 있어야 한다. 쿠버네티스는 단지 여기 머무르는 것이 아니라 오랜 기간 동안 컨테이너 오케스트레이션을 이끌면서 더 큰 제품 및 환경과 통합될 것이라는 확신을 가져야 할 것이다.

지금까지 학습한 내용을 활용해 쿠버네티스로 놀라운 일은 만드는 것은 독자에게 달려 있다.

| 찾아보기 |

에이콘출판의 기틀을 마련하신 故 정완재 선생님 (1935-2004)

쿠버네티스 마스터 2/e

강력한 쿠버네티스를 이용한 컨테이너 관리

발 행 | 2018년 7월 31일

지은이 | 기기 사이판
옮긴이 | 김경호 · 배동환 · 강용제 · 차연철 · 차원호 · 이형석

펴낸이 | 권 성 준
편집장 | 황 영 주
편 집 | 배 혜 진
디자인 | 박 주 란

에이콘출판주식회사
서울특별시 양천구 국회대로 287 (목동)
전화 02-2653-7600, 팩스 02-2653-0433
www.acornpub.co.kr / editor@acornpub.co.kr

한국어판 ⓒ 에이콘출판주식회사, 2018, Printed in Korea.
ISBN 979-11-6175-198-6
ISBN 978-89-6077-210-6 (세트)
http://www.acornpub.co.kr/book/mastering-kubernetes-2

이 도서의 국립중앙도서관 출판시도서목록(CIP)은 서지정보유통지원시스템 홈페이지(http://seoji.nl.go.kr)와
국가자료공동목록시스템(http://www.nl.go.kr/kolisnet)에서 이용하실 수 있습니다.(CIP제어번호: CIP2018022996)

책값은 뒤표지에 있습니다.